Elizabeth Teissier
Astrologie

Elizabeth Teissier

ASTROLOGIE

Die Wiederkehr
einer Wissenschaft

Ullstein

CIP-Titelaufnahme der Deutschen Bibliothek

Teissier, Elizabeth:
Astrologie : die Wiederkehr der Wissenschaft / Elizabeth Teissier. [Aus dem Franz. von Anna M. Stadelmann Schleiss]. – Frankfurt/M ; Berlin : Ullstein, 1989
   Einheitssacht.: L'astrologie <dt.>
   ISBN 3-550-06582-5

2. Auflage April 1989

Verlag Ullstein GmbH Frankfurt/M. · Berlin
© 1988 by Elizabeth Teissier
Titel der französischen Originalausgabe: *L'Astrologie, Science du XXIe siècle*
Erschienen bei Edition °1, Paris 1988
© 1989 der deutschen Ausgabe: Verlag Ullstein GmbH Frankfurt/M. · Berlin
Einzige von der Verfasserin autorisierte Übersetzung
aus dem Französischen von Anna M. Stadelmann Schleiss
Alle Rechte vorbehalten
Printed in Germany
Satz: Jung SatzCentrum, Lahnau
Druck und Binderei: Ebner Ulm

Für meine geliebten Töchter Isabelle und Marianne. Und für Gerhard, der mir mit seinen jupiterianischen Begabungen eine große Hilfe war.
Ich danke Euch dafür, daß Ihr mir während der ganzen langen Zeit, in der ich an diesem Buch gearbeitet habe, beigestanden, mich unterstützt und ertragen habt.

Inhalt

ASTROLOGIE – DIE MUTTER DER WISSENSCHAFTEN

Erstes Kapitel
Astrologie – die eigentliche Wissenschaft der Persönlichkeit *12*
Zweites Kapitel
Das Horoskop, die geometrische Figur des menschlichen Schicksals *18*
Drittes Kapitel
Astronomie und Astrologie, die feindlichen Schwestern *33*
Viertes Kapitel
Ursprung, Entwicklung und weltweite Verbreitung der Astrologie *37*
Fünftes Kapitel
Astrologie: Humanwissenschaft, exakte Wissenschaft, Kunst, Weissagung... oder...? *45*

POSTULAT UND GRUNDLAGE

Sechstes Kapitel
Astrologie, Pseudo-Feindin der Vernunft *52*
Siebtes Kapitel
Intuitive Erfassung einer universellen Ordnung oder Leichtgläubigkeit *62*
Achtes Kapitel
Die Wandlung der Massen- und Medien-Astrologie *66*

Die Astrologie begegnet der Wissenschaft

Neuntes Kapitel
Hypothesen einer wissenschaftlichen Astrologie *74*
Zehntes Kapitel
Der planetarische Einfluß: ein absurdes Postulat? *82*
Elftes Kapitel
Jede Menge unwiderlegbare Beweise zugunsten des planetarischen Einflußes *89*
Zwölftes Kapitel
Die biokosmischen Rhythmen *126*
Dreizehntes Kapitel
Die typischen Argumente gegen die Astrologie *138*
Vierzehntes Kapitel
Glanz und Elend der astrologischen Prognose *161*
Fünfzehntes Kapitel
Die kosmischen Zwillinge *216*

Willensfreiheit oder Determinismus?

Sechzehntes Kapitel
Wie Einsteins Fliege... *232*

Die Astrologie heute

Siebzehntes Kapitel
Der Mensch des Weltraumzeitalters und die Astrologie *252*
Achtzehntes Kapitel
Astro-Psychologie – der Schlüssel zur Seele *258*
Neunzehntes Kapitel
Segen und Fluch des Computers *267*
Zwanzigstes Kapitel
Die verschiedenen Anwendungsbereiche der Astrologie in der modernen Welt *279*

... UND DIE ASTROLOGIE MORGEN: PERSPEKTIVEN

Einundzwanzigstes Kapitel
Die Astrologie: eine Kosmogonie, die mit der
avantgardistischen Wissenschaft vereinbar ist   *314*
Zweiundzwanzigstes Kapitel
New Age und das Ende des kulturellen Gettos der
Astrologie
Perspektiven: die Wassermann-Ära   *366*
Epilog   *391*

ANHANG

Zeichensymbole   *394*
Planetensymbole   *395*
Symbolik der Tierkreiszeichen   *396*
Symbolik der Planeten   *398*
Symbolik der Häuser   *400*
Sexastrologische Entsprechungen der Sternzeichen   *402*
Ihre (sehr!) guten und weniger guten Jahre bis zum Beginn
des 21. Jahrhunderts   *403*
Astrologische Fachbegriffe   *405*
Literatur   *412*

Astrologie – die Mutter der Wissenschaften

ERSTES KAPITEL
Astrologie – die eigentliche Wissenschaft der Persönlichkeit

»Die himmlischen Wesen sind die Ursache von allem, was auf dieser Welt geschieht. Sie beeinflussen direkt die menschlichen Taten, aber ihre Einflüsse sind nicht alle unvermeidbar.«
(THOMAS VON AQUIN: Summa theologica)

»Wahr ist es ohne Lügen, gewiß und aufs allerwahrhaftigste. Dasjenige, welches Unten ist, ist gleich demjenigen, welches Oben ist: Und dasjenige, welches Oben ist, ist gleich demjenigen, welches Unten ist, damit sich die Einheit erfülle.«
(HERMES: Tabula smaragdina)

Die Astrologie, die »königliche Kunst der Sterne«, beschäftigte sich ursprünglich mit dem Schicksal der Großen dieser Welt. Bevor wir genau definieren, was sie ist oder zumindest was sie sein sollte, möchte ich vorausschicken, was sie *nicht* ist: Astrologie hat nichts mit Hellseherei zu tun. Sie ist weder Magie, noch hat sie etwas mit Kaffeesatz oder Handlesekunst zu tun.

Etymologisch bedeutet Astrologie »Sternenkunde«, und die Geschicke, die dieser Disziplin im Laufe der Zeit widerfahren sind, waren sehr vielgestaltig: Bald wurde sie hofiert und thronte als Königin inmitten der Humanwissenschaften, bald war sie verschrien, der Lächerlichkeit preisgegeben, verbannt und verfolgt. Die Ursprünge dieser Kunst liegen in grauer Vorzeit, mindestens 2600 Jahre vor unserer Zeitrechnung schon legten die Babylonier ihre Grundlagen.

Die Einstellung zur Astrologie ist von der jeweiligen Epoche und vom geschichtlichen Zusammenhang abhängig. Wenn man sich von diesem relativen Zugang zur Astrologie überzeugen möchte, genügt es, sich die positivistische Definition des berühmten Lexikons *Larousse* vom Anfang dieses Jahrhunderts zu Gemüte zu führen: »*Astrologie:* die Kunst, Ereignisse aufgrund der Beobachtung der Gestirne vorherzusagen. Diese vermeintliche Wissenschaft gibt vor, die Zukunft durch die Beobachtung der Gestirne zu deuten, als ob diese den geringsten Einfluß auf Ereignisse haben könnten, die allein vom Menschen und seinem freien Willen abhängen. Es ist kaum zu glauben, daß die berühmtesten Männer aller Zeiten, wie Tacitus, Galenus, der heilige Thomas von Aquin, Tycho Brahe, Kepler und tausend andere, sich damit beschäftigt haben sollen.«

Nicht zu vergessen Newton, Dante, Balzac, Einstein ... und eine Reihe anderer. Vielleicht sollte man einmal nach den Gründen für dieses die Jahrhunderte überdauernde Interesse fragen? Ob es nicht gerade mit dem Wesen und der Gültigkeit der Astrologie zusammenhängt?

Der Eintrag in dem bekannten französischen Lexikon *Larousse* endet mit der naiven Feststellung: »Dieser dumme Aberglaube ist im 17. Jahrhundert vollständig verschwunden.« Eine recht unbedachte und voreilige Behauptung, die unterstellt, man sei endlich los, was Bailly im 18. Jahrhundert »die längste Krankheit, die den menschlichen Verstand je heimgesucht hat«, genannt hatte.

Seither ist der *Larousse* jedoch etwas vorsichtiger geworden. Die Definition der Ausgabe von 1975 lautet: »Die Kunst, aufgrund der Beobachtung der Gestirne und der ihnen eigenen Einflüsse, die sie durch ihre Stellung am Himmel ausüben, die Zukunft vorherzusagen.«

Ich persönlich bevorzuge allerdings die präzisere und zutreffendere Definition des französischen Nachschlagewerks *Robert:* »Die Kunst, den Charakter zu bestimmen und das Schicksal der Menschen durch die Erforschung der Gestirnseinflüsse, der Aspekte, der Sterne und der Tierkreiszeichen vorauszusehen. Die Kenntnis der Beziehungen zwischen Himmel und Erde.«

In der Zwischenzeit hat aber auch der *Larousse* seine Definition revidiert, verbessert und sie in einem strengeren Sinn dem Grundprinzip der Astrologie angepaßt. Die aktuelle Version: »Erforschung der Beziehung zwischen dem Lauf der Gestirne und den Geschehnissen auf der Erde; Synthese der universellen Entsprechungen« trifft genau den Kern der Astrologie. Denn sie beruht tatsächlich auf einer Übereinstimmung zwischen dem Makrokosmos (Universum) und dem Mikrokosmos (Mensch). Diese Vorstellung geht auf Hermes Trismegistos (»der dreimal Größte«) zurück, der wahrscheinlich im 1. Jahrhundert in Ägypten lebte und mit dem ihm zugeschriebenen *corpus hermeticum* eine esoterische Lehre begründete, der zufolge insbesondere sieben Menschentypen den sieben Planeten (Sonne, Mond, Merkur, Venus, Mars, Jupiter, Saturn) entsprechen. Aber diese planetarische »Sieben-Teilung« findet in der gesamten Schöpfung ein System von Entsprechungen, sowohl im mineralischen Bereich als auch in der Pflanzen- und Tierwelt. Aus jener Zeit stammt auch die Unterteilung des menschlichen Körpers in zwölf Einflußzonen, die den zwölf Tierkreiszeichen entsprechen. Auf dieser Idee des »Homo zodiacus« beruht auch die »hermetische Medizin« von Paracelsus, dem berühmten Arzt und Astrologen des 16. Jahrhunderts (die, nebenbei bemerkt, heute wieder auf großes Interesse stößt).

Woher kommt aber dieses beständige Bedürfnis des Menschen, sich am Kosmos zu messen? Ebenso wie Paracelsus und vor ihm die großen griechischen Hermetiker, so erklären sich auch die Tiefenpsychologen und die modernen Mythologen diese universelle Neigung des Menschen zu antiken astralen Gottheiten und Tierkreiszeichen durch tief in der menschlichen Seele verankerte Archetypen. Seit jeher empfindet sich der Mensch als ein Spiegelbild des Universums, wobei seine Organe und Körperfunktionen dem Makrokosmos, der ihn umgibt, im Kleinen entsprechen. Der Sternenhimmel ist in gewisser Weise das Bilderbuch seiner Seele. Den Erkenntnissen der jahrtausendealten Astrologie zufolge wirkt das Leben des großen Ganzen auf jedes seiner Teilchen ein, selbst auf die allerkleinsten. In diesem Zusammenhang muß man unweigerlich an das »unendlich Große« und das »unendlich Kleine« von Pascal denken – und der Mensch steht in der Mitte, zerbrechlich und angsterfüllt, inmitten des »ewigen Schweigens dieser unendlichen Räume«. In unserem Universum gehorcht alles den gleichen Gesetzen: ein Atom verhält sich wie ein Sonnensystem im Kleinformat. Das berühmte Gesetz des Hermes, dem zufolge das, was oben ist, dem entspricht, was unten ist, und das, was unten ist, dem entspricht, was oben ist, damit sich die Einheit erfülle, drückt eine Grundwahrheit aus, die die moderne Physik heute offenbar gerade wiederentdeckt.

Die Astrologie kann also als ein System der *universalen Wechselbeziehung* definiert werden, als die Wissenschaft vom Einfluß des Sonnensystems auf den Menschen sowie auf alles, was sonst auf der Erde existiert. Sie beruht auf den präzisen, mathematisch genau zu berechnenden Rhythmen der Himmelskörper und ist die im Laufe von Jahrhunderten entstandene Sprache, die uns mit dem Kosmos verbindet. Gabriel Marcel nennt die Astrologie »einen Code unserer selbst, die anspruchsvollste Wissenschaft überhaupt« und fügt hinzu, eine grafische Darstellung des Geburtshoroskops sei nichts anderes als »die geometrische Figur des menschlichen Schicksals«.

Bevor ich jedoch von Schicksal spreche, würde ich eher sagen, die Astrologie ist die Wissenschaft der Persönlichkeit, eine Art *Algebra des Charakters* und infolgedessen des Schicksals. Sie ist die großartigste und vollkommenste Kosmologie überhaupt, denn sie umfaßt die gesamte Schöpfung in ihrer strengen Ordnung, in der jede Einheit, jedes Wesen in einem unendlichen Beziehungsgeflecht seinen Platz hat.

Wie wir gesehen haben, handelt es sich dabei um ein Prinzip der *Analogie,* aber nicht der *Ähnlichkeit,* um Entsprechung oder Gleichsetzung, wenn man so will, aber nicht um ein Identitätsprinzip. Diese Vorstellung ist für unseren westlichen, kartesianischen Verstand vielleicht am schwersten zu akzeptieren. Denn wir sind es gewohnt, rational nach dem Identitätsprinzip zu urteilen, und schrecken vor der scheinbaren Ungenauigkeit und dem lyrischen Charakter des Analogieprinzips zurück. »Zwischen der Bronzefigur eines Menschen und einem Menschen besteht dieselbe Beziehung wie zwischen der Bronzefigur eines Pferdes und einem Pferd, aber trotzdem besteht zwischen den beiden keinerlei Ähnlichkeit«, erklärt der Philosoph Alain (eigentlich: Emile Chartier).

Der Astrologie geht es demnach um die Erforschung der Beziehungen zwischen der Struktur des unendlichen Universums, das sich im Wesen der Menschen widerspiegelt, und allem, was auf Erden existiert, Pflanze, Tier oder Mensch. Hören wir dazu Johannes Kepler, für heutige Astronomen der Prototyp des Wissenschaftlers schlechthin (denken wir nur an seine berühmten Gesetze der Planetenbewegung) und zugleich ein Meister der Astrologie: »Die natürliche Seele des Menschen ist nicht größer als ein Punkt, und auf diesem Punkt ist die Form und das Gepräge des gesamten Himmels potentiell eingraviert, wäre dieser auch noch hundertmal größer« (Zit. n. A. Koestler, *Die Nachtwandler,* S. 244). Das astrologische Axiom, das sich daraus ableiten läßt, lautet mithin: Jede irdische Erscheinung (geologischer, biologischer, physikalischer, chemischer oder sozialer Art) entspringt ein und derselben kosmischen Energie. Ich sage hier absichtlich Axiom und nicht Postulat, weil ich die Anschauung Tycho Brahes, des großen Astronomen aus dem 16. Jahrhundert, teile, der nicht ohne eine gewisse intellektuelle Überheblichkeit meinte: »Wer den Einfluß der Planeten bestreitet, setzt sich über eine Tatsache hinweg, die für Menschen mit Bildung und gesundem Menschenverstand nicht zu leugnen ist.«

Andere Zeiten, andere Sitten und andere Ideen, werden Sie vielleicht einwenden. Deshalb gebe ich Ihnen den schönen Satz eines anderen Wissenschaftlers zu bedenken, von dem man nun gewiß nicht behaupten kann, er sei ein Schwärmer gewesen: »Die wirkenden Kräfte des Lebens«, sagt Louis Pasteur, »sind in Form und Anordnung kernförmig strukturiert, in Verbindung mit den Bewegungen des Universums.«

Die Astrologie erkennt also den Gedanken einer ganzheitlichen Schöpfung an, eine Art »prästabilierte Harmonie« (Leibniz), in der wir Menschen die Seelenmonaden sind, ein Abbild der großen »Urmonade« des Universums. Und Johannes Kepler, der geniale Steinbock, ist mit seiner pythagoreischen Theorie von der Harmonie der Sphären, die er in seiner Schrift *Harmonices mundi* (»Weltharmonik«) zusammenfaßte, für die Astrologie das, was Leibniz und Spinoza für die Philosophie bedeuten (denn Spinoza gelangt in seinem pantheistischen Idealismus – Gott ist in allem und alles ist in Gott – zur selben optimistischen Kosmologie wie Leibniz).

Die Astrologie ist eine Wissenschaft, weil sie auf der Astronomie beruht und äußerst genaue – und übrigens oft sehr zeitraubende – Berechnungen erfordert. (Zum Glück erleichtert der Computer dem Astrologen diesen Teil der Arbeit ganz erheblich.) Aber sie ist auch eine Kunst, denn zu diesen Berechnungen kommt die Deutung hinzu – eine Mischung aus präzisen Schlußfolgerungen (gestützt auf eine eigene Sprache und eine ganze Fülle von überliefertem Wissen) und einer guten Portion Intuition, die vielleicht nichts anderes ist als »eine Deduktion, die dermaßen beschleunigt ist, daß das Bewußtsein keine Zeit hat, sie zu erfassen«.

Astrologie ist eine *Wissenschaft* – vielleicht noch nicht vollständig kodifiziert, definiert und von anderen abgegrenzt, aber doch auf dem besten Wege dazu. Ganz ohne Zweifel ist sie eine *Kunst*, vergleichbar mit der Medizin, bei der eine gewisse Intuition bei der Diagnose eine ebenso große Rolle spielt wie theoretisches Wissen. Raymond Abellio fügt noch hinzu: Astrologie ist eine *Weisheit*. In diesem Buch möchte ich versuchen, dieses reizvolle Triptychon näher zu erläutern, das aus der »königlichen Kunst der Sterne« ein auf seine Art einmaliges Weltsystem macht.

ZWEITES KAPITEL

Das Horoskop, die geometrische Figur des menschlichen Schicksals

»Was ich an der Astrologie immer so besonders geschätzt habe, ist nicht das lyrische Spiel, zu dem sie einlädt, sondern das multidialektische Spiel, das sie erfordert und auf dem sie beruht. Zusätzlich zu den höchst subtilen Beurteilungsmöglichkeiten, die sie bietet, und den Prognosen, die sie erlaubt, halte ich ihre Methode für die fruchtbarste Lockerungsübung des Geistes. Ein Schicksal von der Position der Planeten und ihren gegenseitigen Aspekten in den verschiedenen Zeichen und Häusern im Verhältnis zu den lokalen Punkten Aszendent und Medium coeli abzuleiten, erfordert ein solches Fingerspitzengefühl, daß dies genügen sollte, die übliche synthetische Denkart der Lächerlichkeit preiszugeben und sie als Kinderei zu bezeichnen.«

(ANDRÉ BRETON: Astrologie moderne)

Der Surrealist und Autor von *L'Amour fou* André Breton (ein Wassermann) scheint genau zu wissen, wovon er spricht, denn er findet wunderbare Worte dafür.

Ein Horoskop stellt eine *Momentaufnahme des Himmels* und die »geometrische Figur des menschlichen Schicksals« (G. Marcel) zugleich dar. Es ist die grafisch stilisierte und schematisierte Darstellung der Position der Sonne, des Mondes und der acht derzeit bekannten Planeten des Sonnensystems auf dem Tierkreis, der gewöhnlich als Kreis wiedergegeben wird, mit der Erde als Mittelpunkt der planetarischen Einflüsse. Im Grunde geht es darum, die Stellung der Planeten in bezug auf einen bestimmten Ort und einen bestimmten Zeitpunkt grafisch genau festzuhalten. Das in Frage stehende Ereignis ist in den meisten Fällen die Geburt eines Menschen. Man kann jedoch auch das Horoskop einer Firma erstellen, indem man als Zeitpunkt zum Beispiel die erste Verwaltungsratssitzung oder die Unterzeichnung der Statuten nimmt, oder das Horoskop eines Landes, wobei das Inkrafttreten der Verfassung als zeitliche Grundlage dient, oder zum Beispiel auch das Horoskop eines Schiffes. Ich habe sogar, zuerst aus Spaß, später aus Überzeugung, das Horoskop einer Zeitung und einer Fernsehsendung erstellt – mit überraschenden Ergebnissen. Denn die Astrologie geht von dem Prinzip aus, daß jede irdische Existenz, jede schwingende und jede nicht schwingende Einheit, einen Weg mit einem Anfang, einem Höhepunkt und einem Ende zu vollenden hat.

Das Geburtshoroskop eines Kindes (von gr. »hora« = Stunde und »skopein« = schauen) wird genau auf den Zeitpunkt hin berechnet, in dem es zum erstenmal Luft holt und seinen ersten Schrei ausstößt. Exakt in diesem Moment nimmt das kleine Wesen Kontakt mit der Welt auf: Man kann sich leicht vorstellen, daß es von einem Strahl kosmischer Energie getroffen wird, ähnlich wie ein Film im Augenblick der Belichtung. Das Neugeborene wird dabei von kosmischen Schwingungen, von harmonischen und dissonanten Einflüssen der Planeten durchdrungen, die ihm seine ureigene Prägung verleihen, die einzigartig ist, da sich eine bestimmte Konstellation in genau der gleichen Form erst in Millionen Jahren wiederholt.

Wie aber erstellt man ein Horoskop? Die astronomischen Ephemeriden bestimmen zwar die Stellung der Planeten im Tierkreis, aber damit ist die Geburtsgrafik noch nicht im Hinblick auf die Erdkoordinaten spezifiziert. Dieses Horoskop gilt also für alle an diesem Tag Geborenen, überall auf der Welt. Um es zu personalisieren, müssen die Rotations- und Translationsbewegungen der Erde und der anderen Planeten unseres Sonnensystems mit einbezogen werden, denn das Erscheinungsbild des Himmels in bezug auf einen bestimmen Punkt der Erdkugel verändert sich ständig. Die Astrologie verbindet mit anderen Worten die Bewegung der Planeten um die Sonne mit der der Erde um sich selbst (vgl. hierzu auch Abb. 1–5).

Wer also ein Geburtshoroskop berechnen möchte, muß nur den *Sonnenstand im Augenblick der Geburt* ausrechnen, also den Aszendenten und das Medium Coeli (Himmelsmitte), die Erdkoordinaten des Horoskops, bestimmen, die nichts anderes sind als Osthorizont beziehungsweise Meridian des Geburtsorts. Dazu braucht man neben der amtlich eingetragenen Geburtsstunde die Ortszeit (in bezug auf den Greenwich-Meridian), zu der man die in den Ephemeriden angegebene Sternzeit des Tages addiert. Das Ganze zusammen ergibt dann die *Sternzeit der Geburt,* mit deren Hilfe man mühelos anhand der Häusertabellen den Aszendenten und die Häuserspitzen beziehungsweise Felder ermitteln kann. Die Planeten, deren Position bereits ermittelt wurde, werden somit durch die Vektoren Aszendent und Himmelsmitte bestimmt, und ihnen kommt entsprechend ihrem Standort in den zwölf Häusern eine besondere Bedeutung zu.

Folgende Bedeutungen werden den einzelnen Häusern zugeschrieben:
Erstes Haus: das Ich, Konstitution und äußere Erscheinung, Temperament.
Zweites Haus: Finanzen, erworbener materieller Besitz.
Drittes Haus: Nachbarschaft, Geschwister; Verbindungen zur Außenwelt (kleine Reisen, Schriften).
Viertes Haus: Familie, das eigene Heim, Herkunft, Kindheit und Alter, Nation.
Fünftes Haus: Schöpfungen aller Art (Liebe, Nachkommen, künstlerisches Schaffen), Vergnügen und Freizeit, Sport, Spielgewinne.
Sechstes Haus: Behinderungen der eigenen Person (Gesundheit und alltägliche Arbeit); Dienstboten und Untergebene; akute Krankheiten.
Siebtes Haus: Beziehungen (berufliche und private, v. a. Ehe); Feinde, Prozesse.
Achtes Haus: Krisen und Veränderungen der eigenen Person, Tod, Erbschaften, Geschlecht; Geld des Ehe- oder Geschäftspartners.
Neuntes Haus: Lange Reisen (geistig und räumlich): philosophische Weltanschauungen und Ausland; Psyche.

Zehntes Haus: Karriere, Amt und Würden; Schicksal, berufliche Bestimmung.
Elftes Haus: Wünsche und Hoffnungen, Freundschaften, mächtige Gönner, Projekte.
Zwölftes Haus: Prüfungen, Heimlichkeiten, hinterhältige Feinde, Verbrechen, Krankenhäuser, chronische Krankheiten.

Bei der Interpretation des Horoskops ist nicht allein die Stellung der Planeten im Tierkreis und in den Häusern von Bedeutung, sondern es müssen auch die vielen Aspekte analysiert werden. Aspekte sind nach Kepler »bestimmte Winkelbildungen der Planetenstrahlen in bezug auf die Erde.« Führen wir uns also vor Augen, daß der Tierkreis ein Himmelsgürtel ist, ein etwa 17 Grad breites Band, das nichts anderes darstellt als die *Umlaufbahn der Planeten um die Sonne.* (Die *Ekliptik,* die scheinbare Sonnenbahn, teilt dieses Band der Breite nach.) Der Tierkreis bildet also einen vollen Kreis von 360 Grad, der in zwölf Zeichen von je 30 Grad unterteilt ist. Er geht vom Widderpunkt (oder auch Frühlingspunkt) aus, der sich beim Frühlingsäquinoktium befindet und den Grad 0 auf der Ekliptik darstellt (vgl. hierzu Abb. 6). Die Sonne braucht ein Jahr, um dieses Himmelsband einmal zu durchlaufen.

Diese Zwölferteilung erfuhr der Tierkreis schon sehr früh in der Antike. (Die Zahl Zwölf spielt in allen Epochen und Kulturen auf verschiedenen Gebieten eine besondere Rolle.) Unter dem Einfluß der pythagoreischen Theorien wurde der Tierkreis in der Folge auch durch 2, 3, 4 (5), 6 (7) und 8 geteilt. Damit ergeben sich Winkel von 180° für die *Opposition* (2), 120° für das *Trigon* (3), 90° für die *Quadratur* (4) und 60° für das *Sextil* (6). Das *Quintil* (5) mit 72° und das *Halbquadrat* (8) mit 45° werden als Nebenaspekte betrachtet, die der Astronom-Astrologe Kepler mit seinem ausgeprägten, dem Steinbock eigenen Sinn für Symmetrie einführte. Opposition und Quadratur gelten traditionell als ungünstig, da sie Aspekte der Spannung und des Konflikts sind, während das Sextil und das Trigon harmonisch wirken.

Das geozentrische oder ptolemäische Weltbild

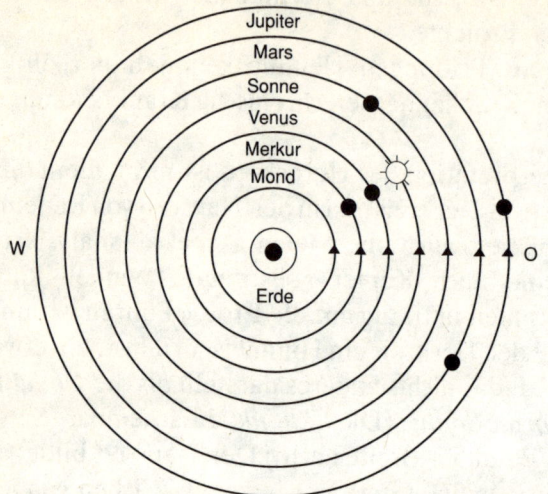

Das heliozentrische oder kopernikanische Weltbild

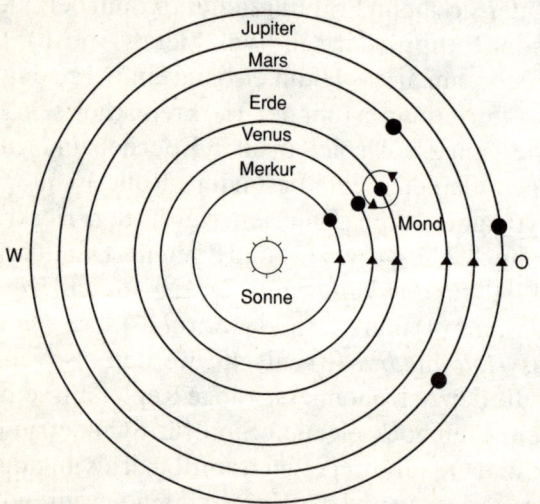

Anmerkung: Es fehlen Uranus (1781 entdeckt), Neptun (1846) und Pluto (1930).
Abb. 1 und 2

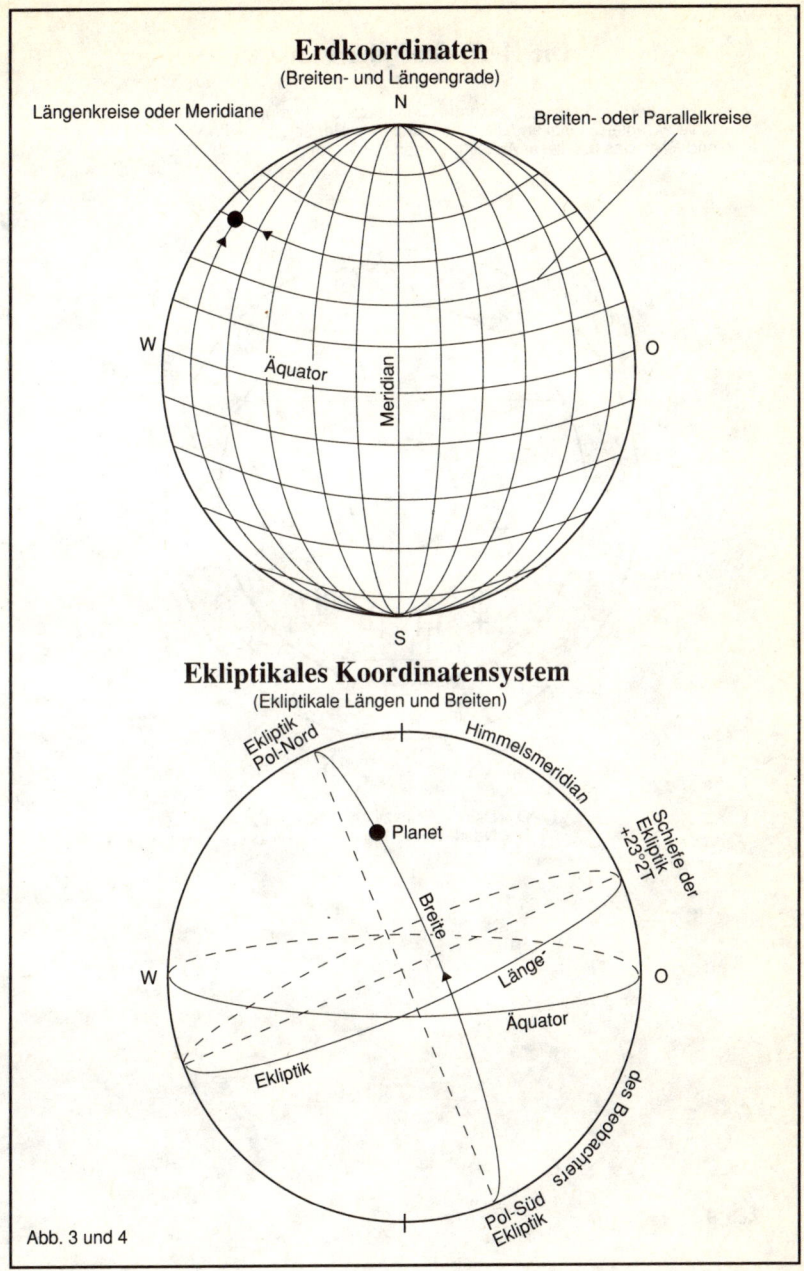

Abb. 3 und 4

Die Herrschaft der Planeten

Jedem Planeten sind ein oder mehrere Tierkreiszeichen zugeordnet (Domizil und Erhöhung), die er regiert. Auffallend die Symmetrie der »Herrschaften« im Verhältnis zum Sonne-Mond-Paar, das bei dieser Aufteilung »den Vorsitz führt«.

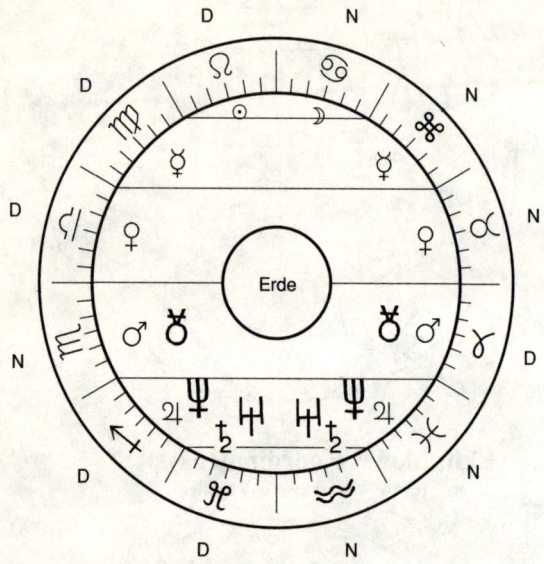

D = Diurnal-Domizil des Planeten
N = Nacht-Domizil

Abb. 5

Der Tierkreis in der Himmelssphäre und der Frühlingspunkt (♉), Beginn des Kosmischen Jahres (0° Widder)

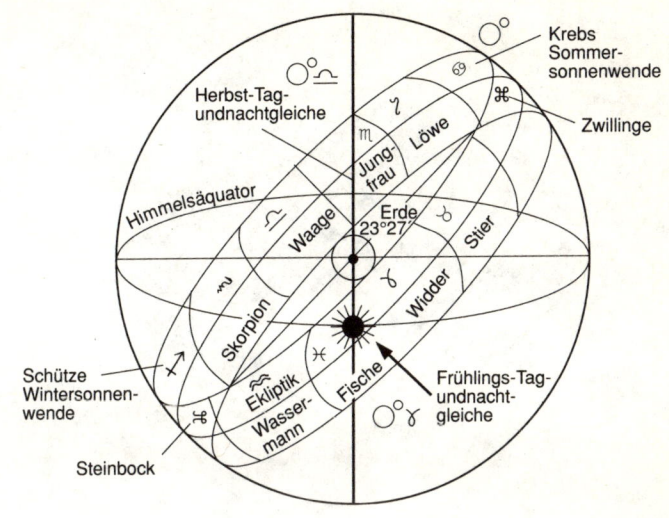

Abb. 6

Sonnen- und Aszendentenstand bei der Geburt von J. W. von Goethe, Jungfrau – Aszendent Skorpion

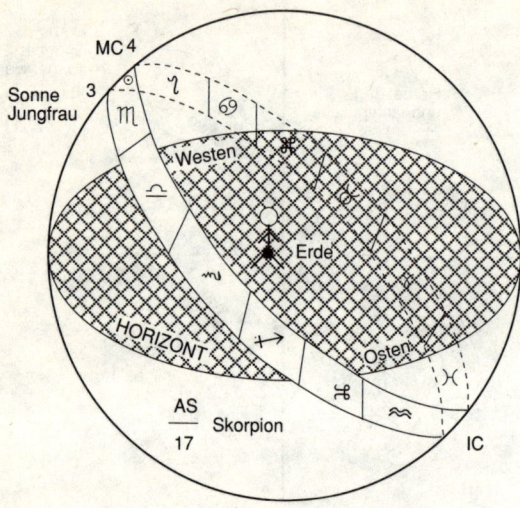

MC = Meridian des Geburtsortes = Medium Coeli
AS = Osthorizont = Aszendent

Abb. 7

Prinzip des astrologischen Häusersystems

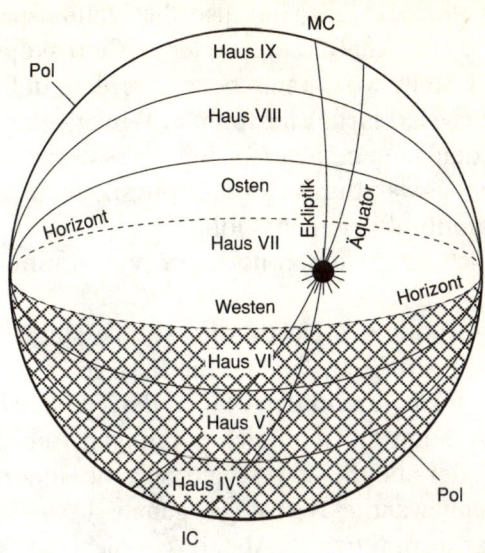

Abb. 8

Die *Konjunktion* – Zusammenschein zweier Gestirne am Himmel – entspricht logischerweise einem Winkel von 0°; sie gilt als der stärkste Aspekt. Ob er sich positiv oder negativ auswirkt, hängt von den Planeten ab. Das sind also die Hauptaspekte, die die Grundlage für die Analyse eines Geburtshoroskops bilden. Es muß an dieser Stelle wohl kaum betont werden, daß die anscheinend willkürliche Erklärung bestimmter Winkel – der Aspekte – zu besonders bedeutsamen, die ursprünglich esoterischen und ungewissen Ursprungs war, durch moderne physikalische Experimente wie die des Rundfunkingenieurs John Nelson bestätigt worden ist. Darauf gehe ich weiter unten noch ein (vgl. Kapitel »Beweise«, S. 110).

Die Interpretation des Horoskops ist eine langwierige, minuziöse und subtile Aufgabe, bei der die Intuition eine große Rolle spielt. Der Astrologe muß den »Geist der Geometrie« und den intuitiv erfassenden Geist in sich vereinigen, die der Zwilling Blaise Pascal, der über beide verfügte, so subtil unterschied. Deshalb ist die angewandte Astrologie genau so viel wert wie der Astrologe, der sie praktiziert. Aber das ist nicht nur bei der Astrologie so; dasselbe gilt auch für die Medizin. Es gibt gute und schlechte Ärzte, aber niemand käme auf die Idee, diesen Tatbestand der Medizin als solcher in die Schuhe zu schieben. Im Grunde trifft das überhaupt auf alle Wissenschaften zu, die sich mit dem Menschen befassen. Da spielt die Persönlichkeit des Arztes oder Therapeuten immer eine wesentliche Rolle (ebenso bei Berufsberatung, Graphologie usw.).

Barbault schreibt in der Einführung zu seinem *Traité pratique d'Astrologie:* »Ein Horoskop zu analysieren heißt, einen Mechanismus zu verstehen, ein Getriebe auseinanderzunehmen, es Stück für Stück zu untersuchen und zu einem neuen Ganzen wieder zusammenzufügen ... Jede Synthese ist nur aufgrund einer vorherigen gründlichen Analyse möglich.« Bei dieser Synthese stellt sich das Problem der hierarchischen Gliederung oder anders ausgedrückt, der Wertung der verschiedenen, einander oft widersprechenden Aspekte, auf die der Astrologe während seiner Untersuchung stößt. Hier liegt vielleicht das

Hauptproblem einer guten astropsychologischen Analyse. Wenn der Astrologe hier falsch abwägt, ist es so, wie wenn ein Porträtmaler bei seinem Modell die Proportionen von Nase und Mund verzerrt und es somit karikiert. Nebenbei bemerkt besteht hierin auch die Schwäche des Computers. Die Programme »wichten« die verschiedenen Befunde in der Regel nicht gegeneinander, sondern beschränken sich darauf, die Faktoren der Reihe nach aufzuzählen.

Angesichts dieser Schwierigkeiten wird der Leser jetzt sicher verstehen, warum ein Astrologe so leicht gereizt reagiert, wenn er auf der Straße um eine Blitzkonsultation gebeten wird. Oder wenn sich sein rechter Tischnachbar, der von Astrologie nicht den geringsten Schimmer hat, bei einem Essen erkundigt (gewiß in der Annahme, ihm mit seiner Frage zu schmeicheln oder ihm eine Freude zu bereiten): »Lieber Freund, wie stehen meine Sterne in den nächsten Monaten?« Wenn er wüßte, wieviel Rechnerei, Konzentration und Anstrengung die Erstellung eines Horoskops erfordert, würde er sich diese Frage gewiß ersparen.

Zum Schluß dieses Kapitels möchte ich noch kurz die drei Haupttypen von Horoskop erläutern:

1. Das Geburtshoroskop (auch Radix, Wurzel, Geburtsbild sowie nach neuerer Terminologie Kosmogramm genannt), von dem bisher die Rede war, bestimmt ein für allemal körperliche Veranlagung, psychische Neigungen sowie die jeweiligen Begabungen und Talente des Menschen. Es zeigt auch in groben Zügen, zum größten Teil als Folge des Charakters, die Kräfte auf, die auf das Schicksal einwirken. Nicht zu vergessen die Mängel und Unvollkommenheiten des Betreffenden, seine Komplexe und Schwächen, aber auch die Impulse, die er für seine persönliche Entwicklung erhalten wird.

Anhand der Existenz und Natur bestimmter Planeten an bestimmten Stellen des Horoskops (besonders Aszendent und Himmelsmitte) sowie derjenigen Zeichen, in denen sich besonders viele Planeten befinden, wird der Astrologe zuallererst die Dominante des Horoskops festlegen, die von Venus, Sonne, Saturn usw.

bestimmt sein kann und bedeutende Hinweise auf Charakter – und sogar Körperbau – der betreffenden Person gibt. Diese Dominante ist oft doppelt oder dreifach vertreten und kann sich vom Sonnenzeichen unterscheiden, was zur Folge hat, daß der betreffende Mensch nicht mehr typisch für sein Zeichen ist. Wenn sich zu viele Planeten in einem Zeichen befinden, weiß der Astrologe, daß er es mit einer sehr einseitig geprägten Persönlichkeit zu tun hat, der es unter Umständen an Ausgeglichenheit fehlt. Zahlreiche andere Klassifizierungskriterien werden seine Schlußfolgerungen bereichern, je nachdem, ob er die beherrschenden Charakteristika anhand der *Elemente* bestimmt (Luft, Wasser, Feuer und Erde; erteilen Auskunft über Intellekt, Gefühlsleben, Dynamik beziehungsweise praktischen Verstand) oder sie mittels anderer Methoden sucht. (Passivität und Aktivität entsprechen den weiblich respektive männlich polarisierten Zeichen. Initiative, Ausdauer oder Wandlungsfähigkeit lassen sich dem Kreuzschema der beweglichen, festen oder veränderlichen Zeichen [Kardinal- oder Hauptkreuz, fixes Kreuz, gewöhnliches oder gemeinschaftliches Kreuz] ablesen.)

Das Radixhoroskop deckt auch die anfälligen Stellen im Organismus auf, mögliche Krankheiten und die Bereiche, in denen der Betreffende Glück hat und ihm alles leichtfällt, aber auch seine inneren Blockaden sowie die Hindernisse, die ihm das Schicksal aller Wahrscheinlichkeit nach in den Weg legt. Kurz, das Horoskop ist, mit den Worten Gabriel Marcels, »eine Konstellation des menschlichen Schicksals«.

2. Das Solar- oder Jahreshoroskop ist das auf einen beliebigen Geburtstag berechnete Jahreshoroskop eines Menschen und hat als zeitliche Grundlage den Augenblick, in dem die Sonne wieder auf ihren genauen Stand bei der Geburt zurückkehrt. Das Solarhoroskop gilt für ein Jahr – also bis zum nächsten Geburtstag – und zeigt die Art der Ereignisse an, die der Betreffende im Laufe des Jahres zu erwarten hat. Nach annähernd zwei Jahrzehnten Praxis darin scheint mir diese Prognosemethode sehr überzeugend. Sie kostet mich allerdings, nebenbei bemerkt, jedes Jahr ein kleines Vermögen, das jedoch durch herrliche Entdeckungen wettgemacht wird; habe ich doch dank meiner Jahreshoroskope schon Mexiko, Indien, Ägypten, Bali – nicht zu vergessen ... Milwaukee (bei minus 30 Grad), Brest und sogar Lourdes kennengelernt! Alexander Volguine, ein großer Astrologe unseres Jahrhunderts, der diese Methode zu seinem Steckenpferd gemacht hat, garantiert, daß man mit ihrer Hilfe auch die alltäglichsten Ereignisse voraussagen kann. Ich schließe mich völlig seiner Meinung an, möchte aber zu bedenken geben, daß die Analyse dann dermaßen auf die Spitze getrieben wird und im Extremfall soviel Zeit in Anspruch nimmt, daß man sich entscheiden muß, ob man sein Leben voraussehen ... oder leben will.

Ich möchte diese Methode jedoch gern ein bißchen erläutern. Sie besteht darin, daß das Horoskop des *Geburtstages* errechnet und mit dem Geburtshoroskop verglichen wird. Aufgrund der Harmonien und Dissonanzen zwischen den Geburts- und den »Jahres«-Planeten, zwischen dem Geburts- und dem Jahresaszendenten, zwischen der Himmelsmitte bei der Geburt und der des Jahres – all dies, können Sie mir glauben, erhöht die ohnehin schon beträchtliche Vielschichtigkeit der Analyse ins schier Unendliche – kann man genaue Prognosen für das kommende Lebensjahr machen. Und warum? Wenn auch die Geburtsplaneten – und natürlich die des Geburtshoroskops erst recht – ihre eigene Wirkung haben, so hängen das Achsenkreuz (Aszendent und Medium Coeli) und die Häuser doch vom Längen- und Breitengrad des Ortes ab, an dem der Geburtstag verbracht wird. Das hat zur Folge, daß man die guten und schlechten Jahreseinflüsse gewissermaßen »orten« und sich somit praktisch die Gebiete aussuchen kann, auf denen man bereit und willens ist, Widerstand und Schwierigkeiten auszuhalten, und die Bereiche schützen, die unter positiven Einflüssen stehen.

Viele Stars und Prominente beschäftigen sich vor ihrem Geburtstag intensiv mit der Frage, wo sie ihn feiern werden, und sie tun gut daran. Wenn schon die Möglichkeit besteht, die positiven Seiten eines Jahres zu bestärken oder die kritischen etwas abzuschwächen und dadurch dem Determinismus ein Schnippchen zu schlagen, warum sollte man sie nicht wahrnehmen? Fortschritt bedeutet doch in erster Linie Erkenntnis und Bewußtsein. Das macht zwar die Entscheidung nicht einfacher, die man treffen muß, wenn man zum Demiurgen seiner Zukunft wird, aber das ist eine andere Geschichte . . .

3. Die Progressionshoroskope betreffen symbolische Prognoseverfahren. Sie sind für den Anfänger zu kompliziert und zu technisch – für den Laien erst recht –, so daß ich es hier damit bewenden lassen möchte, sie zu erwähnen.

DRITTES KAPITEL
Astronomie und Astrologie, die feindlichen Schwestern

»Astrologie ist die auf irdische Verhältnisse übertragene und
auf das Leben des Menschen angewandte Astronomie.«
(R. Emerson, 1803–1882)

Ich möchte an dieser Stelle ausdrücklich betonen, daß ich stets, wenn ich von Astrologie spreche (in diesem Buch und überhaupt), ausschließlich die wissenschaftliche Astrologie meine, die heutzutage auch oft *Kosmobiologie* oder *Astro-Dynamik* genannt wird. Das schließt gewisse Wahrsagemethoden aus, die die wirklichen Gestirne gar nicht berücksichtigen und sich auf Erwägungen okkulter Art stützen, von denen man sich nur abgrenzen kann, indem man auf dem Boden der wissenschaftlichen Tatsachen bleibt: Damit meine ich die onomantische Astrologie – die allerdings wenigstens den wirklichen Sonnenstand berücksichtigt –, die kabbalistische Astrologie, die Wahrsageastrologie usw. Im Gegensatz zur Astronomie, die sich mit der physischen Beschaffenheit der Gestirne und des Universums befaßt, bemüht sich die wissenschaftliche Astrologie, das Verborgene zu entdecken, das, was nicht sichtbar ist. Sie erforscht die Wirkungen und Einflüsse der Gestirne auf die Erde und den Menschen und beruht auf der Tatsache, daß unser Sonnensystem von kosmischer Energie durchströmt wird und daß die Himmelskörper Strahlen aussenden, was in zahlreichen Experimenten bewiesen wurde, auf die wir später noch näher eingehen werden.

»Die Astronomie hat festgestellt, daß der Lauf zweier Himmelskörper gestört wird, wenn sie nahe aneinander vorüberziehen. Die

Astrologie geht noch viel weiter, denn sie untersucht und registriert die Beziehungen zwischen der Stellung der Planeten und den Ereignissen auf der Erde, seien diese nun meteorologischer, sozialer oder individueller Natur. Der Astrologe erforscht vor allem die vorhandene Beziehung zwischen der Position der Gestirne im Augenblick der Geburt und den morphologischen, psychologischen und schicksalsbedingten Eigenschaften des Individuums insgesamt« (H.-J. Gouchon).

Geschichtlich und von ihrer Entstehung her sind Astrologie und Astronomie Schwestern. Durch die Beobachtung der Gestirne stellt die Astronomie das Material bereit, das nötig ist, um ein harmonisches philosophisches System zu errichten, das auf universaler Übereinstimmung beruht. Erst im 17. Jahrhundert trennen sich die Wege dieser beiden Wissenschaften. Fortan ist die Astronomie, die materialistische Schwester der Astrologie, *en vogue*. Die ganze ptolemäische Kosmogonie mitsamt den wunderbaren Entdeckungen, die Galilei durch sein Teleskop macht, bricht zusammen, und die Astronomie leugnet ihre Verwandtschaft mit der Astrologie, schämt sich ihrer und betrachtet sie als ihr »närrisches Töchterlin (Kepler)«... bis zur Wiedergeburt der Astrologie, der wir heute beiwohnen.

Soweit einiges zur Geschichte der Astrologie.[1] Was ihre Technik betrifft, so stützt sie sich in erster Linie auf die Astronomie, die in der Rangordnung der exakten Wissenschaften gleich nach der reinen Mathematik und noch vor der Physik kommt. Die Astrologie macht sich die Genauigkeit der astronomischen Berechnungen zu eigen, indem sie die von Observatorien erstellten Ephemeriden (Gestirnstandstabellen) benutzt, die Tag für Tag die Stellung der Planeten am Himmel im Verhältnis zur Erde (Längen- und Breitengrad, Deklination usw.) angeben, nicht nur auf den Grad, sondern auf die Minute genau. (Häufig werden die besonders genauen Ephemeriden verwendet, die die NASA erstellt.) Der Astrologe

---

[1] Eine ausführliche Darstellung findet sich in W. Knappich: *Geschichte der Astrologie*. Frankfurt/M. 1967.

entnimmt diesen Tabellen auch die Angaben über die Sternzeit, die er, bezogen auf einen bestimmten Ort auf der Erde und einen sehr präzisen Zeitpunkt, zur Bestimmung des Aszendenten eines Horoskops braucht.

Die Geister der beiden Wissenschaften scheiden sich, wenn die Astrologie den Planeten je nach ihrer Stellung im Tierkreis oder im Haus (beziehungsweise Feld) eine bestimmte symbolische Bedeutung zuschreibt. Neben ihrer rein physikalischen Gravitationswirkung billigt die Astrologie den Gestirnen auch einen Einfluß auf die Psyche und den Intellekt zu, nach dem Prinzip, daß der Körper nicht von der Seele und vom Geist zu trennen ist, da der Mensch eine Einheit bildet – was unter anderem die Biochemie mit ihrem Arsenal von Neuroleptika, den zahllosen Beruhigungs- und Aufputschmitteln beweist. Dabei handelt es sich, einer alten Tradition zufolge, je nach bestimmten Winkelabständen zwischen den Planeten (»Aspekte«) um günstige (harmonische) oder ungünstige (dissonante) Einflüsse.

An dieser Stelle verziehen die Rationalisten gewöhnlich das Gesicht. So muß es auch Edmond Halley, jenem Astronomen aus dem 17. Jahrhundert (nach dem der Komet benannt wurde) gegangen sein, als er die Astrologie in Frage stellte und sich lautstark darüber wunderte, daß ein Mann von so überlegenem Geist wie Newton sich damit beschäftigte. Worauf dieser ihm entgegnete: »Der Unterschied zwischen Ihnen, Mister Halley, und mir, ist der, daß ich mich gründlich damit befaßt habe und Sie nicht.« Eine Antwort, die für den Astrologen, der es mit einem »apriorischen« Skeptiker zu tun hat, auch heute noch Gültigkeit hat. Ich persönlich verwende sie jedenfalls häufig...

Für den tiefreligiösen Newton blieb das Universum trotz der kopernikanischen Wende ein innerlich verbundenes Ganzes, und vielleicht gelangte er gerade aufgrund dieser Vorstellung zur Entdeckung des Gravitationsgesetzes. Er lebte zur Zeit des Übergangs vom alten Weltbild zur modernen Wissenschaft. Man nennt ihn auch »den letzten Magier und ersten Vertreter der Aufklärung«. Bemerkenswert ist, daß weder für ihn noch für Kepler – und das ist weder zufällig noch belanglos – zwischen diesen beiden Auffassungen, die erst durch die Herrschaft der Vernunft unvereinbar wurden, eine Kluft bestand. Und warum? Obwohl nach Kopernikus das heliozentrische Weltbild triumphiert, das den Menschen im Weltraum, in dem er bislang herrschte, relativiert, so wirken die kosmischen Einflüsse doch weiterhin *in bezug auf die Erde* – das ist erwiesen – und nicht in bezug auf die Sonne.

Die Astrologie beruht also auf der Astronomie, einer mathematischen, exakten Wissenschaft. Sie unterscheidet sich von ihr durch die Interpretation, Ergebnis einer tausendjährigen empirischen Tradition. Der Astronom, der im allgemeinen einen rein physikalischen und materialistischen Zugang zu seiner Wissenschaft hat, wird von der verhältnismäßigen Winzigkeit der Gestirne, ihrer Entfernung zur Sonne und ihrer mit der Sonne verglichen geringen Masse geblendet... Im übertragenen Sinne taxiert er Gewicht und Material einer Schallplatte, ihren Umfang oder ihre Zusammensetzung, während der Astrologe die Musik hört; anders ausgedrückt ist das so, als würde man ein Buch allein nach den zur Herstellung benötigten Stoffen: Papier, Leim, Karton und verbrauchter Druckerschwärze beurteilen und vergessen, daß es sich um *Die Blumen des Bösen* oder Goethes *Faust* handelt. Vor allem aber ist der Astronom durch das Fehlen einer wissenschaftlichen Erklärung für den sogenannten *Einfluß der Sterne* in seiner Vorstellungswelt gehemmt. Aber seien wir doch ehrlich: Hat das Fehlen einer Erklärung je auch nur die geringste Wirkung auf die *Realität* der Welt gehabt? Sollte der Astronom nicht dem Beispiel einiger seiner Berufskollegen folgen – die sich ernsthaft mit Astrologie beschäftigen –, bevor er der Astrologie jeglichen Wert abspricht, und sich fragen, ob an ihr, nachdem sie trotz ihrer Unvollkommenheiten die Jahrhunderte überdauert hat, nicht doch vielleicht »etwas dran« ist? Und dieses Etwas gilt es zu suchen... vorausgesetzt natürlich, er hat wirklich den Wunsch, es zu finden!

VIERTES KAPITEL
Ursprung, Entwicklung und weltweite Verbreitung der Astrologie

»Der Tierkreis ist der Rorschach-Test unserer Vorfahren.«
(Gaston Bachelard: L'air et les songes)

Hervorgegangen aus der Astrolatrie – Anbetung der Gestirne als Götter – und verbunden mit der subjektiven Erfahrung der Naturphänomene, einer animistischen Wahrnehmung der Welt, ist die Astrologie wahrscheinlich im 4. Jahrtausend v. Chr. in Mesopotamien entstanden. (Es wurden jedoch in Stein gehauene Ephemeridentafeln gefunden, die bis 8 000 Jahre v. Chr. zurückreichen sollen!)

Die westliche Astrologie entfaltete sich aber erst richtig im hellenistischen Griechenland. Denn nach Mesopotamien, Chaldäa und Sumer, der Wiege der Astrologie, erben die Assyrer über die Babylonier, deren Priester notgedrungen sowohl Astrologen als auch Astronomen und Heilkundige waren (von der Höhe ihrer Tempeltürme beobachteten sie den Himmel, um die Termine für ihre Zeremonien festzulegen, das Geschick der Könige und Völker vorauszusehen und die Ernten zeitlich festzulegen), im 1. Jahrtausend v. Chr. sowohl die Keilschrift der Sumerer als auch deren astronomische Kenntnisse. Bis zur Herrschaft König Assurbanipals im 6. Jahrhundert v. Chr. entwickeln sie dieses Wissen weiter, um es beim Untergang Babyloniens an Ägypten weiterzugeben.

Eine andere »Schule« sieht den Ursprung der Astrologie in Ägypten, wo mit dem Stier-Zeitalter im 5. Jahrtausend v. Chr. ihre Geschichte begonnen habe. Von dort habe sie sich nach Mesopotamien ausgebreitet. Ein anderer Einfluß erstreckt sich gen Osten, nach Indien und später nach China. Zur gleichen Zeit entfaltet sie sich über die Azteken- und Maya-Astrologie in Südamerika.

Die westliche Astrologie gelangt also über Ägypten nach Griechenland, wo sie sich verbreitet und schließlich in einem umfassenden, kohärenten und sehr komplexen System kodifiziert wird, das auf den astronomischen und geometrischen Kenntnissen dieses höchst begabten Volkes beruht. Die griechische Kosmogonie wird später die heidnische ebenso wie die christliche Welt in ihrer Religion, Philosophie und Wissenschaft nachdrücklich beeinflussen. Der große Ptolemäus soll von den Babyloniern eine Eklipsentabelle geerbt haben, die auf das Jahr 747 v. Chr. zurückgeht, und Ausgrabungen haben bewiesen, daß bereits im 1. Jahrtausend vor unserer Zeitrechnung der Jahreszyklus der Sonne, die Mondphasen und die Zyklen mehrerer Planeten bekannt waren. Bestimmten Historikern zufolge kommt die Schrift chronologisch und geschichtlich nach der Astrologie: Die Menschheit vermochte also den Himmel zu deuten, bevor sie schreiben konnte! ...

In Mesopotamien widmete man sich der systematischen Beobachtung der Himmelskörper, schrieb die Ergebnisse auf, um sie mit Hilfe der Arithmetik zu berechnen. In Griechenland nun stellte sich die entstehende Geometrie in den Dienst der mythologischen und anthropomorphisierten griechischen Gottheiten, die sich zusammen mit den babylonischen Himmelsgöttern (den Planeten und Sternen) bildeten. Daraus entstand das Phänomen des »Katasterismus« – Gleichsetzung der Sterne mit mythologischen Gestalten –, das in der griechischen Astrologie ebenso wie in der griechischen Philosophie zu beobachten ist. So schlägt Plato zum Beispiel die göttliche Gleichsetzung von Helios mit Apoll vor, der somit zum Sonnengott wird. Interessanterweise lehnen die Epikureer die Astrologie ab, während die Stoiker, Anhänger der »universellen Sympathie« und des Fatalismus – des griechischen *fatums* –, leidenschaftliche Verteidiger der astrologischen Lehre sind.

Die griechischen Astrologen sehen in Pythagoras ihren Vorläufer. Nach seiner Auffassung sind die Planeten, die Sonne und der Mond

Das antike Sonnensystem aus geozentrischer Sicht (von der Erde aus gesehen), Weltbild des Ptolemäus

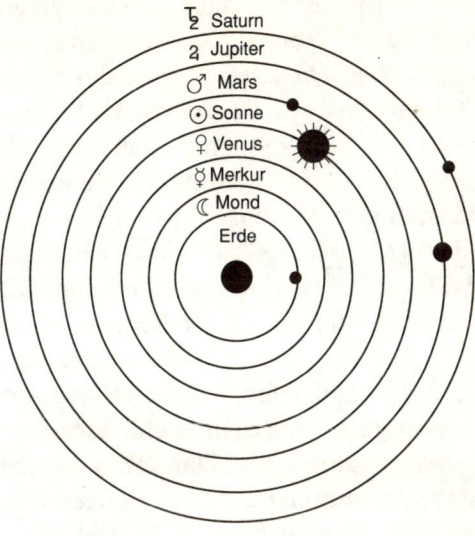

Abb. 9

an Sphären oder Rädern festgemacht, die sich in konzentrischen Kreisen um die Erde drehen: das ist die »pythagoreische Stufenleiter«, in der die Zahlenmystik eine wichtige Rolle spielt und nach der jede Sphäre ihre eigene Resonanz hat. Platos Astraltheologie, verbunden mit der pythagoreischen Zahlenmystik schufen ein günstiges Klima für die Entfaltung der Astrologie, dieser laut *Encyclopaedia Britannica* bedauerlichen »Illusion«, der sogar ein Mann von so hohem Geist wie der Astronom Hipparch – Entdecker der Äquinoktium-Präzession – im 2. Jahrhundert n. Chr. erliegen sollte. Dennoch taucht, von Aristarch im 3. Jahrhundert v. Chr. verfaßt, siebzehn Jahrhunderte vor Kopernikus in Griechenland eine heliozentrische Theorie auf. Aber sie hat keinerlei Erfolg. Die Welt wird fast zweitausend Jahre mit dem ptolemäischen, geozentrischen (= mit der Erde als Mittelpunkt) und anthropomorphisierenden System leben, das dem Menschen soviel Sicherheit gibt. 280 Jahre v. Chr. gründet der Babylonier Berossos auf der Insel Kos eine chaldäische Astrologenschule: Die Individual-Astrologie ist geboren. Daraufhin entstehen die ersten Himmelskarten, also graphische Darstellungen des Himmels zu einer bestimmten Zeit. Der babylonische Tierkreis, den die Griechen übernommen haben, erfährt seine Vollendung: Da sich die Sonne ungefähr dreißig Tage in jeder Konstellation aufhielt, wurde der Tierkreis in 360 Grade unterteilt, von denen sie pro Tag etwa einen durchläuft. Dieses chronologische System hat bis heute Gültigkeit (vgl. Abb. 9).

Bemerkenswert ist, daß der Tierkreis in allen Kulturen auf der Zahl Zwölf beruht (vgl. die zwölf Götter des Olymp, die zwölf Apostel, die zwölf Stämme Israels, die zwölf Arbeiten des Herkules, die zwölf Imame der Schiiten, die zwölf Monate des Jahres). Alle Traditionen lehnen die Primzahl 13 ab, während die Zwölf teilbar ist (Struktur der 4 Jahreszeiten zu je 3 Zeichen usw.). In allen Astrologien (der chaldäischen, ägyptischen, chinesischen, hinduistischen sowie in der Azteken- und Maya-Astrologie) umfaßt der Tierkreis immer zwölf Zeichen. Eine bedeutsame Übereinstimmung!

So, wie die Astrologie Griechenland erobert hat, wird sie auch

Rom erobern. Trotz des Widerstands von Cato und Cicero, und obwohl die Römer sie anfänglich ablehnen – schließlich haben sie ihre eigenen Götter und Hellseher, was können ihnen da die griechischen Gottheiten noch bringen? –, findet die Astrologie dort ihren ersten großen Theoretiker und Begründer in Manilius, der unter Augustus Triumphe feiert (»Das Schicksal regiert die Welt ... Jedes Ding hat feste Gesetze«) und dem aus Alexandria gebürtigen Claudius Ptolemäus, einem der größten Astronom-Astrologen aller Zeiten. In seinem Werk *Amalgest* (so sein lateinischer Titel) stellt er sein kosmographisches, auf die Erde als Mittelpunkt bezogenes, Weltsystem dar, und in seinem *Viererbuch (TETRABYBLOS)* faßt er die astrologische Lehre und den gesamten astrologischen Kenntnisstand seiner Zeit zusammen.

Trotz der Unterstützung der Kaiser werden die Astrologen (die *mathematici*) wegen ihres angeblich schlechten Einflusses auf das leichtgläubige Volk mehrmals aus Rom verbannt. Und das Christentum verdammt jegliche Wahrsagekunst. Bis ins 10. Jahrhundert wird es still um die Astrologie. Die Araber, deren starker Einfluß auf das Abendland während dieser Jahrhunderte bekannt ist, begeistern sich für sie und bereichern sie ganz wesentlich. Wir verdanken ihnen im besonderen die *arabischen* oder *sensitiven Punkte*, fiktive und astronomisch berechnete Punkte am Himmel, die mit spezifischen Lebensbereichen in Zusammenhang stehen (Glückspunkt, Liebespunkt, Lebenspunkt, Todespunkt usw.). Im 12. Jahrhundert erscheinen Texte mit arabischen Kommentaren auf astrologischen Schriften griechischen Ursprungs, die außerdem ins Lateinische übersetzt worden waren. Albumasars Werk über die großen Konjunktionen macht Epoche und wird zahlreiche abendländische Astrologen inspirieren. Somit erhält die königliche Kunst der Sterne neues Blut.

Durch Albertus Magnus, den Lehrer des Thomas von Aquin, wird auch im Abendland die Astrologie wiederbelebt und erhält dank des Thomismus sogar einen Spitzenplatz unter den Wissenschaften. Die Astrologie erstrahlt nun in solchem Glanz, daß Abälard den Sohn, den er mit Heloise haben wird, Astrolabius taufen wird! Nach der Auffassung Thomas von Aquins stehen die Menschen unter dem Einfluß der Sterne, die das Bindeglied zwischen Gott und uns bilden und unseren irdischen Körper beherrschen.

Im Mittelalter wird die Astrologie um ein grundlegendes Element bereichert: um das *Häusersystem* im Horoskop, das vom Zeitpunkt und vom Ort der Geburt ausgeht (Berechnung des Aszendenten und der Häuser) und eine vollständige Individualisierung des Horoskops erlaubt und somit eine bedeutend größere Genauigkeit. Gelehrte Mathematiker, meistens Geistliche, wie Johannes Müller, alias Regiomontanus, Placidus oder Campanus stellen komplizierte kosmographische Berechnungen an, um das Geburtsbild in zwölf Felder einzuteilen, die von den Kardinalachsen ausgehen: der Horizont (Aszendent) und der Meridian (Medium Coeli). Etwas später steht sogar Luther für die Astrologen ein, indem er das Vorwort zu einem Buch des berühmten Astrologen Lichtenberger schreibt. Aber nach dem Mißerfolg seiner eigenen Voraussagen will dieser reformerische Skorpion nichts mehr von der Astrologie wissen! ... Auch Galilei, Kepler und Newton, die zusammen mit Kopernikus die moderne Astronomie begründeten, waren bedeutende Astrologen, was in der heutigen Zeit oft verschwiegen wird. Gewisse moderne Astronomen, deren postume Berühmtheit wahrscheinlich nie den Grad dieser großen wissenschaftlichen Geister erreichen wird, sollten diesen scheinbaren Widerspruch nicht vergessen.

Dann folgt jedoch die intellektuelle Revolution von Descartes und das Zeitalter der Aufklärung, das mit allem erworbenen Wissen gründlich aufräumt, um es der rationalistischen Methode zu unterwerfen. Nach einem zeitweiligen Interesse für die Astrologie verdammt der Vater des »Ich denke, also bin ich« Magie, Alchimie und Astrologie in einem Atemzug: »Ich glaube, ich kenne die üblen Lehren und ihren Wert schon zur Genüge und kann nicht mehr getäuscht werden, weder durch die Versprechungen eines Alchimisten, die Prophezeiungen eines Astrologen, die Schwindeleien eines Magiers noch durch die Tricks oder Angeberei derer, die daraus einen Beruf machen, mehr zu wissen, als sie tatsächlich wissen.« Zu fragen wäre, ob an diesem verdammenden Urteil nicht eher die Astrologen schuld sind, denen er begegnet ist, als die

Astrologie selbst! Durch Colbert jedenfalls erfährt unsere Kunst im Namen dieser intellektuellen Revolution den scheinbaren Todesstoß...

Während an den Universitäten von Padua, Bologna, Florenz sowie Paris seit dem 14. Jahrhundert Lehrstühle für Astrologie bestehen, spricht diese rationalistische Jungfrau im Jahre 1666 in aller Form das Verbot dieser Disziplin aus. Dazu der Maler Georges Mathieu: »Vor genau drei Jahrhunderten, anläßlich der Gründung der Akademie der Wissenschaften 1666, hat Colbert, der Inbegriff des gemeinen bürgerlichen Krämergeistes, die Astrologie in den größten offiziellen Mißkredit der Geschichte gebracht, indem er den Astrologen ausdrücklich verbot, sich damit zu beschäftigen. Sie hat sich bis heute nicht ganz davon erholt.«

Aber die Wahrheit hat ein dickes Fell; nach der Ebbe kommt die Flut, nach der Aktion die Reaktion. Am Ende einer fast dreihundertjährigen, für die Vernunft und ihr Produkt, die Wissenschaft(sgläubigkeit), ruhmreichen Periode beginnt der Mensch erneut zu zweifeln; er zweifelt an der absoluten Gültigkeit dieser Vorstellungen, die ihn nicht glücklicher gemacht und ihm auch keine tiefere Erkenntnis seiner selbst beschert haben.

Mit der Entdeckung des Unbewußten erregt nun die Psychoanalyse Aufsehen. Die beschränkte, materialistische und mechanistische Wissenschaftsgläubigkeit eines Condillac ist vorüber, der zufolge *das Gehirn den Gedanken ausscheidet* wie eine Drüse das Hormon. Zur gleichen Zeit erscheinen die ersten astrologischen Statistiken: die des Schweizers Krafft (der Hitlers Horoskop erstellte) sowie die von Choisnard. Später folgen ihnen die Arbeiten M. Gauquelins, der am französischen Nationalen Forschungsinstitut (*Centre national de la Recherche scientifique,* C. N. R. S.) statistische Untersuchungen über Angehörige bestimmter Berufsgruppen durchführt, deren Ergebnisse die traditionelle astrologische Theorie deutlich bestätigen.

Insbesondere zwei wissenschaftliche Astrologen setzen sich für die Wiederbelebung ihrer Kunst ein: mein Lehrer Henri-Joseph Gouchon und André Barbault. Barbault entwickelte auf dem Gebiet der Mundan-Astrologie Gouchons Theorie vom »Zyklenindex der Planetenkonzentration« weiter, die eine »Gleichzeitigkeit« von Planetenballungen auf einem verhältnismäßig kleinen Raum des Himmels – die gewissermaßen zur Folge hätten, daß die Sonne ein wenig »dezentralisiert« würde – und den bewegten Perioden der Weltgeschichte nachweist.

Die Astrologie floriert wieder, sie ist in aller Munde und wird bei jeder Gelegenheit bemüht... und von jedem. Ihr Gebrauch ist inflationär, denn die königliche Kunst der Sterne hat gerade das Glück – oder Unglück –, in Mode zu sein: Darunter leidet oft ihre Seriosität und Authentizität. Man muß allerdings selektiv vorgehen, was nicht immer einfach ist, besonders für die Allgemeinheit. Mehr denn je ist das prophetische Wort des Freud-Schülers C. G. Jung, dieses großen Philosophen, Psychoanalytikers und Mythologen und genialen Löwen, angebracht: »Wenn Leute, deren Bildung zu wünschen läßt, bis zum heutigen Tag glauben, sich über die Astrologie lustig machen zu können, sie als eine Pseudowissenschaft zu betrachten, die seit langen abgetan ist, täuschen sie sich. Denn die Astrologie, die aus der Tiefe der Volksseele kommt, hält heute erneut Einzug in unsere Universitäten, zu denen sie drei Jahrhunderte lang keinen Zugang hatte.«

Wünschen wir ihr den Empfang, den sie sich verdient hat.

FÜNFTES KAPITEL

Astrologie: Humanwissenschaft, exakte Wissenschaft, Kunst, Weissagung... oder...?

»Die Astrologie ist eine Wissenschaft für sich, aber eine wegweisende. Ich habe viel aus ihr gelernt und viel Nutzen aus ihr ziehen können. Die physikalischen Energien unterstreichen die Macht der Sterne über unser irdisches Geschick. Die Astrologie wiederum unterstützt die physikalischen Erkenntnisse. Deshalb ist sie eine Art Lebenselixier für die Gesellschaft.«

(ALBERT EINSTEIN)

»Die Astrologie ist eine Kunst, eine Wissenschaft und zugleich eine Weisheit.«

(RAYMOND ABELLIO)

Dieser dreifachen Definition des großen Philosophen und Absolventen der École polytechnique von Paris, Raymond Abellio, stimme ich voll und ganz zu. Ich möchte sie hier etwas näher erläutern:

1. Eine Kunst: Nach den ersten einführenden Kapiteln dieses Buches wird klar sein, daß die Menschheit den Dialog mit dem Himmel fast von ihren Anfängen an als Tropismus empfunden zu haben scheint. Es sieht in der Tat so aus, als hätte die menschliche Kreatur – wie die Sonnenblume, die sich stets der Sonne zuwendet, deren Licht sie trinkt – in den sich immer wiederholenden Planetenbewegungen nach einem Abbild ihrer selbst, ihrer eigenen Ängste und Hoffnungen gesucht. Und als hätte sie dieses Abbild tatsächlich, fast wie durch ein Wunder, in den Himmelsrhythmen gefunden. Man könnte jetzt nach Ursache und Wirkung fragen – oder aber, ganz einfach, ob der Mensch diesen erhabenen Gleichklang zwischen den Rhythmen des Himmels und seinen eigenen nicht instinktiv erkannt hat, der sehr bald dazu führte, daß der Mensch den Himmel über sein Geschick befragte. Methoden der Himmelsbeobachtung wurden entwickelt, aus denen, verbunden mit Interpretations-Hypothesen, im Laufe der Jahrhunderte eine wahrhaft empirische Kunst gedieh. Eine Kunst der Eingeweihten, eine geheime, esoterische Kunst, die der Meister (Priester, Magier, Gelehrte, Astronom) an den Schüler der Astrologie weitergab; eine Kunst, zu deren wesentlichen Bestandteilen mit Sicherheit die Erleuchtung gehört, die beinahe göttliche Intuition. Denn man kann sich wirklich nur schwer vorstellen, daß gewisse Zyklen, wie der des Saturn – der von den sieben antiken Planeten der am weitesten entfernte ist und dessen Umlaufzeit immerhin etwa dreißig Jahre beträgt –, während eines Menschenlebens soweit »untersucht« werden konnten, daß daraus eine Theorie von ihrem Einfluß zu entstehen vermochte. Dasselbe gilt um so mehr für die berühmte, alle zwanzig Jahre wiederkehrende Konjunktion Jupiter-Saturn, die für die Völker der Antike die wichtigste war, weil sie von den beiden langsamsten Planeten des damals bekannten Sonnensystems gebildet wird: Jesus Christus ist wahrscheinlich unter einer solchen geboren worden. Allein dieser Zwei-Jahrzehnte-Zyklus hat bestimmt jahrhundertelange Beobachtung seiner Begleiterscheinungen erfordert, bis seine nachhaltige politische Wirkung begriffen werden konnte.

Dieser Interpretationstechnik liegt zweifellos Kreativität, schöpferische Kraft zugrunde, und wer »schöpferische Kraft« sagt, meint »Kunst«. Ich vergleiche die Astrologie häufig mit der Kunst Äskulaps, denn auch in der Medizin taugt die Diagnose soviel wie der Arzt, der sie erstellt – und Gott weiß, welcher Abgrund sich zwischen zwei Diagnosen auftun kann, selbst wenn die beiden Ärzte, die sie gestellt haben, dieselbe Ausbildung hatten. Dasselbe gilt für alle Disziplinen, die es mit den Menschen zu tun haben, die so unterschiedlich, um nicht zu sagen einzigartig sind. Und die Wissenschaft bestätigt uns immer wieder die Einmaligkeit des Individuums, seine absolute Eigenheit: Weder Gehirnwindungen noch Handlinien oder Iris sind bei zwei Menschen identisch. Die Vielfalt der Faktoren, die bei einer psychologischen, physiologischen, astrologischen, graphologischen oder medizinischen Diagnose zusammentreffen, zwingt den Fachmann in jedem einzelnen Fall zu einem geistigen Balanceakt, wenn er zu einer lebendigen und intelligenten, EINZIGARTIGEN Synthese gelangen will. Und damit kommt die Kreativität ins Spiel.

2. Eine Wissenschaft: Das schöpferische Element der astrologischen Interpretation, das für den Astrologen bei der Analyse eines Horoskops von höchster Bedeutung ist, da er sonst stumpfer Standardisierung anheimfallen würde, darf aber nicht über die astronomischen und somit streng mathematischen Grundlagen dieser Kunst hinwegtäuschen. Wie könnte man vergessen, daß der Astrologe ohne seine Ephemeriden (die Tag für Tag die genaue Stellung der Planeten aufzeigen), ohne seine kosmographischen Berechnungen schlicht und einfach lahmgelegt und zum Schweigen verurteilt wäre? Der Laie übersieht diese Tatsache oft und beruft sich deshalb, mehr oder weniger bewußt, auf die magische Natur, die er den Sternen zuschreibt. Aber gibt es eine wissenschaftlichere Ausgangsbasis als den unveränderlichen und mithin vorhersehbaren Lauf der Planeten? Wohl kaum.

Nun werden Sie mich bestimmt fragen: »Dann handelt es sich also um eine exakte Wissenschaft?« und meine Antwort lautet: »Halt, nicht so schnell! Lassen Sie uns das Wesentliche vom Unwesentlichen trennen, und dann erledigt sich dieser Streit um des Kaisers Bart ganz von selbst.« Außer bei der reinen Mathematik und der Physik, die man als exakte Wissenschaften betrachten kann – und selbst hier ist dieser absolute Begriff seit einigen Jahrzehnten heftig umstritten –, handelt es sich bei anderen Disziplinen, wie Biologie oder Genetik, keinesfalls um exakte Wissenschaften, ganz zu schweigen von Medizin, Graphologie, Wirtschaftswissenschaften oder... Astrologie. Biologen und Genetiker unterliegen einer Fehlerquote, die daher rührt, daß der Forscher unbewußt das (erhoffte oder befürchtete) Versuchsergebnis beeinflußt. Und die anderen Wissenschaften müssen unbedingt die unendliche Vielschichtigkeit und Vielfalt ihres Objekts – des Menschen – berücksichtigen. Daher sind hier allgemein anwendbare Gesetze unmöglich. Aber eine exakte Wissenschaft ist entweder allgemein anwendbar – oder sie ist keine.

Bei all diesen Disziplinen, die ich hier aufgezählt habe, handelt es sich um *Humanwissenschaften*. Ebenso bei der Astrologie, die, wie es ein belgischer Wissenschaftler einmal ausgedrückt hat, nichts anderes ist als »die Wissenschaft von der Persönlichkeit« und die viel präziser vorgeht als beispielsweise die klassische Psychologie. Und weshalb? Weil die Astrologie eine objektive, nämlich mathematische »universelle Struktur« (Raymond Abellio) als Bezugssystem hat, an der auch der Lauf der Gestirne teilhat, während die Psychologie notgedrungen auf dem Experiment beruht, auf der Beobachtung einer Verhaltensweise, die ebensogut ein Reflex, ja sogar eine nur zeitweilige Veränderung der wahren Psyche sein kann. Wenn man nämlich der Kluft zwischen Verhalten und wirklichem Charakter noch die Verzerrung hinzufügt, die durch die Subjektivität des Analytikers fast zwangsläufig entsteht, eine Verzerrung, die um so gefährlicher ist, als kein objektives und absolutes Bezugssystem existiert, ist das Risiko einer Fehldiagnose sehr hoch. Natürlich ist auch der Astrologe subjektiv, aber seiner Subjektivität wird durch einen Code Grenzen gesetzt, der von seinesgleichen anerkannt – und somit verifizierbar – ist: von der Sprache der Gestirne, die auf der Symbolik universeller Entsprechungen beruht.

Da *Gesetze* die Voraussetzung für eine Wissenschaft sind, die eine Wiederholung unter den gleichen Umständen und gleiche Wirkungen aufgrund identischer Ursachen zulassen, kann ernsthaft behauptet werden, daß die Astrologie mit Sicherheit eine Wissenschaft ist. Die zahlreichen individuellen und globalen Prognosen, die die Astrologie ermöglicht, lassen diese Schlußfolgerung zu (vgl. Vierzehntes Kapitel). Und es sollte ihr endlich ein für allemal zugestanden werden, daß es weder mit Zufall noch mit Magie zu tun hat, wenn sie mit ihren Prognosen »ins Schwarze trifft«; und umgekehrt ist es nicht zulässig, die Astrologie als solche zu beschuldigen oder zu kritisieren, wenn der Astrologe danebentrifft ...
Außerdem: Warum sollte der Astrologe nicht dasselbe Recht wie jeder andere Mensch haben, Fehler zu machen? Wieso wird hier

mit zweierlei Maß gemessen? Zudem werden ja die erfolgreichen Prognosen durch die Fehler nicht »kompensiert«, ebensowenig, wie sie dadurch aufgehoben werden; eine solche Argumentation entspringt einer beschränkten Denkweise, jedenfalls einem gewissen Mangel an Gedankentiefe. Wo blieben denn sonst all unsere auf Vermutung beruhenden – und trotzdem anerkannten! – Wissenschaften, die sich ungestraft, aber hartnäckig irren, wie zum Beispiel die Nationalökonomie, die Meteorologie, die Futurologie, die Medizin und so weiter...

3. **Eine Weisheit:** Die Technik, das heißt die Aneignung der astrologischen Symbolik und Sprache, sowie die Interpretation – die man sich subtil und vielfältig wünscht – bilden die ersten zwei Stufen der königlichen Kunst der Sterne. Sie würde jedoch ihren würdevollen Namen nicht verdienen, würde sie nicht in ein erweitertes, relativiertes, tolerantes Weltbild wie auch in eine »philosophische Revolution« münden. So kann man sich den Tierkreis ja als ein kosmisches Gebäude vorstellen, dessen zwölf Fenster (eines pro Zeichen) uns jeweils eine andere Sicht auf die Welt zeigen, die sich gegenseitig ergänzen und somit im Wesen relativ sind. Nur die Erfahrung – vielleicht in mehreren Leben? – dieser zwölf verschiedenen Ansichten (Weltanschauung nennt das die deutsche Philosophie) ermöglicht es uns, zur Objektivität zu gelangen, die nichts anderes ist als die Synthese der unterschiedlichen Betrachtungsweisen der Wirklichkeit.

Dementsprechend kann man die Wesensart eines Sternzeichens gewissermaßen durch jeweils ein Verb umreißen:

WIDDER: Ich bin.
STIER: Ich besitze.
ZWILLINGE: Ich denke.
KREBS: Ich fühle.
LÖWE: Ich will.
JUNGFRAU: Ich analysiere.
WAAGE: Ich verbinde.
SKORPION: Ich zweifle.
SCHÜTZE: Ich glaube.

STEINBOCK: Ich brauche.
WASSERMANN: Ich erfinde.
FISCHE: Ich träume ...

Diese Erkenntnis hat unweigerlich äußerste Bescheidenheit und grenzenlose Toleranz zur Folge, denn unser Bild der Welt und der Menschen kann niemals mehr als relativ sein, weil es immer nur ein Bruchstück erfaßt und somit notgedrungen voreingenommen ist. Fassen wir also zusammen: auf der einen Seite die jeden Tag neue Feststellung, die uns in Freude oder Schrecken versetzt, daß wir wie durch eine Nabelschnur mit dem Kosmos verbunden sind, der uns zum Schwingen bringt, uns leben und sterben läßt; auf der anderen Seite die Möglichkeit, uns selbst und unsere Mitmenschen *im Innersten* kennenzulernen – was zu mehr Verständnis und Toleranz führt und uns endgültig das Recht nimmt, andere zu verdammen. Schließlich bringt uns die Beschäftigung mit der Astrologie zu der Überzeugung, daß wir vom ersten Atemzug an unausweichlich von einem bestimmten Charakter und damit von einem bestimmten Schicksal geprägt sind, entsprechend den Harmonien und Dissonanzen der Himmelsenergien. All das muß zwangsläufig unser Bewußtsein erweitern und unsere Lebensziele beeinflussen, oder anders ausgedrückt, muß uns auf den Pfad der wahren Weisheit führen, nicht in die Egozentrik oder Isolation, sondern zu einer großzügigen und solidarischen Weisheit.

Postulat und Grundlage

SECHSTES KAPITEL

Astrologie, Pseudo-Feindin der Vernunft

»Das ist die längste Krankheit, die den menschlichen Verstand heimgesucht hat. Sie besteht nun schon seit fast fünf Jahrtausenden. Sie ist weder die Krankheit aller Zeiten noch aller Geister, aber sie ist unheilbar. Ihre Anfälle klingen nur ab, um erneut aufzutreten. Sie wird schwächer durch den Fortschritt der Aufklärung, sie verschwindet ganz, wenn die Aufklärung universell ist. Aber wenn die Aufklärung nachläßt, erhebt sich die Astrologie wieder kühn, um ihren Schwindel vorzubringen und ihn glaubwürdig erscheinen zu lassen.«

(BAILLY)

»Es gibt keine schlimmere Intoleranz als die der Vernunft.«

(M. DE UNAMUNO)

»Jede Wahrheit birgt den Skandal in sich.«

(MARGUERITE YOURCENAR)

»Wir erkennen die Möglichkeit eines Bewußtseinszustandes an, der das Bewußtsein der universellen Wechselbeziehung in ihrer Ganzheit und Einheit zum Ziel hat und der, über rein intellektuelle Überlegungen hinaus, den ›natürlichen‹ Vernunftszustand in einen ›transzendentalen‹ Vernunftszustand übergehen läßt.«

(RAYMOND ABELLIO: La fin de l'ésotérisme)

Von den unzähligen, mehr oder weniger vehement vorgetragenen Einwänden, Klagen und Vorwürfen gegen die Astrologie beruht die Hauptanschuldigung, die wie ein äußerst enervierendes Leitmotiv immer wiederkehrt, auf folgender Gleichung:

ASTROLOGIE = Wahrsagerei
 = Aberglaube
 = überholte und dogmatische Scholastikertradition
 = Mittelalterliche und irrationale Kosmogonie
 = Aufhebung des kritischen Geistes
 = Verneinung der Vernunft und der Willensfreiheit
 = Droge für die Massen
 = Zurück zum Obskurantismus

Zuallererst kann zu dieser Pauschalkritik nur bemerkt werden, daß sie einen quasi-debilen Geisteszustand der Astrologen voraussetzt, da diese sich ja, gegen alle Regeln der Vernunft, weiterhin für die Astrologie interessieren und ihr Glauben schenken. Sie ist eine Beleidigung für die Astrologen, besonders wenn die durch ihr kulturelles Niveau, ihr Leben, ihr Verhalten und durch ihre Werke beweisen, daß sie mit Logik nicht weniger gesegnet sind als andere, sehr oft eher im Gegenteil. Unter solchen Voraussetzungen fällt es schwer zu verstehen, wie sich große Denker aller Epochen mit Astrologie beschäftigen konnten: von Aristoteles, der einer der Begründer der modernen Wissenschaft bleibt, bis zu C. G. Jung und Einstein, über Dante, Kepler, Newton, Galilei, Balzac und Goethe. Aber all dies ist Vergangenheit, wird man einwenden, oder es handelt sich dabei höchstens um moderne Philosophen oder Literaten. Aber moderne *Wissenschaftler?* Wir finden Absolventen der École polytechnique (der technischen Hochschule von Paris) wie Choisnard, R. Abellio, D. Verney darunter; Wissenschaftler wie E. Picard und M. Auphan, insbesondere aber Louis Pasteur (»Ich glaube an den kosmischen Einfluß«, sagt er); Atomphysiker wie R. Gouiran (am CERN, der Europäischen Organisation für Kernforschung), in erster Linie aber Albert Einstein und Fritjof Capra, Autor der Werke *Wendezeit, Das Tao der Physik*... und zahlreiche Ingenieure, Ärzte, Psychologen, Biologen, von denen ich weiß, daß sie es vorziehen, nicht namentlich erwähnt zu werden, aus Angst vor dem Zorn ihrer Wissenschaftlerkollegen – denn die königliche Kunst der Sterne ist noch immer tabu...

Genügt die Zugehörigkeit zu einer Eliteuniversität wie der École polytechnique oder der Status eines Wissenschaftlers etwa nicht als Visitenkarte, oder handelt es sich vielleicht um ein paar wenige schwarze Schafe, die vom rechten Weg der Vernunft abgekommen sind? Da muß man sich schon entscheiden. Die Astrologie stößt gewiß auf ein absurdes Hindernis: Die Mehrheit der Wissenschaftler oder Rationalisten, eingeschworene Gegner der Astrologie, wollen nicht nur nichts von ihr wissen, sondern lehnen auch rundweg jedes Experiment mit ihr ab. Wer ist dann also irrational und argumentiert emotionell? Der hochgebildete Ethnologe Laplantine bringt es subtil auf den Begriff: »Der übertriebene Rationalismus hat nichts mit Vernunft zu tun... Die ›alten Zöpfe‹ des wissenschaftlichen Totalitarismus müssen endlich abgeschnitten werden.«

Und warum sollte man den Einfluß der Gestirne eigentlich leugnen, selbst wenn wir seine Natur und Wirkungsweise noch nicht kennen? Wer weiß denn selbst heutzutage ganz genau, was Elektrizität ist, außer daß es sich dabei um eine Form von Energie handelt? Was uns aber keinesfalls daran hindert, uns ihrer täglich zu bedienen.

Wenn es in den kommenden Jahren gelingt zu beweisen, daß die Vorstellung planetarischer Einflüsse nicht irrational ist, daß es sich dabei weder um eine absurde Idee noch um eine willkürliche Behauptung handelt, werden alle Angriffe, die auf der Vernunft beruhen, mit einem Schlag hinfällig. Wie könnte das geschehen? Ganz einfach durch zahlreiche Experimente, unwiderlegbare Fakten, die den engen Rahmen der offiziellen Wissenschaft sprengen und sie zwingen werden, Hypothesen aufzustellen, die diese »neuen« Phänomene erklären. In Wahrheit sind wir bereits an diesem Punkt, aber die Antwort der offiziellen Wissenschaften läßt unendlich lange auf sich warten, als wolle sie das, was sie verunsichert, nicht sehen und nicht zur Kenntnis nehmen. Ein bestimmter Wissensstand ist schnell mit dem Etikett »Vernunft« versehen. Und schien nicht Galilei der Inbegriff der Unvernunft zu sein, die Verkörperung wissenschaftlicher Ketzerei, obwohl er die Wahrheit auf seiner Seite hatte?... Wurde nicht Giordano Bruno bei lebendigem Leibe verbrannt, weil er bis an sein Lebensende an der Idee festhielt, daß das Universum unendlich sei – eine Auffassung, die sich einige Jahrhunderte später der Anerkennung durch die offizielle Wissenschaft erfreute? ...

Vielleicht wird heute eine wissenschaftliche Kosmologie den Anhängern des Rationalismus weniger Angst einflößen als damals, denn der moderne Mensch braucht wieder den engen Bezug zu seiner Herkunft, seinen Ursprüngen und Wurzeln – die möglicherweise im Himmel liegen, wenn man M. P. Fouchets Auffassung teilt, der meint: »Ich glaube, in dem Maße, in dem man im Menschen dieser Welt, die langsam verkümmert, das kosmische Gefühl wiederherstellen kann, das er immer mehr verliert, erfüllt man eine äußerst nützliche Aufgabe ...«

Sicher ist, daß der Aristotelismus, der die mittelalterliche Scholastik prägte, der Astrologie wohlgesonnen war, und daß Descartes, der im 17. Jahrhundert mit dem ganzen überkommenen intellektuellen Dogmatismus aufräumte, wobei er auch diese Kunst nicht verschonte, die ihm einer dunklen Vergangenheit anzugehören schien, sozusagen das Kind mit dem Bade ausschüttete ...

Nach Descartes, Colbert, Pierre Bayle, Voltaire und anderen führen auch die Rationalisten des 20. Jahrhunderts diesen Heiligen Krieg gegen die Astrologie weiter, die sie mit ihrer Vorstellung vom intellektuellen Dogmatismus verknüpfen. Astrologie ist in ihren Augen Synonym für Geheimwissenschaft, Esoterik, Mystik, um nicht zu sagen Magie, und all das ist seit Descartes' intellektueller Revolution höchst suspekt.

Aber die moderne Astrologie hat seit dem Mittelalter auf experimentellem Weg Fortschritte gemacht, wie wir weiter unten sehen werden, und sie ist sich andererseits ihrer Möglichkeiten, ihrer Vielfalt, aber auch ihrer Grenzen bewußt geworden. In sich geschlossener, mehr nach innen gerichtet taucht sie nun wieder auf, weniger hinterlistig in ihren Machtansprüchen (vergessen wir nicht ihre zeitweilige Vormachtstellung im Mittelalter und in der Renaissance) und bereit, sich von einem ganzen Erbe überholter Formeln, willkürlicher Rezepte und von Zauberbüchern zu befreien, die in ihrer Anhäufung das Bild der Astrologie entstellt haben. Jedoch sollte der Begriff *Tradition* nicht mit *veraltet und überholt* gleichgesetzt werden; die Wiederkehr der alten Künste und Therapien und des überkommenen Wissens zeigt ein Bedürfnis nach der Rückkehr zu den Ursprüngen an, wie auch die Begeisterung für sanfte östliche Medizin, für Akupunktur und Aromatherapie, die neuerliche Anwendung pflanzlicher Medikamente, der Homöopathie und überhaupt das Interesse an jeglichem Erfahrungswissen vergangener Zeiten beweist.

Man kommt immer wieder auf dieselbe Frage zurück: Wird die Astrologie nach ihrer Karikatur durch Scharlatane beurteilt oder nach ihrem wahren Wesen? Beurteilt man etwa das Christentum nach der Inquisition? André Breton schildert den Unterschied zwischen diesen beiden Formen unserer Kunst, die nichts als den Namen gemein haben, auf sehr ausdrucksstarke und bildhafte Weise: »Sie (die Astrologie, E. T.) ist eine große Dame, sehr schön und von so weit her gekommen, daß ich mich ihrem Charme nicht entziehen kann. In der rein physischen Welt sehe ich niemanden, der es an Pracht mit ihr aufnehmen könnte. Darüber hinaus scheint sie mir eines der tiefsten Geheimnisse der Welt zu hüten. Schade, daß an ihrer Stelle heute – zumindest für das gemeine Volk – eine Hure auf dem Thron sitzt« (*L'Astrologie moderne,* 1954).

Ich habe nichts gegen das gemeine Publikum, aber wenn sich jemand in Unkenntnis der wahren Natur der Astrologie zum leidenschaftlichen Verfechter der königlichen Kunst der Sterne aufspielt, statt ihr zu dienen, schadet er ihr oft mehr, als er ihr nützt. (Man muß dabei unweigerlich an La Fontaines Fabel vom Bären und vom Gärtner denken.) Denn wenn ein solcher Mensch es mit jemandem zu tun bekommt, der Zusammenhänge und Logik verlangt und der rationale Ansprüche stellt, hat er von vornherein verspielt: Es wird ihm nicht gelingen, seinem skeptischen Gegenüber die – astronomischen – Grundlagen der Astrologie zu erklären, ihm ihre – erstaunlichen – Möglichkeiten oder ihre vornehme Aufgabe zu entschlüsseln. Schlimme Begegnungen dieser Art sind, wenn sie sich wiederholen, dem guten Ruf der seriös betriebenen Astrologie äußerst abträglich. Ich denke dabei an ebenso entschieden vorgetragene wie absurde Behauptungen, die so häufig fragwürdiges Gesprächsthema bei Gesellschaften bilden, wie etwa:

»Sehen Sie, bei mir ist das alles ganz anders. Ich habe nämlich mehrere Aszendenten. Bin ein Sonderfall...« Mehrere Horizonte an ein und demselben Ort und Zeitpunkt: das ist allerdings tatsächlich ein ganz außergewöhnlich besonderer Sonderfall. So betrachtet, hatte die kommunistische Tageszeitung *Humanité* völlig recht, als sie (nach der Ausstrahlung von »Astralement vôtre«, einer Fernsehsendung über Astrologie im französischen Fernsehen, über die viel in der Presse stand und die sogar zu Anfragen im Parlament geführt hat) im Jahre 1975 kategorisch erklärte, daß »jedes normal gestaltete Gehirn jegliche Art von Horoskop nur verabscheuen kann«. Denn bei den Informationen über die Astrologie, die der Mann auf der Straße 1975 besaß, mußte er sie logischerweise ablehnen, waren sie doch nur der Bodensatz eines magischen Denkens, das Erscheinungen des Wunderbaren blind akzeptierte und jeglichen kritischen Geist verbannt. Aber ist das heute soviel anders? Tabus und Ignoranz sind schwer auszurotten...

Dieser blinde Glaube an die Astrologie ist schlimmer als ihre Ablehnung; denn er kann sich nur durch direkte Information und Erfahrung in eindeutige – und wie erhellende! – Zustimmung verwandeln. Aber – und das ist eben der Teufelskreis – Rationalismus und Wissenschaftsgläubigkeit im Bunde, unterstützt noch von einer klammheimlichen aggressiven oder verächtlichen Übereinkunft der »Intelligenzija«, die oft politisch motiviert ist – berauben die Astrologie der Gelegenheit, sich zu rechtfertigen, sich als das zu zeigen, was sie ist, nämlich fundiert.

Trotz einer gewissen Entwicklung in Richtung auf größere Offenheit wird die Astrologie heute immer noch allzu oft auf Anhieb verworfen und *a priori* negativ beurteilt. Ihr wird ein Maulkorb angelegt. Sie bleibt, meistens zusammen mit Alchemie und Esoterik im allgemeinen, eines der Opfer eines »kulturellen Völkermords« der Moderne. Und es sind die offiziellen Wissenschaftler selbst, die es ablehnen, sich zu informieren und Experimente mit der Astrologie durchzuführen. Ihre Einwände sind hundertfach entkräftet worden? Das stört sie aber kaum, obwohl sie noch nicht einmal das Einmaleins der Astrologie kennen. Nichts könnte ihnen gleichgültiger sein. Sie verdammen die Astrologie, wie die Inquisitoren des Heiligen Officiums Galilei verdammten. Merkwürdige Wissenschaftler, diese »Leute mit dem Halbwissen«, wie der Philosoph J.-P. Domenach sie so herrlich kennzeichnete. Aber »Halbwissen« wäre, verstehen wir uns recht, nicht einmal halb (!) so schlimm, wenn sie sich nur ihrer Grenzen, ihrer Erkenntnislücken bewußt wären und nicht um jeden Preis so täten, als seien sie allwissend und hätten auf alles eine Antwort...

Niemand verlangt von den Wissenschaftlern, sie sollten ihren kritischen Geist verleugnen oder ihre Vernunftgründe zum Schweigen bringen. Ganz im Gegenteil. Sie sollen einfach dem Anspruch treu bleiben, den sie selbst aufstellen, und »Türen und Fenster öffnen«, wozu E. Faguet sie in seinem Vorwort zu einem Buch von J. Grasset ermutig: »Er (der Wissenschaftler, E. T.) sieht die Dinge immer nur als wahrscheinlich an; aber sogar auf dieses Wahrscheinliche wendet er die üblichen rationalen Methoden an: ein vorsichtiger Geist noch in der Hypothese, zurückhaltend noch in der abenteuerlichen Verallgemeinerung, selbst im Traum noch auf die richtige Rangordnung bedacht; und so kommt er zu Wahrscheinlichkeiten, die den Geist befriedigen, und hat, was ich ganz ausgezeichnet finde, seine Intelligenz aufgefrischt, Türen und Fenster geöffnet, seinen Horizont erweitert, den Himmel beobachtet...« In diesem Buch stellt Dr. J. Grasset selbst dann das *Wunderbare* oder *Irrationale* in einer einfachen Formel dem *Wissenschaftlichen* gegenüber: »Das Wunderbare, Übernatürliche von gestern ist das Wissenschaftliche von heute.« Ich führe diese Aussage weiter: Das Wunderbare von heute ist das Wissenschaftliche von morgen. Die Geschichte hat es wiederholt bewiesen.

Wenn eine gewisse intellektuelle Lobby der Astrologie vorwirft, sie sei eine Droge für die Massen (»Opium des Volkes«), so entspricht das wohl einem doktrinären Marxismus, der *a priori* jedes Element, jede Doktrin und jede Macht verdammt, die sich zwischen ihn und das Volk stellen könnte. Vom marxistischen Standpunkt aus würde jeder, den die Astrologie dazu bringt, sich auf seinen eigenen – und mithin gefährlichen! – Dialog mit dem himmlischen Bilderrätsel, das ihn zeichnet oder darstellt, einzulassen, dadurch in seiner Individualität *unkontrollierbar*. Die direkte Aktion wird unterbrochen und verläuft über den Himmel: für eine totalitäre Ideologie ein störendes »Dreieck«. Nicht zu vergessen, daß ein Horoskop das Spiegelbild eines Individuums mit seinen ganz persönlichen Fähigkeiten und Begabungen ist. Aber sind wir nicht alle gleich? Leugnen wir also die Realität, leugnen wir die Unterschiede, die bestehenden Ungleichheiten, stecken wir den Kopf in den Sand. Das ist der Preis für die Demagogie! Das erklärt auch, warum wir in der sowjetischen Presse keine Horoskope finden werden. In der UdSSR gilt die Astrologie als demobilisierend, und deshalb wird sie verdammt.

Die extreme Linke ist jedoch nicht die einzige politische Kraft, die die Astrologie an den Pranger stellt. Die alte radikale Tradition erinnert auch Demokraten und Republikaner, die wir doch alle sind, daran, daß die historisch erwiesene Macht der Astrologie keine Einbildung ist. Die Rationalisten unserer Tage, Erben von Descartes, Pascal und Voltaire, sind an diesem Punkt noch so empfindlich, daß man schon fast an eine Art Pawlowschen Reflex denken muß. Wie Goering, der sich rühmte, wird jedenfalls erzählt, den Revolver schon zu ziehen, wenn auch nur das Wort »Kultur« fiel, so sind die Rationalisten unserer Zeit gegen alles allergisch, was sie nur im entferntesten an diese der Aufklärung feindlich gesonnene Epoche erinnern könnte.

»Aufklärungsfeindliche Gesinnung«, mit genau diesen Worten wird im Lexikon *Robert* Obskurantismus definiert. Weiter heißt es dort: »Widerstand gegen die Verbreitung von Bildung und Kultur im Volk.«

Wenn wir nun jenem berühmten Revolutionär glauben, der behauptete, daß nach Brot das wichtigste Bedürfnis des Menschen Bildung sei, und wenn wir zugleich den Verleumdern der Astrologie Glauben schenken, die meinen Berufsstand mit dieser Definition des Obskurantismus auf eine Stufe stellen, werden wir uns einer sehr großen Gefahr bewußt: Die Astrologen bringen das Volk durch ihr öffentliches Wirken – die Horoskope, die sie in Zeitungen und im Fernsehen verbreiten – um sein spirituelles Brot.

Und zwar bewußt und aktiv. Denn die obige Definition geht von einem bewußten, aktiven Widerstand aus und beschreibt nicht nur einen objektiven Tatbestand.

Das ist sehr schlimm, das ist kriminell... und sträflich. Wenn es wahr wäre. Aber glücklicherweise stimmt es nicht, und wir weisen diese völlig verkehrte Anschuldigung energisch von uns. Würde man jemanden, der eine seltene Perle oder einen Schatz gefunden hat, anklagen, weil er diesen mit anderen teilen will? Ganz im Gegenteil, ich glaube, die Astrologie darf sich zugute halten, daß man mit ihr und durch sie das Bewußtsein erweitern kann, daß sie der Schlüssel zur menschlichen Seele ist. Mit ihrer Hilfe entfalten sich die Analyse des eigenen Ichs und die Selbsterkenntnis, vertieft sich unser Innenleben und werden wir uns der Dringlichkeit bewußt, mit der wir an uns selbst arbeiten müssen, eine nötige Vervollkommnung im Sinne des berühmten sokratischen »Erkenne dich selbst«. Die Astrologie steckt voller Möglichkeiten der praktischen Anwendung in der modernen Gesellschaft, sie ist reich an wertvollen Beiträgen, die helfen, das Leben des Menschen, der sich am Ende dieses Jahrhunderts neue Werte setzt, klarer, bewußter und mehr im Einklang mit dem kosmischen Gesetz zu gestalten.

Was? Die Astrologen sollen darauf hinarbeiten, die Massen zu verdummen und sie Gott weiß welchen dunklen und bösen Mächten auszuliefern? Noch einmal: Wenn die Rationalisten doch bloß mit Sachkenntnis die Scharlatane unserer Kunst bloßstellen würden. Aber nein, die Astrologie als solche beschuldigen sie, und noch dazu ohne den Schimmer einer Ahnung davon zu haben. Auch das darf ihnen nicht durchgehen; vor allem bei Menschen nicht, die aus ihrem logischen Denkvermögen einen Beruf machen: Mögen sie zuallererst einmal die Astrologie studieren, und zwar die wahre, anspruchsvolle, die, die Zeit und Konzentration verlangt, und dann sollen sie Theorie, Prinzipien und Sprache der Astrologie korrekt anwenden. Danach, wenn sie dann immer noch davon überzeugt sind, Astrologie sei platter Unsinn, dann können sie meinetwegen wettern, toben, verurteilen und sich empören. Aber vorher sind ihre Anschuldigungen völlig wertlos und bestenfalls ein Beweis ihrer Unbesonnenheit und Inkonsequenz.

Es gibt tatsächlich so etwas wie einen *Wissenschaftsgläubigkeitskomplex,* der in dem tiefsitzenden Phänomen besteht, alles, was die offiziell anerkannten Wissenschaften nicht gelten lassen, zurückzuweisen. Wer ist es denn also, der sich hier dem Licht der *Aufklärung* verschließt, auch wenn es nur hypothetischer Natur ist? Doch gewiß nicht die, von denen man es gemeinhin glaubt.

SIEBTES KAPITEL

Intuitive Erfassung einer universellen Ordnung oder Leichtgläubigkeit?

»Ich kann mir nicht vorstellen, daß Gott mit dem Kosmos Würfel spielt.«

(A. Einstein)

Es stimmt genau: Wer »an die Astrologie glaubt« (ein überzeugter Astrologe würde entgegenhalten, daß man an den Blitz oder den elektrischen Strom auch nicht glaubt, sondern deren Existenz einfach feststellt), räumt ihr damit, solange diese Kunst noch nicht als Wissenschaft solide begründet und anerkannt ist, unbesehen Kredit ein. Er unterzieht sich mit anderen Worten einem Glaubensakt oder geht eine Art Pascalscher Wette ein: Wenn sich seine Hypothesen eines Tages bewahrheiten, wird er tausendmal recht gehabt haben, daß er auf diese innere Stimme gehört hat, die aus mehrtausendjähriger Erfahrung der Menschheit spricht. Sollte es der Wissenschaft nicht gelingen, die Grundlagen der Astrologie zu verifizieren, hat er zwei Möglichkeiten: Er kann seiner Überzeugung abschwören oder daran festhalten, indem er sich sagt, die Prüfsteine für seine Kunst waren noch nicht reif und erforderten weitere Studien. Wenn dieser Astrologie-Amateur intellektuell aufrichtig ist und wirklich die Wahrheit sucht, glaube ich, wird er sich bei dieser Entscheidung von seiner eigenen Erfahrung und seinen eigenen Forschungen leiten lassen. Mir geht es so, daß mir seit bald zwanzig Jahren meine Erfahrung bei aller Skepsis täglich und unzählige Male beweist, daß an der Astrologie ohne jeden Zweifel »etwas dran ist«, und zwar bedeutend mehr, als man gemeinhin annimmt. Und die meisterliche Gestaltung des Universums versetzt mich immer wieder in bewunderndes Staunen.

Da handelt es sich doch um nichts anderes als ein Glaubensbekenntnis, werden Sie einwenden, und ein Glaubensbekenntnis entspringt der Leidenschaft und ist mithin der genaue Gegenpol der wissenschaftlichen Vernunft. Aber das kollektive Unbewußte hat Gründe, die die Vernunft nicht kennt; das Gedächtnis der Menschheit hat diesen ununterbrochenen Dialog mit dem Himmel und den Sternen aufgezeichnet. Denn in allen Kulturen ist die Astrologie präsent, sogar in denen, die anscheinend nicht von auswärtigen Strömungen »infiziert«, beeinflußt werden konnten. Muß man da nicht nach den Ursachen ihrer Allgegenwart suchen? Nach den Gründen für diese Neugier des Mikrokosmos Mensch auf den imposanten Makrokosmos, der ihn umgibt? Ist es angesichts des Mysteriums, das selbst die Entstehung der ältesten Wissenschaft der Menschheit leitet, besser, vor dem Eindringen des »Irrationalen« (im Sinne von »nicht erfaßbar, nicht erklärbar«) zurückzuweichen, statt sich davon bereichern zu lassen? Das ist hier die Frage. Soll man auf die intellektuelle Prüderie stolz sein, diese kleinmütige und trockene Einstellung, die dem Skeptizismus *a priori* eigen ist, oder soll man nicht eher »in den tiefsten Abgrund tauchen, um Neues zu entdecken«, wie es der abenteuerlustige Widder Baudelaire formulierte, auf die Gefahr hin, einige Risiken einzugehen?

Bauern, Menschen, die im Einklang mit der Natur leben, wissen Bescheid. Sie zweifeln nicht im geringsten an der universalen Wechselbeziehung, auch wenn sie sie nicht so nennen. Sie kennen den rechten Zeitpunkt zum Pflanzen, Säen, Ernten und wissen, daß »ein jedes Ding seine Zeit hat«, wie es in der Bibel steht, daß eben der *Augenblick* entscheidend ist. Und das ist ja der eigentliche Grundgedanke der Astrologie. Selbst der leidenschaftliche Verehrer der Vernunft, Immanuel Kant, dieser im Zeichen des Stiers geborene Sklave seiner Gewohnheiten – führte ihn sein täglicher Spaziergang nicht immer bis zu genau demselben Baum, Tag für Tag? –, scheint sich über die zwingende Harmonie zwischen dem Universum und dem menschlichen Bewußtsein im klaren gewesen zu sein, als er den Menschen »mit dem bestirnten Himmel über mir und dem moralischen Gesetz in mir« nachzeichnete.

Warum also päpstlicher sein als der Papst? Auf der anderen Seite muß ich persönlich sagen, daß mein Verstand viel eher in die Richtung einer Öffnung für gegensätzliche Auffassung als einer *apriorischen* Ablehnung tendiert – und der natürliche Fluß unseres Geistes, scheint mir, sollte auch eher diesen Weg nehmen, den Weg der Toleranz, des »Warum nicht?« und nicht den Weg einer hermetischen und sterilen Abkapselung... Sind denn wissenschaftliche Erkenntnisse nicht stets Ergebnis einer offenen Geisteshaltung, die das Unfaßbare zu erfassen und das Unzulässige zuzulassen versucht, wenn es auch in letztlich entscheidenden Experimenten noch genauer unter die Lupe genommen werden muß?

In der Übergangsphase, in der sich die Astrologie heute befindet, bei dem unangenehmen Umschwung von einer Symbolik, die seit drei Jahrhunderten mit Wahrsagerei und Aberglauben gleichgesetzt wird, in eine Wissenschaft (oder doch zumindest einer Kunst auf wirklich wissenschaftlicher Grundlage), ist sie außerordentlich verwundbar, was die Angriffe, denen sie unaufhörlich ausgesetzt ist, beweisen... die doch zugleich Zeugen ihrer Vitalität sind. Wahrscheinlich sind alle großen wissenschaftlichen Theorien einer intuitiven Eingebung entsprungen und somit ein Glaubensakt, der im Experiment bestätigt wurde. Ohne Glauben kein Genie; wäre Einstein ohne seine intuitiven und sogar mystischen Hypothesen wohl jemals zu seiner Relativitätstheorie gelangt?

Hören wir dazu Claude Bernard, den Theoretiker des wissenschaftlichen Experiments schlechthin: »Die experimentelle Methode, die Methode des freien Denkers, sucht nur die wissenschaftliche Wahrheit. Das Gefühl, aus dem alles herkommt, muß für die Demonstration der experimentellen Ideen seine ganze Spontaneität und seine ganze Freiheit bewahren; die Vernunft, auch sie, muß sich die Freiheit zu zweifeln bewahren, und das macht es ihr zur Pflicht, die Idee immer der Kontrolle durch das Experiment zu unterziehen. Wie bei jeder anderen menschlichen Handlung das Gefühl das Tun bewirkt, indem es die Idee deutlich macht, die das Motiv des Handelns darstellt, so gibt auch bei der experimentellen Methode das Gefühl den Anstoß für die Idee – es ist allein das Gefühl, das den Geist lenkt und das *primum movens* der Wissenschaft bildet. Das Genie offenbart sich durch ein feines Gefühl, das die Gesetze der Naturerscheinungen genau erahnt...« Oder Arthur Koestler, der sich in seinem Buch *Die Nachtwandler* zum Verteidiger der Intuition des erfinderischen Geistes macht: »Jeder Schöpfungsakt – sei es in der Wissenschaft, der Kunst oder Religion – setzt einen Rückfall auf ein primitiveres Niveau voraus, eine neue Unschuld der Wahrnehmung, befreit vom grauen Star der überlieferten Meinungen.« (S. 529)

Ich halte die wohlwollende Parteilichkeit, die einer entstehenden Wissenschaft gegenüber wohl verständlich ist – besonders wenn diese seit Jahrtausenden fortbesteht! –, in den Augen der Vernunft nicht für verwerflich. Der deutsche Philosoph der Romantik Max Scheler behauptet, daß wahre Erkenntnis mit Gefühlsengagement, mit Leidenschaft verbunden sei, und daß sie nur aus dem Inneren heraus erreichbar sei, durch eine natürliche Sympathie mit dem Objekt. Louis Lavelle meint dasselbe: »Man muß den Dingen mit dem ganzen Eifer des Gedankens und der Liebe entgegengehen: Denken und Lieben bedeutet, unsere Gegenwart in der Welt zu entdecken, also zwischen der Welt und uns eine übernatürliche Einheit zu fühlen und herzustellen. Erkenntnis und der Wunsch danach sind nicht trennbar... Es gibt zwischen der Intelligenz und ihrem Objekt eine Art gegenseitiger Anziehung. Auch scheint sich das Objekt durch eine Bewegung der Liebe der Intelligenz zuzuwenden... in ihm ist ein Verlangen, die Intelligenz zu befruchten, die das Objekt in sich aufnimmt und es mit Licht umgibt. Unaufhörlich schenkt es sich selbst, vorausgesetzt, es ist seinerseits erwünscht« *(La conscience de soi).*

Umgekehrt entspringen Abkapselung, Ablehnung, Zurückweisung, die Scheuklappen des Geistes, einer kindischen und fortschrittsfeindlichen, in einem Wort antiwissenschaftlichen Haltung. Denn könnte nicht der Terror des Anti-Obskurantismus letztendlich der sicherste Erzeuger... des Obskurantismus sein?

ACHTES KAPITEL

Die Wandlung der Massen- und Medien-Astrologie

»Das Bessere ist der Feind des Guten.«
(Französisches Sprichwort)

Ist es überhaupt möglich, einer sogenannten Pseudo-Wissenschaft Glauben zu schenken, die in Zeitungs-Horoskopen die Menschheit in zwölf Gruppen einteilt? Für den streng wissenschaftlichen Astrologen ist die kollektive Astrologie, *wenn sie als Absolutum genommen wird,* mit Sicherheit eine bedauerliche Plage, die in unseren Medien grassiert. Es genügt jedoch, daß man offen zugibt, daß sie einer »Konfektions«-Astrologie entspricht und nicht »maßgeschneidert« ist, obwohl allein diese maßgeschneiderte Kunst in der Lage ist, die unendlichen Möglichkeiten der königlichen Kunst der Sterne aufzuzeigen.

Zuerst muß darauf hingewiesen werden, daß die kollektive Astrologie fast ausschließlich damit beschäftigt ist, Prognosen zu erstellen, was dem reinen Bild der königlichen Kunst der Sterne insofern abträglich ist, als ihre höchste Bestimmung schließlich in der Persönlichkeitsanalyse liegt – sie ist der Laserstrahl, der ins geheimste Wesen des Menschen vordringt. Aber vor allem berücksichtigen die unpersönlichen Horoskope in der Presse nur das reine Sternzeichen und arbeiten somit nur mit einer Abstraktion. Welchen Wert kann ein Horoskop haben, das jeweils ein ganzes Zeichen abdeckt, also ein Zwölftel der Menschheit? Wir werden weiter unten sehen, daß diese Prognosen unter bestimmten Bedingungen tatsächlich einen gewissen Wert haben können, allerdings nur einen ungefähren, annäherungsweisen. Widder oder Steinbock zu sein, bedeutet einfach, daß sich die Sonne im Augenblick der Geburt auf ihrem Umlauf im Tierkreiszeichen Widder oder Steinbock befand (wobei wohlverstanden von der Sonnenbahn die Rede ist und nicht vom Tierkreis der Sternbilder, wie weiter unten erklärt wird). Es sagt aber noch nichts über die neun anderen Planeten aus. Wenn drei oder vier von ihnen (Mars, Venus, Uranus, Pluto oder welche auch immer) sich im Zeichen der Jungfrau befinden, hat der Betreffende eine sogenannte *Planetenballung* in der Jungfrau, und wenn außerdem sein Aszendent im Krebs ist, wird er von diesen beiden Zeichen geprägt sein (sowie natürlich von seinem Sonnenzeichen), und seine *Dominante* wird gemischt sein. Mit diesem Beispiel wollte ich zeigen, daß das Sonnenzeichen nur eine unvollständige und rudimentäre Signatur des Individuums ist und nur eine Komponente einer sehr viel komplexeren Persönlichkeit erfaßt. Weshalb sich einmal mehr empfiehlt, das Kollektivhoroskop nur als Hinweis, als Vektor zu werten.

Unter der Bedingung allerdings, wäre hinzuzufügen, daß das Massenhoroskop in *Dekaden* unterteilt ist, denn der Einfluß langsamer Planeten (die den Hintergrund der angegebenen Zeitspanne bilden) kann binnen einer Woche nie ein Zeichen in seiner Gesamtheit erfassen, nicht einmal in einem Monat. Wenn man sich das vor Augen führt, können gewisse fantastische, oder wohl eher unsinnige astrologische Prognosen in der Presse besser bewertet werden, die etwa lauten: »In diesem Monat, liebe Jungfrauen, wird Neptun Sie in träumerische Stimmung versetzen und für das Übernatürliche öffnen...« Wenn man weiß, daß besagter Neptun nur drei, vier Grade des Tierkreises betreffen kann, und daß alle anderen Jungfrauen davon nicht berührt werden, so gibt das schon zu denken. Vergessen wir nicht, daß Neptun neben Pluto der langsamste Planet unseres Sonnensystems ist und während eines ganzen Jahres gerade fünf Grad auf dem Tierkreis zurücklegt (also nur ein Sechstel eines Zeichens!).

Unter der ausdrücklichen Bedingung, daß die Zeichen in Dekaden oder Einflußzonen eingeteilt sind, kann auch ein Kollektivhoroskop dem Leser gut als Wegweiser, als eine Art freundschaftlicher Begleiter dienen. Anhand der Leserbriefe, die bei den französischen und ausländischen Zeitschriften, mit denen ich zusammenarbeite, eingehen, mache ich Tag für Tag diese Erfahrung, und wenn nicht 80 Prozent meiner Leserschaft zufrieden wären mit meinen Prognosen, ja sogar begeistert, hätte ich sie schon lange aufgegeben. Aber es gibt auch die anderen 20 Prozent, und die darf man weder stillschweigend übergehen noch vernachlässigen. An sie ist der Satz gerichtet, der jeweils unter meiner Rubrik steht und mir außerordentlich wichtig ist: *»Diese Prognosen sind für reine Zeichen berechnet; die Horoskopdominante muß nicht unbedingt mit dem Sonnenzeichen identisch sein.«* Ihr Horoskop also erhält dem Sternzeichen widersprechende Einflüsse, sei es durch einen andersartigen – starken – Aszendenten, sei es durch eine Ansammlung mehrerer Planeten in einem anderen Zeichen, die die Charakteristika des Sonnenzeichens mehr oder weniger »nuanciert«. Quod erat demonstrandum...

Welches ist denn diese merkwürdige, ja fast unglaubliche Regel, die es ohne Prahlerei und Unaufrichtigkeit erlaubt, zum Beispiel Grundtendenzen vorauszusagen, die für alle Angehörigen einer bestimmten Dekade eines Sternzeichens gelten? Wie kann man behaupten – werde ich häufig in scheint's guter Absicht gefragt –, daß alle Stiere der letzten Dekade zu einer gegebenen Zeit denselben kosmischen Einflüssen ausgesetzt sind? Das kann doch nicht ernst gemeint sein... Ist es aber. Hier die einfache astronomische Erklärung dafür: Jedes Jahr, zum gleichen Datum – nehmen wir den 18. Mai, Geburtstag von Papst Johannes Paul II. – kehrt die Sonne, von der Erde aus gesehen, zum gleichen Punkt am Himmel zurück, der sich in der letzten Dekade des Stiers, bei 28 Grad ungefähr, befindet. Wenn nun der Astrologe mit Hilfe seiner Ephemeriden und in bezug auf genau diesen Punkt gewisse kosmische Faktoren ermittelt, indem er die momentanen Winkelbeziehungen – oder Aspekte – der anderen Planeten zu diesem Punkt miteinbezieht, kann er sicher sein, daß *alle* Wesen, die ihren Geburtssonnenstand an dieser Stelle am Himmel haben, betroffen sind, unabhängig von ihrem Geburtsjahr. Denn ob sie nun im Jahre 1920 geboren worden sind wie Johannes Paul II. oder 1913 wie Charles Trénet, aber auch, wenn sie im Jahre 1921 das Licht der Welt erblickt haben, und am 19. statt am 18. wie Daniel Gélin, oder 1952 wie Grace Jones, oder am 20. Mai 1944 wie Joe Cocker, aber auch an einem 15. Mai 1938 wie Mireille Darc (denn der Einfluß hat einen Orbis oder Wirkkreis von einigen Grad beiderseits des genauen Aspekts), kann man, ohne Angst sich zu täuschen, behaupten, daß der Lauf eines Planeten durch diesen Bereich des Tierkreises alle diese Menschen ohne Unterschied jeweils auf einem bestimmten Gebiet betreffen wird. Das wird zum Beispiel der Fall sein mit Jupiter während des zweiten Semesters 1988 und des ersten Trimesters 1989, wo von diesen Personen viel die Rede sein wird... Also werden alle in der letzten Stierdekade Geborenen gleichermaßen von sich reden machen? Natürlich nicht, denn die genaue Wirkung eines Planeten hängt von der Lebenssituation und der Grundpersönlichkeit des Betroffenen ab, und Jupiter wird vielleicht bei einem Politiker den Wahlerfolg und bei einem Sänger einen beruflichen Erfolg bedeuten, während er bei einem anderen Stier, z. B. einem Kaufmann, die Vergrößerung seines Geschäftes bedeutet. Eine Frage der planetarischen Symbolik, die nicht immer einfach zu entziffern ist. Aber die Sprache ist vorhanden, für den Astrologen... wenn er sich ihrer zu bedienen weiß und die feinen Nuancen herausarbeiten kann. Wie man sieht, kann das Kollektivhoroskop mit der größten Ernsthaftigkeit betrieben werden, wenn der Astrologe, der es berechnet und erstellt, viel Zeit und Konzentration aufbringt. Es ist meiner Meinung nach in jedem Fall wesentlich harmloser als gewisse hinterhältige Verleumdungen und böser Klatsch in der Skandalpresse; als gewisse Filme, die zur Gewalt verführen können; als Pornographie. Außerdem schließen seriöse und kluge Prognosen die Freiheit des einzelnen, des Individuums, keinesfalls aus. Darüber hinaus können sie vorbeugend wirken, in einigen Fällen ein richtiges Adjuvans sein, insofern sie stimulierend oder mahnend auf den Leser einwirken, besser mit den gegebenen kosmischen Einflüssen zurechtzukommen, zum Beispiel einer aufkommenden depressiven Stimmung entgegenzuwirken, da man im Horoskop erfährt, daß »es sich dabei nur um eine vorübergehende schlechte Phase handelt«.

Andererseits wird die große Astrologie von gutgemachten

Presse-Horoskopen keineswegs entwertet. Ganz im Gegenteil, würde ich sogar sagen. Denn: »Das Bessere ist der Feind des Guten«, und eine in ihrem Elfenbeinturm eifersüchtig gehütete esoterische Astrologie-Wissenschaft der Eingeweihten birgt demgegenüber keine Vorteile. So würde sie sich nur vom Mann auf der Straße entfernen, dem sie ein unzugängliches, magisches, beunruhigendes Gesicht zeigen würde, und damit das jahrhundertelange Aneinandervorbeireden nur verlängern. Mir kommt die Kollektivastrologie wie eine Art Katalysator des Interesses an meiner Kunst vor, denn sie dringt in alle Gesellschaftsschichten vor und kann Fragen aufwerfen, Erstaunen wecken und sogar Berufungen fördern. (Ich kenne Beispiele dafür.) Übrigens habe ich sogar Zuschriften bekommen, in denen sich Leser der Zeitschriften (wie *Bild und Funk*), für die ich regelmäßig schreibe[1]), bei mir bedankten oder mich für meine – notgedrungen kollektiven – Voraussagen beglückwünschten, weil sie sich als genauer herausgestellt hatten als die persönlichen Prognosen von Berufskollegen – oder jedenfalls von Menschen, die sich als Astrologen ausgaben. Mir geht es so, daß ich diese popularisierte Form der Astrologie einerseits mit Mißtrauen betrachte – aufgrund der häufig albernen Geschwätzigkeit und des Mißbrauchs, der manchmal damit getrieben wird – und sie gleichzeitig für sehr nützlich halte, da sie mich schon seit meinem vierzehnten Lebensjahr angezogen, interessiert und schließlich mit ihren verblüffenden Ergebnissen fasziniert hatte, die mein ganzes Weltbild verändert haben. Mir ist durchaus bewußt, daß ich mit diesem Bekenntnis nicht nur die Puristen gegen mich aufbringen kann, sondern auch gewisse Astrologen, die ihr »Wissen« eifersüchtig für sich bewahren möchten, die unter keinen Umständen bereit sind, ihre Kunst zu entschleiern, die durch geheimnisvolle Terminologie noch vernebelt wird.

Ich würde zu gerne wissen, wie viele dieser Kollegen freiwillig auf eine solche Tribüne verzichtet haben, die es ihnen ermöglicht hätte, ihre eigenen Entdeckungen mit anderen Menschen zu teilen

---

[1]) Elizabeth Teissier kam 1989 als »meistgelesene Astrologin Europas mit 60 Millionen Lesern monatlich« in die französische Ausgabe des Guinness Buches der Rekorde (Anm. d. Ü.).

und sie bekannt zu machen, vor einem Publikum unter Beweis zu stellen. Ich weiß jedenfalls von keinem. Vielleicht wurde sie ihnen ja nie angeboten? (Dabei muß ich unweigerlich an die sauren Trauben in La Fontaines berühmter Fabel denken...) Der eine oder andere wird mir vorwerfen, diese Form der Astrologie sei »oberflächlich« oder »vulgär«. Da kann ich nur sagen: Ich bin der Meinung, die Öffentlichkeit müsse aufgeklärt und »eingeweiht« sein. Denn eines ist doch unbestritten: Die Horoskope in Zeitschriften oder im Fernsehen ermöglichen es, eine Botschaft zu vermitteln, ein Interesse an der Astrologie zu erwecken... Aber gleichzeitig sollten wir Astrologen nicht alle pseudo-astrologischen Entgleisungen in den Zeitungen billigen!...

Den Vertretern beider Richtungen kann man noch folgendes sagen: Jeder seriöse Meteorologe wird Ihnen antworten, daß man keine verbindlichen Wettervorhersagen machen kann, die über vierundzwanzig Stunden hinausgehen. Trotzdem wird der Wetterdienst häufig über die Witterungsverhältnisse in den nächsten Ferien befragt, und das schockiert niemanden. Ich möchte aber auch hinzufügen, daß das Spielen mit einer reinen und abstrakten Typisierung in aller Einfachheit niemandem weh tut und dem Image der individuellen, in die Tiefe gehenden Astrologie nicht im geringsten schadet... Spricht man nicht auch vom feurigen Temperament der Zigeuner oder vom schwedischen Phlegma, vom Stolz der Spanier oder von der schweizerischen Sauberkeit? Bedeutet das vielleicht, daß es keine langweiligen Zigeuner, keine leidenschaftlichen Schweden gibt, und daß alle Schweizer Ordnungsfanatiker sind? Warum also nicht vom Widder-Charakter sprechen, wenn man darunter versteht, daß alle in diesem Zeichen Geborenen die und die Eigenschaft, den und den Schwachpunkt haben... jeder auf seine Art und entsprechend der ganz besonderen Planetenkonstellation bei seiner Geburt. Dadurch geschieht überhaupt keine Entmystifizierung, keine Abwertung und auch keine Beschmutzung der wahren Astrologie, denn diese ist sowieso in keiner Weise in ihrem Wert herabzusetzen, auch nicht durch eine Karikatur. Oder würde man etwa behaupten, der Katholizismus in seinem Wesen werde entstellt, nur weil sich irgendeine schwarzgekleidete Sizilianerin betend einer Heiligenfigur zu Füßen wirft, der sie magische Kräfte zuschreibt? Sicher nicht. Götzendienst ist zwar eine Sünde, aber diese Frömmigkeit bildet die erste Stufe einer spirituellen Entwicklung, die zu einer Nüchternheit, Abstraktion und Askese führt, von der diese Frau nichts ahnt. Mit der Astrologie verhält es sich so ähnlich.

Die Astrologie begegnet der Wissenschaft

NEUNTES KAPITEL
Hypothesen einer wissenschaftlichen Astrologie

»Denn schließlich, was ist der Mensch in der Natur? Ein Nichts im Hinblick auf das Unendliche, ein Alles im Hinblick auf das Nichts, eine Mitte zwischen Nichts und Allem. Unendlich entfernt davon, die Extreme zu begreifen, sind ihm das Ende der Dinge und ihr Ursprung unüberwindlich verborgen in einem undurchdringlichen Geheimnis; er ist gleichermaßen unfähig, das Nichts zu sehen, aus dem er gezogen ist, und das Unendliche, in das er verschlungen ist. Was bleibt ihm also zu tun, außer etwa einen Schein von der Mitte der Dinge wahrzunehmen, in einer ewigen Verzweiflung weder ihren Ursprung noch ihr Ende zu erkennen? Alle Dinge sind hervorgegangen aus dem Nichts und getragen bis an das Unendliche. Wer wird diesen erstaunlichen Schritten folgen? Der Urheber dieser Wunder begreift sie. Kein anderer vermag es.«

(BLAISE PASCAL: Pensées)

Dieser Pascalsche Pessimismus – oder Realismus? – bezüglich des Wertes, ja selbst der Möglichkeit wahrer Naturerkenntnis durch den Menschen ist vielleicht diskussionswürdig, aber die Aufgabe des wissenschaftlichen Geistes besteht eben gerade darin, möglichst tief in das Unbekannte vorzudringen, damit der Mensch mit der Zeit »Herr und Eigner der Natur« werden kann, wie Descartes es ausdrückt. Seit jeher hat der Mensch angesichts der Natur, die eifersüchtig ihre Geheimnisse hütet, eine Erklärung für ihre Phänomene gesucht, eine Erklärung, die in dem Maße, in dem wir in der Zeit zurückgehen, ein *magisches Denken* widerspiegelt. Was den Glauben an den Einfluß der Sterne betrifft, der in grauer Vorzeit und weit entfernt in Sumer und bei den Chaldäern entstand, vielleicht sogar in Ägypten, führt alles zu der Annahme, daß die Menschen ursprünglich die Gestirne als Götter ansahen und sie anbeteten. Sie ergaben sich der Astrolatrie.

Sehr viel später sah der griechische Philosoph Plotin (205–270), der schon vom entstehenden Christentum geprägt war, in den Gestirnen nicht mehr *Ursachen* irdischer Ereignisse, sondern einfach *Zeichen,* die jedes sublunare Ereignis begleiteten. »Die Bewegung der Gestirne zeigt zukünftige Ereignisse an, aber sie produziert sie nicht, wie man oft glaubt«, und »da alle Ereignisse aufeinander abgestimmt sind und der Einheit zustreben, werden sie alle durch Zeichen angezeigt....« Er glaubte bereits an diese allgemeine Entsprechung oder *universelle Wechselbeziehung,* welche die Grundlage der Astrologie bildet: »Dieses Universum ist wie ein einziges Tier, das alle Tiere in sich enthält.«

Eine solche Analogie von Makrokosmos (Universum) und Mikrokosmos (Mensch), die auf Hermes Trismegistos zurückgeht, stellte sich auch Hippokrates vor, der in bezug auf das Universum von einem einzigen Atemzug, einem einzigen Hauch sprach. Paracelsus (1493–1541) schließlich, der die Existenz der biokosmischen Rhythmen ahnte, maß der *Stunde,* in der er seine Patienten behandelte, eine so große Bedeutung bei, weil die Kranken, die er behandelte, sogar im Laufe eines einzigen Tages, zyklisch, also ungleichmäßig, auf die Therapie ansprachen. Die moderne Wissenschaft, namentlich die Chronobiologie oder die Homöopathie, bestätigt diese Theorie voll und ganz.

Der große Astronom und Astrologe Kepler dachte sich »die Seele als einen Punkt, in dem die Gestirnsstrahlungen zusammentreffen«, und stellte sich den Gestirnseinfluß bei der Geburt so vor: »Ich kann mich rühmen«, sagte er sinngemäß, »diese Wahrheit nachgeprüft zu haben: Wenn der Mensch in das Leben eintritt, wenn er nicht mehr im Mutterleib bleiben, sondern aus eigener Kraft leben kann, erhält er eine Signatur, eine Prägung aller Himmelskonstellationen, das heißt die planetarischen Einflüsse drücken ihm ihren Stempel auf, den er bis an sein Lebensende bewahrt.« Er glaubte also an eine Prägung des Neugeborenen durch die Planeten, die genau im Augenblick seiner Geburt stattfindet.

Dr. Robert O. Becker schreibt in der sehr seriösen amerikanischen Wissenschaftszeitschrift *Nature:* »Das menschliche Verhalten, bestimmt durch das zentrale Nervensystem, ist abhängig vom Magnetfeld der Erde, von den solaren und planetarischen Verhältnissen sowie den kosmischen Strahlen mit niedriger und hoher Energie.« (Näheres dazu im Kapitel über die Beweise.) Kann man es noch klarer, noch deutlicher formulieren? Kommt das nicht einer experimentellen Bestätigung des Gestirnseinflusses gleich? Und warum, frage ich Sie, wird diese revolutionäre Neuigkeit in der Presse nicht ausführlich beschrieben...?

Auch der moderne Astrologe Jean Hiéroz, der sich auf den großen Theoretiker und Astrologen des 17. Jahrhunderts, Morin de Villefranche, spezialisiert hat, kommt auf die Analogie Makrokosmos/Mikrokosmos zurück: »In der Tat, wenn nicht nur das Atom einem Sonnensystem seltsam ähnlich erscheint, sondern auch sein Kern scheinbar die Reihe der Ähnlichkeiten fortsetzt, die in der genialen Theorie des ›Makrokosmos‹ und des ›Mikrokosmos‹ vorgesehen sind, was erstaunt es da, daß die Geschichte, bloß eine Sprosse auf der Leiter der Analogien, deren Körper aus Atomen besteht, die durch das gleiche Gesetz bestimmt werden wie die Welt, die sie umgibt, in ihrem Schicksalsverlauf und dem ihn begleitenden Lauf der Gestirne die Parallelentwicklungen einer gleichen Ursache sieht? Und da nur dieser Parallelismus sichtbar, *die einzige Ursache aber nicht erkennbar* ist, was erstaunt es da, daß einige darin einen Kausalzusammenhang erblicken? *Paralleleffekte einer einzigen Ursache* ebenso wie *Kausalzusammenhang* sind zwei Auffassungen, die beide den gleichen Respekt verdienen...« Und Hiéroz stellt dann die Ansicht der modernen Astrophysiker dar, für die »die astrologischen Einflüsse Teil der vielfältigen Strahlungen sind, deren enorm wichtige Bedeutung in unserem Jahrhundert entdeckt worden ist«.

Hier auch die interessante Hypothese des Dr. Roux de la Roque (in: *Le Monaco médical*): »Vor seiner Geburt ›schwimmt‹ der Fötus im Fruchtwasser, einer salzigen Flüssigkeit, die hervorragend als Elektrizitätsleiter dient. Diese Flüssigkeit wirkt wie ein Faradayscher Käfig und schützt den Fötus vor jedem äußeren Einfluß elektromagnetischer Natur. Im Augenblick seiner Geburt muß er diesen kleinen Angriff der kosmischen Wellen aushalten, die ihm sein unauslöschliches Gepräge geben und unvergängliche Spuren in den lebenden Zellen eingraben – wie ein Messer, das auf einer wächsernen Platte Furchen zieht. Verständlich, daß jeder von uns eine seinen Eigenschaften entsprechende Wellenmodulierung hat.«

Der französische Ingenieur Jean-Marie Schiff schreibt in seinem Buch *L'Age cosmique aux U. S. A.*, die moderne Physik habe klar gezeigt, daß jeder von uns sich in einem elektromagnetischen Feld bewege, und schlußfolgert, daß sich die Astrologen dieser Tatsache seit Jahrtausenden bewußt seien, denn ein Horoskop stelle ja nichts anderes dar als die Schematisierung dieser elektromagnetischen Kräfte. An anderer Stelle zitiert Schiff Dr. Burr von der Universität Yale, der erklärt: »Jeder Körper ist von einem elektromagnetischen Feld umgeben, das registriert und gemessen werden kann. Diese elektrischen Felder oder ›Lebensfelder‹ (life-fields) ordnen und beherrschen die physische Lebensmaterie, deren Form sie sind.«

Fügen wir dieser wissenschaftlichen Feststellung, die für den Astrologieforscher von fundamentaler Bedeutung ist, eine Entdeckung amerikanischer Astronomen hinzu. (*Herald Tribune* berichtete darüber am 22. Januar 1985 unter dem Titel: »Kosmische Strahlenquellen identifiziert«.) Demnach wird die Erde von außerordentlich starken kosmischen Strahlen bombardiert. Die bedeutendste Quelle für diese Strahlen sei Cygmus X-3, der sich an den äußeren Rändern der Milchstraße befinde. Die Gesellschaft der amerikanischen Astronomen, die eine Woche zuvor in Tucson (Arizona) getagt hatte, betrachtete die astrophysikalische Entdeckung als äußerst wichtig und bedeutungsvoll.

Es handelt sich dabei um eine Erkenntnis, die das jahrtausendealte Postulat der Astrologie nur bestätigt, dem zufolge das Universum in kosmischer Energie badet und Harmonie beziehungsweise Dissonanzen dieser Strahlen auf Verhalten, Charakter und Schicksal des Menschen einwirken.

In der amerikanischen Zeitschrift *Hospital Focus* vom 15. Februar 1965 waren folgende Zeilen zu lesen, die »eingefleischten Anti-Astrologen« eigentlich die Haare zu Berge stehen lassen müßten: »Die Himmelskörper üben einen beweisbaren Einfluß auf die biologische Substanz aus«; und: »Es gibt eine Beziehung zwischen elektromagnetischen Phänomenen und biologischen Vorgängen.« Mit anderen Worten haben wir hier die Erklärung für spontane Antipathien oder Sympathien oder für das bekannte Phänomen von der »Liebe auf den ersten Blick«: Magnetfelder setzen Strahlungen frei, die sich anziehen oder abstoßen! Und was ist denn das Geburtshoroskop anderes als die schematische Darstellung der kosmischen Energien, die das kleine Menschenwesen bei seiner Ankunft in dieser Welt durchströmen? Gehen denn die Astrologen nicht seit Jahrtausenden von diesem (empirisch bewiesenen) Postulat aus? Darauf spielt auch der Autor von *L'Age cosmique aux U.S.A.* an, wenn er schreibt: »Überflüssig zu sagen, daß die Astrologen darüber wissend lächeln.«

Claude Bernard war alles andere als ein Utopist, als er 1965 seine *Introduction à l'étude de la Médicine expérimentale* (Einführung in das Studium der Experimentalmedizin) schrieb. Er gilt als einer der Begründer der modernen Wissenschaft und hat die wichtigsten Prinzipien für wissenschaftliche Experimente noch genauer umrissen als sein Vorläufer Francis Bacon. Auch er spielt auf die natürliche Entsprechung von Mikrokosmos und Makrokosmos an, allerdings in bezug auf die Medizin; ich glaube aber, daß wir das Wort Medizin ohne weiteres durch *Astrologie* ersetzen können. Er sagt: »Jetzt stellt sich die Frage, ob die Medizin eine Wissenschaft der Beobachtung sein soll oder eine Experimentalwissenschaft. Sicher muß sie als bloße klinische Beobachtung beginnen. Da nun der Organismus in sich selbst eine harmonische Einheit bildet, eine kleine Welt (Mikrokosmos), die in der großen Welt (Makrokosmos) enthalten ist, konnte man feststellen, daß das Leben unteilbar ist und daß man sich darin schulen muß, die Phänomene zu beobachten, die uns die lebenden gesunden und kranken Organismen in ihrer Gesamtheit darbieten, und sich darauf beschränken, aus den beobachteten Fakten Schlüsse zu ziehen. Wenn man aber zugibt, daß man sich so beschränken muß, und zum Prinzip erhebt, daß die Medizin nur eine passive Wissenschaft der Beobachtung darstellt, dann sollte der Arzt den menschlichen Körper genauso wenig berühren wie der Astronom die Planeten. Eine so verstandene Medizin ist die Negation einer aktiven, das heißt einer therapeutischen, wissenschaftlichen und wahren Medizin.«

Der Unterschied zwischen der beobachtenden Astronomie und der Astrologie, die ja postuliert, daß die Gestirne einen Einfluß auf das Erdenleben haben, besteht darin, daß die Astrologie experimentell sein kann, da vorausgesetzt wird, daß diese Einflüsse greifbarer und meßbarer Natur sind. Die Astrologie befindet sich erst am Anfang dieser experimentellen Phase, und sie wird ihren »Adelsbrief« nur erlangen können, wenn sie sich strikt und bereitwillig dem wissenschaftlichen Experiment unterwirft... Das setzt aber voraus, daß diese Experimente auch tatsächlich stattfinden und daß die Vertreter der offiziell anerkannten Wissenschaft sie im Geiste der Objektivität und der intellektuellen Aufrichtigkeit so fair wie möglich durchführen. Das aber ist leider nicht selbstverständlich.

Die noch ganz junge Wissenschaft von den kosmischen Einflüssen (die sich hauptsächlich auf die Arbeiten von Michel Gauquelin stützt, von denen später noch die Rede sein wird) stellt die Hypothese auf, daß die kosmische Bewegung, die den Wetterfrosch in seinem Glasbehälter die Leiter hinauf- oder heruntertreibt, auch auf uns Menschen eine ähnliche Wirkung haben könnte... Auch der Absolvent der Pariser Elite-Hochschule *École polytechnique*, Michel Auphan *(L'Astrologie confirmée par la science)*, betrachtet die Astrologie als Wissenschaft. Er schlägt uns ein physikalisch-mathematisches Modell vor, das auf zwei einfachen Hypothesen beruht:

1. Der Einfluß der Gestirne teilt sich durch eine Schwingungsstrahlung mit, die den mathematischen Gesetzen der Wellenausbreitung gehorcht, wie alle zur Zeit bekannten Strahlungen.

2. Der Ursprung dieser Strahlung ist die Sonne. Die Wellen werden teilweise reflektiert, das heißt von den Planeten zurückgeworfen, und zwar auch die, die eindringen (egal, ob sie direkt von der Sonne stammen oder von anderen Planeten reflektiert werden). Sie bilden dabei im Inneren jedes Planeten verschiedene Systeme stehender Wellen, die interagieren und ein mehr oder

weniger komplexes Schwingungsganzes bilden. Insbesondere ist die Erde, die als perfekter sphärischer Resonator gilt, Sitz zweier Hauptsysteme, von denen sich das eine auf die Ekliptikachse und das andere auf die Pol-Achse zentriert. Der Mensch nimmt die Sonnen- und/oder Planetenstrahlung vermittelt über die Erde wahr; das heißt, daß er tatsächlich entsprechend dem Zeitpunkt und seiner Stellung auf der Erdoberfläche die Resultante der stehenden Wellensysteme empfängt. Die Berechnung – die jener der in der Physik klassischen Harmonien der Sphären sehr ähnelt – zeigt deutlich Wellensysteme und ihre zeitliche Bewegung an der Erdoberfläche...

Schlußfolgerung: Die Grundlage der Astrologie wäre also – wie zu erwarten war – in der astrophysikalischen Wirklichkeit zu suchen; damit hätte sich also alles Magische, Wunderbare, Okkulte von selbst erledigt.

Es sei denn, das Rätsel würde noch verwickelter... Die Forschungsergebnisse des promovierten Naturwissenschaftlers und Uni-Professors Dr. Etienne Guillé *(L'Alchimie de la Vie)* (Die Lebensalchemie) über besondere Eigenschaften der DNS-Moleküle und vor allem über die Fähigkeit dieser Moleküle, auf eine gewisse Entfernung Informationen zu übermitteln, erlauben die Gegenüberstellung der neuesten Erkenntnisse der Molekularbiologie und der Genetik mit denen der Alchemie. Sollte sich die Wissenschaftsgeschichte da etwa selbst in den Schwanz beißen?... Oder deutet sich hier einfach eine Entwicklung hin zum Abbau der einseitigen Trennung von *Materie* und *Geist* an? Vom »Mikro-Bewußtsein« der Materie bis hin zum menschlichen Hyper-Bewußtsein lebt alles von einem gewissen Schwingungsgehalt. Krankheiten wie zum Beispiel Krebs wären demnach eine auf die Physis übertragene Störung der sehr subtilen »Energiefelder«. Genau das hat schon der große Paracelsus vor über 400 Jahren behauptet.

Zum Schluß möchte ich M.L. Filipoff, Astronom am Observatorium von Algier, zitieren, der scharfsinnig bemerkt: »Der Mensch, dieser Mikrokosmos der Alten, dessen Zellen aus allen Elementen bestehen, die in der Sonne und den Sternen glänzen, besitzt schon allein durch seine Natur eine Affinität zum Sternenuniversum und ist dadurch sensibel genug, alle kosmischen Strahlungen zu empfangen und auf sie zu reagieren.« Der Astrophysiker Hubert Reeves hat mir das bestätigt und mir bei einem Essen verschämt gestanden, daß er »die Hypothese der Astrologie nicht ausschließt«. Für den Astrologen ist diese tausend- und abertausendmal bewiesene Hypothese nur die logische astronomische, geistige und philosophische Folge einer Wirklichkeit, die am Ende des 20. Jahrhunderts immer deutlicher wird: Der Mensch ist in erster Linie ein kosmisches Wesen, auf Gedeih und Verderb mit dem Sonnensystem verbunden, in das er – wie ein Fötus im Mutterleib – eingebettet ist. Das neue Zeitalter des Wassermanns, das am Horizont des dritten Jahrtausends auftaucht, scheint Menschen mit einem aufgeschlossenen Geist für diese Urwahrheit empfänglicher zu machen.

ZEHNTES KAPITEL

Der planetarische Einfluß: ein absurdes Postulat?

»Ich lege ihnen Fakten vor, sie antworten mir mit Geschwätz.«

(Louis Pasteur)

»Systematisch an allem zweifeln und systematisch an alles glauben sind zwei Einstellungen, die uns vom Nachdenken abhalten.«

(Henri Poincaré)

»**Postulat:** *Ein Prinzip, das sich nicht aus sich selbst ergibt, aber dennoch berechtigt, unbestreitbar scheint.*« So lautet die Definition dieses Begriffes aus der Logik, wie man sie im Lexikon *Robert* findet.

Die Astrologie in ihrer Substanz anzuerkennen, bedeutet tatsächlich bis zu einem gewissen Grad ein Phänomen zu akzeptieren, das die Menschheit schon immer geahnt hat, das die Wissenschaft aber noch nicht erklären konnte. Das Mißtrauen der Wissenschaft ist um so größer, als sie sich verpflichtet fühlt, im Namen der Vernunft gegen eine spontane Tendenz des Menschen anzukämpfen, die ihrer Meinung nach falsch, weil primitiv und instinktiv ist, das heißt *a priori* suspekt. Der wichtigste Begriff in diesem Zusammenhang ist vielleicht das Wort »a priori« (etwa: voller Vorurteil). Der Apriorismus erstickt die virtuellen Wissenschaften im Keim, denn er erlaubt ihnen nicht einmal, ihre Daseinsberechtigung zu beweisen. Man hält sich Augen und Ohren zu im Namen der sakrosankten Vernunft, zu deren Wächter man sich aufwirft. Und doch, wie viele Male hat man es *a posteriori* bereuen müssen, denn trotz der Hindernisse, die man der Erfahrung in den Weg gelegt hat, ist es ihr doch gelungen, sich durch alle Epochen hindurch zaghaft ihren Weg zu bahnen! So berechtigt und ehrenwert der Rationalismus ist, wenn er die Klarheit fördert und den törichten Aberglauben zurückdrängt, so sehr ist er auf lächerliche Art überheblich – und wird dann zu dem, was man borniertem Rationalismus nennt –, wenn er all die Bereiche des Universums und der menschlichen Psyche, die noch nicht zu erklären sind, einfach leugnet. Er geht dann soweit, daß er sogar unbestreitbare Tatsachen ablehnt. Was sagt doch Kepler am Ende seines Lebens? »Der Glaube an die Auswirkung der Konstellationen kommt vor allem aus der Erfahrung, die so überzeugend ist, daß sie nur von Leuten geleugnet werden kann, die sich mit ihr nie eingehend beschäftigt haben« (Koestler: *Die Nachtwandler*, S. 244). Und dabei hatte die kopernikanische Wende doch bereits stattgefunden. Aber Kepler, Lehrer für Astronomie in Graz und ein genialer Mathematiker, blieb der geozentrischen Astrologie treu, wie wir noch sehen werden. Newton übrigens auch.

Der belgische Astrologe Antarès erinnert daran, welcher Lächerlichkeit sich anerkannte und hochdekorierte Gelehrte preisgegeben haben, die die Erdrotation, Meteoriten, den Galvanismus, Blutzirkulation, Impfungen, Lichtwellen, Blitzableiter, die Daguerreotypie, den Magnetismus, Luftfahrt, Telepathie etc. leugneten oder deren Möglichkeit abstritten.

Natürlich scheint *a priori* eine wissenschaftliche *Erklärung* für den Gedanken von einem kosmischen Einfluß auf den Charakter und demzufolge in gewissem Maße auch auf das Schicksal des Menschen zu fehlen. In der Größenordnung des unendlich Kleinen hat dieser Einfluß bis jetzt leider noch nicht durch ein genügend feines Meßinstrument erfaßt werden können, sonst hätte die Astrologie gewiß ihre akademischen Lorbeeren schon (wieder)gewonnen. An dem Tag, an dem es gelingen wird, ihn zu messen, werden alle Gegenargumente wie von selbst hinfällig. Die Wissenschaft bleibt Sklavin des Sicht- und Meßbaren. Tschernobyl hat uns vor Augen geführt, wie peinlich ihre Lage wird, wenn sie vom Unsichtbaren überwältigt wird – zum Beispiel von einer Radioaktivität, die sie zwar messen kann, deren Langzeitwirkung sie aber nicht kennt.

Der Haupteinwand, den gewisse Astronomen gegen den Einfluß der Planeten erheben, ist »die enorme Entfernung zwischen den Himmelskörpern und der Erde«, und ihr größtes Argument läßt sich mit den Worten zusammenfassen: »Es ist angesichts dieser Entfernung unerklärlich, daß...« Besonders überzeugend finde ich dieses Argument nicht. Denn die entscheidende Frage lautet doch: »Haben die Sterne einen Einfluß auf uns – ja oder nein?« und nicht: »Ist es nach unserem heutigen Wissensstand möglich, daß die Planeten uns beeinflussen?« Denn gerade unser heutiger Wissensstand relativiert ja die Behauptung. Vielleicht besitzen wir einfach noch keine genügend sensiblen Meßgeräte, um Wellen dieser Art registrieren zu können. Aber statt sich auf der Stelle negativ festzulegen, sollte man doch eher so weise sein, die Frage vorläufig offenzulassen, und zugleich alles daransetzen, um möglichst viel Versuchsmaterial zusammenzutragen. E. Faguet schreibt: »Hinter uns liegt das Wissenschaftliche, das Bekannte, das Gelernte, das, woran man glauben kann, wenn man den festen Vorsatz gefaßt hat, nur an das Rationale zu glauben. Vor uns liegt das Vor-Wissenschaftliche, das, was vielleicht eines Tages wissenschaftlich sein wird, das, eben weil es nicht wissenschaftlich ist, den eigentlichen Gegenstand der aktiven, der forschenden Wissenschaft bildet, und nichts ist mehr Gegenstand der Wissenschaft als das Nicht-Wissenschaftliche...«

Darf ich (Vorsicht, Ironie!) daraus vielleicht schließen, daß die Astrologie bereits wissenschaftlich anerkannt ist, weil sich die Wissenschaft so wenig aus dieser Disziplin macht? Das wäre eine optimistische, aber leider völlig an der Wirklichkeit vorbeigehende Erklärung!... An einer anderen Stelle spricht Faguet von einem Wissenschaftler, der diese Bezeichnung verdient: »Er hat jeden Tatbestand, der sich als wahr erwiesen hat und auf Gesetze zurückgeführt worden ist, mit Nachdruck bestätigt und keinen Tatbestand, der sich nicht als wahr erwiesen hat, im voraus verworfen; denn der Okkultismus von gestern ist die Wissenschaft von heute; und es gibt nichts, das unerklärbarer gewesen wäre als ein Gewitter, und nichts, das heute klarer wäre.«

Erinnern wir uns, daß das Phänomen der Telepathie noch vor

etwa fünfzig Jahren wissenschaftlich unannehmbar war. Rhine und seine Experimente haben dazu geführt, daß es heute salonfähig und anerkannt ist. Die Geschichte steckt voller Beispiele dieser Art. Lassen wir uns also nicht von einer kurzsichtigen Vernunft blenden, und machen wir es nicht wie Voltaire, der sich über Boucher de Perthes lustig machte, der entdeckt hatte, daß Gebeine Jahrtausende überdauern können – Knochen zerfallen doch so schnell, nicht wahr? ... Die Vorstellung, daß man einer solchen Hypothese Glauben schenken darf, erschien völlig abwegig und absurd. Voltaire wußte einfach nicht, daß sich Skelette unter gewissen chemischen und geologischen Bedingungen praktisch unendlich lange halten. Ich möchte noch einige weitere Beispiele von Phänomenen anführen, die zunächst als »wissenschaftlich unmöglich« galten, später aber gezwungenermaßen offiziell anerkannt werden mußten:

1. Lavoisier, der Begründer der neuzeitlichen Chemie Ende des 18. Jahrhunderts, stritt voller Überzeugung ab, daß Meteoriten vom Himmel gefallene Gesteinsmassen sind; diese Vorstellung widersprach dem Offenkundigen, dem gesunden Menschenverstand... Ah, diese vernünftige Vernunft, so selbstsicher ist sie, so bar jeder Offenheit, Intuition, Naivität... und Demut!

2. 1843 entdeckte der deutsche Apotheker und Amateurastronom Schwabe, daß alle elf Jahre an der Oberfläche der Sonne Sonnenflecken erscheinen. Ausgelacht wurde er dafür. Zu Beginn des 20. Jahrhunderts machte der russische Wissenschaftler Tschijewskji diese Sonnenflecken zum Gegenstand äußerst interessanter Beobachtungen und Versuche. Er brachte sie sowohl mit allen möglichen geomagnetischen und sozialen Störungen als auch mit der Zunahme bestimmter Herzkrankheiten, Selbstmorde usw. in Verbindung.

3. 1895 behauptet der ehrwürdige Lord Kelvin, Präsident der *Royal Society,* apodiktisch: »Maschinen, die schwerer sind als Luft, können nicht fliegen.« Kein Kommentar...

4. 1923 erklärt Robert Millikan, Nobelpreisträger für Physik: »Es bestehen kaum Aussichten, daß der Mensch jemals die Macht des Atoms beherrschen kann.«

5. 1924 steht der amerikanische General Mitchell vor Gericht. Er wird verurteilt und aus dem Armeekader ausgeschlossen. Er behauptet unter anderem, daß Flugzeuge eines Tages schneller als mit Schallgeschwindigkeit fliegen werden. Sachverständige beweisen vor Gericht, daß dies *physikalisch unmöglich* sei.

6. 1958. Die amüsante Geschichte des Laserstrahls. (Dabei handelt es sich um eine monochrome, kohärente Strahlung, in der sich alle Photonen in Phasen ausbreiten.) Sein Erfinder entdeckte ihn, weil er nicht wußte, daß der Laser wissenschaftlich »unmöglich« war: Eine gewisse Dosis Naivität ist vielleicht notwendig, um der Schwerkraft zu entgehen und zur Gnade der genialen Intuition zu gelangen, wie es Simone Weil ausdrücken würde (vgl. *La pesanteur et la grâce*).

Befreien wir uns also von diesem schädlichen Apriorismus und seien wir kartesianisch, wenn es angebracht ist: Lassen wir alle vorgefaßten Meinungen fallen und gehen wir mit unbelastetem, vorurteilsfreiem Sinn auf die Tatsachen zu. Ganz davon abgesehen, daß gewisse Tatsachen systematische und »rationalistische« Gegner nachdenklich stimmen sollten, wie eben zum Beispiel die Wirkung der Sonne auf uns Menschen durch die Sonnenflecken, die wie durch Zufall den gleichen Zyklus aufweisen wie Jupiter (elf Jahre und etwas)! ... Mehr noch, dem japanischen Wissenschaftler Takata zufolge verändert sich scheinbar die Blutzusammensetzung im Laufe des Tages entsprechend dem Sonnenstand. Und vergessen wir nicht die offensichtliche Beziehung, die zwischen Mondphasen und menschlichem Verhalten besteht (vgl. Kapitel »Beweise«), und zwar sowohl auf psychischer Ebene (psychische Störungen, ja sogar Irrsinn bei Neu- und Vollmond und besonders bei Mondfinsternis) als auch auf biologischem Gebiet (weiblicher Menstruationszyklus, Metabolismus der Austern, die sich im Rhythmus der Mondphasen öffnen und wieder schließen, sogar noch 1500 Kilometer von der Küste entfernt..., »Spitzen« der Geburtenkurve bei Neu- und Vollmond). Wäre es also nicht logisch, sich vorzustellen, daß das, was für das Verhältnis zur Sonne und zum Mond gilt, auch für die anderen Planeten Gültigkeit haben könnte, und daß es folglich nicht mehr um die Art – also *Qualität* – des Einflusses, sondern vielleicht nur noch um seine *Quantität* geht, der geringer, subtiler und schwieriger zu messen ist? . . .

Liegt es daran, daß sich der Empirismus in Großbritannien seit Bacon immer großer Beliebtheit erfreute, daß die Angelsachsen offener und empfänglicher für das Neue sind als wir eingefleischten Rationalisten? Hier ist vielleicht auch der Grund dafür zu suchen, daß im englischsprachigen Raum mehr offizielle Institute bestehen, in denen alle parapsychologischen Fakten, die sich die heutige Wissenschaft nicht erklären kann, peinlich genau verzeichnet werden, so zum Beispiel die berühmte *Society of psychical Research* in London oder die *American Association for Advancement of Science* (A. A. A. S.), die auf einem Kongreß in Boston die Parapsychologie anerkannte, oder auch die Englische Fakultät für Astrologische Studien, die von der großen Astrologin Margaret Hone gegründet wurde. Auch die Deutschen haben auf diesem Gebiet uns Franzosen etwas voraus, sind sie doch stolze Besitzer des Instituts für Parapsychologie an der Universität von Freiburg, das Professor H. Bender ins Leben rief.

Aber es gibt doch auch das »Belgische Komitee für die wissenschaftliche Untersuchung der sogenannten paranormalen Erscheinungen« *(Comité belge pour l'Investigation des phénomènes réputés paranormaux),* werden Sie mir entgegenhalten. Zu dessen Gründervätern gehört jedoch leider auch der Astronom Paul Couderc, für den die Astrologie und die Astrologen Hauptfeind Nummer eins sind, behauptet er doch von ihnen: »Ihre Äußerungen fallen manchmal in die Zuständigkeit der Psychiatrie.« Weiter oben war schon einmal von jenem bedauerlichen Apriorismus die Rede: Aus einem statistischen Beispiel und indem er erklärt, in einem bestimmten Fall stünde die Wahrscheinlichkeit, daß es sich tatsächlich so verhält, eins zu fünfundzwanzigtausend, folgert Couderc, in allen Ehren für die Astrologie, wie man sich gleich überzeugen kann: »Es gibt hier zwei Möglichkeiten: Man hat es entweder mit einer Fälschung zu tun oder mit einem astrologischen Gesetz. (Bei Versuchen dieser Art wäre die Anwesenheit eines

Zauberkünstlers von Nutzen, denn es handelt sich wahrscheinlich eher um Betrug als um ein Gesetz.)« *(L'Astrologie)* Da muß man sich doch fragen, was die Astrologie diesem Astronomen angetan hat, daß er sie in seinem ganzen Büchlein verunglimpft und verächtlich macht. Vor allem muß man sich fragen, welcher Verrat an der Logik – so symptomatisch für intellektuelle Überheblichkeit – es ermöglicht, einen notorischen Verleumder dieser Disziplin zu ihrem Richter zu berufen! ... Unparteilichkeit ist eine hohe moralische Tugend, auch für Wissenschaftler ...

Hüten wir uns also vor der Vernunft. Sie kann gefährlich sein, wenn sie zu kategorisch und selbstsicher auftritt. Sie kann uns in die Irre führen; nicht durch logische Beweisführung, sondern durch ihre Prämissen, die oft falsch sind. Wenn wir einen Beweis auf einem Postulat aufbauen, das als ehern gilt und sich dann als tönern herausstellt, sind wir verloren. Ich fürchte, daß es gewissen zeitgenössischen Wissenschaftlern genau so ergeht, die mit Scheuklappen herumlaufen und bestimmte Prämissen kurzerhand als »wissenschaftlich unannehmbar« betrachten ... Sicherlich sind die spezifischen, individuellen Einflüsse für den Wissenschaftler absurd. Das ist falscher Augenschein, würde A. Barbault, einer der größten Astrologen unserer Zeit, erwidern. Und J. Porte, Mitglied des C. N. R. S. (das Staatliche Französische Forschungszentrum) und Verwalter am Nationalen Institut für Statistik und Ökonomische Studien, meint: »Absurd oder nicht, Fakten sind Fakten, und wenn die Wissenschaft einer Epoche sie auch noch nicht integrieren kann, muß doch jeder Wissenschaftler ihre Existenz anerkennen und abwarten, bis sie erklärt werden können.«

Und mehr verlangt die Astrologie nicht.

ELFTES KAPITEL
Jede Menge unwiderlegbare Beweise zugunsten des planetarischen Einflusses

»Eine falsche Methode und mangelhafte Forschungsverfahren können die gravierendsten Fehler zur Folge haben und die Wissenschaft aufhalten, indem sie sie in die Irre führen.«
(Claude Bernard)

»Beweise überzeugen nur den Verstand.«
(Blaise Pascal)

»Zwanzig Jahre praktischer Studien haben mich von der Realität der Astrologie überzeugt.«
(Johannes Kepler)

Das kulturelle Getto, in dem die Astrologie seit mehr als drei Jahrhunderten in Frankreich – und fast zwei in Deutschland – dahinvegetiert, kann den Gedanken aufkommen lassen, daß sie unfähig sei, überzeugende Beweise zu erbringen. Das stimmt nicht. Aber sie leidet sowohl unter diesem Tabu und dem Mißtrauen, das man ihr entgegenbringt, als auch unter der mangelnden Koordination und dem Fehlen einer systematischen astrologischen Forschung. Das sind die Hauptgründe dafür, daß die Astrologie unter den Wissenschaften, die diesen Namen verdienen, noch nicht den ihr gebührenden Platz einnimmt. Die Intoleranz eines engstirnigen und übertriebenen Rationalismus einerseits, der allein schon den Gedanken an eine mögliche intellektuelle und philosophische Sinneswandlung von der Hand weist sowie andererseits der Ruf, in dem die Astrologie steht, von einem absoluten und »erstickenden« Determinismus auszugehen, zu dem der traditionell geheimnisvolle Charakter dieser Kunst hinzukommt, behindern in hohem Maß ihr Fortkommen. Nicht zu vergessen den wichtigsten Grund: daß die Astrologie in Europa an den Universitäten nicht offiziell gelehrt wird. Wie wir noch sehen werden, beziehen sich die überwiegend technischen Ursachen dieses Rückstands, die untrennlich mit dem Charakter der Astrologie verbunden sind, auf die Schwierigkeiten einer statistischen Erfassung.

Aber die Vertreter der Astrologie sollten sich über diese Hindernisse und die Übergangsphase, in der sich diese Wissenschaft befindet, nicht allzu viele Gedanken machen. Denn auf die Vergangenheit bezogen, kann der Umstand, daß bestimmte Erkenntnisse von der offiziellen Wissenschaft abgelehnt werden, fast sogar ermutigen! Denken wir nur an Gregor Johann Mendel, der bei seinen Kreuzungsversuchen an verschiedenen Erbsenrassen die Methoden des wissenschaftlichen Experiments so streng und peinlich genau anwandte, daß er die berühmten, später nach ihm benannten Mendelschen Erbgesetze entdeckte. Als er seine Arbeitsergebnisse im Jahre 1866 veröffentlichte, hatten sie ihn zehn Jahre seines Lebens gekostet. Zu dieser Zeit schenkte niemand, aber auch gar niemand, dieser wissenschaftlichen Revolution auch nur die geringste Aufmerksamkeit, und 1884 mußte er völlig verkannt sterben, nachdem er alles unternommen hatte, um seine Theorie zu verbreiten. Als im Jahre 1900 drei Botaniker diese Gesetze wiederentdeckten, zeigte sich, daß Mendel ihnen nicht nur vierzig Jahre voraus war, sondern daß er in seinen Forschungen auch bedeutend weitergegangen war als sie. Aber selbst nach Mendels Tod ließ ihm die offizielle Wissenschaft keine Ruhe, denn in Rußland wurde die orthodoxe – Mendels – Genetik – unter Stalin verboten und verbannt. Verantwortlich für diese wissenschaftliche Inquisition war kein anderer als Lyssenko, der behauptete, Chromosome spielten keinerlei Rolle, und Gene gebe es gar nicht. Lyssenko ließ die Erbforscher, die im Geiste Mendels arbeiteten, weil sie in bezug auf die offizielle Wissenschaft Dissidenten waren, verfolgen und verhaften – wer hätte Wissenschaftler für so aggressiv gehalten? –, und manche von ihnen verschwanden unter mysteriösen Umständen. Nach Stalins Tod wurden sie rehabilitiert und ihre Lehren anerkannt: ein schöner Trost!

Ein anderes Beispiel, vergleichsweise neueren Datums, für derartige Ungerechtigkeiten, das wieder einmal zeigt, wie »menschlich, allzu menschlich« sich gewisse Wissenschaftler verhalten können, ist der Fall Mesmer. Obwohl Mesmer als gefährlicher Scharlatan galt, ließ sich Charcot bei seinen Arbeiten über die Hypnose vom Mesmerismus inspirieren. Der Charcot-Schüler Freud wird diese Forschungen später weiterführen, die die Existenz des Unbewußten, das durch Hypnose freigesetzt werden kann, an den Tag bringen – Gemütsverwirrungen verschwinden in den Sitzungen, und der Stotterer zum Beispiel stottert nicht mehr. Charcot konnte sich dieses Phänomen nicht erklären; er stellte es einfach fest und wendete die gezielten Ergebnisse an. (Genau so übrigens arbeiten die Astrologen auch.) Die Bedeutung der Hypnose bei der Behandlung von Geisteskrankheiten ist heute anerkannt; oder auch bei der Erforschung des Unbewußtseins, besonders die verschlungenen Wege der Rückführung bei der Ergründung des Mysteriums früherer Leben.

Die Geschichte der Menschheit ist voll von Beispielen dieser Art. Wurde nicht die *Transmutation,* jener alte utopische Traum der Alchemisten, Wirklichkeit, als mit der Entdeckung der Radioaktivität erkannt wurde, daß sich, verbunden mit dem Ausströmen der Strahlen, Radium in Blei und Helium umwandelt? Die Erforschung der DNS durch den Wissenschaftler E. Guillé sowie seine Arbeiten über die Metalle erinnern unweigerlich an das Axiom der Alchemie (vgl. E. Guillé: *L'alchimie de la vie*).

Lassen Sie uns nun das Beweismaterial, das für die Astrologie spricht, mit eben diesem wissenschaftlichen Forschungsgeist betrachten. Ich möchte nur kurz vorwegschicken, daß das Problem darin besteht, was man als Beweis zuläßt, denn das, was die Astrologen als solchen vorbringen werden, wird von Wissenschaftlern, die der Astrologie feindlich gesonnen sind, nicht anerkannt. Umgekehrt werden die Astrologen gewisse wenig überzeugende oder absichtlich ins Negative gebrachte Experimente dieser Wissenschaftler als unzulässig zurückweisen, wenn sie die Regeln ihrer Kunst nicht respektieren. Aber zum Glück, und das ist der entscheidende Punkt, gibt es *Statistiken,* die entschieden und offenkundig für die Astrologie sprechen. Aber lassen Sie uns noch einen Moment beim skeptischen und mißtrauischen Mann von der Straße verweilen, der zunächst einmal gar nichts von Astrologie versteht. Wie kann solch ein Mensch Astrologieamateur oder auch nur Anhänger der königlichen Kunst der Sterne werden? Welche intellektuelle Entwicklung muß er durchlaufen, um sich diese Annäherung zu ermöglichen? Zuerst wird er bestimmt von den bescheidensten Hinweisen und einfachsten Vergleichen verblüfft sein, denen er in seinem Alltagsleben begegnet: daß er sich wiederholt von bestimmten Sternzeichen angezogen fühlt, die mit seinem Zeichen harmonieren (was ihm aber erst später klar wird); er wird etwa erstaunliche Ähnlichkeiten zwischen bestimmten Zeichen und bestimmten Typen von Körperbau feststellen. Und langsam, aber sicher wird er soweit kommen, daß er mit jedem Gesicht ein Tierkreiszeichen oder vielmehr eine Dominante in Verbindung bringt. Vielleicht registriert er alljährlich zyklisch wiederkehrende Glücks- oder Pechsträhnen oder stellt fest, daß seine gelebte Wirklichkeit Woche für Woche mit den seriösen Horoskopen in der Presse übereinstimmt. (Ich kenne solche seriösen Massenhoroskope.) Unbefangen wird er Schritt für Schritt weiter in dieses für ihn neue Gebiet vordringen. Der für ihn noch undurchdringlich scheinende Dschungel dieses Neulands wird ihn zwingen, ein überbelastetes, heterogenes oder sogar naives Astrologie-Erbe auszusortieren, Überflüssiges zu streichen, sein Wissen zu verfeinern, sich auf das Wesentliche zu beschränken. Und dieses Wesentliche wird er mit seinem gesunden Urteilsvermögen experimentell unter die Lupe nehmen. Mit dem Ergebnis, daß die Astrologie, nachdem sie anfänglich nur seine Neugier geweckt und ihn amüsiert hat, ihn nun von Entdeckung zu Entdeckung, von Bestätigung zu Bestätigung erst ernsthaft interessieren und begeistern, dann faszinieren und schließlich überzeugen wird. Man muß die Astrologie in der Praxis anwenden, um sich darüber klar werden zu können, daß die Richtigkeit einer Horoskopinterpretation nicht dem Zufall zu verdanken ist. Sicher ist, daß der Instinkt des Volkes, der so stichhaltig ist, weil er von der gesamten menschlichen Erfahrung genährt wird, von jenem »kollektiven Unbewußten«, das dem Psychologen C. G. Jung so am Herzen lag, das Einwirken des Himmels auf die Erde seit jeher intuitiv erfaßt hat. Vielleicht war der Mensch vergangener Zeiten, der noch stärker mit dem kosmischen Ganzen verbunden war und seine Zugehörigkeit zum Universum noch eher empfinden konnte, instinktiv besser in der Lage, beispielsweise den Zusammenhang zwischen seiner Tätigkeit als Bauer oder Fischer und den Mondphasen zu erkennen.

1. Der Mond und die Austern: Der Einfluß des Mondes ist heute auf verschiedenen Gebieten wissenschaftlich bewiesen. So zum Beispiel bei den Austern, deren Bewegung bis zu einem Experiment des amerikanischen Wissenschaftlers Brown mit den Gezeiten in Verbindung gebracht wurde. Seither muß sie dem Einfluß des Mondes zugeschrieben werden: Versiegelt und 1500 Kilometer vom Meer wegtransportiert, öffneten sich bei diesem Versuch die Austern weiterhin im Einklang mit den Mondphasen in Evanston.

2. Mond und zyklisch auftretender Irrsinn: Jede Polizeidienststelle kann ein Lied von dem erheblichen Ansteigen der Kriminalitäts- und Verbrechensrate während bestimmter Mondphasen singen. Damit einher geht eine Art Maßlosigkeit, der Verlust des gesunden Menschenverstands. Aggressionen nehmen zu, und die Leute werden wie wahnsinnig, sie laufen, wie man so sagt, unter der Wirkung des Voll- oder Neumondes (also Opposition beziehungsweise Konjunktion Sonne-Mond) »Amok«. Zum Glück sind nicht alle Menschen von diesem Phänomen betroffen, dessen ständige Wiederkehr sonst verheerende Folgen hätte! Am meisten betroffen sind Menschen, die im Zeichen des Krebses geboren wurden oder dieses Zeichen als Aszendenten haben, aber auch die, in deren Geburtshoroskop sich der Mond an einem Kulminationspunkt befindet oder zum Zeitpunkt ihrer Geburt am Horizont aufging, denn die Strahlung *ihres* Gestirns setzt sie stärkeren Schwingungen aus. Ich erinnere mich zum Beispiel an den Fall eines gewissen Fourquet aus dem Südwesten Frankreichs, der sich mit allen seinen Kindern zu Hause verbarrikadiert hatte und alle erschoß, um schließlich auch sich selbst umzubringen. Das geschah bei Vollmond.

3. Der Mond und die Frau: Dem Amerikaner Dr. Dewan ist es annähernd vollständig gelungen, den Menstruationszyklus seiner Patientinnen nahezu hundertprozentig zu regulieren, indem er sie veranlaßte, vom 14. Tag ihres Zyklus an drei Nächte hintereinander bei brennendem Licht zu schlafen. Mit diesem Experiment bestätigte er seine Hypothese, der zufolge der Mond seit undenkbaren Zeiten quasi als »Uhrwerk« der weiblichen Fruchtbarkeit funktioniert – eine Uhr allerdings, die seit der Einführung des elektrischen Stroms lädiert ist. Wenn man weiß, welche Wirkung der Mond auf die Gezeiten ausübt, dürfte die Wirkung auf den Menschen, der ja zu drei Vierteln aus Wasser besteht, doch eigentlich auch verständlich sein?

Fasziniert von den Rhythmen des Mondes, entdeckte der tschechische Psychiater Dr. E. Jonas im Zusammenhang mit der Geburtenkontrolle ein Gesetz, das für junge Paare, die das Geschlecht ihres Kindes selbst bestimmen möchten, äußerst interessant ist. Er erzielte mit seiner Methode einen Erfolg, der in der Größenordnung von 95 bis 98 Prozent liegt. Sie beruht auf der Stellung des Mondes im Augenblick der Empfängnis sowie auf der astrologischen Unterteilung der Tierkreiszeichen in männliche (Widder, Zwillinge, Löwe, Waage, Schütze, Wassermann) und weibliche (alle übrigen) Zeichen. Wenn die Befruchtung nun zu einem Zeitpunkt stattgefunden hat, in dem der Mond in einem männlichen Zeichen stand, fand Jonas heraus, kam ein Junge heraus. Ansonsten ein Mädchen. In seinem Buch *Geheimes Wissen. Das Natürliche des Übernatürlichen* berichtet der Anthropologe und Biologe Lyall Watson, Jonas habe an einer Klinik in Bratislawa für 8 000 Frauen, die sich einen Knaben wünschten, diese Berechnungen ausgeführt, von denen dann tatsächlich 95 Prozent einen Sohn gebaren. Als er und seine Methode von einem Gynäkologenkomitee auf die Probe gestellt wurden, indem er nur den Zeitpunkt des

Empfängnis-Geschlechtsverkehrs erfuhr, gelang es Jonas mit 98prozentiger Sicherheit, das Geschlecht des Kindes zu bestimmen.

Soviel zum Einfluß des Mondes. Und wie steht es mit den anderen Planeten? Kann man auch den Einfluß von Merkur, Venus, Mars, Jupiter, Saturn, Neptun oder Pluto beweisen? Einzeln und physikalisch korrekt?

4. »Große« Planeten, Mondknoten und Massenkatastrophen: Die Arbeiten des Russen Tomascheck haben schon zu Beginn dieses Jahrhunderts den Zusammenhang zwischen Erdbeben und Uranus im Meridian des Katastrophenortes bewiesen. Moderne Untersuchungen amerikanischer Astrologen bestätigen diese Erkenntnis. Meine eigenen auch. Man kann demnach die Behauptung aufstellen, daß sich Uranus (der Planet plötzlicher, schockartiger Ereignisse) und Pluto (der tellurische Planet) bei jedem großen Erdbeben in Dissonanzen befinden und im Ortshoroskop eine starke Stellung einnehmen. Das gilt für das schreckliche Erdbeben von San Francisco im April 1906, als die explosive Konjunktion Mars-Uranus nicht zu übersehen war. Das war auch im Februar 1960 in Agadir der Fall, als sich der Drachenkopf dem Merkur gegenüber befand, während gleichzeitig die Sonne mit Uranus, der im Nadir stand, eine Opposition bildete. Ähnliches gilt für den Ausbruch des Vulkans »Montagne Pelée« auf Martinique im Jahre 1902, als sich Uranus am Kulminationspunkt im Zenit und in Quadratur zu Merkur sowie in Opposition zu Neptun (kollektiver Tod) befand. Mars scheint häufig die Rolle des Auslösers zu spielen, und auch den Eklipsen kommt offenbar, ebenso wie den Mondknoten, eine wichtige Bedeutung zu. Ich selbst habe herausgefunden, daß Uranus sowohl am Ortsmeridian (Medium Coeli oder Zenit) als auch am Nadir oder am Ortsaszendenten stehen kann – eben auf irgendeiner der Horoskopachsen. Die Dissonanzen mit den Knoten sind einleuchtend, da diese ja Ereignisse kollektiver Art anzeigen, wie übrigens auch Pluto. So habe ich zum Beispiel (in der Zeitschrift *Elle*) das Erdbeben von Mexiko im September 1985 auf den Tag genau vorausgesagt.

Die Voraussage ist relativ einfach, was das *Datum* einer Katastrophe betrifft, aber sie ist teuflisch verzwickt, wenn es um die *Art* und den genauen *Ort* dieses Unglücks geht. So habe ich (in *Horoscope 1986*) den 10. Juli als Zeitpunkt für Katastrophen ermittelt. Und tatsächlich begann an diesem Tag, an dem ich übrigens in Los Angeles eintraf, die Erdbebenserie in Kalifornien, die einige Menschenleben forderte. Ich hatte nicht versucht, diese Erdbeben zu lokalisieren, weil das einen enormen Zeitaufwand bedeutet hätte. (Man kann sich wohl leicht vorstellen, daß ich am Astrologenkongreß, der in L. A. stattfand, nicht ganz gelassen teilnehmen konnte!) Allerdings ist auch die Datierung einer Massenkatastrophe nicht gerade ein Kinderspiel, weil das Ereignis durch verschiedene »Planetenmischungen« ausgelöst wird. Aber diese Herausforderung sowohl an die intuitive als auch an die induktive Intelligenz regt bei manchen Menschen den Verstand an. Ich gehöre offensichtlich auch dazu. Aber kann man die astrologische »Lehre« eigentlich besser auf die Probe stellen? Und sie den Skeptikern gegenüber beweisen?

Jedes kollektive Ereignis ist aus einer bestimmten Planetenkonstellation herauszulesen, vorausgesetzt, man vermag sie zu deuten. Zu diesem Zweck muß man sich in der astrologischen Symbolik auskennen. Wenn sie richtig angewandt wird, ermöglicht sie nicht nur, dieses Ereignis klar zu erkennen und seinen Inhalt zu verstehen, sondern es auch bis zu einem gewissen Grade vorauszusehen. In dem Kapitel dieses Buches, das sich mit der Prognose beschäftigt (S. 161 ff.) werde ich im Detail auf die *ipso facto* erbrachten Beweise kollektiver Prognosen eingehen. Hier möchte ich nur vorwegnehmen, daß die Dissonanzen von Uranus mit Flugzeugunglücken sowie mit plötzlichen Schwankungen an der Börse in Verbindung zu stehen scheinen; die des Saturn (in erster Linie mit der Sonne) mit dem Tod von Staatsmännern und -frauen (Sadat, Olof Palme, Indira Gandhi usw.). Mars und Uranus lösen in erster Linie Attentate und Explosionen aus, während die Dissonanzen des Neptun Katastrophen hervorrufen, die mit Gift oder Wasser zu tun haben. Umweltverschmutzung im eigentlichen Sinne hängt offenbar mit Pluto zusammen (manchmal in Verbindung mit Neptun), jedenfalls wenn es um Kernkraft geht (vgl. Tschernobyl). Die zahlreichen Eisenbahnunglücke im Jahre 1985, die ich in der Presse manchmal auf den Tag genau vorausgesagt habe, standen in »logischem« Zusammenhang mit einem harten Aspekt zwischen Saturn und Mars (Eisen), der sich in jenem Sommer länger hinzog, begleitet von der Dissonanz Saturn-Merkur, die für menschliches Fehlverhalten symbolisch ist, für oft folgenschwere Trugschlüsse. Diese Planetenkonstellationen setzten sogar die sprichwörtliche helvetische Gewissenhaftigkeit außer Kraft, wurde die Schweiz doch (in Bussigny/Wallis) von einem ebenso seltenen wie folgenschweren Eisenbahnunglück heimgesucht. Auch diese Katastrophe ging auf »menschliches Versagen« zurück.

Um die Wirkung der Planeten zu beweisen, wird man sich also überwiegend der astrologischen Symbolik bedienen müssen, will heißen: die Zusammenhänge zwischen bestimmten stellaren Konstellationen und bestimmten »sublunaren Ereignissen« beziehungsweise menschlichen Verhaltensweisen aufdecken. Und damit wären wir beim Kern. Unser Astrologieamateur wird seinen kritischen Geist zum Beispiel anhand der Untersuchungen eines modernen Astrologen wie E. Choisnard von der *École polytechnique* oder des Schweizers K. E. Krafft – der später Ärger mit den Nazis bekam – erproben können. Beiden kommt das Verdienst zu, erstmals mit Statistiken gearbeitet zu haben. Leider waren aber ihre Ergebnisse später nicht mehr aufzufinden, und deshalb können sie wissenschaftlich nicht berücksichtigt werden. Außerdem muß betont werden, daß statistische Methoden sehr hohe mathematische Genauigkeit, hinreichend Fallbeispiele und klug gewählte Korrelationen voraussetzen.

Was völlig unverständlich ist: Die Methode von Choisnard und Krafft wirkt zunächst außerordentlich brauchbar, paradoxerweise war es aber bei der späteren Wiederholung ihrer Experimente nicht möglich, dieselben Resultate zu erzielen. Das ist insofern schade, als der Wert ihrer Grundlagen durchaus anerkannt ist. So zum Beispiel, wenn Choisnard über schlechte Lehrbücher schreibt: »Als schlechte Lehrbücher bezeichne ich die Wahrsage-Handbücher, die kritiklos, ohne Logik und Methode und nicht beweisbar sind«; oder: »Der Okkultismus hat nicht mehr Berechtigung, die Astrologie für sich in Anspruch zu nehmen, als die Chemie, der Rundfunk oder die Elektrizität« *(Langage astral).* Oder wenn K. E. Krafft, der genau wie Choisnard bestrebt war, endlich eine wissenschaftliche Astrologie zu begründen, und als erster den Begriff »Astrologie« durch die Bezeichnung »Astrobiologie« ersetzte, dies in seinem *Traité d'Astrobiologie* (Abhandlung über die Astrobiologie) wie folgt herleitet: »Allein das Wort *Astrologie* erzeugt ein Mißtrauen, das jede unparteiische Überprüfung der Fakten verhindert...« Sehr instinktsicher spürt er da vom Gesichtspunkt einer erneuerten, von Ballast gesäuberten, wissenschaftlichen und modernen Astrologie aus das semantische Gewicht dieses im Laufe der Epochen emotionsüberladenen Begriffs (Haß, Verehrung, Mysterium, Furcht, Verachtung) auf, der dieser Disziplin in dieser Form nur schaden kann. Voller Begeisterung und mit aller Entschiedenheit verkündet er in seinem Buch: »Wir haben bei unseren Forschungen jegliche Tradition ausgeschlossen und ohne die geringste Parteinahme vollkommen objektive Untersuchungsmethoden angewendet. Vom Verlangen nach Unparteilichkeit geleitet, sind die in diesen Büchern dargelegten Forschungen und ihre Ergebnisse zu einer Herausforderung für alle geworden, die die Möglichkeit astro-biologischer Zusammenhänge hartnäckig leugnen...«

Choisnard versuchte aufzuzeigen, daß die *großen Geister* der Menschheit mit dem Aszendenten in bestimmten prägnanten Zeichen geboren wurden, und daß der Tod durch den Durchgang von Mars oder Saturn über ihren Geburtssonnenstand bestimmt werde. In bezug auf die Todeszeit kommt er – ohne jedoch die Zahl der analysierten Fälle anzugeben – zu folgendem Gesetz: »Der Tod tritt nicht unter irgendeinem Himmel ein, sondern fällt regelmäßig mit den Durchgängen eines oder mehrerer beweglicher Faktoren über bestimmte Orte des Geburtshoroskops zusammen. Die besonderen Bedingungen werden durch das Geburtsbild charakterisiert: ein bestimmter Geburtshimmel hat einen bestimmten Todeshimmel zur Folge...« Choisnard spielte damit auf die verschiedenen Planetenzyklen an, die bei unserer Geburt vorherrschten und die uns dementsprechend für einige unter ihnen besonders empfänglich machen. Zum gleichen Schluß war mein früherer Lehrer H. J. Gouchon gelangt, als er die Horoskope der Opfer eines Flugzeugunglücks untersuchte – ein typisches Beispiel für astrologischen Forscherdrang. Als er die planetarischen Transite des Katastrophentages mit den Geburtshoroskopen verglich, stellte er fest, daß die ungünstigen Aspekte bei weitem stärker waren als die günstigen, und daß die Planeten *exakte Aspekte* bildeten – was ihre starke Wirkung erklärt –, daß sich aber natürlich die planetarischen »Übeltäter« von einem Horoskop zum anderen unterschieden. Anders ausgedrückt, es waren nicht in allen Fällen der oder dieselben Planeten im Spiel. Der Todessignifikator unterschied sich von einem Horoskop zum anderen, vor allem in bezug auf den Aszendenten und natürlich die Geburtsplaneten. Dies wäre übrigens die passende Antwort gewesen, die man zuerst Cicero und später Voltaire hätte geben müssen, die beide die Astrologie an diesem Punkt in scheinbar guter Absicht angriffen: Die Opfer einer Katastrophe sind nie alle im selben Zeichen geboren!...

Meine eigenen Untersuchungen auf diesem Gebiet bestätigen nur diese Ergebnisse. Das macht den Beweis für die Stichhaltigkeit der königlichen Kunst der Sterne allerdings nicht leichter, jedenfalls nicht für den Astrologieamateur, der gerade anfängt, sich mit Statistik zu beschäftigen. Im Gegenteil: Diese Schwierigkeiten verstärken die Argumente der Gegner unserer Disziplin, die in ihre Geheimnisse weder eindringen können noch wollen. Tatsächlich erklärt die Wechselbeziehung der einzelnen Faktoren in einem Horoskop die Enttäuschung, die jeder Statistiker unweigerlich erfährt, wenn er es zu eilig hat und zu einseitige Variablen anwendet – wie bei einem hyperkomplexen Schachspiel, bei dem sich der Wert eines Bauern je nach Spielstand ständig verändert. Schon Lavoisier hat die Krux der wissenschaftlichen Konklusion erkannt: »Die Kunst, Schlußfolgerungen zu ziehen«, sagte er, »besteht darin, die Wahrscheinlichkeiten zu bewerten und abzuschätzen, ob sie groß genug sind, um Beweise abzugeben. Diese Berechnungsart ist komplizierter als man denkt, sie verlangt höchsten Scharfsinn und übersteigt im allgemeinen die Fähigkeiten des Durchschnittsmenschen...«

Sicher hat sich im Zeitalter des Computers vieles geändert, und in technischer Hinsicht läßt dieses Gerät wahre Wunder zu. Aber die Probleme, die eng mit der komplexen und »absoluten« Struktur eines Horoskops zusammenhängen, lassen sich damit nicht lösen. Über diesen teilweisen Mißerfolg sollte jedoch nicht vergessen werden, daß Choisnard und Krafft dadurch, daß sie sich der Wahrscheinlichkeitsrechnung bedienten, zu den Vätern der wissenschaftlichen Astrologie wurden und daß wir ihnen den ersten Versuch einer wissenschaftlichen Legitimation der königlichen Kunst der Sterne verdanken.

5. Die Planeten und die Liebe: Aber halten wir uns nun nicht länger bei diesen nicht sehr stichhaltigen Ergebnissen auf und betrachten wir zusammen mit unserem Amateurastrologen die äußerst interessanten Arbeiten von André Barbault. Aufgrund der beschränkten Anzahl analysierter Fälle werden sie den Voreingenommenen zwar nicht überzeugen, aber den Unparteilichen werden sie mit Sicherheit verunsichern. Es geht dabei um die Analyse der jeweiligen Stellung von Sonne, Mond, Venus und Mars in den Horoskopen von 19 französischen Königspaaren. Diese vergleichende Analyse bestätigt das astrologische Gesetz der »anziehenden Konjunktionen bei der Liebeswahl«. Tatsächlich treten bei diesen 19 Paaren neun Konjunktionen Sonne-Mond auf (das ist ein Verhältnis von eins zu zwei, statt eins zu neun, gemäß der durchschnittlichen Wiederkehr der Mond/Sonne- und Sonne/Mond-Konjunktionen innerhalb eines 10°-Orbis), sechs Konjunktionen Mond-Venus, vier Konjunktionen Venus-Mars und vier Konjunktionen Venus-Venus (der Durchschnitt beträgt zwei Konjunktionen jeder Art für 18 Fälle). »Es stellt sich heraus«, faßt der bedeutende Astrologe seine Ergebnisse zusammen, »daß diejenigen Königspaare, die am wenigsten ineinander verliebt oder am unglücklichsten miteinander waren, auch die geringste astrale Affinität zueinander aufweisen« (zum Beispiel Ludwig XII. und seine erste Gemahlin Jeanne, die Herzogin von Berri, von der man bezweifelt, daß sie überhaupt seine Gattin war; Ludwig XV. und Marie Leszczynska...). Ein repräsentatives Beispiel stellt die Ehe Heinrichs IV. mit Marguerite de Valois dar, in der eine totale körperliche Unverträglichkeit herrschte. Nun steht aber Heinrichs Venus in 24° Skorpion in Quadratur zu Marguerites Mars in 26° Löwe und Heinrichs Mars in 15° Steinbock in Opposition zu Marguerites Venus in 19° Krebs. Bei Heinrich steht die Sonne (in 2° Steinbock) außerdem in Opposition zu Marguerites Mond (26° Zwillinge)...

Meine eigene Erfahrung hat mich allerdings zu der Überzeugung geführt, daß in diesem Fall überdies noch Unverträglichkeiten allgemein menschlicher, intellektueller, emotionaler Art bestanden haben müssen (die die entsprechenden »persönlichen« Planeten, wie Mond, Merkur, Mars, betreffen), denn ich habe immer wieder herausgefunden, daß die Venus-Mars-Dissonanzen Pepp in eine Beziehung bringen, weil sie die sexuelle Lust steigern. Diese Dissonanzen sind mit Sicherheit sehr viel wünschenswerter als irgendeine x-beliebige unbedeutende Winkelstellung dieser beiden Planeten, die meistens dazu führt, daß die gegenseitige sexuelle Anziehungskraft schwindet. Und das ist ja nicht gerade die beste Voraussetzung für ein Paar!...

In der sehr seriösen Wissenschaftszeitschrift *In Search* wurden Statistiken über harmonische Paarbeziehungen veröffentlicht, die die amerikanische Astrologin und Psychologin Leslie Furze-Morrish aufgestellt hat. Sie zeigen, daß in diesen Fällen die harmonischen Aspekte (Sextile und Trigone), durch die die Planeten der Partner verbunden sind, überwiegen. Für einen Astrologen mit einer gewissen Erfahrung ist das nichts Neues. Wenn man zum Beispiel die Horoskope von Richard Burton und Elizabeth Taylor vergleicht, so ist die sexuelle Anziehungskraft offenkundig: mit einem Sextil zwischen der Venus des einen und dem Mars des anderen in der einen Richtung und einer Opposition zwischen dem Mars des einen und der Venus des anderen in der anderen Richtung. Das ist nur eine Bestätigung für meine Ansicht. Die Tatsache, daß die Sonne der beiden (die von Taylor in Fische und die von Burton in Skorpion) sich im selben Element (Wasser) befindet, daß der

Mond von Elizabeth Taylor die Sonne Burtons überlagert, und noch viele andere Aspekte erklären die tiefe Harmonie – bei allen offensichtlichen Spannungen zwischen anderen Planeten, die für ihre stürmische Beziehung verantwortlich sind. Langeweile war jedenfalls von vornherein ausgeschlossen, und das ist ja nicht ohne Bedeutung. Nach bald zwanzig Jahren Praxis in Astrologie bin ich übrigens der Meinung, daß Dissonanzen für eine Paarbeziehung *unabdingbar* sind, natürlich in Verbindung mit einer gewissen Grundübereinstimmung. Jeder Astrologe mit etwas Erfahrung wird das bestätigen können.

6. Die Planeten und der Haß: Gewiß kommen bei der Aufdeckkung der Wahlverwandtschaften in einem Horoskop auch mögliche Konflikte und Spannungen zum Vorschein. Auch hierzu führt André Barbault historische Beispiele an. Er untersuchte Feindschaften in Fürstenkreisen, die sich aus negativen oder spannungsgeladenen Überlagerungen von einigen ihrer Planeten erklären lassen (Konjunktionen Sonne-Mars zum Beispiel bei Ludwig XIV. und Wilhelm von Oranien oder bei Napoleon und Metternich). Ich würde noch hinzufügen, daß die vergleichende Analyse zum Beispiel der Horoskope von Stalin und dem von Trotzki, in dem die Sonne durch den Geburtsmars des fürchterlichen Steinbocks Stalin aggressiviert wird, diese Regel deutlich illustriert und bestätigt. Ließ er nicht Trotzki bis nach Mexiko verfolgen, um ihn dort auf grausamste Art umbringen zu lassen?...

Unser Astrologieamateur wird nun einwenden, daß es sich bei diesen Untersuchungen doch eher um gewiß sehr wichtige Bestätigungen der traditionellen astrologischen Postulate handelt als um unwiderlegbare Beweise, obschon die Ergebnisse bei weitem den Prozentsatz übersteigen, der nach der Wahrscheinlichkeitsrechnung zu erwarten war. Aber mißgünstige Wissenschaftler können immer noch die geringe Anzahl analysierter Fälle ins Feld führen. Da sie den umfassenden und einheitlichen Charakter eines Horoskopes nicht akzeptieren und begreifen wollen, betrachten sie es als Schwäche der Astrologie, daß sich jede gegebene Situation – in diesem Fall die Ehe – in Horoskopen auf verschiedene Art und

Weise widerspiegeln kann. Das bedeutet nichts anderes, als daß es außerordentlich schwierig ist, ein einziges und aus dem Kontext gelöstes Kriterium als statistische Ausgangsbasis zu wählen. Das ist wie in der Medizin. Eine kranke Leber kann sich auch in unterschiedlichen Symptomen andeuten.

Leider, mein Herr Statistiker, kann man so nicht in das vielschichtige Reich der Astrologie eindringen. Sie wird Ihnen ihre Geheimnisse nur offenbaren, wenn Sie auf sie eingehen, wenn Sie sie zu zähmen versuchen... und das braucht Zeit und erfordert Leidenschaft.

7. »Blinde« Horoskope: Dessen ungeachtet wird unser Astrologieamateur auf diesem Stand seiner Untersuchungen mehr und mehr von seinem Studienobjekt fasziniert sein. Schon hingerissen und überzeugt, daß an der Astrologie »etwas dran« ist, wird er allen möglichen Beweisen und Bestätigungen hinterherjagen. So wird er erfahren, daß Jacques Sadoul denselben Weg ging wie er. Er beschreibt ihn in seinem Buch *L'énigme du Zodiaque* (Das Rätsel des Tierkreises). Auch er begann, wie alle Lehrlinge der Astrologie, seine Studien voller Zweifel. (Denn aller Überzeugung der Gegner der Astrologie zum Trotz wird man nicht als Astrologe geboren, wie man als Bluter, gezeichnet mit diesem Segen oder Fluch, auf die Welt kommt. Nein, man *wird* Astrologe, häufig sogar mit einer anfänglich skeptischeren Einstellung als die meisten Menschen, in vieler Hinsicht aber auch empfänglicher und aufmerksamer.) Am Anfang seines Buches erzählt Sadoul, er hätte sich vorgenommen, elf verschiedenen Astrologen ein und dasselbe Horoskop vorzulegen und sich anhand dieser elf Interpretationen ein Bild von der Astrologie zu machen. (Natürlich hatten diese elf Kollegen keinerlei Kontakt untereinander. Die Praktiker dieser Kunst zeichnen sich ja – leider – nicht gerade besonders durch Solidarität aus. Als überzeugte individualistische Uranier bleiben sie am liebsten allein in ihrem Elfenbeinturm. Aber vielleicht ändert sich das ja im Zeitalter des Wassermanns?) Stimmten ihre Schlußfolgerungen überein, dachte sich Sadoul, wollte er seinen Forschungen weiter nachgehen, wenn nicht, hatte er vor, sie aufzugeben. Der Leser braucht nur die Aussagen der elf Astrologen nachzulesen, die in seinem Buch wiedergegeben sind. Das wird seine Wirkung nicht verfehlen. Skeptiker wird die Lektüre zutiefst verunsichern, und den Sympathisanten der Astrologie wird sie in seinem wohlwollenden Urteil bestätigen: Alle elf psychologischen Porträts stimmen vollkommen überein. Einige betonen Aspekte, die die anderen nicht besonders hervorgehoben haben, aber in den Aussagen, die die Astrologen über das Horoskop des betreffenden Menschen gemacht haben, besteht keinerlei Widerspruch.

Es versteht sich von selbst, daß Astrologen ihre Zeit überwiegend damit verbringen, »blindlings« Horoskope zu erstellen. Das heißt, sie wissen nicht das geringste über die Persönlichkeit, über die sie eine Meinung, eine psychologische Diagnose abgeben sollen, kennen weder ihre Hobbys noch ihren Beruf. Es gehört zu ihrem Alltagsgeschäft – und ist ihnen doch jedesmal wieder eine große Freude –, das sprachlose Entzücken derer zu beobachten, die von einem Fremden etwas erfahren möchten, was nur ihnen selbst bekannt ist. Journalistisch tätige Astrologen, möchte ich noch hinzufügen, die Horoskope für Prominente aus Politik, Kunst und Sport erstellen, bewegen sich praktisch immer auf dem Gebiet der »blinden« Horoskope. Denn wer kann schon von sich behaupten, die Persönlichkeit des Papstes, der Caroline von Monaco oder einer Margaret Thatcher genau zu kennen oder gar – trotz zahlreicher Biographien – der Seele eines De Gaulles, einer Madame de Staël oder des Fürsten Bismarck auf den Grund blicken zu können? Bekanntlich trügt ja der Schein, und hinter dem gutbürgerlichen Dr. Petiot verbarg sich ein grausamer Verbrecher. Aber seine Zeitgenossen brauchten Jahre, um hinter seine gesellschaftliche Charaktermaske zu blicken, die ein begabter Astrologe oder ein intuitiver Psychologe ohne weiteres hätte durchschauen können.

Übrigens kommt die Astrologie, die sich der Interpretation der Horoskope prominenter Persönlichkeiten widmet, nur selten voll auf ihre Kosten, weil sie ja nicht überprüfen kann, wie weit ihre Analyse zutreffend oder mangelhaft, subtil oder oberflächlich war. Als ich gerade (für *Horoscope 1986*) das Horoskop-Porträt der Prinzessin Caroline umrissen hatte, war ich deshalb hoch erfreut über das Erstaunen eines Freundes, der sie gut kennt, das er äußerte, als er erfuhr, daß meine Analyse auf reiner Theorie beruht.

Aber kommen wir zu unserem Astrologieamateur zurück, der wie Sadoul von all den außergewöhnlichen Koinzidenzen bereits ganz hingerissen und nicht zuletzt durch seine persönlichen Erfahrungen schon fast völlig überzeugt ist. Denn in der Zwischenzeit hat er gelernt, wie man ein Horoskop erstellt. Er macht sich einen Spaß daraus, sein eigenes anzufertigen, in das er sich gründlich vertieft und das er anhand all jener Erkenntnisse, die er täglich neu gewinnt, von allen Seiten ausleuchtet. Und wenn er entdeckt, daß sich ihm plötzlich nicht nur seine sichtbare und versteckte Persönlichkeit, seine Talente und Möglichkeiten offenbaren, sondern auch die Schwachstellen seines Organismus, die Scheidung seiner Eltern, die Schwierigkeiten, die er immer wieder hat, wenn er in ein neues Geschäft einsteigen will – wie also das Bild auf dem Fotopapier allmählich entsteht, wenn es mit dem Entwickler in Kontakt kommt –, ja, dann ist er total begeistert. Und diese Begeisterung wird noch zunehmen, wenn er die Horoskope seiner Angehörigen erstellt und immer neue Entdeckungen macht. Plötzlich versteht er die versteckten Beweggründe für ihr seltsames oder widersprüchliches Verhalten.

8. Die Neunerprobe der Astropsychologie: Da er jedoch seine Entdeckungen mit anderen teilen möchte und sich dabei des Grabens bewußt wird, der ihn von jenen Menschen trennt, die es *nicht versucht* haben und die, kartesianisch denkend wie er, von ihm Rechenschaft verlangen werden, rationale Gründe, *Beweise* also, um an diese Kunst glauben zu können, so sucht er weiter nach handfesten Fakten, die auch für blutige Laien annehmbar sind. Schließlich hat auch er seinen Stolz und will von seinen Freunden nicht als leichtgläubiger Spinner angesehen werden. Seit Descartes weiß jeder Franzose, daß das, was nicht klar dargestellt wird, auch nicht gut begriffen wird; da ist kein Platz für vage Deduktionen, intuitive Überzeugungen oder subtile Wahrnehmungen; Tatsachen braucht es, klare, beweisbare Tatsachen. So sucht er nach Beweisbarem und, naiv, wie er ist, kapiert er nicht, daß dieses Aneinandervorbeireden zwischen Anhängern und Gegnern der Astrologie endlos weitergehen kann, obwohl die Fakten klar auf der Hand liegen. Als ob sich die Menschen logisch verhielten! Beweise überzeugen nur den Verstand, sagte sinngemäß schon der feinsinnige Zwilling Blaise Pascal. Auf jeden Fall wird unser Mann weitermachen und so tun, als würden die Menschen logisch und zusammenhängend denken, denn die Wahrheit muß ja eines Tages ans Licht kommen. Diese Wissenschaft ist zu verblüffend, zu reichhaltig, als daß sie verkannt in ihrem kulturellen Getto dahinvegetieren dürfte. Und sowie er von gewissen Tests erfährt, die 1961 in Amerika unter streng wissenschaftlicher Kontrolle durchgeführt wurden, legt er die Ergebnisse triumphierend seinem Kollegen vor, der auch Ingenieur ist und ihm, seit sein Interesse für die Astrologie erwacht ist, ständig vorwirft, er rede nur noch Blödsinn und falle dem Irrationalen anheim; und das ihm, der doch immer der Beste in Mathe und Logik war. Aber es wird sich noch herausstellen, wer zuletzt lacht...

Unter der Leitung von Vernon Clark, einem Psychologen, der sich für Astrologie interessiert, werden drei verschiedene Experimente durchgeführt, deren Ziel darin besteht, bestimmte Postulate der Astrologie entweder zu beweisen oder zu entkräften... An diesem Vorhaben, das von einem Wissenschaftlerteam überwacht wird, das die Ergebnisse überprüft, nehmen dreiundzwanzig Astrologen verschiedener Länder (Vereinigte Staaten, Großbritannien, Österreich, Deutschland, Holland, Australien) teil.

Und so sehen die Tests im einzelnen aus:

1. TEST: Er soll dazu dienen, die Behauptung der Astrologie oder der Astrologen zu überprüfen, daß sich zukünftige Begabungen oder Talente unmittelbar im Horoskop niederschlagen. Clark stellte die Geburtsdaten von fünf Frauen und fünf Männern zusammen, die beruflich auf folgenden Gebieten tätig waren: Tiermedizin, Musik, Bibliothekswesen, Kunstkritik, Prostitution, Buchhandel, Puppenspiel, Kinderheilkunde, Kunstwissenschaft, Herpetologie (Kriechtierkunde). Eines der Auswahlkriterien bestand

darin, daß alle diese Personen ihren Beruf schon lange ausübten und daß er ihre Hauptbeschäftigung war. Die Geburtsdaten dieser Personen wurden zusammen mit einer separaten Liste der Berufe an zwanzig Astrologen verschickt, die man bat, Geburtsdatum und Beruf einander zuzuordnen. Aus zwanzig Psychologen, die nichts von Astrologie verstanden, wurde eine Kontrollgruppe gebildet, die dasselbe Ausgangsmaterial erhielt. Die Ergebnisse waren außerordentlich aufschlußreich: Die Kontrollgruppe lieferte lauter Resultate, die der Zufallswahrscheinlichkeit entsprachen. Siebzehn der zwanzig Astrologen schafften es dagegen mit einer Zufallswahrscheinlichkeit von hundert zu eins! »Dieser Test«, erklärte Vernon Clark 1961 in der Zeitschrift *In Search,* »wurde von zwei promovierten Psychologen überwacht, die bezeugen können, daß alle Experimente so durchgeführt wurden, wie ich sie beschrieben habe. Die Analyse der Ergebnisse erfolgte durch einen hauptamtlichen Statistikfachmann, der über keinerlei Kenntnisse in Astrologie verfügte und auch von dem laufenden Experiment nicht informiert war.« (Zit. n. Sadoul: *L'énigme du Zodiaque*) Wenn man darüber hinaus noch weiß, daß zwei der Horoskope (das der Prostituierten und das der Bibliothekarin) Frauen betrafen, die am selben Tag und im selben Jahr, allerdings mit einem Zeitabstand von fünf Stunden geboren wurden, und sich vor Augen führt, daß die Berufe Tierarzt und Herpetologe ziemlich nahe verwandt sind, so kann man ermessen, daß die Versuchsbedingungen bestimmt nicht einfach waren. Am Rande noch: Hut ab vor so feinfühligen und kompetenten Astrologen! Eine Verallgemeinerung wäre – leider! übertrieben ... Clark selbst zog die Schlußfolgerung: »Aus diesem Test war es möglich zu schließen, daß der menschliche Charakter durch die Stellung der Planeten bei der Geburt beeinflußt oder bestimmt wird und daß die Astrologen allein auf der Basis der Geburtsdaten in der Lage waren, Charaktere zu unterscheiden und zu erraten.«

2. TEST: An dieselben Astrologen wie beim ersten Test verteilte Clark dann zehn Horoskop-Paare. Jedem Paar war eine Liste mit bestimmten Daten und wichtigen Ereignissen beigefügt (Eheschließung, Unglücksfälle, Kinder, Berufswechsel, Tod), die eines

der beiden Horoskope betrafen. Die Astrologen wurden darüber informiert, daß jeweils eines der beiden Horoskope mit den Angaben auf der Liste übereinstimmte, daß das andere einer anderen Person gehörte, die fast zur selben Zeit und am selben Ort geboren worden war und demselben Geschlecht angehörte, aber einen völlig anderen Lebenslauf hatte. (Dieses zweite Horoskop war frei erfunden und rein zufällig.) Natürlich ging es darum, die beigefügte Liste dem richtigen Horoskop zuzuordnen. Was Vernon Clark dazu bemerkt, dürfte selbst die größten Skeptiker überzeugen: »Sie (die Ergebnisse, E. T.) waren derart, daß die Chance weniger als eins zu tausend stand, daß sie zufällig hatten entstehen können. Drei Astrologen schafften es hundertprozentig, achtzehn lagen eindeutig über der Zufallswahrscheinlichkeit, zwei genau auf dem Niveau des Zufalls, aber keiner darunter.«

Wie nicht anders zu erwarten, reagierten die amerikanischen Wissenschaftlerkreise empfindlich und beschuldigten Clark, der doch einer der ihren war (einfach dadurch, daß er sich auf dieses Experiment eingelassen hatte, hatte er sich in ihren Augen allerdings völlig »unmöglich« gemacht), den positiven Ausgang mehr oder weniger bewußt manipuliert zu haben. Dabei vergaßen sie völlig, daß die peinlichst genaue wissenschaftliche Kontrolle in den Händen eines Teams lag, das von Astrologie nicht die geringste Ahnung hatte. Angesichts solcher Reaktionen muß man sich fragen, wem es hier an Objektivität mangelt. Clark wurde sogar bezichtigt, die Horoskope selbst angefertigt zu haben. Um diesen absurden Kritiken zu begegnen, die die außerordentlich bittere Feindseligkeit der Vertreter der offiziellen Wissenschaft gegenüber den Arbeiten eines ihrer Angehörigen mehr als deutlich zeigen (auf dieselbe Haltung werden wir im Falle der statistischen Arbeiten M. Gauquelins wieder stoßen), entschloß sich Vernon Clark zu einer dritten Versuchsreihe.

3. Test: Diesmal gab er den Astrologen noch weniger Anhaltspunkte; keine Liste mit besonderen Ereignissen, keine persönlichen Angaben irgendwelcher Art außer der Information, daß ein Mitglied jedes Paares an Gehirnparalyse litt und das andere außergewöhnlich intelligent und immer kerngesund war (abgesehen von

Kinderkrankheiten). Den Kontakt zu den Mitgliedern beider Gruppen hielten Mediziner und Psychologen. Alle Beteiligten hatten ihre Geburtsdaten angegeben, und sie waren sogar bei den Standesämtern überprüft worden. Die zehn Kranken wurden durch das Los aus zahlreichen von den Ärzten vorgeschlagenen Fällen ermittelt worden. Geburtsdaten (Stunde und Ort) wurden einem Astrologen zugeschickt, der an den vorangegangenen Tests nicht teilgenommen hatte und bekannt dafür war, bei der Erstellung eines Horoskops ganz besonders gewissenhaft vorzugehen. Er fertigte die zwanzig Himmelskarten an, ohne die Hintergründe des ganzen Vorgangs zu kennen, und nahm wohlgemerkt keine Interpretation der Horoskope vor. Den Astrologen, die an dem Experiment teilnahmen, wurden Fotokopien übersandt. Anhand der Horoskope gelang es ihnen, die Gehirnkranken zu identifizieren, und zwar mit einer Zufallswahrscheinlichkeit von *eins zu hundert*. Zwanzig Astrologen lagen über den Gesetzen des Zufalls, zehn auf eben diesem Niveau oder darunter.

Vernon Clark folgerte aus seinen Experimenten: »Die von den Astrologen aufgezeigte Möglichkeit, zwischen echten und falschen Geburtsdaten zu unterscheiden, ist für die Kritik der Astrologie außerordentlich aufschlußreich. Ihre Gegner behaupten beispielsweise, daß zwischen dem Stand der Gestirne und dem menschlichen Wesen keinerlei Beziehung bestehe, was zur Folge hätte, daß das eine Horoskop so gut (oder ebenso wertlos) wie das andere sein müßte, um Auskunft über eine Person geben zu können. Die Tatsache, daß die Astrologen in der Lage waren, die falschen Geburtsdaten zu erkennen, scheint mit dieser skeptischen Einstellung aufzuräumen.«

Da Clark wenig darauf starb, konnte er leider nicht mit seinen Versuchen fortfahren. Nach allen Regeln der Vernunft hatte er die Welt noch mit der optimistischen Einstellung verlassen können, die rechtmäßige Anerkennung der Astrologie durch die offizielle Wissenschaft stünde kurz bevor. Aber das hieß, die Rechnung ohne die menschliche Träg- und Sturheit zu machen, die besonders wirksam sind, wenn sie im Verein mit Intoleranz und Tabuierung auftreten.

In Deutschland wurden unter der Ägide von Professor Hans Bender vom Institut für Parapsychologie der Universität Freiburg im Breisgau ähnliche Experimente durchgeführt – denn jenseits des Rheins riechen die Grenzwissenschaften offensichtlich weniger nach Schwefel als im kartesianischen Frankreich. Sie sind allgemein anerkannt und Gegenstand gründlicher wissenschaftlicher Studien! Bender ließ eine große Zahl deutscher Astrologen eine Menge *blinder* Horoskope erstellen, denen die Geburtsdaten Unbekannter zugrunde lagen, und erzielte – nachdem die inkompetenten Astrologen ausgeschieden waren – damit sehr überzeugende Resultate.

9. Funk und Gestirne: Aus einem ganz anderen Gebiet, dem des Radioempfangs, stammen die Untersuchungen John Nelsons, der entdeckte, daß Empfangsstörungen entstehen, wenn zwei oder mehr Planeten in Konjunktion oder in Aspekten von 90 oder 180 Grad zur Sonne stehen. Eben diese Aspekte (Quadratur beziehungsweise Opposition) gelten aber in der Astrologie als *dissonant,* weil sie Aspekte der *Spannung* sind. Nelson stellte im umgekehrten Falle fest, daß sich dann günstige Bedingungen ergaben, wenn die Planeten die in der Astrologie traditionellerweise als *harmonisch* angesehenen Winkel von 60 und 120 Grad zur Sonne bildeten (in der Sprache der Astrologie Sextil beziehungsweise Trigon genannt). Deutet sich da nicht ein äußerst interessanter Zusammenhang zwischen Astrologie und Meteorologie an? »Die Planeten beeinflussen die Erde in Form von elektromagnetischen Radiowellen« (vgl. K. A. Roberts: *Radio-emissions from the planets*)...

An diesem Punkt seiner Forschungen über die Aussagefähigkeit der Astrologie wird sich unser Astrologieamateur nun voll und ganz bewußt werden, daß diese Kunst, entgegen der landesüblichen Meinung, sehr ernst zu nehmen ist. Die Fakten und Entdeckungen, die ihn in seiner Überzeugung bestärken, nimmt er jetzt mit der ruhigen Gewißheit eines Menschen auf, der nicht mehr sucht, um überzeugt zu werden, sondern der unermüdlich nach weiterem Material stöbert, um andere zu überzeugen.

10. Ein »kosmochemischer« Beweis durch Bleisulfat: Hier handelt es sich um ein ganz entscheidendes Experiment, das, wie so viele andere auch, von der großen Mehrheit nicht beachtet wurde. Im Jahre 1927 untersucht die Chemikerin Kolisko in Berlin die Figuren, die sie mittels Absorption durch Filterpapier von Eisensulfat-, Silbernitrat- und Bleinitratlösungen erhalten hat. Sie stellt einen Unterschied zwischen der Absorption bei Tag und der in der Nacht fest und beobachtet, daß sich vor allem zur Zeit einer Bedeckung – einer exakten Konjunktion – des Saturns durch die Sonne (am 21. November 1926) die Wirkung des Planeten Saturn manifestiert. Experimente werden vor, während und nach der erwähnten Bedeckung gemacht: Die *während* der Konjunktion erhaltenen Darstellungen ergeben, daß der Bleieinfluß sich nicht mehr manifestiert, ganz als ob die Sonne, durch ihre Stellung *vor* Saturn, dessen Strahlungen eliminiert und damit den Einfluß unterdrückt hätte, den Saturn auf das in der Lösung enthaltene Blei ausüben könnte. Ist das nicht erstaunlich, besonders da man weiß, daß Blei das Metall ist, das dem Planeten Saturn seit dem Altertum zugeschrieben wird? Quod erat demonstrandum...

11. Michel Gauquelin oder der Astrologe wider Willen: Unter all den Beweisen entstammen die ohne jeden Zweifel stichhaltigsten den Arbeiten von Michel Gauquelin vom französischen *Centre National de la Recherche Scientifique* (C. N. R. S.). Er hat eine sehr langwierige Untersuchung durchgeführt und sich durch Tausende von Geburtsdaten, Akten, die ganze Zimmer füllen, durchgearbeitet, um – wie er anfänglich dachte – die mangelnde Seriosität der Astrologie zu beweisen. Widerstrebend kam er – welche Ironie, aber wissenschaftliche Objektivität verpflichtet eben! – zu absolut erstaunlichen Ergebnissen. So fand er zum Beispiel den statistisch bewiesenen Zusammenhang zwischen dem Aufgang oder der Kulmination bestimmter Gestirne bei der Geburt gewisser berühmter Persönlichkeiten und dem Beruf heraus, in dem sie erfolgreich waren.

Aber lassen wir M. Gauquelin selbst zu Wort kommen: »Nehmen wir einmal an, man möchte einen bestimmten Punkt am Himmel erforschen, die Position eines bestimmten Himmelskörpers. Man wird sich die Stellung dieses Himmelskörpers bei jeder beobachteten Geburt notieren. Wenn man auf gut Glück eine große Anzahl von Geburten einem Standesregister entnimmt, kann man für jede Geburt die Position des betreffenden Himmelskörpers festhalten: Man erhält somit eine Gesamtheit der Positionen, die eine beliebige Verteilung des Himmelskörpers bilden werden. Mit einer beliebigen Verteilung ist eine Verteilung gemeint, die einzig von den demographischen Geburtsbedingungen abhängt.«

Nehmen wir nun an, daß anstelle *aller* Geburten dieses Registers *bestimmte besondere Geburten unter der Gesamtbevölkerung ausgewählt werden.* Man möchte beispielsweise wissen, ob die bekannten Wissenschaftler unter anderen Sternen geboren sind als gewöhnliche Sterbliche. Unsere Hypothese würde sich bestätigen, wenn bei einem bestimmten Planeten Abweichungen von der Norm bei der Geburt der Wissenschaftler beobachtet würden, die bei den Geburten der Gesamtbevölkerung nicht auftreten. Aufgrund statistischer Tests würde sich ein solcher Unterschied nachweisen lassen. Die Wissenschaftler sind nur ein Beispiel. Natürlich könnte man ebenso irgendeine andere Bevölkerungsgruppe auswählen, die sich in besonderer Art von der großen Masse der Geburten abhebt, um diese Hypothese zu verifizieren. Wenn durch die statistischen Tests ein Unterschied festgestellt werden kann, werden wir sagen, daß zwischen den Positionen des betreffenden Himmelskörpers und der gewählten Geburtengruppe eine Verbindung besteht.

Die Frage lautet: Können bei Personen, die in ihrem Lebenslauf gleiche Tendenzen gezeigt haben, gleiche Gestirnspositionen bei ihrer Geburt festgestellt werden? Als Antwort... haben wir das Berufskonzept gewählt. Das ist ein ziemlich standardisiertes soziales Kriterium, über dessen Bedeutung sich alle einig sind. Außerdem kommt beim Beruf das menschliche Verhalten ins Spiel... Was wir über den Beruf zu beurteilen suchten, war das Verhaltensmuster, die tiefen Neigungen... Diejenigen, welchen es gelingt, sich (im Beruf) einen Namen zu machen, zeigen deutlicher als andere grundlegende Neigungen, die sich hinter der Berufsetikette verbergen... Nachdem wir unsere Untersuchung auf Länder der Europäischen Gemeinschaft beschränkt hatten, gelang es uns im Laufe der Jahre, mehr als 16 000 Geburtsdaten und -stunden von bekannten Persönlichkeiten aus Frankreich, Italien, Westdeutschland, Belgien und Holland zu sammeln. Weitere 12 000 Geburten sollten als *Kontrollgruppe* dienen. Sie bestand aus Personen derselben Nationalität, die denselben Beruf ausgeübt hatten, denen es aber nicht gelungen war, aus der Anonymität herauszutreten... Die Geburten erstreckten sich auf die Zeit von 1794 bis 1945: Also eine Beobachtungsspanne von anderthalb Jahrhunderten. Wir haben zehn Berufskategorien untersucht: Wissenschaftler, Leistungssportler, Militärs, Politiker, Künstler – Schauspieler, Maler, Musiker –, Schriftsteller, Unternehmer.

Wir haben die Position der Gestirne bei der Geburt eines jeden Versuchsteilnehmers errechnet. Neben den negativen *(normalen)* Resultaten haben wir eine ununterbrochene Reihe *anormaler* Beobachtungen registriert, die sich alle auf demselben astronomischen Gebiet manifestierten: dem Gebiet der *diurnalen Bewegung*... Erklären wir die diurnale tägliche Bewegung, oder noch besser, folgen wir Gauquelin:»Jeden Tag geht, als Folge der Erdrotation um ihre eigne Achse, jedes Gestirn wie die Sonne am Osthorizont auf, erreicht im Meridian den höchsten Punkt seines Umlaufs, geht am Westhorizont unter, um am nächsten Tag von neuem ungefähr zur gleichen Zeit wie am Vortag wieder aufzugehen. An einem bestimmten Tag befinden sich nicht alle Planeten am selben Ort des Himmels und gehen folglich auch nicht zur selben Zeit auf. Auch hängt die Zeit, die sie für ihre Strecke vom Aufgang bis zur Kulmination brauchen, von ihrer täglichen astronomischen Position ab. Die Astronomen veröffentlichen jedes Jahr genaue Berechnungen über den Stand der Sonne, des Monds oder der Planeten.« (Gauquelin/Sadoul: *L'Astrologie*) Und Gauquelin fährt fort, uns das Ergebnis seiner Forschungen zu enthüllen, von dem er selbst am meisten überrascht war:»Was die *anormalen* Beobachtungen betrifft, bestanden sie darin, daß die bekannten Persönlichkeiten sich nicht an die gleichen Geburtszeiten hielten wie die gewöhnlichen Sterblichen. Anders ausgedrückt: Es war, als hätten die Berühmtheiten, entsprechend dem ausgeübten Beruf, es *bevorzugt* oder im Gegenteil *vermieden,* beim Durchgang der Himmelskörper über den Horizont oder den Meridian (Aszendent oder Medium Coeli) geboren zu werden.

Diese Momente spielten in gewisser Weise die Rolle des Auslösers des astralen Einflusses. *Die Tendenz ist so deutlich ausgeprägt, ihre Wiederholung so konstant durch alle untersuchten Gruppen hindurch, daß man sie nicht allein dem Zufall zuschreiben kann.* Diese fundamentale Beobachtung konnte jedoch nur in bezug auf den Mond und die Planeten Mars, Saturn und Jupiter gemacht werden. Es war, als ob die Gegenwart eines Planeten, der zum Zeitpunkt der Geburt eben am Horizont aufgegangen war oder den Meridian erreicht hatte, den Erfolg des einzelnen in einer bestimmten Berufsgruppe *bewirken* würde.

– »Von den 3 647 bekannten Ärzten und Wissenschaftlern waren 724 anstatt 626 (soviel hätten es theoretisch sein dürfen) beim Aufgang oder bei der Kulmination des Mars geboren... *Die Wahrscheinlichkeit beträgt nur 1 zu 500 000,* daß der Zufall die Ursache für eine derart deutliche Häufung von Planetenpositionen... sein könnte. Aus der gleichen Gruppe von Wissenschaftlern waren 704 anstatt 598 Personen geboren, nachdem der Saturn eben aufgegangen war oder den Kulminationspunkt erreicht hatte. Die Wahrscheinlichkeit beträgt *1 zu 300 000,* daß dieses Ergebnis Zufall ist...

– In der Gruppe der 2 088 erfolgreichen Sportler herrscht allein der Mars, wie die Statistik überraschend eindeutig beweist. Mars befand sich 452mal anstatt 358mal am Aszendenten oder am Kulminationspunkt; das bedeutet eine Zufallswahrscheinlichkeit von *1 zu 5 Millionen.*

– In der Gruppe der 3 438 berühmten Militärs findet man unverhältnismäßig häufig Jupiter und Mars in den Sektoren unmittelbar nach ihrem Aufgangs- oder Kulminationspunkt: Jupiter 703mal anstatt 572mal, Mars 680mal anstatt 590mal. Die Möglichkeit, daß diese Diskrepanz rein zufällig ist, beträgt in beiden Fällen *weniger als 1 zu einer Million.*

– Bei den 1 409 bekannten Schauspielern war Jupiter 283mal

anstatt 235mal in diesen Himmelssektoren zu finden. Die Wahrscheinlichkeit für den Zufall beträgt in diesem Fall *1 zu 1000*.

– Bei den 1003 Politikern wurde Jupiter nach Aufgang oder Kulmination 205mal anstatt 167mal verzeichnet; das bedeutet, daß die Wahrscheinlichkeit für einen Zufall *1 zu 100* steht...

– Bei den 1352 Schriftstellern erscheint sehr häufig der Mond nach dem Aufgangs- oder Kulminationspunkt. Diese Position ergab sich 292mal anstatt 225mal. *Statistisch* gesehen könnte ein solches Ergebnis *nur einmal unter 100 000mal* durch Zufall eintreten.

– Bei den 903 Journalisten fanden wir Jupiter im Aufgangs- oder Kulminationspunkt 185mal anstatt 150,5mal. Die Wahrscheinlichkeit dafür: *1 zu 100*.

– Schließlich war bei den 202 Industriemanagern Mars nach Aufgang oder Kulmination 49mal anstatt 34,6mal vorhanden. Die Wahrscheinlichkeit für einen Zufall: *1 zu 200*...« (Michel Gauquelin: *Kosmische Einflüsse auf menschliches Verhalten*, S. 50).

Man darf sich freuen. Endlich einmal Zahlen und Fakten, und zwar nicht mehr nur in einer Größenordnung, die schon von ihrer kleinen Zahl her Zweifel am Gegenstand der Untersuchung, wenn nicht gar am Ausführenden selbst aufkommen ließ. Eine Demonstration zugunsten der Astrologie, unabhängig davon, welches anschließend – zumindest während einer vorübergehenden Anpassungsphase an diese »schockierenden« Entdeckungen – die Einstellung M. Gauquelins war, eines Wissenschaftlers, der zwischen seiner Berufsgruppe – Kreisen, die seinen Entdeckungen eindeutig feindlich gegenüberstanden – und dem hochexplosiven Wert seiner Entdeckungen hin- und hergerissen war. Die Ergebnisse seiner Untersuchungen beweisen statistisch und wissenschaftlich, was die jahrtausendealte Astrologie seit jeher weiß und praktiziert, nämlich, daß die Planeten, die sich bei der Geburt eines Individuums an den Eckfelderspitzen (Aszendent und Deszendent, Himmelsmitte und Himmelstiefe) seines Horoskops befinden, die Persönlichkeit und das Schicksal des Betreffenden sehr stark prägen, und die Verbindung Medium Coeli/Beruf ist ganz besonders stark, fügt die Astrologin hinzu.

Aber Gauquelins Forschungen gehen sogar noch weiter und beweisen die »Abneigung« bestimmter Planeten, bei der Geburt von Angehörigen gewisser Berufsgruppen aufzugehen. Das ist natürlich Wasser auf die Mühle der Astrologie, beweist es doch bis ins Absurde, wie schwer es einem Menschen, der beispielsweise beim Aufgang Saturns am Horizont (also mit diesem Planeten im Aszendenten) auf die Welt kommt, fallen wird, sich als Schauspieler hervorzutun, während er die besten Aussichten hat, als Wissenschaftler Aufmerksamkeit zu erregen (die Statistiken zeigen an diesem Punkt ein Tief). Hier die Beispiele:

– »Bei den 1 473 großen Malern wurden Mars und Saturn selten nach dem Aufgangs- oder Kulminationspunkt gefunden. Mars registrierten wir nur 203mal anstatt 253mal, Saturn erschien nur 188mal anstatt 238mal. Die Wahrscheinlichkeit, daß dies dem Zufall zuzuschreiben wäre, beträgt in beiden Fällen weniger als 1 zu 200. Das gleiche Phänomen war bei 866 Musikern für den Planeten Mars zu erkennen (120 Geburten anstatt 149; Zufallswahrscheinlichkeit: 1 zu 30), und bei Schriftstellern und Journalisten in bezug auf den Saturn (nur 287 Geburten anstatt 338; Zufallswahrscheinlichkeit: 1 zu 500).

– Ebensowenig kann der Zufall die ungewöhnlich geringe Anzahl von Wissenschaftlern und Ärzten erklären, die bei Aufgang oder Kulmination des Jupiters geboren wurden (nur 540 anstatt 602, oder 1 zu 30, daß diese geringe Häufigkeit dem Zufall zuzuschreiben ist)...« (Michel Gauquelin: *Kosmische Einflüsse auf menschliches Verhalten*, S. 52).

Schlußfolgerung: »Die Stunden, die den Erfolg der Schauspieler *begünstigen*, entsprechen den Stunden, die den Erfolg der Wissenschaftler *blockieren*«, was niemanden im geringsten erstaunen wird, der auch nur die geringste Vorstellung von Psychologie hat. Denn erscheint es nicht einleuchtend, daß das im Grunde exhibitionistische, zumindest extravertierte Temperament des Schauspielers anders ist als das theoretisch introvertierte des Wissenschaftlers? Kurz, daß ihre charakterlichen Anlagen äußerstenfalls antagonistisch sind? Ich möchte hier noch eine interessante Zwischenbemerkung einfügen, die außerdem die Ergebnisse dieser

Untersuchung bestätigt. Seit Louis Jouvet (selbst ein introvertierter Steinbock), der zwischen den *exhibitionistischen* und den *zurückhaltenden* Schauspielern unterschied, weiß man, daß nicht alle Mimen ein extravertiertes Temperament haben. Diese Unterscheidung ist statistisch bekräftigt worden: »Exhibitionistische« Schauspieler kommen zweimal häufiger auf die Welt, wenn sich Jupiter am Aszendenten oder am Medium Coeli befindet, als zurückhaltende! ... Das gleiche gilt für die bescheidenen und unauffälligen *introvertierten Wissenschaftler* im Vergleich zu den *extravertierten Wissenschaftlern* – beispielsweise der Schütze Leon Schwartzenberg (frz. Krebs-Forscher) oder der Skorpion Christian Barnard –, die nach der klassischen astrologischen Typologie »medienfreundlicher« und weniger saturnisch sind. So hat beispielsweise Sophia Loren einen kulminierenden Jupiter, der sie im Prinzip den extravertierten Schauspielerinnen zuordnet – was sie auch war, besonders in ihrer Jugend –, aber da sie Jungfrau ist, bleibt diese Extravertiertheit relativ und geht mit der Weisheit der Jahre zurück! Dagegen verstand ich die Extravertiertheit des Steinbocks Depardieu nicht, der keinen kulminierenden oder aufgehenden Jupiter hat, und ich überlegte... bis ich seine prächtige Konjunktion Sonne-Jupiter entdeckte! Unmöglich, in diesem Fall der Astrologie mangelnde Sorgfalt oder Präzision vorzuwerfen...

Wenn es mir so wichtig war, lange Auszüge aus Michel Gauquelins Feder wiederzugeben, so um sicherzustellen, daß beim Leser auch nicht der geringste Zweifel über die Herkunft der darin enthaltenen Zahlen und Schlußfolgerungen oder über die Untersuchungsmethoden dieses allgemein anerkannten Forschers aufkommt – egal, was gewisse wissenschaftliche Kreise davon halten mögen.

Die Astrologie hätte aufgrund dieser Ergebnisse jubilieren können. Aber ihre Freude wurde bald durch die Kommentare von Michel Gauquelin selbst getrübt, der zwischen Hammer und Amboß geraten war, nämlich zwischen seine Wissenschaftlerkollegen... und seine Ergebnisse (die er, wie schon gesagt, nicht erwartet hatte. Seine wissenschaftliche Objektivität jedoch verpflichtete ihn, sie zu veröffentlichen). Er wollte wahrscheinlich nicht als das »häßliche junge Entlein« aus Andersens Märchen gelten und versuchte durch eine abweichende Interpretation zu vermeiden, für die *Zwecke der Astrologie eingespannt* zu werden. Folgenden Einwand erhob er gegen sie: »Obwohl wir von einem scheinbar ursprünglich astrologischen Material positive Ergebnisse erzielt haben, ist ganz klar, daß diese Resultate, so erstaunlich sie auch sind, in *wissenschaftlichen* und nicht *astrologischen* Begriffen erklärt werden müssen ... (Nuance!) Um so mehr, als sie eine erneute und starke Kritik an diesem Aberglauben darstellen.« (Ja, aber! ... Es gehe darum, die Dinge nicht zu verwechseln! Aber es ging doch, leider, vor allem darum, das Kind nicht beim Namen zu nennen und dem Kaiser, das heißt der Astrologie nicht zu geben, was des Kaiser ist.) Die seit Generationen erworbenen bedingten Reflexe des Geistes werden angeregt und treten sofort in Aktion.

Der Astrologe fragt sich, wie, durch welche Überlegungen Michel Gauquelin dazu gelangt, die Astrologie um das zu prellen, was ihr zukommt. Gauquelin wird alles versuchen, um eine Bestätigung der astrologischen Tradition zu vermeiden, und in den Augen aller (außer denen eines Astrologen) wird er sein Ziel auch erreichen, indem er erklärt: Was Mars betrifft (der in der astrologischen Symbolik die Krieger beherrscht), den man in dominanter Stellung bei den Militärs findet, oder Saturn (astrologisch den Gelehrten zugeordnet), der bei den Wissenschaftlern und Ärzten dominiert, scheint die Astrologie recht zu behalten. Was aber macht Mars bei den Ärzten, und warum trifft man Jupiter so ungewöhnlich häufig bei berühmten Nazis an? Sollte Gauquelin, der ansonsten fundierte Astrologiekenntnisse besitzt, *vergessen* haben, was die astrologische Tradition sagt? Er brauchte nur in *La Théorie des déterminations astrologiques* (Astrologische Bestimmungstheorie) von Morin de Villefranche nachzuschlagen, um die wichtigsten Bedeutungen und Entsprechungen zwischen Planeten und Berufen zu erfahren. So hätte er zum Beispiel über Mars gelesen: »Krieger, Jäger, Anwälte, *Ärzte,* Gießer.« Der Planet Mars als Dominante in Ärzte-Horoskopen entspricht also ganz der astrologischen Lehre. Betreffend Jupiter hätte er gefunden:

»Regierungsmänner, Staatsmänner, *Kanzler,* Politiker etc.« Hitler und seine Nazi-Würdenträger in diese Liste aufzunehmen, scheint mir doch auf der Hand zu liegen...

Wenn man aus den Untersuchungen Gauquelins in aller Objektivität seine Schlüsse ziehen will, kann man sagen, daß die entdeckten Korrelationen der vier Himmelskörper Saturn, Jupiter, Mars und Mond voll und ganz auf der astrologischen Linie liegen, daß aber nicht *alle* Korrelationen Planet/Beruf aufgedeckt worden sind. Müssen nun unter dem Vorwand des unvollständigen Charakters dieser Beweise auch die positiven abgelehnt werden? Logisch ist das nicht gerade... Ich möchte jedoch nicht unerwähnt lassen, daß der Skorpion Gauquelin seither eine für sein Zeichen typische Metamorphose durchgemacht hat und daß man ihn nach seiner intellektuellen Wandlung von Saulus in Paulus an jedem Astrologiekongreß von einiger Bedeutung antreffen kann. (Ich habe mich auf dem Internationalen Astrologiekongreß lange mit ihm unterhalten, der im Juli 1986 in Los Angeles stattfand... und auch anderswo.)

12. Der Beweis der »astralen Vererbung«: Ein anderes, äußerst interessantes Gebiet der wissenschaftlich- astrologischen Untersuchung betrifft *die astrale Vererbung.* Johannes Kepler hatte sie schon im 17. Jahrhundert vorausgeahnt, denn er verkündete mit Nachdruck: »Es gibt ein ganz klares Argument, das ohne jede Ausnahme für die Glaubwürdigkeit der Astrologie spricht: das ist die Verwandtschaft der Geburtsbilder von Eltern und Kindern.« Wohlgemerkt, er spricht nicht ausdrücklich von einer astralen oder zodiakalen Übereinstimmung, er behauptet also nicht, die Kinder hätten das gleiche Sonnen- oder Aszendentenzeichen wie ihre Eltern; er spricht lediglich von einer Verwandtschaft der Geburtsbilder. Das ist genau das, was Michel Gauquelin ins Blickfeld rücken wird und was er auch nicht mehr eine astrale Vererbung, sondern eine *planetarische Vererbung* nennen wird (Michel Gauquelin: *L'Hérédité Planétaire*). Er definiert seine Vererbungsgesetze folgendermaßen: »Das Kind besitzt die Tendenz, geboren zu werden, wenn der gleiche Planet (wie im Horoskop von Vater oder Mutter) eben den Horizont oder Meridian passiert, vor allem aber nach Aufgang oder Kulmination des Planeten. Dieser Vererbungseffekt wurde bei Mond, Venus, Mars, Jupiter und Saturn beobachtet« (*Kosmische Einflüsse auf menschliches Verhalten*, S. 195). *Den planetarischen Effekt der Vererbung* nennt ihn der Forscher Gauquelin, den er »dank einer Untersuchung mit mehr als 30 000 Geburtsdaten aus den Registern der Zivilstandesämter von Paris und seiner Umgebung« entdeckt hat. Es scheint, als würde das Kind *warten,* um vorzugsweise dann geboren zu werden, wenn »die planetarische Uhr die gleiche Stunde zeigt« wie bei der Geburt seiner Eltern! Und ein wichtiger Punkt kommt noch hinzu: Wenn bei beiden Elternteilen sich der gleiche Planet am jeweiligen Aszendenten (oder Medium Coeli) befindet, ist diese Tendenz beim Kind doppelt so stark...

Um dieses Kapitel, das bei dieser kurzen Verteidigung der Astrologie vielleicht das wichtigste ist – fast –, abzuschließen, möchte ich noch erzählen, wie all diese für die Wissenschaft revolutionären Entdeckungen von ihren offiziellen Vertretern aufgenommen worden sind. Dieser Empfang ist überaus aufschlußreich, wenn man Michel Gauquelin Glauben schenken darf. Überlassen wir ihm selbst das Wort, um sein Abenteuer zu erzählen, denn um ein solches handelt es sich. »Unsere Beobachtungen über die Berufsgruppen sind zwischen 1955 und 1960 erschienen. Bevor wir weitermachten (...), mußten wir wissen, welchen wissenschaftlichen Kredit unsere Anstrengungen verdienten. Am Anfang sind wir sehr häufig auf strikte Ablehnung gestoßen: ›Professionelle Astronomen haben die Frage *a priori* studiert. Für sie sind Planeten nichts als Himmelskörper, die abgekühlt sind und nur noch die Strahlen reflektieren, die sie erhalten...‹ (Michel Gauquelin: *Die Wahrheit der Astrologie,* S. 123), schrieb uns 1955 Sylvain Arend, Astronom am Königlich Belgischen Observatorium.

»Wir berichten anderweitig über die Schwierigkeiten, auf die wir stießen, um unsere Untersuchungen überprüfen zu lassen«, fährt M. Gauquelin fort, hin- und hergerissen zwischen seiner Zugehörigkeit zu den Wissenschaftlerkreisen und dem Wunsch, seine allerdings brisanten Ergebnisse anerkennen zu lassen. »Nach den

Worten eines Forschungsleiters an der Universität Brüssel *leiden viele Wissenschaftler, besonders die Astronomen, tatsächlich an einer unerklärlichen Allergie gegenüber den Planeten*... Glücklicherweise zeigten sich andere Forscher aufgeschlossener, wie seit 1956 Jean Porte, Verwalter am Nationalen Institut für Statistik und Ökonomische Studien. Anfänglich sehr skeptisch in bezug auf den Wert meines vorgelegten Beweismaterials akzeptierte er schließlich dessen Gültigkeit. Er schrieb 1957 im Vorwort des Bandes, das meine Frau und ich der Methodenfrage gewidmet haben: ›Ich habe in der vorliegenden Arbeit nach Fehlern gesucht und habe keine gefunden.‹ 1960 ist es Dr. H. Bender, Psychologieprofessor an der Universität Freiburg im Breisgau, der sich bereit erklärt, das Vorwort für unser Buch *Les Hommes et les Astres* (Mensch und Gestirn) zu schreiben. Er hatte unsere Arbeiten durch eine Forschergruppe kontrollieren lassen, die darin keine Fehler entdecken konnte. Seit 1965 steigt das wissenschaftliche Interesse an unseren Arbeiten...

Dieses Interesse, das durch unsere Beobachtungen über eine unerklärliche Tatsache – den astralen Einfluß auf die Geburt – hervorgerufen wurde, brachte die Mitglieder des Belgischen Komitees für die wissenschaftliche Untersuchung der sogenannten paranormalen Erscheinungen immerhin soweit aus der Ruhe, daß sie sich ihrerseits mit unseren Experimenten befaßten.« Was ist das für ein Komitee? Es hat seinen Sitz in Brüssel und besteht aus dreißig Wissenschaftlern aller Fachrichtungen. Es existiert seit mehreren Jahrzehnten, und es wird von allen gefürchtet, die glauben, etwas Neues entdeckt zu haben... Deshalb muß nochmals betont werden: »Dieses Komitee steht im Grunde derartigen Ergebnissen zutiefst feindlich gegenüber.« Wir haben bereits erwähnt, daß Paul Couderc Mitglied des Komitees und außerdem ein notorischer Feind der Astrologie war. »Das Komitee entschied nicht nur, unsere Arbeiten zu überprüfen, sondern mit neuem Material eines unserer bedeutendsten Experimente zu wiederholen...« Die Resultate waren absolut identisch mit denen unseres Statistikers und Astrologen-wider-Willen, der weiter erzählt: »Von dem Moment an wird das Komitee, noch immer entsetzt über die Vorstellung eines möglichen astralen Einflusses, mit bemerkenswerter Geduld und Hartnäckigkeit versuchen, die Mars-Anomalien auf normale, das heißt bekannte Ursachen zurückzuführen, wie astronomische Mutationen, demographische Gesetze usw. Auf die Initiative des Komitees hin erfährt unser Versuchsmaterial tausend statistische Verstümmelungen. Man verdoppelt die Gegenexperimente; man geht sogar so weit, den Nutzen klassischer statistischer Formeln in Frage zu stellen...« Die Wissenschaft, in ihrer ganzen Ehrwürdigkeit in die Enge getrieben, ist bereit, alle – auch die weniger feinen – Waffen in diesem Kampf einzusetzen, aus dem sie nur geschlagen hervorgehen kann. Welche Schande, welche Erniedrigung, dieses illegitime Kind anerkennen zu müssen, dem schon vor drei Jahrhunderten die Brust entzogen wurde und das es wagt, mit der ruhigen Unnachgiebigkeit derer, die im Recht sind, zurückzukommen... Das kann nicht sein! Aber es ist, denn M. Gauquelin schließt: »Die Resultate haben alle Angriffe überstanden, und 1972 bleiben die Tatsachen schonungslos in ihrer Einfachheit:

1. Das Komitee hat die gleichen anormalen Ergebnisse beobachtet wie wir;

2. Es hat keine Fehler in unserer Methodik nachweisen können, und es ist ihm nicht gelungen, die Resultate anders als mit einer Korrelation des Planeten Mars und den Geburten der Champions zu erklären.« (Dieses Experiment wurde vollständig wiederholt.)

Und M. Gauquelin kommt zum Schluß: »Zur Stunde der Wahrheit befindet sich das Komitee in einem Gewissenskonflikt, hin- und hergerissen zwischen intellektueller Ehrlichkeit und Vorurteil. Es weigert sich, das positive Resultat eines Experiments zu veröffentlichen, nachdem es seit zwanzig Jahren nur negative Kontrollergebnisse auf diesem Gebiet angeführt hat. Wird es sich eines Tages dazu entscheiden? Aber das Wesentliche liegt vielleicht gar nicht darin. Man kann sicher sein: Hätte sich im Laufe unserer Arbeiten ein Fehler eingeschlichen, das Komitee hätte ihn bestimmt entdeckt. Astronomen und professionelle Statistiker haben sich vier Jahre damit beschäftigt. Wir werden den Mitgliedern des Komitees immer zutiefst verbunden sein für die enormen

Anstrengungen, die sie unternommen haben, um uns zu *widerlegen*« (Michel Gauquelin: *Die Wahrheit der Astrologie*, S. 123). Sarkastische Worte, wohl würdig eines triumphierenden Skorpions...

Aber Gauquelin selbst, der sehr unbequem zwischen den zwei Stühlen der Astrologie und der offiziellen Wissenschaft sitzt, widerlegt und verteidigt – zu der Zeit jedenfalls – abwechselnd unsere Kunst, die ihn zugleich merkwürdig zu faszinieren und abzustoßen scheint. Woher dieser Widerspruch? In seinem ersten Buch *(L'influence des astres)* legt er sehr ausführlich die angewandte, einwandfrei anerkannte statistische Methode dar, nachdem er zum Schluß gekommen war, daß die vorhergehenden Statistiken (die von Choisnard und Krafft), »vom Sockel zu stoßen seien«, da sie überhaupt nichts bewiesen hätten, ebensowenig wie die Prophezeiungen von Nostradamus oder die angeblich dreitausend Jahre alte Kenntnis der Maya von den Planeten Neptun und Uranus. In der Gegenüberstellung Alte gegen Moderne scheint mir, daß die Alten nicht besonders gut wegkommen. Namentlich was den genialen Nostradamus anbetrifft, der nachweisbar die Entdeckung Neptuns – den er zweihundertneunzig Jahre vor seiner Entdeckung mit Namen nannte! – über die astronomische Formel in einem seiner Vierzeiler der *Centuries* auf den Tag genau im August 1846 voraussagte. Allerdings mußte Gauquelin diese Tatsache nicht unbedingt bekannt sein, denn ich selbst habe sie erst kürzlich mit grenzenloser Begeisterung entdeckt...

Als Michel Gauquelin dann die Folgerungen aus seinen langen Forschungen zog, die dazu bestimmt waren, »die klassischen Ausgangsdaten der Astrologie zu verifizieren«, behauptete er zuerst kategorisch, daß »*natürlich* (sic!) alle Ergebnisse die Astrologie entkräften«. Aber wie wir weiter oben schon gesagt haben, scheint Gauquelin seither, wenn auch widerwillig, langsam, aber sicher – und diskret – eine Sinnesänderung zugunsten der Anerkennung des astralen Einflusses erfahren zu haben. Und das, obwohl sein Versuch mißlang, den Einfluß eines bestimmten Planetentransits über den Geburtssonnenstand im Augenblick des Todes zu beweisen. Er hat wahrscheinlich, indem er sich in die astrologische Technik vertiefte, allmählich festgestellt, daß die angewandte Methode eine »falsche gute Idee« war, die zwar gutgemeint war, aber im Widerspruch zur Komplexität eines Horoskops stand. Denn die Astrologie stellt in erster Linie die globale Struktur und organische Einheit des Horoskops dar, und jedes Element, das isoliert als statistisches Kriterium gewählt wird, wird unweigerlich zum Objekt einer künstlichen und somit willkürlichen Untersuchung. Mit anderen Worten und wie weiter oben schon angedeutet: Da der Todesplanet von einem Horoskop zum anderen verschieden ist – gemäß dem oder den Planeten, der oder die sich im Todeshaus befinden, und dem Planeten, der dieses Haus regiert oder die Herrschaft darüber hat –, ist es ausgeschlossen, *einen* bestimmten Planeten zu ermitteln, der allgemein für den Tod verantwortlich ist. In diesem Fall war die untersuchte Korrelation schlecht gewählt, das ist alles. Trotzdem bedeutet es für die Astrologie eine große Chance, daß die anderen Arbeiten von Michel Gauquelin über die schon besprochenen Wechselbeziehungen zwischen dominierenden Planeten und Beruf zu so überzeugenden Resultaten geführt haben. Wahrscheinlich denken erfahrene Astrologen wie Gouchon, Barbault, Santagostini, de Gravelaine, Aubier, um nur die französischen zu nennen, und noch viele andere, die sich der Grundstruktur der Astrologie bewußt sind, genau gleich. Negative Ergebnisse hätten ihre Überzeugung kaum ins Wanken bringen können – was keineswegs beweist, wie arg sie von der Astrologie vergiftet sind, sondern lediglich, daß sie wissen, wovon sie sprechen. Oder in den Worten Raymond Abellios: »Eine Statistik kann immer nur Vermutungen zugunsten der Astrologie anstellen, aber keine Beweise dagegen erbringen« *(La fin de l'ésotérisme)*.

Am Ende dieses äußerst wichtigen Abschnitts über Gauquelins Statistiken überlassen wir ihm nochmals selbst das Wort. Er schreibt 1972 in *L'Astrologie*: »Zugunsten der Astrologie spricht in erster Linie die *Demonstration des fundamentalen Postulats,* also der Rolle, die astrale Einflüsse bei der Geburt spielen. Darüber hinaus läßt der planetarische Effekt der Vererbung eine gewisse diagnostische Anwendung erkennen. Aufgrund der Geburtsstellung eines Planeten ist es theoretisch möglich, eine Prognose über das Temperament und das zukünftige soziale Verhalten des Neugeborenen zu machen. Mehr noch: Es ist der Anfang einer statistischen Bestätigung der astralen Symbolik für Mars, Jupiter, Saturn und Mond. Der Vergleich der von uns empirisch definierten Charaktertypen *mit den Eigenschaften, mit denen die Alten diese Planeten ausgestattet hatten,* erlaubt es, auf eine nicht zufällige Ähnlichkeit der beiden zu schließen... Man wird an anderer Stelle einen ausführlichen Vergleich zwischen unseren Experimenten und dem astrologischen Symbolismus finden.«

Endlich! Man glaubt zu träumen, die Ehre der Astrologie ist wiederhergestellt. Wird die offizielle Wissenschaft schließlich der experimentellen Wahrheit Anerkennung zollen und die Fakten gelten lassen? Jedenfalls scheint der Sieg der Astrologie gesichert, denn Tatsachen sind Tatsachen: Sie haben die Unverschämtheit der Wahrheit.

13. Eine Wissenschaft bestätigt sich jedoch am wirkungsvollsten durch die *Prognose*. In Anbetracht ihrer Bedeutung wird diese den Gegenstand eines eigenen Kapitels bilden. An dieser Stelle sage ich nur – indem ich, wie in der Mathematik, die Textaufgabe als gelöst voraussetze –, daß die Prognosen schon dadurch, daß sie möglich sind, und durch die Genauigkeit, die sie oft auszeichnet und die jegliche Art von Zufall oder Fügung ausschließt, die astrologische Lehre vortefflich bestätigen und zugleich den Weg in aufregende Perspektiven und Entdeckungen freigeben.

Die Astrologie kann sich also aufgrund dieser Experimente als *bestätigt, verifiziert, legitimiert,* wenn nicht gar als vollständig *erklärt* betrachten.

ZWÖLFTES KAPITEL
Die biokosmischen Rhythmen

»Wir brauchen den Menschen nicht in den interplanetaren Raum zu schießen, wir brauchen ihn nicht einmal aus seinem eigenen Land oder seiner Heimat zu entfernen, um ihn dem Einfluß des Kosmos zu unterwerfen. Der Mensch ist immer im Zentrum des Universums, denn das Universum ist überall.«
PROFESSOR PICARDI (Universität Florenz)

So unwissentlich wie Molières Figur Monsieur Jourdain zum Dichter wurde, so unwissentlich und ohne sich dessen auch nur bewußt zu sein, betreiben die Bauern seit jeher Kosmobiologie oder Meteorologie. Sie kennen den richtigen Moment zum Säen, Pflanzen, Ernten; sie sind von klein auf in die Geheimnisse des Windes und der Wolken eingeweiht. Wenn wir uns hier die Frage stellen, ob die irdischen, insbesondere die menschlichen Phänomene durch kosmische Einwirkung beeinflußt werden, so kommen wir unweigerlich auf das Problem der biokosmischen Rhythmen.

Wir haben bereits über den Einfluß des Mondes auf die weibliche Fruchtbarkeit gesprochen: Bekanntlich entspricht der Mondzyklus dem Menstruationszyklus der Frau. Das ist sicher kein Zufall, denn abgesehen von den Gezeiten ist die Wirkung der Mondrhythmen auch auf den Stoffwechsel der Karotte, des Molchs, der Auster, die mehr als hundert Jahre alt werdende Schildkröte oder der Ratte, kurz, auf die gesamte Natur festzustellen.

Wir alle kennen die schon von den Alten erwähnte »Zeit der späten Nachtfröste« im April: Gemeint ist der Vollmond, der auf die Aprillunation folgt. Seit jeher wird er von den Bauern gefürchtet –

die Römer hatten ihm sogar die Göttin des Getreidebrandes, Robigo, geweiht, die sie vor Frostschäden bewahren sollte. Er findet jeweils Ende April oder Anfang Mai statt und droht jedes Jahr die jungen Schößlinge erfrieren zu lassen und sie durch die Kälte rötlich zu färben.

Eine totale Sonnenfinsternis ist eine Konjunktion Mond-Sonne bei Neumond, wenn der Mond sich in der Nähe eines Knotens seiner Bahn befindet. Das hat eine vollständige Bedeckung der Sonnenscheibe durch den Mond zur Folge, das heißt, der Mond, der sich dann zwischen der Sonne und der Erde aufhält, verbirgt die Sonne vor der Erde. Sonnenfinsternisse sind biokosmische Manifestationen, die auf das kollektive Unbewußte bedrohlich wirken. Hören nicht die Vögel auf zu singen, verharren nicht die Tiere in unheimlicher Lautlosigkeit, wie erstarrt vor diesem einstweiligen Tod der Natur, die vorübergehend ihrer Licht- und Wärmequelle, also ihres Lebensborns, beraubt ist? Die furchtbare Dürre, die eine unvergleichliche Hungersnot im Sahel bewirkte, folgte auf eine solche Sonnenfinsternis, denn ihr Kernschatten bedeckte diesen Teil Afrikas. Die tatsächlichen Ereignisse bestätigen offenbar die Behauptung der Astrologie, der zufolge der Kernschatten einer Eklipse das Gebiet umfaßt, das bis zur nächsten Finsternis von Katastrophen heimgesucht wird. Heißt es nicht, die Frontlinien im Ersten Weltkrieg 1914–1918 hätten genau den Grenzen des Kernschattens entsprochen? Und dehnte sich der Kernschatten während der Schlacht um Stalingrad nicht auch gerade auf diese Stadt aus?...

Die außergewöhnlichste und symbolträchtigste Veranschaulichung der Verbundenheit von Mensch und Kosmos ist wohl folgendes erstaunliche Phänomen im Lebensrhythmus des Menschen: Durch die achtzehn Atemzüge, die er durchschnittlich in der Minute macht – also 25 920 pro Tag –, ist der Mensch mit der Sonne verbunden, denn der Äquinoktialpunkt braucht 25 920 Jahre, um den Tierkreis einmal zu durchlaufen (vgl. hierzu auch das Phänomen der »Äquinoktialpräzession«, von dem gleich noch die Rede sein wird). Außerdem steht die Atmung des Menschen in einem 1:4-Verhältnis zu seinem Herzschlag, denn 18 Atemzüge erfolgen in derselben Zeit wie 72 Herzschläge. Bei diesem Zahlenverhältnis handelt es sich offenbar nicht um einen Zufall. Man findet es auch in der übrigen Natur, denken wir nur an die vier Erdachsen oder die 4 Temperamente nach Hippokrates, die auf den vier Elementen beruhen.

Die Geschwindigkeit, mit der sich Schallwellen ausbreiten, ist im Wasser viermal höher als in der Luft. Dieses Verhältnis läßt sich besonders genau beim Meerwasser nachweisen, das ja schon häufig mit dem menschlichen Blut verglichen wurde. Es besteht also eine Verbindung, die von den Rhythmen des Makrokosmos ausgeht, die Atemwege des Menschen durchströmt und in seinem Blutkreislauf endet. So lebt der Mensch also ganz im Einklang mit den Rhythmen des Universums. Diese Erkenntnis stellt uns wieder einmal zwischen das *unendlich Große* und das *unendlich Kleine* Pascals und macht uns für eine pythagoreische Weltanschauung empfänglich, die auf einer Zahlenmystik gründet, die mit der zu vergleichen ist, von der Kepler ausging. »Das Leben hat ein Zeit- und Raumgefühl«, schreibt Michel Gauquelin in seinem Vorwort zu *Rhythmes biologiques, rythmes cosmiques* (Biologische Rhythmen, kosmische Rhythmen), und wie Zugvögel, die mit einem biologischen Kompaß ausgerüstet sind, der ihnen sicher den Weg weist, so besitzt auch der Mensch innere Uhren, Wunderwerke der Präzision, die funktionieren, ohne daß er sich dessen bewußt ist. So ergibt sich für den Menschen aus dem Wechsel von Tag und Nacht ein 24-Stunden-Rhythmus, dem viele seiner Stoffwechselfaktoren unterstellt sind. M. Gauquelin liefert auch dafür ein Beispiel: »Vor einigen Jahren hat Dr. Werner Menzel aus Hamburg neun Hauptzyklen gezählt: Körpertemperatur, Blutkreislauf, Atmung, Lebertätigkeit, Magen- und Darmtätigkeit, Aktivität des Nervensystems, der Nieren und des Bindegewebes, chemische Blutzusammensetzung.« So viele Prozesse laufen in der doch vergleichsweise kurzen Zeitspanne von nur vierundzwanzig Stunden ab.

Den Kreislauf der physiologischen Vorgänge beim Menschen ahnte bereits der altgriechische Arzt Hippokrates, der die vier Körperflüssigkeiten *(humores)* mit den vier Elementen Luft, Wasser, Feuer, Erde in Verbindung brachte. Aber vertieft und angewandt wurde die »Säftelehre« vor allem von Paracelsus, dem großen Arzt aus dem 16. Jahrhundert. Von seinem Erbe profitiert heute noch die moderne Chronobiologie, die den äußerst wichtigen Faktor *Zeit* in der Therapie berücksichtigt. Paracelsus befürwortete die Verabreichung von Arzneien und Medikamenten zu den aus dem Horoskop des Kranken errechneten günstigen Zeiten. Michel Gauquelin berichtet in diesem Zusammenhang über ein aufschlußreiches Experiment unserer Tage, das belegt, daß der Organismus in bestimmten Stunden über eine *geringere Widerstandskraft* verfügt: »Alle vier Stunden bekommen sechs Mäusegruppen, die einen völlig identischen Lebensrhythmus haben, die genau gleiche Dosis Gift gespritzt. Siebzig Prozent der Tiere, die um 16.30 Uhr gespritzt werden, sterben, aber von denen, die um 0.30 behandelt wurden, verenden nur zehn Prozent. Warum? ... Die *Tageszeit,* zu der das Gift gespritzt wird, hat also allein schon einen Einfluß auf die Wirkung des Gifts.« Wie wir alle wissen, gibt es Zeiten, in denen wir besser auf Drogen und Medikamente ansprechen. Wenn wir nur auf unseren Körper *hören*, können wir diese Unterschiede sogar innerhalb eines einzigen Tages beobachten. Und wir wissen ganz genau, daß es Tage gibt, an denen ein Glas Whisky genau dieselbe Wirkung auf uns hat wie sonst drei oder vier Gläser zu »normalen« Zeiten... Der Volksmund unterscheidet seit jeher die Menschen in *Morgenmenschen* und *Nachtmenschen.* Versuche haben ergeben, das Frühaufsteher dem *introvertierten* Menschentyp angehören, der zu einer gewissen Abkapselung neigt, während die Nachtmenschen, die im allgemeinen zu den *Extravertierten* gezählt werden, die meistens geselliger und scheinbar mit größerer Vitalität ausgestatteten sind. Amerikanische Soziologen behaupten, daß in dieser Hinsicht allzugroße Diskrepanzen bei einem Paar nicht dazu angetan sind, die Chancen zur Verständigung zu vergrößern...

Seit Jahrtausenden neigt der Mensch dazu, das Licht der Welt bei Tagesanbruch zu erblicken und zu dieser Zeit auch zu sterben. So jedenfalls der *natürliche* Rhythmus. Durch die Einführung der künstlich eingeleiteten Geburt aber haben sich in unseren modernen Zeiten die *Spitzen* der Geburtenkurve verlagert: Der Höhepunkt richtet sich jetzt nach dem Rhythmus der Medizin und liegt demzufolge um die Mittagszeit herum. Merkwürdigerweise zeigt sich fast dieselbe Tendenz bei Todesfällen. Ob das mit den Verkehrsunfällen zusammenhängt?

Die Astrologen wären die letzten, die die Bedeutung des Zeitfaktors bestreiten würden, denn für sie liegt ja gerade in der zeitlichen Dimension die Verbindung zwischen Makrokosmos und Mikrokosmos. Betrachten wir nur das ineinander verwobene System der verschiedenen Zyklen des menschlichen Organismus: Sie haben eine Länge von 1 000 Perioden in der Sekunde (bei der Tätigkeit der Zerebralneuronen) bis zu 200 Tagen (ungefähr nach dieser Zeit ist der Kalziumstoffwechsel abgeschlossen) vom Rhythmus des Herzens (78 Schläge in der Minute) über den Zyklus der Muskeln, die durch die ständige Proteinzufuhr binnen 12 Tagen erneuert werden, bis zum weiblichen Zyklus von 28 Tagen. Wenn man dazu noch die großen und kleinen Zyklen all jener »Räderwerke« im Raum betrachtet, kann man nicht umhin, einen Vergleich mit den Zyklen der Planeten anzustellen, deren gewaltige Elemente sich drehen, wobei sie auf die verschiedenste Art und Weise ineinandergreifen. Und unweigerlich muß man auch an einen Brief Pasteurs denken, den er im Jahre 1871 an Raulin schrieb und in dem es heißt: »Sie wissen, daß *ich an einen* asymmetrischen *kosmischen Einfluß glaube*, der natürlich und konstant auf die molekulare Organisation der wesentlichen Lebensprinzipien einwirkt, und daß als Konsequenz alle Reiche irdischen Lebens in ihren Strukturen, Formen und Gliederungen in Beziehung zu den Bewegungen des Universums stehen.« (Zit. n. Michel Gauquelin: *Kosmische Einflüsse auf menschliches Verhalten,* S. 21)

Natürlich reagiert der Mensch nicht nur auf den Tagesrhythmus, der sich aus der Erdumdrehung innerhalb von vierundzwanzig Stunden (oder genauer von einem »Sterntag«, also 23 Stunden und 56 Minuten) ergibt. Ebenso reagiert er auf den Wechsel der vier Jahreszeiten, deren Zyklus einer Umdrehung der Erde um die Sonne entspricht. Auch jahreszeitlich bedingte Veränderungen haben einen physischen Einfluß auf uns Menschen; so erreicht die

Häufigkeitskurve bestimmter Krankheiten ein Maximum zu bestimmten Jahreszeiten, während sie zu anderen auf ein Minimum sinkt, was statistisch nachgewiesen werden konnte.

Bis hierher wird der Leser die Rolle, die die Astrologie dabei spielt, vielleicht noch recht bescheiden finden. Aber es sieht nur oberflächlich betrachtet so aus, denn entscheidend und essentiell wichtig ist ja gerade die zyklische Wiederkehr im Einklang mit den Planetenbewegungen.

Es war eben bereits von der modernen Medizin die Rede, die heute unter dem Namen Chronobiologie (die Bezeichnung stammt von Binet, der bereits zu Anfang des 19. Jahrhunderts auf den natürlichen 24-Stunden-Rhythmus in der Ernährung hinwies) den Faktor *Zeit* in die Krankenbehandlung miteinbezieht. Dies gilt besonders bei chirurgischen Eingriffen, die in bestimmten Momenten sinnvoll erscheinen und zu anderen Zeiten schwerer zu ertragen sind: so zum Beispiel, wenn sich der Mond auf dem Stand der Geburtssonne des Patienten befindet.

Damit wären wir fast automatisch bei den *Biorhythmen* angelangt. Immer häufiger bedienen sich amerikanische, japanische, deutsche oder englische Ärzte und insbesondere Chirurgen (in Frankreich ist dies leider noch seltener der Fall) der biologischen Rhythmen als eines wertvollen Hilfsmittels.

Aber auf welchem Prinzip beruhen diese Biorhythmen eigentlich? Bei der Geburt eines Menschen treten drei Grundrhythmen in Aktion: der psychische (oder emotionale), der intellektuelle (oder geistige) und der physische (körperliche Leistungsfähigkeit). Diese drei Elemente haben eine unterschiedliche periodische Dauer von 28, 33 beziehungsweise 23 Tagen. Sie beginnen bei der Geburt und bilden während des ganzen Lebens eine schier unendliche Anzahl von Sinuskurven, die sich ständig dreifach überlagern. Das Leben des Menschen paßt sich somit den drei verschiedenen Rhythmen an. Jede Periode eines Rhythmus besteht aus einer positiven (über Null) und einer negativen Phase (unter Null) mit kritischen Tagen bei jedem Schnittpunkt der Sinuskurve, also an den Nullpunkten jeder Kurve.

Und hier kommt nun die Astrologie ins Spiel. Ich stelle diese

Verbindung zur Astrologie von mir aus her, denn viele Ärzte wenden die Biorhythmen an, die von der *Sciences Academy of America* offiziell anerkannt und in der amtlichen englischen Medizinzeitschrift *General Practitioner* empfohlen wurden, ohne auch nur die geringste Ahnung von Astrologie zu haben oder sie sogar ablehnen. Womit sich wieder einmal bestätigt, daß die verschiedenen Zweige des menschlichen Wissens nur zu oft voneinander isoliert und zersplittert sind. Wenn sie sich nicht gar gegenseitig Konkurrenz machen! Tatsächlich entspricht der achtundzwanzigtägige Zyklus, der dem emotionalen Bereich, also unserem seelischen Zustand, unserer psychischen Sensibilität, zugeordnet ist, genau dem Zyklus des Mondes, der in der Astrologie u. a. das Symbol für die Empfindsamkeit sowie die empfangende, wechselhafte – launenhafte Seite der menschlichen Psyche ist, die der Fischegeborene Montaigne auch die »wogende und mannigfaltige« nannte. Plastizität und Veränderlichkeit sind die Hauptmerkmale dieses kalten und feuchten Gestirns, das zugleich auch als Symbol für das Meer gilt, für die Mutter (vgl. Psychoanalyse), die Träume und das Unbewußte. Praktisch bedeuten die Biorhythmen, daß sich alle 28 Tage – und in Wirklichkeit alle 14 Tage – nämlich am kritischen Nullpunkt beim Übergang von der positiven Seite der Kurve auf die negative oder umgekehrt – der Mond am Himmel im dissonanten Quadratur-Winkel von 90 Grad zum Geburtsmondstand des Menschen befindet – astrologisch ausgedrückt also in einem Spannungsaspekt. Ich habe an mir selbst und bei den Menschen in meiner Umgebung diese Angaben überprüft und finde das Ergebnis aufschlußreich, aber nicht überraschend. Man kann allgemein sagen, daß die Wissenschaft ein (zwar häufig nicht wahrnehmbares) globales Netz bildet. Und der Fortschritt der kommenden Jahre wird in erster Linie von der *Koordination* der verschiedenen Teilgebiete abhängen, die allein zur objektiven Wahrheit wird führen können.

Soweit zum Mond und zum Zyklus des Gefühlsbereichs. Was den Zyklus der körperlichen Leistungsfähigkeit von 23 Tagen betrifft, so konnte ich keine Entsprechung mit dem Marszyklus (der für Lebensdynamik zuständig ist) ermitteln. In Normalzeit durchläuft der Planet Mars während dieser Zeitspanne ungefähr 15 Grad, also ein halbes Zeichen. Das entspricht keiner Unterperiode des Marszyklus (von ungefähr zweieinhalb Jahren). Auch bei Merkur, dem Planeten des Intellekts, hatte ich kein Glück. Einen Zusammenhang zwischen seinem Zyklus und dem 33-Tage-Kreislauf konnte ich nicht herausfinden.

Im Gegensatz dazu scheint es kaum Zweifel darüber zu geben, welchen immensen Einfluß die Sonne auf Mensch und Natur hat. Denn seit der Entdeckung der Sonnenflecken, die ungefähr alle elf Jahre auftreten und sich durch gigantische Eruptionen (ungeheure Energien werden in den Kosmos geschleudert) bemerkbar machen, konnten hinsichtlich dieser *zyklischen Sonnenaktivität* zahlreiche außergewöhnliche Beobachtungen gemacht werden. So fällt zum Beispiel eine merkliche Zunahme von *Herzanfällen* während dieser Perioden hoher Sonnenaktivität auf. In Jahren geringer Sonnenaktivität, so haben Dr. Poumailloux und Ingenieur Viart festgestellt, gehen Herzinfarkte hingegen auffällig zurück. Professor Romenskji, der diese Beobachtung bestätigt hat, stellte in Zeiten starker geomagnetischer Störungen ein Maximum von Schlaganfällen und tödlich verlaufenden Herzinfarkten fest. Bemerkenswert ist in diesem Zusammenhang auch die erstaunliche Feststellung des Astronomen Millet, der vor einigen Jahren eine klare Parallele zwischen den Revolutionen in der Geschichte und den Höhepunkten der Sonnenaktivität nachweisen konnte.

Aber das Verhältnis zur Astrologie ist in unserer westlichen Kultur seit dem Jahrhundert der Aufklärung derart verkrampft, daß die Vertreter der offiziellen Wissenschaft nicht einmal im entferntesten auf die Idee kämen, einen Zusammenhang mit der königlichen Kunst der Sterne auch nur in Betracht zu ziehen. Heißt es nicht, keiner sei so taub wie der, der nicht hören will? Von zwei Wissenschaftlern wurde auch ein Zusammenhang zwischen Tagen erhöhter magnetischer Aktivitäten und Tagen der »Eklampsie« (schwere, oft lebensbedrohende konvulsive Spasmen im Wochenbett, die epileptischen Anfällen gleichen) festgestellt. Außerdem wird vermutet, daß die Sonnenflecken für Erdbeben mitverantwortlich seien, die durch eine Veränderung der Erdrotationsgeschwindigkeit entstünden! Danjou hatte vor der Katastrophe von Agadir eine beträchtliche Veränderung dieser Geschwindigkeit festgestellt. Die Untersuchungen von Tomaschek hingegen betonen den Umstand, daß Erdbeben stattfinden, wenn Uranus sich im Medium Coeli des Katastrophenortes befindet. Darüber habe ich mich weiter oben schon geäußert.

Der deutsche Professor Bortels entdeckte eine stark erhöhte Aktivität von Mikroben (beziehungsweise Mikroorganismen) unter bestimmten atmosphärischen Bedingungen und besonders bei erhöhter Sonnenaktivität. Davon ausgehend, beschäftigte sich Professor Tschijewskji mit dem Problem der *Epidemien*. Seine Untersuchungen ergaben: Den Jahren mit einem Maximum an Sonnenfleckentätigkeit entsprechen immer auch die schlimmen Epidemiejahre. Tycho Brahe (1546–1601), Astronom am dänischen Hof und überzeugter Astrologe, muß diese Wechselwirkungen geahnt haben, als er behauptete: »Ich bleibe dabei, der Himmel wirkt nicht nur auf die Atmosphäre ein, sondern auch direkt auf den Menschen selbst.«

»Der Mensch ist eine lebende Sonnenuhr«, erklärte der japanische Professor Takata nach siebzehn Jahren intensivster Forschungsarbeit, mit der er nachwies, daß die Sonne zur Zeit ihrer höchsten Aktivität und in bezug auf den Tag/Nacht-Wechsel einen störenden Einfluß auf das menschliche Blut ausübt. Doch kommen wir auf Tschijewskji zurück, dessen umfangreiche Untersuchungsarbeiten in einem großartigen geschichtlichen Panorama münden, das eine Verbindung zwischen den Spitzen der Sonnenaktivität (elfjährige Zyklen) und den Kriegen, Revolutionen, Völkerwanderungen, Katastrophen der Menschengeschichte ziehen. Er kam zu dem Schluß, daß 72 Prozent aller *psychischen Epidemien* mit der höchsten Sonnenaktivität zusammenfallen und nur 28 Prozent mit der niedrigsten. Voller Humor und Scharfsinn fügte er hinzu, die Zeiten seien nicht mehr fern, da sich Richter vor dem Urteil über die astronomischen und meteorologischen Begleitumstände einer Straftat informieren ließen: »Je zeitlich näher an der höchsten Sonnenfleckentätigkeit, desto geringer ist die Schuldfähigkeit des

Täters.« Man sollte diese Erkenntnis über die Sonnenflecken auch auf die dissonanten Aspekte in der Mundan- oder Kollektivastrologie ausdehnen, die ein allgemeines Klima von Gewalt und Aggressivität herbeiführen. Unter dem Einfluß dieser Aspekte nehmen Attentate und Aggressionen aller Art stark zu. Manche Anwälte bedienen sich der Astrologie, um den Angeklagten verteidigen, besser verstehen und kennenlernen zu können. Vor einem Löwe-Richter werden diese Verteidiger anders plädieren als vor einem in den Fischen Geborenen, denn die Aufnahmebereitschaft unterscheidet sich von einem Zeichen – oder besser: von einem Horoskop – zum anderen ... Eine solche Kurz-Psychoanalyse würde gewiß neue Perspektiven in der Kriminologie eröffnen.

Von den oben dargestellten Erfahrungen ausgehend habe ich versucht, eine *planetarische* Ursache für Wirtschaftskrisen und politische Unruhen zu finden. Ich habe ein wenig extrapoliert und wie durch Zufall – aber gibt es überhaupt einen Zufall? – herausgefunden, daß in den Jahren 1929–1930 eine Periode höchster Sonnenaktivität zu verzeichnen war. Extrapolieren wir weiter: 1940–1941 (der zweite Krieg des 20. Jahrhunderts weitet sich zum Weltkrieg aus), 1951–1952 (Koreakrieg), 1961–1963 (Kuba- und Berlinkrise, Tod Kennedys), 1973–1975 (Beginn der Ölkrise). Und 1985–1986: 1985 schlägt alle Rekorde in den Annalen der Transportunfälle (im Luft- und Eisenbahnverkehr), und 1986 ist eine traurige Premiere in der Menschheitsgeschichte: Tschernobyl. Wir müssen wohl zugeben, daß diese »Koinzidenzen« zumindest beunruhigend sind...

Ich möchte in diesem Zusammenhang noch die Arbeiten Reiters erwähnen, der eine Beziehung zwischen der Anzahl der *Verkehrsunfälle* und den Sonnenfaktoren nachweisen konnte. Seine Untersuchungen wurden von Martini und Berg bestätigt, die diese Unfälle auf eine Reflexverlangsamung, auf eine verminderte Reaktionsfähigkeit des Nervensystems des Menschen zurückführen, der unter diesem Einfluß unruhig wird. Somit sind die schädlichen Auswirkungen der Sonnenflecken wirklich mehr als überzeugend dargestellt, vor allem wenn noch die von G. und B. Düll gefundene Wechselbeziehung zwischen Selbstmorden und Sonnenaktivität in die Überlegung miteinbezogen werden.

Und die Astrologie? werden Sie mich fragen. Welche Rolle spielt sie dabei? Das läßt sich in einem Satz zusammenfassen: Die Sonnenflecken (durchschnittliche Häufigkeit: alle 11,1 Jahre) entsprechen astronomisch und astrologisch ziemlich genau dem Jupiterzyklus (durchschnittliche Umlaufzeit: 11,8 Jahre).

Aus diesen handfesten Tatsachen könnte und müßte der Astrologe oder der astrologisch Interessierte den Schluß ziehen, daß es einen seltsamen, zwar noch ungeklärten, aber realen Zusammenhang gibt zwischen den meteorologischen, physiologischen, biologischen oder psychischen Phänomenen auf der Erde und den Bewegungen der Planeten. Genau das behauptet die Astrologie seit Jahrtausenden, auf mehr oder weniger ungeschickte, archaische oder naive Art vielleicht – aber darüber sollte man das Grundprinzip nicht vergessen, das sich jeden Tag aufs neue bewahrheitet. Aus dem Bestreben heraus, dem Schwefelgeruch, der der Astrologie anhaftet, zu entkommen, möchte Michel Gauquelin seine Forschungen der Wissenschaft von den kosmischen Rhythmen zugeordnet wissen, die von einer ganzen Reihe nicht-astrologischer Wissenschaftler wie Piccardi, Brown, Takata, Tschijewskji und anderen begründet wurde. Aber dieser Geruch hält sich hartnäckig. Denn postuliert die Astrologie nicht das Einwirken der Rhythmen der Himmelskörper auf das irdische, kollektive und individuelle Geschehen?

Ich bin nicht so vermessen zu behaupten, daß jedem entdeckten biokosmischen Phänomen ein astrologisches Gesetz entspricht – auch wenn ich es heimlich vermute. Die großartige, von den Alten errichtete Kosmogonie bildet ein zusammenhängendes System, in welchem sich jedes physische und psychologische, soziale und individuelle Phänomen mit größter Wahrscheinlichkeit einfügt. Aber ziehen wir keine voreiligen Schlüsse. Es wäre dies eine Induktion, die an Unehrlichkeit grenzen würde in Anbetracht der Tatsache, daß es noch Jahre dauern wird, bis all diese wissenschaftlichen Daten aufbereitet und mit dem Erbe der astrologischen Tradition auf einen Nenner gebracht sind.

Ich bedaure bloß diese Mischung aus Naivität, Anmaßung und Undankbarkeit, mit der die offizielle Wissenschaft jeglichen potentiellen Beweis für die mehrere Jahrtausende alte Astrologie, die sie so verflucht und tabuiert, von vornherein zurückweist. Seit Mitte des 17. Jahrhunderts zu einem langen Fegefeuer verurteilt, sieht es so aus, als könne die Astrologie ihre königliche Würde nur durch die Hintertür zurückgewinnen. Aber leuchtet am Horizont nicht schon ein Hoffnungsschimmer auf?

DREIZEHNTES KAPITEL
Die typischen Argumente gegen die Astrologie

»Mögen wir den Anstand der Mäßigung besitzen,
der sich für unsere Unwissenheit geziemt.«
(Professor Richer)

»Sag niemals: ›Ich weiß es nicht, also ist es falsch.‹
Man muß suchen, um zu wissen, wissen, um zu verstehen, und verstehen, um zu urteilen.«
Nadaras (Hindu-Philosoph)

1. Das geozentrische System und das heliozentrische System: Das geozentrische oder ptolemäische Weltsystem nahm die Erde als Bezugszentrum im Universum. Dieses System überdauerte das ganze Mittelalter bis zur kopernikanischen Wende. Diese Wende relativierte dann die Erde im Weltraum und machte aus ihr einen Satelliten der Sonne: Sie setzte der geozentrischen Betrachtensweise ein Ende und somit auch der anthropozentrischen, die nach einem alten Sinnspruch im Menschen »das Maß aller Dinge« sah. Das heliozentrische Weltbild setzte von nun an die Sonne als geometrischen Mittelpunkt des Sonnensystems an. Bereits Aristarchos von Samos hatte um 270 v. Chr. die heliozentrische Idee vertreten, aber niemand schenkte ihr damals Beachtung. Diese Relativierung des Menschen innerhalb des Universums war nicht nur räumlich, topographisch; sie hatte auch umwälzende Folgen für das Denken und Fühlen des Menschen, der plötzlich zum Objekt und somit zu einem Element unter anderen im Raum geworden war. Diese relativierende Objektivierung des Menschen ging Hand in Hand mit dem Ausbruch einer neuen Epoche, dem wissenschaftlichen Zeitalter.

Man könnte nun daraus ableiten (wie es bedeutende Astronomen des 16. und 17. Jahrhunderts wie etwa Kopernikus, der für diese Umwertung des Verhältnisses von Raum und Erde verantwortlich war, oder Kepler – der »Entdecker« der Planetengesetze hätten tun können, oder auch Newton – der »Vater« der Schwerkraft), daß die Astrologie von einem Tag auf den anderen überholt, ungültig, null und nichtig geworden wäre. Und genau das will uns die offizielle Wissenschaft hartnäckig glauben machen. Aber dem ist nicht so, und das Paradoxe dabei ist: Die Rationalisten, die auf diese drei Genies folgten, wollten den Beitrag der drei Astronomen zur Astrologie unter den Tisch kehren. Die Geschichtsbücher unterstellen ihnen zu Unrecht, sie hätten diese Kunst abgelehnt, waren sie doch alle drei von den unendlichen Möglichkeiten und der Erhabenheit der seriösen Astrologie überzeugt. Und sie praktizierten sie weiter, »trotz« ihrer wissenschaftlichen Arbeiten ... Im Gegensatz zu den späteren Verleumdern der Astrologie, die sich in gewisser Weise päpstlicher als der Papst aufführen sollten.

Kopernikus, der Erfinder dieser »ersten Relativitätstheorie«, muß geahnt haben, daß seine wissenschaftlichen Entdeckungen an der Astrologie nichts ändern würden, an dieser Wissenschaft einer *Symbolik des Menschen,* dessen Stellung im Raum relativ und subjektiv war. Entscheidend blieb – wie in der Vergangenheit – die Stellung der Planeten *in bezug auf die Erde.* Denn die interessiert und betrifft den Menschen. (Kämen wir wohl auf die Idee, auf dem Mont Blanc zu messen, wenn wir die Temperatur von Paris erfahren wollen? Und warum sollte die Sonne Bezugspunkt für planetarische Energien sein, die wir *auf der Erde* empfangen?) Der beste Beweis für Kopernikus' Einstellung ist das astrologische Vorwort, das er von seinem jungen Kollegen Rhetikus zu seinem Meisterwerk (*De Revolutionibus orbium coelestium*) (Die sechs Bücher über die Umläufe der Himmelskörper) schreiben ließ, das erst im Jahre seines Todes 1543 veröffentlicht wurde und das er dem astrologieerfahrenen Papst Paul III. widmete. Die Gegner des planetarischen Einflusses verstehen nicht, warum Rhetikus diesen Teil des Werkes im Hause und unter der Anleitung des berühmten alten Mannes hätte schreiben sollen. Voller Ironie und zugegebenermaßen nicht sehr schmeichelhaft für die orthodoxe Wissenschaft ist die Tatsache, daß dieses revolutionäre Werk und Leitbuch der modernen Wissenschaft bis im Jahre 1835 auf dem Index stand – offenbar roch es nach Schwefel! – und bis dahin nur von . . . Astrologen verteidigt wurde. Bekanntlich übertrifft die Wirklichkeit oft die Fiktion.

So haben also weder Kopernikus noch seine Nachfolger Kepler oder Newton die Anwendung des geozentrischen Systems auf die Astrologie abgelehnt. Unsere drei Astronom-Astrologen, quasi Bindeglieder zwischen zwei Welten, ahnten, daß das geozentrische System *eine Wesensrealität* umfaßt, die innerhalb des Menschen liegt, eine subjektive Wirklichkeit also, während das heliozentrische, objektive System von einer Existenzrealität außerhalb des Menschen ausgeht.

2. Die Verschiebung der Tag- und Nachtgleichen: *Tierkreis der Sternzeichen oder der Sternbilder?*

Diese Frage ist die Bananenschale, die die Gegner der Astrologie den Astrologen bei jeder Gelegenheit vor die Füße werfen – oder jedenfalls zu werfen glauben. Ein Streit um des Kaisers Bart. Der einzige Unterschied zwischen dieser Debatte und der Diskussion um das Geschlecht der Engel besteht darin, daß es auf diese Frage seit Jahrhunderten, ja, genau genommen schon seit der Antike, eine klar definierte Antwort gibt, eine Antwort allerdings, die die Gegenpartei nicht wahrhaben möchte.

Aber worum geht es eigentlich?

Die Sonne, die in Wirklichkeit unbeweglich ist, scheint von der Erde aus betrachtet, binnen eines Jahres einen Kreis um den »Blauen Planeten« zu beschreiben – das ist die scheinbare Sonnenbewegung, und ihre Bahn wird *Ekliptik* genannt (und auf deren beiden Seiten sich das Tierkreisband ausbreitet). Die leicht schief geneigte Ekliptik (Winkel von 23°27') schneidet den Himmelsäquator an zwei Punkten, dem *Frühlingspunkt* (21. März) und dem *Herbstpunkt* (23. September). Im Laufe dieser scheinbaren Bewegung der Sonne um die Erde durchläuft sie die zwölf *Sternbilder,* das sind Gruppen von Fixsternen, die sich auf der Ekliptik hinter dem Tierkreisband befinden. Diese Angaben sind streng astronomisch. Die westliche Astrologie zeichnete schon in der babylonischen Periode das Kreuz der Sonnenwenden und Tag- und Nachtgleichen in den Himmel, das ihr als Basis für die Unterteilung des Tierkreises in zwölf Abschnitte von je 30 Grad diente. Jeder Abschnitt bekam den Namen des Sternbildes, das die Sonne *eben* durchlief. Ausgangspunkt dieses Tierkreises war der Punkt der Frühlingstagundnachtgleiche (auch Frühlingsäquinoktium, Widderpunkt oder Gammapunkt genannt, nach dem gemeinsamen Ursprung der ekliptikalen Längen und der Rektaszensionen). Dieser Punkt markierte die Schwelle zu einem neuen kosmischen Jahr, da die Sonne in das Sternbild des Widders eintrat, bei 0 Grad dieses Zeichens. Wie man sieht, war das Verhältnis zwischen Sternbild und Sternzeichen ein existentielles und kein essentielles; ein (im aristotelischen Sinn) zufälliges kontingentes Verhältnis, wie wir sagen würden, aber kein wesensnotwendiges. Denn das wirkliche Kriterium, der wahre, raumzeitliche Ausgangspunkt war der Punkt des *Frühlingsäquinoktiums,* der mit den Jahreszeiten und nicht mit den Fixsternen verbunden ist. Die Fixsterngruppen gaben jedoch damals den Zeichen ihre Namen (Sternbilder und Tierkreiszeichen deckten sich zu der Zeit genau, so daß erstere einfach zufällig als Namensvettern für letztere dienten). Kurz, die Zeichen wurden aus lauter Bequemlichkeit nach den Sternbildern benannt, die sich *zu dieser Zeit* am Himmel *dahinter* befanden. Eine Analogie: Heute erinnert sich niemand mehr daran, daß »September« eigentlich ursprünglich »siebter Monat des Jahres« bedeutete; heute ist es der neunte Monat des Jahres und der Name hat keinen Sinn mehr.

Schon Hipparchos hatte bemerkt, daß sich bestimmte Sterne innerhalb von 150 Jahren in bezug auf den ersten Widdergrad um zwei Grade verschoben hatten. Aber warum hatten sie sich bewegt? In dieser Frage liegt der Dreh- und Angelpunkt bei der Behandlung des so ergiebigen Themas der Äquinoktialpräzession.

Auch Ptolemäus kannte den Unterschied zwischen dem *Tierkreis der Sternzeichen* und dem der *Sternbilder.* Er entschied sich für den ersten, denn er wußte, daß der Mensch seinem Wesen nach im Rhythmus der immer wiederkehrenden Jahreszeiten mitschwingt.

Der beste Beweis für den Sonnenzodiak ist die Tatsache, daß trotz des Rücklaufs des Frühlingspunktes um fast ein ganzes Zeichen seit Beginn der christlichen Ära (dem wir, nach dem Durchgang durch das Fischezeitalter, den unmittelbar bevorstehenden Eintritt in das Zeitalter des Wassermanns verdanken) die symbolische Bedeutung der Zeichen und selbst ihre Namen gültig bleiben. Einige Beispiele dafür: Der Krebs – oder *Cancer* – wird so genannt, weil er den scheinbaren Rücklauf der Sonne nach dem 21. Juni, dem längsten Tag, anzeigt (man weiß ja, daß Krebse rückwärts oder seitwärts laufen). Der Widder, das Frühlingszeichen par excellence, symbolisiert den neuen Schwung der Natur nach dem Winter, während die Waage der Periode der Tagundnachtgleiche entspricht, die an Ausgleich, Gerechtigkeit und auch an Ästhetik denken läßt. Nochmals: Der Mensch ist ein Wesen ... der Jahreszeit! Die Jahreszeiten sind jedoch unlöslich mit den Tagundnachtgleichen und Sonnenwenden verbunden. Hinzu kommt die astronomische Tatsache, daß die Sternbilder, gebildet aus Fixsternen, so unendlich viel weiter von der Erde entfernt sind als die Planeten im Tierkreis und deshalb wahrscheinlich weniger Wirkung auf uns haben. Dagegen kann man sich sehr gut vorstellen, daß jedem Abschnitt – oder jedem Sternzeichen – eine bestimmte elektromagnetische Schwingung entspricht, die mit ihrer spezifischen Energie einen Widder oder einen Krebs zeichnet, entsprechend der Jahreszeit, in der er geboren wurde. Verglich nicht Jung den Einfluß der Planeten mit einem Weinanbaugebiet, in dem eine Rebe je nach Standort, Sonnenbestrahlung und Bodenbeschaffenheit einen unterschiedlichen Charakter verliehen bekommt?

Fazit: Nichts Neues unter der Sonne, trotz der ständigen Attakken halb-wissender Wissenschaftler oder gewisser journalistischer Anleihen bei der Hindu-Astrologie. Großartige und freizügige Löwen, ihr behaltet eure Mähnen, ihr, die ihr euch weigert, euch in geheimnisvolle und introvertierte Krebse zu verwandeln. Und ihr, gewissenhafte und zurückhaltende Jungfrauen, stellt euch sicher nicht von heute auf morgen unter dem Vorwand zur Schau, ihr hättet euch zu exhibitionistischen und egoistischen Löwen gemausert. Wenn die Hindu-Astrologen das *Ayanamsa* (Verschiebungsmaß der Sonne im Verhältnis zum Frühlings- oder Äquinoktialpunkt) benützen, so sollen sie das tun. Wir aber wenden weiterhin die Prinzipien der westlichen Astrologie an, die sich bewährt haben. Oder aber wir übernehmen Technik und Symbole der Hindu-Astrologie. Die »Sideralisten« können sich allerdings über den Wertumfang des *Ayanamsa* nicht einig werden. Dieser variiert bis zu 11 Verschiebungsgrad auf der Ekliptik (Verschiebung der Sonne im Verhältnis zum Gamma- oder Widderpunkt). Wenn man sich erinnert, daß dieser Punkt sich nur um 1° alle 72 Jahre verschiebt, ergibt dies eine zeitliche Differenz von über 900 Jahren! ... In Zukunft also nur noch hinduistische Diskussionen! ...

Die Astrologie ist, wie jede Kunst und Technik – und sogar, in gewissem Maße, die Wissenschaft –, von Grund auf empirisch, also von der Kultur geprägt, in der sie entstanden ist. Sie ist das Abbild einer Tradition, von der die ganze Symbolik ausgeht. Das ist auch der Grund, warum es viele Varianten der Astrologie gibt, die sich zwar nicht widersprechen, aber überschneiden; verschiedene Wege, um die menschliche Psyche auszuleuchten – sei dies nun die aztekische, die babylonische, die hinduistische, die griechisch-römische, die chinesische, die ägyptische, die arabische Astrologie und andere mehr. Ihr Symbolismus ist jeweils verschieden, auch wenn sie dasselbe Ziel verfolgen. Warum sich also nicht mit unserer unendlich vielfältigen Astrologie westlicher Prägung zufriedengeben, die noch den Vorteil hat, daß sie uns genau entspricht?

Kommen wir auf die Astronomie zurück, auf die sich dieser »abgedroschene« Einwand gegen die Astrologie stützt. Streng astronomisch kann man sagen, daß sich die Erde in ungefähr vierundzwanzig Stunden um sich selbst dreht und in einem Jahr einen Kreis um die Sonne beschreibt. Diesem Tatbestand muß jedoch ein nicht unwesentliches Detail hinzugefügt werden: Die Erdpolachse dreht sich langsam, ganz langsam um die Ekliptikachse, wie eine Kreiselachse und so, daß der Gammapunkt in 25 920 Jahren im Verhältnis zu den Fixsternen eine vollständige Drehung ausführt. Das nennt man den *Präzessionszyklus,* von dem räumlich die ganze Tierkreisstruktur abhängt. Dieser Frühlings- oder Äquinoktialpunkt, raumzeitlicher Anhaltspunkt des Tierkreises, bewegt sich um 50 Bogensekunden pro Jahr, also um *ein Grad in 72 Jahren*. Anders ausgedrückt: In zweitausend Jahren hat er eine rückläufige Bewegung von ungefähr 27 Grad ausgeführt. So daß sich dieser Gammapunkt – oder Frühlingspunkt – jetzt am Anfang des Sternbildes der Fische (Pisces) und am Übergangspunkt zum angrenzenden Sternbild des Wassermannes (Aquarius) befindet.

Hier haben wir auch die Erklärung für die berühmte Theorie der *Menschheitsepochen,* von denen jede etwa 2 160 Jahre dauert (also ein Zwölftel von 25 920 Jahren, dem Präzessionszyklus, der schon im Altertum bekannt war und den Plato das »Große Jahr« nannte). Wir können auf alle Fälle bis zum Stierzeitalter zurückgehen, dem Zeitalter des Stiergottes Apis, des Minotaurus, des Goldenen Kalbes aus dem Alten Testament. Man hat tatsächlich fast 5 000 Jahre alte Überreste von Stieren gefunden. So wurde zum Beispiel 1927 in der Nähe von Ur ein goldener Stierkopf mit einem Bart aus Lapislazuli entdeckt, der aus der Zeit von 3500 v. Chr. stammt. Der Stierkult hatte scheinbar eine Beziehung mit dem Tod, den es zu überwinden galt. Stierkulte waren besonders in Afrika und in Australien verbreitet. In Verbindung mit dem Sternzeichen des Stiers, das u. a. Vergnügen, Luxus und Fruchtbarkeit symbolisiert, kann man sich diese frühen Zeiten als vom Bild der fruchtbaren Frau geprägt vorstellen, der Frau als Lustobjekt: in Gedanken an hängende Gärten und wohlriechende, parfümierte Haremsdamen.

Auf die Stierära folgte das Zeitalter des Widders, Symbol des Opfers Abrahams. Es war die Epoche des eifersüchtigen, kriegerischen Gottes, der die Kinder Israels mit seiner Rache verfolgte, der Gott des Kampfes und des Glaubens, der sich Moses als brennender Dornbusch offenbarte (ist nicht das Feuer das Element des Widders?). Alle Beschreibungen vom Glauben durchglühter Propheten und Patriarchen, die wir in der Bibel finden, erinnern uns an den typischen Widder der Astrologie, der völlig in der Aktion aufgeht, der »Primärtyp« in der Klassifizierung von Le Senne, voller Schwung und mitreißender Begeisterung.

Für das Fischezeitalter, das mit der Entstehung des Christentums begann, stehen die Begriffe Barmherzigkeit und Liebe. Überall finden wir Spuren des aquatischen und mystischen Symbols der Fische: auf Mosaiken oder als Wahrzeichen an den Katakombenmauern der ersten Christen. Dazu zählen auch die wunderbare Vermehrung von Fischen, die Fischer-Apostel in den Evangelien usw. ...

Wo beginnt das Zeitalter des Wassermannes? Hat es schon angefangen, und wenn ja: wann? Beim Übergang von einem Zeitalter zum nächsten gibt es wahrscheinlich immer eine Phase, in der sich die Anfänge der neuen Ära bereits abzeichnen, während das Erinnerungsbild der schwindenden Epoche noch lange nachwirkt. So haben die Juden offenbar den Gott Jahwe aus der Widder-Ära verewigt, und so werden die Christen – im neuen Zeitalter des Wassermanns – noch lange ihren Ideen treu bleiben.

Einem bestimmten Theorieansatz zufolge sind die ersten Anzeichen des neuen Zeitalters im Jahre 1914 aufgetreten. Eine andere Schule, vertreten durch Davidson, spricht sich dafür aus, das Jahr 1844 als Beginn der Wassermann-Ära anzusetzen, und stützt sich als Bezugspunkt auf die Äquinoktialpräzessionsformel der Großen Pyramide. Das *Kommunistische Manifest* von Karl Marx (der seinen Aszendenten im Wassermann hatte) aus dem Jahre 1848 drückt diesen neuen Geist revolutionärer Universalität recht gut aus.

Aber es ist auch gut möglich – und sogar wahrscheinlich –, daß die Vorboten der neuen Ära in der Französischen Revolution zu suchen sind, der die Entdeckung des Planeten Uranus durch Herschel im Jahre 1781 vorausging. Und Uranus ist der Planet des Wassermanns: Er symbolisiert Wandel, Neuerungen und Erfindungen, den prometheischen Geist, der sich von allen Zwängen befreit, um dem Menschen zu dienen. Er bedeutet Revolte und Aufstand im Namen der Menschenrechte und läuft paradoxerweise Gefahr, den Wert eines einzelnen Menschenlebens zugunsten einer (politischen oder religiösen) Idee oder Ideologie zu vernachlässigen; denn der Wassermann ist ein Luftzeichen und somit verstandesbetont und idealistisch.

Der Wassermann steht für tiefgreifende Veränderungen, für das erwachende universelle Bewußtsein (vgl. Achtundsechzigerbewegung), für Nonkonformismus und Emanzipation (der Frau, der Nationalitäten und ethnischen Minderheiten; »wilde« Ehe und so weiter). Er verkörpert den technischen Fortschritt, besonders im Bereich der Neuen Medien (Kino, Radio, Fernsehen) und der Elektronik; denken wir nur an die immer raffinierter werdenden Spitzentechniken. So stellt das Symbol des Wassermannes wohl eher zwei sich überlagernde Ätherwellen dar als zwei Wasserwellen. Uranus steht aber auch für die Eroberung des Weltraums durch Luft- und Raumfahrzeuge, verbunden mit einer Weltoffenheit im Geiste von Solidarität und Vielfalt; er verkörpert ein individuelles »Megabewußtsein« innerhalb der Gemeinschaft. Schließlich steht das Zeitalter des Wassermanns sicher für die Wiederkehr und Ehrenrettung der Astrologie – denn Uranus bedeutet »Himmel«. Und wenn sie auch noch nicht den ihr gebührenden Platz einnimmt, so verdanken wir das neuerliche Aufblühen der königlichen Kunst der Sterne, dem wir seit einigen Jahrzehnten beiwohnen, mit Sicherheit dem Beginn der neuen Epoche. Denn die Astrologie gewinnt auf kulturellem und soziologischem Gebiet langsam, aber sicher und wie es scheint unwiderruflich an Boden. Wir wollen es hoffen! Denn sie ist des »Adelsbriefes«, den sie sich zurückzuerobern anschickt, mehr als würdig.

Nach dieser Parforcejagd durch die Menschheitsepochen komme ich nun auf den Zankapfel zurück, den sich Gegner und Anhänger der Astrologie stets zuwerfen. Mit Dr. Verney, Astrologe und Absolvent der École polytechnique (was sich keinesfalls ausschließen muß!), behaupte ich, daß »die den Tierkreiszeichen zugeordnete Bedeutung in keinem Zusammenhang mit den Sternbildern steht«; sie beruht auf der relativen Anordnung des Äquators und der Ekliptik im Weltraum. Mit anderen Worten: Die Astrologie ist sich schon seit Hipparchos der Existenz zweier Tierkreise bewußt, von denen der eine auf die Sonne (mit jährlicher Wiederkehr auf Grad Null des Widders) ausgerichtet ist, also der *Wendekreis-* oder *solare* Tierkreis, und der andere, der auf die Fixsterne bezogen ist, genannt *siderischer* Tierkreis.

Mit der Zeit vergrößert sich der Abstand zwischen dem fixen Tierkreis – dem der Astrologen und dem Sternbildertierkreis ständig. Es besteht absolut kein Grund, den »siderischen« Tierkreis als Bezugspunkt zu wählen, denn dazu müßte vorher – willkürlich – der Ausgangspunkt festgelegt werden. Und wo sollte der sein? Der Ausgangspunkt des Wendekreis-Tierkreises dagegen ist natürlich, logisch und offensichtlich: die alljährliche Wiederkehr der Sonne auf den Frühlingspunkt am 21. März, auf 0° Widder.

Nur mit Mühe will mir in den Kopf, daß sich die Astronomen immer noch an diese alten Zöpfe klammern. Sie wandeln in dieser Hinsicht auf den Spuren des Spötters Voltaire, der einem durchaus nicht-aufgeklärten Kulturabsolutismus huldigte, als er, zugegebenermaßen geistreich, erklärte: »Die Astrologen haben nicht das Privileg, sich dauernd zu irren.« Aber bereits Voltaire und seine Zeitgenossen hätten auf die Klarstellung des ersten theoretischen Astrologen Marcus Manilius (erstes Jahrhundert unserer Zeitrechnung) zurückgreifen können oder auf die *Tetrabiblos* des Ptolemäus (zweites Jahrhundert), in denen es heißt: »Es gibt zwei Zeichen der Tagundnachtgleiche: den frühlinghaften Widder und die herbstliche Waage, die beide *ihren Namen von der Sache bekommen* haben, denn wenn die Sonne in ihr Zeichen kommt, sind Tag und Nacht auf der ganzen Erde gleich lang.« Ist diese Definition etwa nicht deutlich genug? Schließlich hätten sich diese berühmten Gegner der Astrologie auch folgende einleuchtende Stelle aus Compte de Pagans *L'Astrologie naturelle* (Die natürliche Astrologie) aus dem Jahre 1659 ansehen können: ». . . Sieht man nicht, daß die Tierkreiszeichen der achten Sphäre jetzt soweit vorgerückt sind, daß sich der Widder des einen (Tierkreises) fast vollständig im Stier des anderen (Tierkreises) befindet? Daraus geht doch hervor, daß die Astrologen allen Grund haben, zwei Tierkreise im Himmel zu erstellen: Der erste ist stabil und unveränderlich und der zweite bewegt sich mit den Fixsternen; der erste, wahre, ist mit den Eigenschaften der Zeichen ausgestattet, und der zweite, imaginäre, dient nur dazu, die Sterne zu unterscheiden. Also dient der *erste* als *Tierkreis des Astrologen* und der zweite als *Tierkreis des Himmelsglobus,* dessen Bilder sehr zahlreich sind, aber noch zahlreicher die Sterne, die sie besetzen.« Diese strenge Klarheit in der Unterscheidung sollte jede Zweideutigkeit ausschließen, ebenso wie sie jede aus der Luft gegriffene Hinzufügung eines etwaigen dreizehnten Zeichens ausschließt, denn ein Kreisumfang von 360 Grad läßt niemals dreizehn Abschnitte von 30 Grad zu. Der in 30-Grad-Abschnitte unterteilte (von 360 Grad) aber bildet seit seinen babylonischen Ursprüngen das Grundprinzip des Tierkreises. Falls diese Erklärung noch immer nicht genügt, können sich die skeptischen und eigensinnigen Wissenschaftler auch auf Antoine de Villon berufen, der im Jahre 1624 diese wichtige Unterscheidung bestätigt. Glücklicherweise gibt es Wissenschaftler, die sich nicht von vornherein den Argumenten der Astrologen verschließen. Wie es etwa dieser Astronom am Pariser Observatorium tut, der A. Barbault 1972 schreibt: »Sie verteidigen eine rein planetarische und solare Astrologie, und es ist klar, daß eine solche Astrologie die Äquinoktialpräzession nicht wahrnimmt.« Also wirklich!...

Überlassen wir den Schluß daraus meinem berühmten Kollegen Barbault: »Der Tierkreis, den schon Ptolemäus, Tycho Brahe, Kepler und Galilei anwendeten und den wir in der Astrologie immer noch anwenden, ist der, der bei jeder Wiederkehr der Sonne in das Widder-Äquinoktium getreulich den Frühling zurückkehren läßt. Er repräsentiert die astronomische Tatsache des jährlichen Rhythmus der Natur auf der Erde; er ist eine *solare* Tatsache unseres irdischen Lebens und unseres menschlichen Schicksals. Insofern ist er ein universelles Phänomen, das sich lokal auswirkt: So wie es einen einzigen planetarischen Symbolismus des Sonnensystems gibt, so gibt es verschiedene Tierkreisformeln: die chinesische, die hinduistische und andere. Unsere ist die mediterrane Variante... Darin sind wir uns jedenfalls einig... die Astrologie hat genug echte und schwierige Probleme, da muß man ihr nicht noch Scheinprobleme anhängen.« Quod erat demonstrandum...

3. Das Manifest der 186 – Musterbeispiel willkürlicher und bornierter Wissenschaftsgläubigkeit: Während der fröhlichen Abschlußfeierlichkeiten eines Kongresses verabschiedeten mehr als hundert Wissenschaftler, darunter mehr als fünfzehn Nobelpreisträger, am 3. September 1975 eine Presseerklärung. Darin warnten sie die Öffentlichkeit vor der Astrologie, jener monströsen Falle für das leichtgläubige Volk, die verantwortlich sei für die Massenverdummung. Für die Rationalisten und allgemein die Verleumder der Astrologie war das natürlich ein gefundenes Fressen, willkommene Gelegenheit, sich selbstgefällig in die Brust zu werfen. So beruhigend kann der Segen einer Autorität, die nicht kennt, was sie bestraft, wirken, soviel Gelassenheit und gutes Gewissen verleihen. Wird uns damit nicht sogar ein eigenes Urteil erspart?

Denn der Laie, besonders, wenn er unter dem Einfluß der kommerzialisierten Astrologie steht, ist ohnehin schon nicht gut auf diese Kunst zu sprechen und sucht gar nicht erst so weit ... das ist ja auch verständlich. Auf die Ergebnisse kommt es an. Mit der Würde der Wissenschaft kann es in diesem Fall allerdings nicht weit hersein, wenn man die Umstände beurteilt, unter denen dieser Bannfluch zustandekam: Da hatte offenbar irgend jemand mitten in den Schlemmereien diesen uralten Hasen – oder vielmehr diesen dreihundert Jahre alten Sündenbock – aufs Tapet gebracht. Allenthalben große Entrüstung. Wie konnte man es wagen, diese »alte Schimäre« (wie der Positivist Auguste Compte die Astrologie nannte), diese »alte Krankheit der Menschheit« (Bailly) überhaupt wieder in Erinnerung zu rufen, und noch dazu im Allerheiligsten eines so seriösen Kongresses? Schnell ein Dekret, eine Bannbulle, auf der Stelle ein Ukas, der die »Endlösung der Astrologiefrage« bringen wird. In Anbetracht ihrer Wirkung auf die Öffentlichkeit und die Presse, scheint mir, wäre sich eine derartig ausgewiesene wissenschaftliche Elite bei ihrer Bürgschaftsleistung etwas weniger Oberflächlichkeit schuldig gewesen. Man könnte nun fragen, ob diese berühmten Unterzeichner des Manifests von einem beklagenswerten »Herdensyndrom« befallen und Opfer eines Osmosephänomens waren, oder ob die Euphorie des Augenblicks diese würdigen

Vertreter der Wissenschaft ihres Kritikvermögens und des rechten Augenmaßes beraubt hatte.

Eines von beidem muß es wohl gewesen sein, behaupten die Unterzeichner doch kaltblütig negative Tatsachen (war es Einstein, der sagte, negative Tatsachen könne man nicht behaupten?), die völlig im Widerspruch zu Michel Gauquelins Experimenten stehen, die immerhin – und das war nicht einfach, wie wir gesehen haben – die Billigung, wenn auch nicht den Segen des belgischen Komitees erhalten haben, das die orthodoxe Wissenschaft vertritt.

Diese Gelehrten erklärten feierlich: »Es ist einfach ein Irrtum, sich vorzustellen, daß die im Augenblick der Geburt von Sternen und Planeten ausgeübten Kräfte in irgendeiner Weise unsere Zukunft formen könnten.« Da haben wir es, definitiv und unwiderruflich. Man denkt unweigerlich an Galilei und die Inquisition, Vertreterin der damaligen offiziellen Wissenschaft: »Und sie bewegt sich doch!« Wer hatte damals recht? Und wer hat heute recht? Wieder einmal die »Outsider«, die Randgruppen des »Wissens«.

Unsere hochgelehrten Persönlichkeiten befanden weiter: »Auch ist es nicht richtig, daß die Positionen entfernter Himmelskörper gewisse Tage oder Zeitabschnitte für ein bestimmtes Handeln geeigneter machen...« Es ist schlimm – weil leichtsinnig –, etwas zu behaupten, ohne zu wissen, um was es geht, da sind wir uns einig. In einer bedauerlichen Kettenreaktion leugnen diese Wissenschaftler durch ihre Behauptung endgültig die *planetarischen Transite,* die sich täglich bestätigen, sei dies auf der Ebene der persönlichen Prognose oder auf der Ebene der Mundan-Astrologie. Wie wir weiter oben gesehen haben, werden tatsächlich Flugzeugkatastrophen, Massenverkehrsunfälle, Streiks, Erdbeben, der Tod von Staatsmännern, Umwelt- und Giftkatastrophen, Attentate und anderes mehr durch ganz bestimmte Planetenumläufe markiert. Ist das bei der Prognose verwendete, rein *astronomische* Kriterium (die momentanen Planetenkonstellationen werden den Ephemeriden entnommen) nicht die Antwort auf diese willkürliche, nur der Ignoranz entsprungenen Behauptung? Wir möchten wissen, wie viele von diesen Wissenschaftlern sich auch nur ein wenig mit der Materie beschäftigt haben, die sie so verdammen. Denn es ist allgemein bekannt, daß, wer auch immer die Astrologie *ausprobiert,* ein erstaunliches Universum entdeckt, das ihn begeistert, ein Universum der Übereinstimmungen, der Zusammenhänge und Bezüge, die auf die Dauer Zufall und Unvorhergesehenes ausschließen, die Koinzidenz schlicht und einfach eliminieren und sich als *Tatsachen* erweisen. »Jede Wahrheit birgt den Skandal in sich«, sagt Marguerite Yourcenar. Wie Galilei kann der »astrologisierende« Skeptiker, ungläubig und gefesselt zugleich, nur feststellen: »... und es funktioniert doch.«

»Auch ist es nicht richtig, ... daß das Sternzeichen, unter dem jemand geboren wurde, darüber entscheidet, wie sehr oder wie wenig er mit anderen Menschen zusammenpaßt«, fahren unsere Gelehrten fort. Ihre astrologische Terminologie, von bedauerlicher Beschränktheit, beweist einmal mehr, daß sie von dieser Kunst keine Ahnung haben. Falls sie wirklich von *Zeichen* sprechen (und nicht von Horoskopen oder der persönlichen Geburtskonstellation), haben sie unrecht, da sie damit zugeben, daß sie sich nur auf die Kollektiv-Astrologie beziehen (die nur auf vereinfachende Art die wahre Astrologie reflektiert, eine mißbräuchliche Reduzierung auf abstrakte Archetypen darstellt – außer sie steht zu dem, was sie ist; nämlich ein Spiegel der allgemeinen Tendenzen und Hinweise, die zwangsläufig ungenau bleiben). Würde man aber die reine Mathematik nach einer Milchmädchenrechnung beurteilen? Die gleiche Kluft besteht zwischen der wahren Astrologie, dieser »absoluten Struktur« – wie sie der Absolvent der *École polytechnique* R. Abellio so treffend bezeichnet – und ihren kommerziellen Scharlatanerien.

Falls sich diese Nobelpreisträger jedoch auf einen echten Horoskopvergleich (Synastrie genannt) unter Prüfung aller möglichen mitwirkenden Affinitäten beziehen – was erst erlaubt, die Chancen gegenseitiger Verträglichkeit oder die Gefahr der Unverträglichkeit abzuschätzen –, dann hätten sie unserer Meinung nach einmal mehr die Frage selbst untersuchen oder sich zumindest über die wissenschaftlichen Experimente der Psychologin und Astrologin L. Furze-Morrish informieren müssen. L. Furze-Morrish hat nämlich festgestellt, daß in harmonischen Paarbeziehungen die günstigen Aspekte – also Trigone und Sextile – vorherrschen. Was meine Wenigkeit betrifft, so beweisen mir, nach Keplers Vorbild, fast zwanzig Jahre praktischer Astrologie Tag für Tag das Gegenteil dieser willkürlichen Behauptung der 186. Beim ersten konkreten und korrekt durchgeführten Versuch löst sie sich in nichts auf. Und ist das *Experiment* nicht notwendiges und erstes Kriterium des wissenschaftlichen Geistes? Was haben sie denn ausprobiert, all diese hervorragenden, aber parteiischen Persönlichkeiten? Welche Versuche haben sie denn durchgeführt – mit ihren Kindern, ihrer Frau, ihren Freunden, oder bei wem auch immer? Wann haben sie denn selbst einmal die Gesetze der Astrologie erprobt? Hätten sich die Ergebnisse dann als Hirngespinste herausgestellt, gut. Dann – und erst dann – hätten sie die astrologische Theorie verwerfen dürfen. Und hätte im technischen Know-how ein Hindernis bestanden – schließlich wird man nicht von einem Tag auf den anderen Astrologe –, hätten sie schon aus intellektueller Redlichkeit einem guten Astrologen die Geburtsdaten von Personen ihrer Wahl geben und sich von ihm beraten lassen müssen. Und ihre Verblüffung wäre groß gewesen. Muß nicht vor der Theorie immer das Experiment stehen? Aber nein, wie es die orthodoxe Wissenschaft schon immer getan hat, geben sie sich alle Mühe, die Fakten, das Experiment in die Theorie, und zwar in *ihre* Theorie hineinzuzwängen. Das dumme ist nur, daß sich ihre Theorien bei der praktischen Anwendung immer als zu eng erweisen. Das Experiment sprengt ihre Fesseln, läßt sie schamlos platzen; sie aber müssen widerwillig ... *andere* Theorien finden.

4. Die Experimente von Bart Bok: Einer der 186 Unterzeichner des Anti-Astrologie-Manifests war Bart Bok, Direktor der amerikanischen *Harvard-University*. Was ihn unter den mitunterzeichnenden Gelehrten gewiß zur rühmlichen Ausnahme macht, ist die Tatsache, daß er wenigstens versucht hat, die Astrologie zu testen, bevor er sie verdammte. Zusammen mit Farnsworth, Huntington und Gauquelin versuchte er einen Zusammenhang zwischen – *en bloc* – Künstler-, Literaten- und Wissenschaftlergruppen und ihren

Sternzeichen zu ermitteln; als ob diese Bevölkerungsgruppen wahlweise und somit anders als andere auf die zwölf Tierkreiszeichen verteilt wären. Dieselben Experimente stellten sie mit den Aszendenten an. Vor allem interessierte sie die Frage, ob sich Künstler speziell aus Waage-Geborenen rekrutierten, dem Zeichen, das traditionsgemäß als Zeichen der Venus und der Künste zugeordnet ist.

Wie bei einem so einseitigen statistischen Merkmal, das dem globalen Charakter der Astrologie nicht gerecht wird, nicht anders zu erwarten, waren die Ergebnisse negativ. Unter Künstlern gibt es sehr unterschiedliche Temperamente: Die Malerei des saturnischen Utrillo hat rein gar nichts mit der des venusischen Watteau gemein oder mit der farbenprächtigen und heftigen des martialischen Delacroix – der Widder war. Und wer würde (mit dem Argument, daß sie alle Komponisten sind) die beschwingte und durchgeistigte Musik des merkurischen Offenbach – die man allerdings dem subtilen und jugendlichen merkurischen Genie Gérard Philipe gegenüberstellen kann –, die überwältigende und jupiterhafte eines Honegger – mit der Kraft eines Rodin oder der Autorität eines Raimu vergleichbar, die beide auch Jupiter-Geborene sind – und das überraschende, revolutionäre Werk des Uraniers Strawinsky in derselben Rubrik, derselben charakterologischen Typologie zusammenfassen? Die Klassifizierungen sind nicht *vertikal* und *quantitativ,* sondern *horizontal* und *qualitativ:* Die astrologische Kunst ist viel subtiler, als diese Gelehrten, die sie nur von außen angehen, ahnen können. A. Barbault erklärt: »So ist das Wort *Tod* überall zugegen im Werk des Skorpions A. Malraux (462mal auf den 616 Seiten der *Antimémoires!*...), wie das Wort *Traum* sich überall wiederholt bei dem Fischegeborenen Hölderlin oder die Thematik des *Meeres* bei Victor Hugo und die des *Gefängnisses* bei Alfred de Vigny, den andern zwei berühmten Neptuniern...« (Nun weiß man ja, daß das zwölfte Tierkreiszeichen all das symbolisiert: die Flucht in den Traum, Poesie, Geheimnisse, Opfer, Exil, Gefängnisse, das Meer – das eng mit Neptun zusammenhängt, der dieses Zeichen regiert.) Und A. Barbault schlägt vor: »Es würde genügen, statistisch die Schlüsselbegriffe oder

Kernfragen der Thematik beziehungsweise der Zwangsvorstellung des betreffenden Künstlers darzustellen, herauszuarbeiten und sie mit den Psychogrammen der Zeichen zu vergleichen, um eine gut fundierte Kontrolle durchführen zu können.«

5. Das Experiment von Carlson: Die Astrologie ist in der Tat zählebig – man kann sich jedoch fragen, ob ihre Widerstandsfähigkeit gegenüber zeitweiligen Verfolgungen und Verdammungen nicht ein Argument ist, das zu ihren Gunsten spricht. Denn ohne diese Widerstandsfähigkeit wäre sie schon längst aus dem Gedächtnis der Menschen verschwunden, wie man sich wohl vorstellen kann! Auch dieses ein wenig (sehr?) leichtsinnige Anathema der »Crème« der offiziellen Wissenschaft im Jahre 1975 hat nicht genügt, sie zum Schweigen zu bringen. Im Gegenteil, sie floriert jeden Tag mehr, und zwar direkt unter den Augen der würdigen Vertreter der Wissenschaft. Und zwar so sehr, daß einer von ihnen, Shawn Carlson nämlich, erneut gegen sie in den Krieg zog. Er startete eine Versuchsreihe, deren Ergebnisse in der seriösen englischen Wissenschaftszeitschrift *Nature* (im Dezember 1985) veröffentlicht wurden. Beseelt von einem Verlangen nach Gerechtigkeit und Unparteilichkeit, wie er sagte, versammelte er ausgewiesene Astrologen, Statistiker und Wissenschaftler um sich. Er schlug zwei *doppel-blinde* Tests für die Behauptung vor, das Geburtshoroskop könne dazu verwendet werden, die Persönlichkeit der Getesteten genau zu beschreiben.

1. TEST: Freiwillige nennen den Astrologen die zur Erstellung ihres Geburtshoroskops notwendigen Daten ihrer Geburt. Nach der Analyse der Horoskope erhält jeder seines zurück, zusammen mit zwei anderen, zufällig ausgewählten. Die Betreffenden werden nun aufgefordert, »ihre« Analyse unter den drei vorgelegten Versionen herauszufinden und auf einer Skala von 1 bis 10 die Genauigkeit ihres eigenen Porträts zu werten. »Gelingt« es ihnen in einem von drei Fällen, entspricht ihre Entscheidung, nach den Wahrscheinlichkeitsgesetzen, dem einfachen Zufall. Die Astrologen schätzten, daß sie mindestens in einem Verhältnis von eins zu zwei richtig treffen würden (statt eins zu drei).

2. TEST: Man gab Astrologen das Horoskop eines zufällig ausgewählten Teilnehmers, zusammen mit seinem »objektiven und anerkannten Persönlichkeitsprofil«, das vom C. P. I. (California Personality Inventory) erstellt worden war. Zwei weitere Persönlichkeitsprofile dieses ehrwürdigen C. P. I. wurden hinzugefügt, und der Astrologe mußte unter den drei Profilen dasjenige auswählen, das mit dem vorgelegten Horoskop übereinstimmte. Auch hier war die Wahrscheinlichkeit für einen Zufall eins zu drei; die Astrologen hatten »mindestens eine zu zwei Chancen« vorausgesagt, also höher als die Zufallswahrscheinlichkeit. Hinzuzufügen ist, daß die freiwilligen Teilnehmer unter Studenten ausgewählt worden waren.

Ergebnis des ersten Tests: Die Resultate überstiegen die Gesetze des Zufalls nicht, folgerte Carlson, fügte aber hinzu, daß man diese negativen Ergebnisse nicht der »astrologischen Hypothese« anlasten dürfe, da die Teilnehmer ihr C. P. I.-Profil auch nicht mit besserer Treffsicherheit zu identifizieren vermochten. (Warum also päpstlicher sein als der Papst und von der Astrologie das Unmögliche verlangen, also Resultate, die nicht einmal die Psychologie erzielen kann?) ... Aber unser Freund findet dafür jede Art von Ausreden:
 – zu komplexe Testgrafiken (warum wurden sie dann benutzt?);
 – die Schwierigkeit, sich mit denjenigen Charakterzügen in einem C. P. I.-Profil zu identifizieren, die man unbewußt ablehnt. (In der Tat, hätte sich Harpagon als Geizhals, Othello als eifersüchtig, Don Quichotte als Wichtigtuer oder Nero als paranoider Megalomane charakterisiert? Warum sollte es in der Wahl des astrologischen Psychogramms anders sein, fragt man sich.);
 – die Teilnehmer beurteilen sich selbst nicht unbedingt nach den Analysekriterien des C. P. I. (War nicht auch das vorhersehbar?);
 – möglicherweise gelingt es einem nicht, sich in einer objektiven Beschreibung von sich selbst wiederzuerkennen. (Das ist sogar ziemlich sicher. Bedauerlich ist jedoch, daß der ganze erste Test auf einem so schwachen Kriterium aufgebaut war. Es wäre nur

recht und billig, dieselbe Einschränkung gegenüber dem astrologischen Profil zu machen, das schließlich die objektive Beschreibung einer subjektiven Wahrheit gibt ... Daß der Teilnehmer sie als die seine erkennt, ist nicht zwingend.)

Alles in allem würde ich sagen, daß die Vorbehalte – oder Entschuldigungen –, die Carlson für den psychologischen C. P. I.-Test findet, auch für die astrologischen Psychogramme gelten werden müssen – warum zwei Maßstäbe, zwei Gewichte? Sie sind in ihrer Bewertung gleicherweise durch die Subjektivität der Teilnehmer zu relativieren. Außerdem sind Studenten noch keine vollständig stabilisierten Persönlichkeiten, sondern oft noch auf der Suche nach sich selbst: also ein weiteres Element, das das Urteil der Teilnehmer relativiert. Bedenken wir zudem, wie gering die Anzahl der getesteten Teilnehmer war im Vergleich beispielsweise zu den Statistiken eines Gauquelin: Von den ursprünglich 200 angemeldeten Personen blieben am Schluß noch 105 für das erste und 95 für das zweite Experiment! Wenn dem noch hinzugefügt wird, was Carlson diskret »statistische Fluktuation« nennt, erscheint das Ganze etwas oberflächlich, etwas mager und sehr parteiisch.

Ergebnis des zweiten Tests (Zuteilung eines der C. P. I.-Profile zu einem bestimmten Horoskop): Auch bei diesem Test lagen die Ergebnisse nicht über den Gesetzen des Zufalls, wie Carlson ohne Bedauern feststellte. Hier drängt sich mir ein längerer Kommentar auf: Um über die Gültigkeit einer jahrtausendealten Wissenschaft zu urteilen, bedarf es eines ehernen, eines ABSOLUTEN Bezugspunktes. Nun ist aber das C. P. I. bei allem Respekt nicht die Bibel und stützt sich bei seinen Bewertungen und Tests auch nicht auf absolutes Material. Man kann hier also die klassische Psychologie des *intellektuellen Dogmatismus* beschuldigen, der nichts anderes als erkenntnistheoretischen Kuddelmuddel anrichten kann. Denn wie soll das »Unvollkommenste« als Maßstab, als Urmaß dienen, um das »Vollkommenste« einschätzen und beurteilen zu können? Kann in der Mengenlehre das Kleine – im physischen und intellektuellen Sinn – das Große enthalten? Ist nicht auch die Tatsache aufschlußreich, daß Psychologen die Astrologen aufgrund der größeren »Gewißheit«, die ihnen die königliche Kunst der Sterne vermitteln kann, oft um Unterstützung bitten, besonders auf dem Gebiet der Ätiologie – der Tiefenursachen – eines Komplexes, einer Neurose oder Psychose, oder ganz einfach wegen der reichhaltigen und subtilen astrologischen Analyse insgesamt? Das Gegenteil scheint noch selten der Fall, und der Astrologe muß vorläufig auch Psychologe sein. Ein weiterer wertvoller Trumpf für die Astrologie: Sie erlaubt das *timing* – eine Zeitangabe – der psychologischen Manifestationen, was der klassischen Psychologie fremd ist.

Carlson schloß in aller Seelenruhe auf ein Mißlingen seiner Experimente, *also* der »astrologischen Hypothese« (aber der Leser kann ja die Schwäche der angewandten Methodik einschätzen). Er wischte damit ebenso reinen Gewissens wie überheblich die verschiedenen Versuche des Psychologen Clark vom Tisch, die nach sehr viel subtileren Tests (an denen 23 Länder teilgenommen hatten) zu einer glänzenden Bestätigung der »astrologischen Lehre« geführt hatten (vgl. S. 106f.). Das gleiche machte er mit den umfangreichen Statistiken, die ein Forscher des C. N. R. S. (Gauquelin) konstatiert hatte: »Aufgrund der Geburtsposition eines Planeten ist es theoretisch möglich, eine Prognose über das Temperament und das zukünftige soziale Verhalten des Neugeborenen zu erstellen.« Darauf widmete sich Carlson auf geschraubte Art der Selbstbeweihräucherung und bedankte sich der Reihe nach bei den zahlreichen Sachberatern und Studenten, die am Experiment teilgenommen hatten. Diese Danksagung ist von kaum enden wollender Länge und wirkt – in der für ihre Nüchternheit bekannten wissenschaftlichen Zeitschrift *Nature* und in einem Artikel, der für sich in Anspruch nimmt, nur Fakten zu liefern – etwas... deplaziert. Aber das Syndrom der gegenseitigen Bewunderung scheint in offiziellen Wissenschaftlerkreisen ein Muß zu sein, als ob man sich durch festes Zusammenhalten besser gegenseitig wärmen könnte. Meiner Meinung nach hätte der Platz, den dieser Abschnitt brauchte, mit bescheidenen Vorbehalten und nötigen Relativierungen vernünftiger genutzt werden können.

Eine andere Frage drängt sich dem Zuschauer auf, der außerhalb der hehren Wissenschaftswelt steht: Sollten Sie nicht, meine Herren Gelehrten, Ihre Instrumente wenigstens auf die der offiziellen Wissenschaft einstimmen? Was soll man denn von diesen inneren, ja *internen* Widersprüchen halten? Daß es keine rein *objektiven* Tatsachen gibt, wie es Raymond Abellio in *La Structure absolue* (Die absolute Struktur) schreibt, da sich immer das Problem ihrer Integration, ihrer Interpretation stellt. Dann sollte also innerhalb der Wissenschaft selbst ein Schisma herrschen? Die Antwort ist, leider! – oder zum Glück? – ja.

Als ich im Juli 1986 am Internationalen Astrologiekongreß in Los Angeles teilnahm, zu dem mich der amerikanische Astrologenverband (American Federation of Astrologers) eingeladen hatte – mein erster Vortrag in englisch vor 500 Astrologen –, waren diese Tests von Carlson Stadtgespräch und beunruhigten die Astrologen sehr. Sie fühlten sich mißverstanden, durch willkürliche Versuche, deren Methodik mindestens zu wünschen übrigließ, »verraten und verkauft«. Das Mißverständnis beruhte in erster Linie auf einem Formfehler im Prinzip der angewandten Methode selbst. Da die Astrologie dem Wesen nach der »Entwickler« der Persönlichkeit ist – im fotografischen Sinn des Wortes –, dient sie dazu, unbewußte seelische Vorgänge, Komplexe, geheime und verdrängte Hemmungen ans Licht zu bringen. Wie soll da ein Teilnehmer, vor allem wenn er noch sehr jung ist, das geheimnisvolle Muster der eigenen Seele bewerten können? Wie unmöglich das ist, zeigt sich in der Tatsache, daß die getesteten Teilnehmer ebenso unfähig waren, sich in den C. P. I.-Profilen zu erkennen, deren einzelne Merkmale zu denken geben: konkreter Intelligenzgrad, Sinn für Psychologie, Flexibilität, Anpassungsfähigkeit; weiblicher Anteil der Psyche (für die männlichen Teilnehmer). Liebe Leserin, lieber Leser, wer von Ihnen könnte den andersgeschlechtlichen Anteil – um nur davon zu sprechen! –, der in Ihnen schlummert, richtig bewerten? Ich für meinen Teil wäre dazu völlig unfähig! Kurz, naive und illusorische Kriterien, die zu nichts führen konnten außer zu Verwirrung. Und das taten sie ja auch.

Es gibt jedoch so etwas wie eine immanente Gerechtigkeit. Ein maliziöser Zufall wollte es, daß ausgerechnet auch in *Nature,* der

Zeitschrift, die der wissenschaftlichen Welt als Referenz dient, von einem schlagenden Beweis für den Einfluß der Sterne berichtet wurde, den Carlson so vehement verworfen hatte. Dr. Robert Becker, Chirurg und Orthopäde an der Staatsuniversität des *New York Upstate Medical Center* in Syracuse stellte fest, daß *Einweisungen* in die psychiatrische Abteilung in engem Zusammenhang mit der *Intensität des Magnetfeldes* standen. Von den 28 000 untersuchten Fällen führte Nature eine Zufallswahrscheinlichkeit von 1 zu 10 000 an. Gott sei Dank! Das war höchste Zeit; aber die Wahrheit siegt schlußendlich doch... hoffentlich!

Andere Argumente gegen die Astrologie – die ich allerdings als sekundär betrachte – kehren relativ häufig wieder, namentlich aus dem Munde materialistischer Wissenschaftler. Ich würde diese als *borniert* bezeichnen, wenn sie beispielsweise den zu kleinen Umfang oder die zu große Entfernung der Planeten ins Feld führen. Zu klein? Seit wann steht Energie im Verhältnis zum Umfang oder zur Dimension? Haben sie nicht gelernt, welche Macht das unendlich Kleine, das Virus, haben kann – das mörderische Aids-Virus zum Beispiel – oder der Atomkern (der unter bestimmten Bedingungen ganze Landstriche zerstören kann)? Dieses Argument ist einfach lächerlich. Zu weit entfernt? Und das Licht? Erreicht uns das Sternenlicht nicht seit Millionen Lichtjahren aus den tiefsten Tiefen des Universums, während die Astrologie nur den Einfluß des ganz nahen Sonnensystems in Betracht zieht (Pluto, der am weitesten von der Erde entfernte Planet, ist nur 20 Licht*minuten* von hier)?...

Nach H. Poincaré ist Wissenschaft gleichbedeutend mit Prognose. Muß dann nicht die *Prognosefähigkeit* der Astrologie als das Kriterium ihrer Wissenschaftlichkeit genommen werden? Denn die *Fakten* sind über jeden Zweifel erhaben, sie sind zwar manchmal unbequem, aber man kann sie nicht übersehen. Und sie sind sehr viel sicherer und zuverlässiger als Persönlichkeitsprofile!

Die *Prognose* ist eines der Gebiete, auf dem die Astrologie aufsehenerregende Erfolge für sich verbuchen kann, die sie in ihrem Prinzip eindrücklich bestätigen. Die Prognose ist Gegenstand eines besonderen Kapitels: So schwer wiegt dieser Teilbereich in der Waagschale, die das erkenntnistheoretische Gewicht der königlichen Kunst der Sterne abwiegen wird.

»Menschlich, allzu menschlich«, wie Nietzsche sagen würde, sind die Gedanken und Handlungen der Menschen, beschränkt und unvollkommen wie sie selbst. Die Wissenschaft macht da keine Ausnahme. Verkörpert wird sie von unvollkommenen Menschen, die allzusehr dem Aktuellen (»Akzidentiellen« nach Aristoteles, im Gegensatz zum »Essentiellen«) verhaftet sind. Ärgerlich ist nur, daß die Unvollkommensten am lautesten schreien und die größten geistigen Scheuklappen tragen. Kant würde dieser beschränkten Wissenschaft, *diesem Phänomenon*, das *Noumenon* der Wissenschaft entgegensetzen: ihre perfekte, vollkommene, absolute und ideale Gestalt. Die wir durch unser Menschsein nie gänzlich erreichen können, die wir aber anstreben müssen. Demütig und vor allem ohne Vorurteile und Kleinlichkeit, in einer Art naiver Unschuld, für die *alles immer möglich bleibt*.

VIERZEHNTES KAPITEL

Glanz und Elend der astrologischen Prognose

»Löschet den Geist nicht aus! Verachtet nicht prophetische Gaben! Prüfet alles! Das Gute behaltet!«
(Paulus: 1 Thessalonicher 5,19–21)

»Wenn eine menschliche Voraussage nicht eintrifft, so vollzieht sich der Wille Gottes.«
Pfahhotep (Wesir eines Königs der 5. ägyptischen Dynastie)

Bei einem Galadiner in der Stadt, es muß um den 20. Januar 1986 herum gewesen sein, saß ich am Tisch neben einem galanten, aber überheblichen Herrn. Ein typischer Löwe – nicht ohne Genugtuung verriet er mir sein Zeichen (hat man je einen Löwen getroffen, der sich seines Zeichen geschämt hätte?):
– »Ich bin am 30. Juli geboren, sagt Ihnen das etwas? Sie können sich nicht vorstellen, wie erfreut ich bin, Sie hier an meiner Seite zu haben«, schnurrte er wie ein großer Kater. »Ich habe mir schon lange gewünscht, Sie einmal zu treffen... Auf der Insel, auf der ich einen gewissen Einfluß habe, werde ich zu Ihren Ehren den roten Teppich ausrollen lassen.«
Ein eitler und großzügiger Löwe also...
– »30. Juli«, wiederholte ich nachdenklich, während ich meinen kleinen geistigen Computer in Betrieb setzte. »Nun, mein Lieber, machen Sie sich ab nächster Woche auf einige Unruhen in Ihrem Leben gefaßt. Ihre ganze Existenz könnte durcheinandergeraten.«
– »Was... wie, das *sehen* Sie, einfach so ohne weiteres? Wie ist das nur möglich?« fragte er, sichtlich beunruhigt.

– »Nein, Monsieur, ich sehe gar nichts, ich rechne einfach. Wollen Sie wissen, wie es geht?«

– »Ja«, erwiderte der Löwe, »ich frage mich nämlich schon lange, wie die Prognose in der Astrologie funktioniert. Ich verstehe zur Not, daß der Mensch durch seinen Geburtshimmel charakterlich geprägt wird, aber daß man die Zukunft voraussehen kann, das gehört meiner Meinung nach in das Gebiet des Aberglaubens.«

– »Gut«, sagte ich. »Hier also meine Überlegung:

Sie wissen, daß Ihr Zeichen am 23. Juli beginnt. Da die Sonne jeden Tag einen Grad durchläuft, entspricht der 30. sieben Grad, plus/minus eins, das hängt vom Geburtsjahr ab. Nun weiß ich aber, da ich astronomische Ephemeriden besitze – das Brevier des Astrologen –, daß sich Pluto derzeit um den 7. Grad des Skorpions herum aufhält, der sich in Quadratur – also in einem Spannungsaspekt – zu Ihrem Datum in der ersten Dekade des Löwen befindet. Dissonanzen mit Pluto stehen für tiefgreifende spirituelle Wandlungen und im allgemeinen auch für materielle Erschütterungen. Aber da Pluto der langsamste Planet unseres Sonnensystems ist, wird er das ganze Jahr in dieser Gegend des Tierkreises bleiben. Sie werden mich nun fragen, warum ich so genau auf die nächste Woche hinweise. Da ich diese Zeitperiode bereits für meine Jahres-Prognosen interpretiert habe, weiß ich, daß sich dieser Pluto-Aspekt in der mundanen Astrologie ziemlich kritisch auswirken kann. Nicht nur, daß sich am 26. die Sonne im Wassermann in Dissonanz zu Pluto befinden wird. Noch vor dem 29. wird das gleiche mit Venus und Merkur geschehen. Dadurch wird die kosmische Spannung dieser Periode noch verstärkt.

Sie sehen also, es sind da weder magische noch übernatürliche Kräfte im Spiel«, schloß ich und bediente mich nochmals vom Lachs.

Aber die Pointe kommt erst: In der folgenden Woche entnahm ich den Medien, daß sich die betreffende Insel in vollem Aufruhr befand, daß die Einheimischen alle Politiker umbrachten oder des Landes verwiesen. Unser Löwe, der sich zu der Zeit auf Reisen befand, konnte nicht mehr nach Hause zurück: Sein Leben hatte eine ebenso radikale wie – allerdings nicht für die Astrologie! – »unvorhersehbare« Wendung genommen... Den USA brachte das Ende Januar bekanntlich die Challengerkatastrophe, die sich sowohl im Horoskop des Landes als auch in dem von Ronald Reagan nachweisen ließ.

Wie man sieht, handelt es sich hier um *Prognosen* und nicht um *Weissagungen,* wie nur zu oft unterstellt wird. Nach den bisherigen Kapiteln sollte eigentlich schon klar sein, daß die astrologische Disziplin ebensowenig mit (soweit vollkommen achtbaren) subjektiven und nicht nachprüfbaren »Erleuchtungen« zu tun hat wie mit verschwommenen Phantasien, sondern daß sie sich auf eine streng mathematische Struktur stützt, nämlich die Bewegungen am Himmel. Der Leser wird hoffentlich verstanden haben, daß über Jahrhunderte – was sage ich, Jahrtausende – wiederholte Beobachtungen und von »Eingeweihten« weitergegebene Schlußfolgerungen zu diesem »Astralcode« geführt haben, zur Sprache des Himmels, die man Astrologie nennt.

Daher wird er auch begreifen, daß es ein völliges Mißverständnis ist, diese Kunst als Teufelswerk oder als übernatürlich, als magisch oder *divinatorisch* zu bezeichnen. Denn mit »Divination« ist Wahrsagerei, Prophetie, Hellseherei gemeint; die Astrologie aber ist Wissenschaft und Technik, sie bedarf keiner Sehergabe. Einen sechsten Sinn erfordert sie, das schon. Doch nicht mehr als die Medizin, glaube ich, als Psychologie oder Psychiatrie, die ebenfalls diese flüchtige, aber intensive Verbundenheit mit dem Menschen voraussetzen, einen offenen Geist und die Aufnahmefähigkeit und -bereitschaft, die allein zum Verständnis des einzelnen Falles führen. Es ist bekannt, wie sehr sich die Diagnosen oder Meinungen der Ärzte unterscheiden können, obwohl ihre Ausbildung ähnlich, gleichwertig, wenn nicht sogar identisch war! Es gibt eben auch hier, wie in allen Berufen, die Neugierigen, Suchenden, die »immer Lernenden«, und die Gewohnheitsmenschen, die Passiven, die nichts hinterfragen. Die erste Gruppe entwickelt im allgemeinen das bessere Gespür für ihren Beruf. Und daß Leidenschaft und Neugier für den Beruf belohnt werden, ist schließlich nur recht und billig...

Während ich dieses Buch schreibe, befinde ich mich mitten in einer Fastenkur, die ich aus einem Verlangen nach physischer und spiritueller Regeneration und Reinigung mache. Gerade gestern habe ich in diesem Zusammenhang eine interessante Erfahrung machen können. Nachdem mir in Gesprächen mit anderen Kurgästen von verschiedenen Seiten bestätigt worden war, was ich schon an mir selbst beobachtet hatte, daß wir nämlich an bestimmten Tagen bis zu einem Kilo Gewicht verloren – selbst nach einer Fastenwoche –, während der Gewichtsverlust an anderen Tagen gleich Null war, erkundigte ich mich bei Ärzten des Kurinstituts danach. Keiner konnte mir eine Antwort geben. Sie sprachen vom Geheimnis des menschlichen Körpers, der von Patient zu Patient verschieden reagiere...

»Aber«, frage ich, »wenn diese seltsamen Veränderungen bei ein und derselben Person von einem Tag auf den anderen stattfinden...« Man konnte mir keine klare Antwort geben, niemand wußte den Grund dafür. Auch keiner der Ärzte, außer einem, der mir erklärte, diese Schwankungen hingen mit gewissen noch unbekannten Rhythmen, bestimmten Zyklen des menschlichen Körpers zusammen. Als ich in meinem Kalender nachschaute, fiel mir auf, daß der Tag des geringsten Gewichtsverlusts mit einem biorhythmisch kritischen Tag zusammenfiel, einem Nullpunkt, an dem der Körper seine »Batterien auflädt«. Dies erzählte ich dem Arzt, der sich sehr interessiert zeigte: Seine Ahnung hatte ihn also nicht getäuscht. Da fügte ich hinzu: »Aber passen Sie auf, Herr Doktor, wenn Sie morgen einer Ihrer Patientinnen sagen, deren Biorhythmen Sie berechnet haben: ›Gnädige Frau, ich kann Ihnen voraussagen, daß Sie am sechsten Tag kein oder fast kein Gewicht verlieren werden, trotz ununterbrochenen und regelmäßigen Fastens‹, riskieren Sie, daß sie Sie für einen Wahrsager hält!«

Er verstand nicht recht, was ich meinte, aber ich wußte, wovon ich sprach. Zugleich wußte ich aber auch, daß die ehrenwerte Gilde des Äskulap gegen solchen Verdacht gefeit ist! Täglich werden Astrologen, die ihre Prognosen auf den überprüfbaren Bewegungen der Himmelskörper begründen, für Wahrsager gehalten, einfach weil der gewöhnliche Sterbliche ihre Schlußfolgerungen nicht nachvollziehen kann, die so exakt sind wie der Lauf der Planeten. Man wird nun einwenden, diese Kluft zwischen den Experten mit ihrem Berufsjargon und dem Volk bestehe nicht nur bei der Astrologie, sondern auch bei der Medizin, in der Justiz, bei der Biologie und auf praktisch allen wissenschaftlichen Spezialgebieten. Das stimmt. Aber man wird zugeben müssen, daß niemand auf die Idee käme, den Biologen oder Anwalt einen Wahrsager zu nennen.

Warum also ist die Astrologie mit diesem ganzen Gefühlsballast beladen, weshalb dieser ständige Verweis auf das Übernatürliche, Magische? Im wesentlichen aus drei Gründen:

1. Weil die verkannte und tabuierte Astrologie die Hure der westlichen Kultur ist (wie es der Schriftsteller André Breton so treffend formulierte) und sich daher alles gefallen lassen muß: Die Masse hat sie ihrer Würde beraubt und sie ein für allemal in den Bereich des Irrationalen, also Magischen verbannt. Man kann sich übrigens fragen, worin der Grund für diesen kulturellen Niedergang besteht: Es scheint mir mit dem Verlust der Esoterik, des Wissens durch Einweihung, verbunden zu sein, der unvermeidlichen Folge der »allgemeinen Volksbildung«, der allgemeinen Schulpflicht, die die Anstrengung des Suchens nicht mehr voraussetzt und demnach auch die Belohnung für gewonnene Erkenntnisse ausschließt. Früher, und zwar bis und noch in der Renaissance, war die Astrologie Angelegenheit der großen Gelehrten, der Kultiviertesten, denn sie war Teil der universitären Bildung. Zudem war Erziehung damals im allgemeinen das Ergebnis eines wirklichen Verlangens, wirklichen Strebens – und das ist sie heute nicht mehr. Unvermeidliche Konsequenz: Sogar die spirituell am wenigsten entwickelten Menschen – was eine andere Dimension ist als die der Intelligenz, damit man mich nicht falsch versteht – beschäftigen sich heute mit der Populär-Astrologie und ihrer Technik, ohne ihre philosophischen, metaphysischen und esoterischen Implikationen zu verstehen.

2. Weil die Natur des Menschen so beschaffen ist, daß er dazu neigt, alles, was er nicht versteht – und besonders was er nicht fassen kann –, zu ironisieren, verächtlich zu machen, also den Weg des

geringsten Widerstandes zu wählen, den der Soziologe Lévy-Bruhl auch die *prälogische Mentalität* genannt hat.

3. Weil die Astrologie, transzendente Wissenschaft vom Menschen und vom Universum, etwas so Anspruchsvolles wie das Menschenwesen in seiner Ganzheit, einschließlich seines Schicksals und seines Werdens, zum Gegenstand hat. So daß es einem Menschen, der nicht in ihre Geheimnisse eingedrungen ist, von vornherein unbegreiflich erscheint, daß eine Wissenschaft solcher Größe überhaupt existieren kann. Instinktiv wird er eine solche Vorstellung dem Übernatürlichen, Magischen, ja sogar der intellektuellen Hochstapelei zuordnen. Und das ist vollkommen verständlich.

Es ist aber falsch, die Astrologie nur auf den Aspekt der Voraussage zu begrenzen, denn sie ist in ihrem eigentlichen Wesen etwas ganz anderes: nämlich ein ausgezeichnetes Instrument zur Selbsterkenntnis. Diese Erkenntnis ist fast automatisch und folgerichtig mit einem Zeitbegriff verbunden, der sich auf die Vergangenheit ebenso wie auf die Zukunft bezieht. Die Astrologie bildet jedoch eine kohärente, auf bestätigten empirischen Gesetzen beruhende Sprache, und deshalb *braucht sie die Prognose,* wenn sie einen wissenschaftlichen Anspruch erheben will. Aber man soll nichts von ihr verlangen, was sie nicht zu geben vermag, also keine ausführliche und profane Darstellung des Alltags. Man legt ihr gegenüber allzu häufig ein primitives, magisches Denken an den Tag. Von der Höhe eines (eingebildeten!) Rationalismus herab behandelt man die Astrologie wie jener Mann die Frauen, von denen er um so mehr Schönheit verlangt, je dümmer er sie findet. Man erwartet das Wunder, aber man verachtet es zugleich; man will das Orakel, hält es aber für unter seiner Würde – man schämt sich sogar der eigenen Neugier. Welcher vernunftbegabte Mensch würde es wagen, die Medizin mit dem Bann zu belegen, nur weil ein Arzt eine falsche Diagnose gestellt hat? Und wer von uns würde der Meteorologie oder der Futurologie wegen einiger Fehlprognosen den Status einer Wissenschaft absprechen?

Jede theoretische Wissenschaft hat demnach eine gewisse zulässige Fehlerquote. Denn sie arbeitet an und mit lebendiger Materie, und das Leben durchkreuzt mechanistische Gesetze. Ein Gesetz ist ja von der Definition her eine Verallgemeinerung, also ein Konzept, das die *Einzigartigkeit* des Gegenstands ausschließt. Daraus ergibt sich auch ein Unsicherheitsfaktor in den psychologischen, psychoanalytischen, graphologischen, medizinischen, wirtschaftlichen und futurologischen Prognosen. Er entspricht der Tatsache, daß das Leben nicht geradlinig verläuft, sondern sprunghaft, und daß die zahlreichen Formen, die es annimmt, nicht alle erfaßbar sind, weder durch den menschlichen Geist noch durch einen Computer, der ohnehin nur das speichert, was vorher eingegeben wurde.

Aus epistemologischer (erkenntnistheoretischer) Sicht also ist die Unterscheidung zwischen (pythischer, hellseherischer) *Weissagung* und (wissenschaftlicher) *Prognose* ganz wesentlich. Einzig die Prognose betrifft dabei das Gebiet der Astrologie, wie sie jede Wissenschaft betrifft. Sagt nicht Henri Poincaré (französischer Mathematiker), daß jede Wissenschaft dazu bestimmt sei, vorauszusehen, und daß sie, weil sie voraussieht, nützlich sein und als Aktionsregel dienen kann? Das vernachlässigen oder ignorieren viele Skeptiker oder Unschlüssige, die zur Astrologie als *Charakterologie* ja sagen, ihr aber jede Fähigkeit zur *Prognose* absprechen – wie unser Löwe-Freund zu Anfang dieses Kapitels. Henri Poincarés Aussage auf die Astrologie angewendet, darf sie sich auf ihrem Spezialgebiet, nämlich der Beschreibung der *vorhandenen Kräfte und Möglichkeiten* der menschlichen Psyche, den Doktortitel holen: Aus dem Horoskop eines Neugeborenen kann sie mit Sicherheit und auf verblüffende Art ein Temperament, einen Charakter bestimmen und Talente oder eine Berufung voraussagen. Es wird ihr zum Beispiel möglich sein, auf das vierte Lebensjahr eines Kindes hinzuweisen, in dem ein erhöhtes Risiko eines Magenleidens, einer Kopf- oder einer Armverletzung besteht... Aber genau da liegt das Problem der Mehrdeutigkeit, denn in bezug auf die *Ereignisse* selbst, auf die Fakten eines Schicksals wird die Astrologie lange zögern; nicht in bezug auf das *Datum* der Geschehnisse, auch nicht bezüglich ihrer Wichtigkeit oder ihrer Art und ihrer Wirkung, aber in bezug auf ihren *genauen Inhalt*.

Denn die Gesetze der Astrologie sind synkretischer Natur, und das Spektrum der Manifestationsmöglichkeiten eines planetarischen Einflusses erklärt sich durch die Natur des *Symbols* selbst, das grundsätzlich plastisch, dehnbar und mehrdeutig ist. So kann jede astrologische Prognose nur eine *Wahrscheinlichkeit* ausdrücken (aufgrund der unzähligen Faktoren, die zu berücksichtigen sind), und die Manifestation einer vorgegebenen Konstellation wird *polymorph* sein, das heißt, sie kann verschiedene Formen annehmen, die auf Symbolebene miteinander durch Affinität und Entsprechung verbunden sind.

Als ich in *Horoscope 1986* im Oktober 1985 (und *BILD und FUNK*, Heft 52, Dezember 85) ankündigte, daß die Sternenkonstellation um den 22. April »Katastrophen durch Giftgas oder giftige Flüssigkeiten und Umweltprobleme« begünstigen würde, kam es fast auf den Tag genau zur Katastrophe von Tschernobyl. Aber zur gleichen Zeitperiode ereigneten sich noch verschiedene andere »Giftunfälle«, wie die Affäre um den gepanschten Wein in Italien und die der vergifteten Milch in den USA, die mehrere Todesopfer gefordert hatten. Diese Beispiele zeigen, wie vielfältig sich eine bestimmte Konstellation auswirken kann. Um mich nicht zu sehr in technischen Details zu verlieren, werde ich mich im Zusammenhang mit meinem Thema hauptsächlich mit den *Transiten* sowie den *Planetenzyklen* befassen. Was ist ein *Planetentransit?* Das ist der wirkliche, astronomische Übergang eines Planeten zu einem bestimmten Zeitpunkt über einen anderen Planeten oder über einen relevanten Punkt im Geburtsbild (Aszendent oder Medium Coeli): also ein direkter Transit oder ein Transit *durch Konjunktion*. Wenn nun ein Geburtsplanet *aspektiert* wird, bedeutet dies, daß er mit dieser planetarischen Geburtsposition einen, je nach Fall, harmonischen oder dissonanten Winkel von 90 Grad (Quadratur), 180 Grad (Opposition), 60 Grad (Sextil) oder 120 Grad (Trigon) bildet. Diese Planetentransite scheinen die besonderen und ureigenen Wirkungsmöglichkeiten des passierten Planeten zu »wecken«, je nachdem, ob er nach Zeichen und Haus im Geburtshoroskop gut plaziert ist (also schon zu Beginn günstig aspektiert war) oder eben nicht. Es handelt sich dabei um die logischste Prognosemethode, denn sie gründet auf einer vorübergehenden Reaktivierung der Verhältnisse bei der Geburt durch einen Planeten, der sich real am Himmel bewegt. Es gibt noch andere Methoden der Prognose: die *Direktionen* wie zum Beispiel die Sekundärdirektion, bei der ein Tag symbolisch einem Jahr in der realen Zeit entspricht. Astrologen kennen sie und wenden sie auch gelegentlich an.

Der Leser wird nun besser verstehen, warum zum Beispiel ein Jupitertransit über seine Geburtssonne (Jupiter ist der Planet der Entfaltung und Verstärkung), der eigentlich sehr günstig und schlagartig positiv wirken müßte, nicht unbedingt das Glück bringt, das man hätte erwarten können, sondern oft sogar eine vorhandene negative Kraft verstärken und zum Explodieren bringen kann, wenn die Sonne im Geburtshoroskop dissonant ist.

Diese Fälle bilden allerdings die Ausnahme – wenn auch eine zu berücksichtigende. Um sie zu erläutern, möchte ich die Briefe von Lesern meiner Prognose-Rubriken erwähnen, die gelegentlich Befremden und Enttäuschung, bisweilen auch Wut zum Ausdruck bringen, weil all die schönen Versprechungen, die in den Presse-Horoskopen den »Favoriten« des Jupiters gemacht wurden, ihnen zu Komplikationen aller Art und zum totalen Affront gerieten. Aus Neugier und aus Höflichkeit gegenüber meinen Lesern überprüfe ich jeden speziellen Fall, und ich kann sagen, daß die rationale Erklärung dafür in einer dissonanten Geburtssonne (dem empfangenden Element des Transits) zu finden ist.

Die Planetenbewegungen sind in den astrologischen Ephemeriden aufgeführt, und zwar für jeden Tag (diese Tafeln geben die Umrechnng der heliozentrischen Himmelslängen in geozentrische Positionen an, welche in den astronomischen Verzeichnissen der Observatorien festgelegt sind). Es ist daher einfach, die Bewegung (oder Translation) jedes einzelnen Planeten in einem bestimmten Zeitabschnitt zu verfolgen und mit großer Genauigkeit den Moment (bei den schnellen Planeten wie Merkur und Venus kann dieser sehr kurz sein) zu ermitteln, in dem der fragliche Planet den Geburtsplaneten direkt passiert oder ihn aspektiert. »Der Einfluß der Planetentransite auf den Menschen über den Umweg seines

Geburtshimmels ist nicht zu leugnen, und wer immer sich die Mühe machen will, ein paar Versuche anzustellen, kann sich leicht davon überzeugen. Es gibt eine einfache Methode, sie zu beobachten. Man muß wissen«, schreibt Antarès in seinem Buch *Transits planétaires et destinée* (Planetentransite und Schicksal), »daß die Transite der sogenannten großen Planeten, also derjenigen, die sich außerhalb des Erdorbits befinden und somit weiter von der Sonne entfernt sind als unsere Erde, den stärksten Einfluß ausüben und die bedeutendsten Ereignisse unseres Daseins bestimmen. Diese Planeten sind, in der Reihenfolge ihrer Entfernung von der Sonne: Mars, Jupiter, Saturn, Uranus, Neptun und Pluto. Je weiter ein Planet entfernt ist und je langsamer sein Umlaufzyklus um die Sonne, desto seltener sind die Aspektbildungen zum Geburtshoroskop; aber ihre Wirkung ist dafür um so nachhaltiger.«

... und stärker. Zum Beweis das Beispiel von Michel Coluche, der an einem Junitag im Jahre 1986 bei einem Motorradunfall (am 19. um 16.55 Uhr, genauer gesagt) tödlich verunglückte. Er prallte mit voller Wucht auf einen Lastwagen. Als Skorpion vom 28. Oktober 1944, also mit Aszendent in 7 Grad Steinbock, hatte der berühmte und bissig ironische französische Komiker ein spannungsgeladenes Geburtshoroskop. Ein sachverständiger Astrologe hätte ihn sofort vor den äußerst kritischen Momenten gewarnt, in denen sich die planetarischen Dissonanzen der Geburt am Himmel wiederholten. Diese ließen auf ein brutales Ende in Verbindung mit Reisen schließen (Konjunktion Merkur–Mars, noch verstärkt durch die Plazierung am Medium Coeli, in exakter Quadratur zu Pluto – dem Herrscher seines Sonnenzeichens Skorpion, der sich im achten Haus (Tod) befindet). Diese gleiche Konjunktion prägt übrigens auch seinen schneidenden, *polemischen,* aber auch *reformerischen* (Pluto-)*Stil,* der ihn *beruflich* (Medium Coeli) auszeichnete. Zum Zeitpunkt seines Todes wiederholte sich die Dissonanz Merkur–Mars am Himmel. Die zwei Planeten plazierten sich im Todeshoroskop von Coluche in den Häusern III (kleine Reisen) und IX (große Reisen). Im gleichen Horoskop stellt man auch eine Quadratur zwischen Jupiter im Haus VIII (Tod, »von der Öffentlichkeit betrauert«) und Uranus im Haus V

(Freizeit) fest. Anders ausgedrückt bedeutet dies einen plötzlichen und unerwarteten Tod: Bekanntlich befand sich Coluche an der Côte d'Azur in den Ferien, als ihn sein tragisches Schicksal ereilte. Dieses Schicksal wurde schließlich dadurch markiert, daß die schon erwähnte Opposition zwischen Merkur und Mars im Unfallshoroskop genau auf der Achse seiner Mondknoten lag – welche die Grundelemente unseres irdischen Daseins symbolisieren. Man kann daraus folgende zwei Schlüsse ziehen:

– *Exakte* Aspekte im Geburtshoroskop weisen *immer auf markante Ereignisse* in unserem Leben hin. Wenn der fragliche exakte Aspekt harmonisch ist, wird es sich im wesentlichen um eine besondere Chance, um ein glückliches und bedeutendes Vorkommnis handeln, das mit den Lebensbereichen zu tun hat, die von den betreffenden Planeten und Häusern symbolisiert werden. Ist der exakte Aspekt aber dissonant, kann man sich auf ein beklagenswertes Ereignis, auf eine mehr oder weniger schlimme Prüfung gefaßt machen, wieder entsprechend der Natur der beteiligten Planeten oder Häuser oder auch der Herrscher der Häuser.

– Die Ereignisse geschehen unter Planetenzyklen, die im Geburtsbild vorhanden sind und die uns – wie den Sensor in der Elektronik – für diese Zyklen empfänglich machen. Die Astrologie hat die Pflicht und das Privileg, in der Lage zu sein, uns genau und korrekt über das *Wann* der erhöhten Sensibilitätsperioden zu unterrichten, was für Menschen von höchster Bedeutung sein kann, die eine dynamische und keine fatalistische Lebenseinstellung haben. Denn wird nicht in der Tat das als schicksalhaft angenommen, was man aufgrund von Unkenntnis als unvermeidlich ansieht? Hier verbirgt sich die ganze Frage der Willensfreiheit. Aber dieses Thema würde den Rahmen dieses Kapitels sprengen.

Wie weiter oben schon erwähnt, ziehen seriöse Astrologen es vor – wenn sie die Zeit dazu haben –, mehrere Prognosemethoden anzuwenden und sie miteinander zu verbinden. Erst wenn diese sich in etwa decken, schließt der Astrologe auf ein wahrscheinliches Ereignis. Wenn die Analyse der Direktionen und Transite zu denselben Ergebnissen führt, ist er ziemlich sicher, *daß* etwas geschehen wird – aber was ganz genau? Hier liegt die Schwierigkeit

Geburtshoroskop

Name: Coluche
Vorname: Michel
Geburtsort: Paris
Geburtsdatum: 28. 10. 44
GMT: 11.55 Uhr

Länge: 2°20`O
Breite: 48°50`N

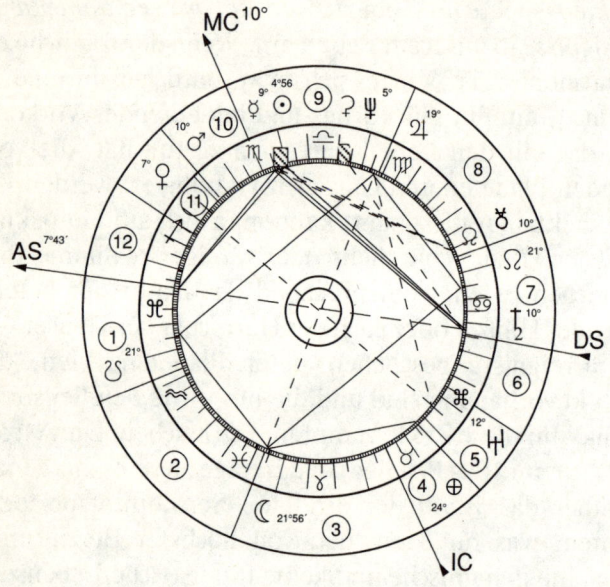

Horoskop eines streitbaren Skorpions (Mars genau am MC) und eines Polemikers (Merkur id.), bestimmt für den Erfolg (Sonne am MC und Drachenkopf in Sextil zu Jupiter und in Trigon zum Mond). Reformerischer Geist (Sonne in Quadratur zu Pluto), begierig nach dem Absoluten und der Wahrheit (Aszendent Steinbock in Sextil zu Sonne–Mars–Merkur). Das Geburtshoroskop weist auf Lebensgefahr (Pluto in Haus VIII) durch Verkehrsmittel (Quadratur zu Merkur) hin. Lebensgefahr auch über die Konjunktion des Schwarzen Mondes (= Verhängnis) mit Neptun sichtbar, der die Verbindungen regiert (Haus III in Fische).

Abb. 10

Unfallhoroskop

Name: Coluche
Vorname: Michel
Ort: Valbonne
Offizielle Todeszeit: 16.55 Uhr
GMT: 14.55 Uhr

Länge: 6°55´ O
Breite: 43°35´ N

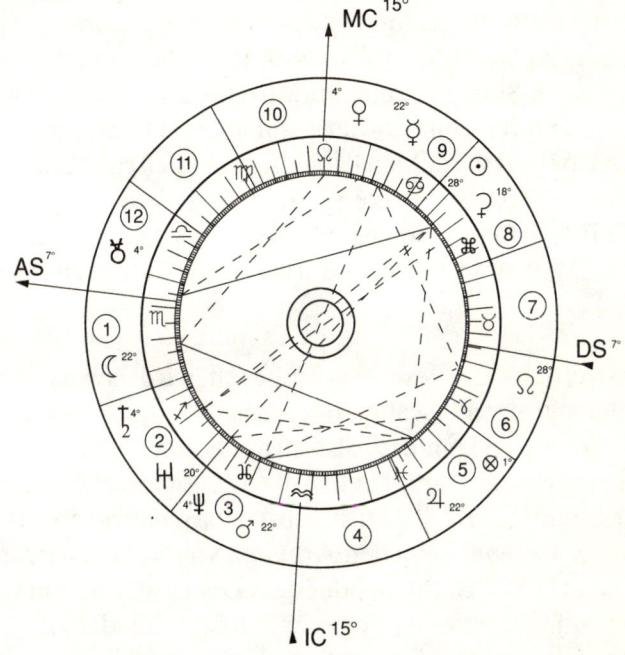

Die Sonne und der Schwarze Mond (Verhängnis) sind in Haus VIII (Tod) in Opposition zu Uranus (Unfall) und Neptun (Haus III: Verbindungen), in Quadratur zu Jupiter (Unbekümmertheit bei Vergnügen oder in der Freizeit). Genaue Opposition Mars (Unglück) – Merkur (Transportwesen) in den Häusern III und IX (kleine, beziehungsweise große Reisen), welche die schon im Geburtsbild vorhandene Dissonanz wiederholen. Wiederholung auch der Geburtsdissonanz Skorpion (MC) – Löwe (Haus VIII: Tod) über die (genaue) Dissonanz Venus–Pluto.

Abb. 11

der astrologischen Prognose, und hier öffnet sich auch der Abgrund, der sie von Hellseherei und jeder Art spontaner »Erleuchtung« trennt. Das übersieht der Laie meistens. Nach Bergson ist Hellseherei eine »unmittelbare Information des Bewußtseins«, die also jegliche wissenschaftliche Deduktion ausschließt. Nun, genau das ist der Stein des Anstoßes bei der astrologischen Interpretation, die *nur* Deduktion ist, eine Deduktion, bei der sich Intuition und sorgfältige Überlegung begegnen, die sich gegenseitig durchdringen und einander in einem ständigen geistigen Austausch unterstützen. Der wirkliche Könner setzt auch hier seinen sechsten Sinn ein, seine intuitive Spürnase – ganz wie der Arzt, wenn er mit einem schwierigen Fall, einer verzwickten Diagnose konfrontiert wird. Man kann die astrologische Technik demnach als das kollektive Werkzeug betrachten, dem der persönliche Beitrag hinzugefügt werden muß: der schöpferische Atem, die Seinsqualität. Was die Gleichung erlaubt: wie die Diagnose, so der Mensch.

Da die astrologischen Gesetze ja vorliegen, wird man nun einwenden, müßten ja eigentlich alle – oder fast alle – Astrologen zu denselben Ergebnissen kommen, also zu ähnlichen oder übereinstimmenden Prognosen. Darauf kann ich nur antworten, daß das auch tatsächlich häufig der Fall ist. Ich selbst habe schon oft eine Bestätigung meiner Ergebnisse in den Arbeiten von Kollegen gefunden, zum Beispiel bei A. Barbault oder dem Deutschen A. von Pronay. So las ich zum Beispiel im Sommer 1987 in irgendeiner Zeitung der deutschsprachigen Schweiz, daß von Pronay konkret den 24. August als für dieses Land besonders gefährlich bezeichnet hatte. Und ich hatte am 14. Januar desselben Jahres im Fernsehen der französischsprachigen Schweiz vorausgesagt, daß »der Neumond vom 24. August (für die Schweiz) auf ökologischer und ökonomischer Ebene ein Risiko mit sich bringe«. Leider hatten wir recht, alle beide, denn genau zu diesem Zeitpunkt wurden mehrere Kantone von sintflutartigen Regenfällen überschwemmt und in den Notstand versetzt. Eine solche Katastrophe hatte die Schweiz seit sechzig Jahren nicht erlebt.

Eine derartige Übereinstimmung in der Prognose ist gewiß kein Einzelfall, man muß sich jedoch auch vor Verallgemeinerungen hüten. Aber ist das bei medizinischen Diagnosen vielleicht anders? Ich sehe folgende Gründe für Fehlprognosen:

1. Die extreme Schwierigkeit, die Wirklichkeit vorauszusehen, die zwar *eine* ist, die aber aus tausendundeinem Faktor besteht; sie spielt sich auf *lebendiger,* also beweglicher Ebene ab. Der Prognostiker gleicht einem Schmetterlingsjäger mit Bleisohlen an den Füßen: ein Wunder, wenn es ihm von Zeit zu Zeit gelingt, wenigstens einen Sommervogel zu erhaschen!...

2. Eine zu wenig ernsthafte Analyse, die zu summarisch und zu oberflächlich betrieben wird – zu lückenhafte Erfassung des Astralsymbolismus und seiner Feinheiten.

3. Das Unvermögen des menschlichen Gehirns, *alle* Daten eines Horoskops zu erfassen. Wenn man bedenkt, daß es Wechselbeziehungen, Kombinationen ... in astronomischer Zahl gibt! Schließlich müssen zwölf Tierkreiszeichen berücksichtigt werden, in denen zehn Planeten ihren Sitz haben, die sich aber wiederum unterschiedlich verteilen, nämlich in den zwölf Häusern. Dazu kommen die unzähligen *Aspekte,* die die Planeten untereinander und zu den Kardinalachsen bilden, also zum Horizont (Aszendent –Deszendent) und Meridian (Medium Coeli–Imum Coeli), die das Horoskop bestimmen. Bis hierher wäre das Ganze zwar kompliziert, aber noch möglich – denn glücklicherweise sind nicht alle Zeichen und Häuser besetzt (häufig ergibt sich eine *Planetenballung,* das heißt eine Ansammlung von Planeten im gleichen Zeichen) –, wenn jeder dieser Faktoren nur eine einzige Bedeutung hätte.

Das aber ist nicht der Fall. Nehmen wir aufs Geratewohl einen Planeten: Saturn. Er symbolisiert – in ein und demselben Horoskop, je nach »näheren Umständen« – gleichzeitig oder abwechselnd: Zeit, Schicksal, Kälte, Gelehrtheit, Konzentration, Methode, Kristallisation (Beschränkung auf das Wesentliche), Begrenzung, Autorität, Sparsamkeit, Geduld, Verzögerungen, Stabilität oder Stabilisierung, Trennungsschmerz, Verantwortung und Pflicht, Akkumulation, Gier, Frustration, Krankheit, Prüfungen, immanente Gerechtigkeit, Kalkmangel; den Vater, Greis, Forscher, Archivar, Verkannten, den Gelehrten, Pechvogel, Bauer, Minenarbeiter ... Man versteht nun sicher, daß bei der Interpretation die Wahl zur Qual werden kann! Und so verhält es sich bei allen Planeten, bei allen Häusern. Der Leser kann sich also eine ungefähre Vorstellung über die vielfältigen Kombinationsmöglichkeiten auf semantischer Ebene machen!

Was die Häuser betrifft, so kann zum Beispiel das fünfte Haus, das Haus des *schöpferischen* Prinzips, der Entfaltung, den spielerischen Aspekt des Menschen verkörpern, seine Spiel- und Spekulationsgewinne, Vergnügen und Freizeit, Liebesabenteuer wie seine Kreativität im allgemeinen, das heißt Kinder oder Kunstwerke.

Bezüglich des Tierkreises und seiner zwölf Zeichen weiß man um die häufig sehr differenzierte und vielfältige Symbolik, denn es gibt zum Beispiel verschiedene Typen des Krebses – den häuslichen Krebs oder den Abenteurer – oder des Skorpions – den zerstörerischen oder den reformerischen. Man kennt auch die zwei gegensätzlichen Fische-Charaktere, den kosmopolitischen Materialisten und den zurückgezogenen Mystiker. Es gibt mindestens zwei Sorten Löwen: den herkulischen Realisten und den apollinischen Idealisten. Das gleiche gilt für jedes Tierkreiszeichen, das von mehr oder weniger entwickelten und auf jeden Fall verschiedenen Persönlichkeitstypen »gelebt« werden kann, denn selbstverständlich sind die meisten von uns Zusammensetzungen, Mischungen oder Verkörperungen von zwei Extremen, die ineinander übergehen und manchmal nacheinander die eine oder andere Seite des Zeichens stärker hervortreten lassen. Wenn man bedenkt, daß bei der Erstellung einer Prognose auch der Stand des Planeten am Himmel zum besprochenen Zeitpunkt berücksichtigt, das heißt ermittelt werden muß, ob er *hier und jetzt* harmonisch ist oder nicht, bevor er mit dem Horoskop verglichen wird, so ergibt sich daraus für den abwägenden Astrologen eine Anzahl von Daten, die wahrlich beeindruckend und schwer zu meistern ist. Selbst wenn er mit einem scharfen analytischen Verstand ausgestattet ist und darüber hinaus im besten Fall mit einer außergewöhnlichen Intuition – denn sie kommt ins Spiel, wenn unter all den vorhandenen Möglichkeiten die Auswahl zu treffen ist –, ist es schwierig, sich eine totale Unfehlbarkeit vorzustellen (und auf jeden Fall unmenschlich, sie vom Astrologen zu verlangen).

Natürlich wird er bei der Wahl, die er aus dem Spektrum der zahlreichen Interpretationsmöglichkeiten trifft, außer durch seine Intuition auch durch Angaben unterstützt, die nach Ansicht jedes seriösen Astrologen für seine Arbeit absolut notwendig sind: Die Rede ist von bestimmten Grundinformationen über die Lebensverhältnisse des Betreffenden, die grobe Fehler in der *Proportionalität* vermeiden helfen. Beispielsweise muß das Horoskop eines Kennedy-Sohnes anders behandelt werden als das eines ungebildeten hinduistischen Bauernmädchens, denn im Hinblick auf Milieu, Bildung, Erbanlagen, Geschlecht, Rasse und Kultur unterscheiden sie sich erheblich. In einem Geburtsbild sieht man nämlich weder Geschlecht noch Rasse, auch nicht unbedingt die soziale Lage eines Menschen. Was man sieht, sind seine *Aufstiegsmöglichkeiten*. Durch diese Informationen wird die Skala möglicher Interpretationen modifiziert, die Spannweite zurechtgerückt, und dadurch wird – was weit davon entfernt ist, die Astrologie abzuwerten, wie einige glauben könnten – höchstens die Fehlerquote bei den Schlußfolgerungen verringert. Auch ein Arzt braucht ein Höchstmaß an Informationen über seinen Patienten, um die seinem besonderen Fall angemessenste Behandlungsmethode festzulegen. Das gleiche gilt in etwa für die Astrologie. Nebenbei bemerkt hat auch eine gewisse moderne Schule der Astrologie, die sich »konditionalistisch« nennt, in diesem Zusammenhang nichts Neues erfunden, wenn sie die soziale Stellung des Menschen besonders berücksichtigt. Ptolomäus machte schon vor achtzehn Jahrhunderten die gleichen Einschränkungen, als er behauptete: »Der Mensch reagiert unterschiedlich auf die gleiche Konstellation, je nachdem, ob er Fürst oder Hirte ist.«

4. Eine weitere Fehlerquelle liegt in der Schwierigkeit, die genaue Natur des vorhergesehenen Ereignisses zu erkennen. Man weiß zwar, *daß* etwas geschehen wird, man weiß auch *wann*, oftmals sogar mit großer Genauigkeit; man legt den *Lebensbereich* fest, in dem das Ereignis stattfinden müßte (Beruf, Gefühlsbe-

reich, auf finanziellem Gebiet, in der Familie, im seelischen Bereich usw.), aber es wird schwierig, wenn es darum geht, den *Amplituden-Koeffizienten* des Ereignisses zu bewerten, also gewissermaßen das Resonanzphänomen, das bei diesem Menschen wirksam wird. Denn der gleiche Aspekt, beispielsweise ein Trigon (harmonisch) von Uranus zum Medium Coeli (das den Beruf symbolisiert, im weiteren Sinn auch die sozialen Verhältnisse oder sogar das Schicksal eines Menschen), kann für einen unauffälligen Büroangestellten den Kauf eines Farbfernsehgerätes bedeuten, der sein Leben verändern wird, für den Leiter eines großen Unternehmens aber eine überraschende und vorteilhafte Fusion mit einem neuen Geschäftspartner (wenn sich Uranus dabei im Haus VII der Verbindungen befindet).

Den im Schütze geborenen Schauspieler J.-L. Trintignant veranlaßte die in seinem Leben einzige Passage von Uranus über seine Geburtssonne dazu, im Alter von siebenundfünfzig Jahren das Filmen aufzugeben und für zwei Jahre mit seinen Kindern auf einem Boot zu verreisen, um neue Horizonte zu entdecken, über das Alltägliche hinauszuwachsen, ganz nach dem Bild von Uranus, dem Symbol für Auflösung und Befreiung... Jane Birkin, Schütze auch sie, veränderte unter dem gleichen Transit ihren »Look«, ließ sich die Haare abschneiden, verzichtete auf Make-up, spielte Theater: Sie war nicht mehr die Frau von einst.

Wenn der Uranustransit über eine dissonante Sonne stattfindet, kann er wie ein Funke im Pulverfaß wirken und latente Geburtskräfte zum Wirken bringen: Das Resultat ist ein Unfall oder die Scheidung. Oder er verschlimmert eine negative Grundstimmung – und daraus wurde der Selbstmord der amerikanischen Schauspielerin Jean Seberg...

So kann eine Dissonanz auf mehrere Möglichkeiten unterschiedlicher Qualität hinweisen: Ein Unheil bricht herein; ein lang herbeigesehntes Ereignis findet nicht statt; ein Wunsch geht mit Verspätung und erst nach Schwierigkeiten und Kämpfen in Erfüllung, oder aber eine Begebenheit hat bedauerliche Folgen.

Schließlich gibt es noch den großen unbekannten Faktor: wie

wird sich der Mensch zu seinem Schicksal stellen; nimmt er es einfach hin, oder kämpft er dagegen an. Obwohl eine Horoskopinterpretation dem, der dieses Zusammenspiel der aktiven und passiven Kräfte zu deuten weiß, die Richtung aufzeigen kann, bleibt doch – zum Glück – ein von der Vorsehung bestimmter, geheimnisvoller, unvorhersehbarer Teil, der bewirkt, daß zum Beispiel von zwei Gefängnisinsassen, die beide die Sonne und den Merkur im zwölften Haus haben (dem Haus der Geheimnisse, der Prüfungen und der Gefangenschaft), der eine ein unverbesserlicher Krimineller wird, der andere, der seine Situation sublimiert, ein in sich gekehrter Gelehrter oder ein glühender Mystiker wird. Hier stellt sich die Frage der eigenen Wahl des Menschen angesichts seines Schicksals, eine Frage, die wahrhaftig nicht zu beantworten ist...

5. Man kann den Ursachen für Fehler in der astrologischen Prognose noch hinzufügen, daß keine Himmelssituation sich jemals in ihrer Gesamtheit wiederholt: dazu müßte man 25 920 Jahre warten, also die Dauer des Großen Platonischen Jahreszyklus oder Präzessionszyklus. Darauf hatte auch schon Abraham Ibn Ezra, der große jüdische Astrologe des Mittelalters, in seinem berühmten *Traité des Révolutions* (Abhandlung über die Umdrehungen) hingewiesen: »Saturn erfährt in der Tat die verschiedensten Einwirkungen seitens der Sonne, seitens der anderen Planeten und seitens der oberen Sterne, Fixsterne genannt, die sich innerhalb von siebzig Jahren um ein Grad bewegen. Auch wird er denen gegenüber keine Position einnehmen, die er schon einmal innehatte, bevor nicht 25 000 Jahre verflossen sind. Deshalb ist es nicht möglich, das Geburtshoroskop eines Menschen als für sich gültig zu betrachten. Denn der Himmelsorbis verhält sich nicht immer gleich. Schließlich ist jede momentane Position der Gestirne nur relativ und verschieden von jeder vergangenen und zukünftigen Position. Das haben die bei der Beobachtung herausgefunden, die sich der Analyse widmen.«

Mehr brauchte es nicht für die erklärten Gegner der Astrologie, um zu verkünden, diese sei illusorisch und utopisch, in einem Wort: unmöglich.

Aber das Bessere ist nun mal der Feind des Guten, und eine

zusätzliche Klippe erhöht nur die intellektuelle Bereitschaft, es mit der Prognose aufzunehmen... und vergrößert gegebenenfalls die Freude über eine richtige Voraussage. Denn angesichts des verhängnisvollen Gehalts bestimmter Prognosen wird man in Sachen Freude nicht allzusehr verwöhnt. Die *ewige Wiederkehr* der alten Griechen ist gewiß ein Mythos. Aber um die Tiefendimension ergänzt – also eine zyklische Wiederkehr mit gewissen Änderungen, die dem jeweiligen astro-historischen Kontext entsprechen, eine spiralförmige und keine kreisförmige Wiederkehr –, kann man doch hoffen, mit etwas Gespür ins Schwarze zu treffen.

»Der Himmel kann nicht auf den Zoll genau abgemessen werden«, sagte einst der große Kardinal Pierre d'Ailly, Universitätsgelehrter, Astrologe und päpstlicher Legat zu Beginn des 15. Jahrhunderts, in Wiederholung eines Plinius-Ausspruches. Wie ein Jahrhundert später auch der Reformator Zwingli in der Schweiz, versuchte d'Ailly, Astrologie und Religion wieder miteinander auszusöhnen. Was er mit diesem Satz sagen wollte, ist: Wenn es wahr ist, daß sich gewisse Konstellationen nur nach sehr langer Zeit wiederholen und während eines Menschenlebens nie in genau demselben planetarischen Umfeld (für die Antike und bis ins 18. Jahrhundert war die seltenste Konjunktion die des Jupiters mit Saturn, den beiden am weitesten von der Erde entfernten Planeten der damaligen planetarischen »Siebenzahl«), so ist es doch nicht weniger wahr, daß die Möglichkeit besteht, diese Konstellationen unter *ähnlichen* astronomischen Umständen wiederzufinden. Der Astrologe ist dann aufgerufen, mit seinem Scharfsinn, seiner Phantasie und seinem Deduktionsvermögen das Beste daraus zu machen. Genau das gleiche Problem stellt sich dem Arzt, der es mit Menschen zu tun hat, die sich immer voneinander unterscheiden werden, denn kein Mensch ist absolut dem anderen gleich (schon von seinen verschiedenen Erbanlagen her). Daher ist der Begriff *Kunst* – und nicht nur der der *Wissenschaft* – gleichermaßen auf die Kunst des Äskulap wie auf die königliche Kunst der Sterne anzuwenden.

Übrigens, die Antwort besteht in einem Satz: die Prognose »funktioniert«. Sie ist möglich, die Geschichte hat es unzählige

Male bewiesen, zeitgenössische Astrologen auch ... und meine persönliche Erfahrung desgleichen. Endlos an der Zahl durchziehen die astrologischen Prognosen die Jahrhunderte und zeigen trotz Nieten und Fehlschlägen durch ihre bemerkenswerten Dienste an der Menschheit, daß die Astrologie ungeachtet der Verfolgungen, Verdammungen und der Bannflüche immer zugegen ist: zeitlos, irgendwie unantastbar, hieratisch und ewig, wenn auch vervollkommnungsfähig. Eine Wissenschaft, die über Zeit und Raum, und was ihnen zugrunde liegt, herrscht: in der Tat ist keine große Kultur ohne ihr Wissen ausgekommen.

Prophezeiungen, Weissagungen, Prognosen

Es ist schwierig, im biblischen Zeitalter zwischen den Prophezeiungen von Wahrsagern und Hellsehern, den Offenbarungen der Patriarchen, die vom zornigen Gott, dem Rächer Israels, inspiriert waren, und den Prognosen zu unterscheiden, die schon auf der Beobachtung des Himmels basierten. Die Vermutung ist berechtigt, daß gewisse Propheten sich auf ihre Kenntnis der Sternensprache stützten, um zukünftige Ereignisse vorauszusagen. Was Christus selbst betrifft, wie soll man ihn verstehen, wenn er im Zusammenhang mit der Apokalypse sagt *(Lukas 21,25–26):* »Es werden Zeichen sein an Sonne, Mond und Sternen, und auf Erden wird Angst und Bestürzung sein unter den Völkern wegen des Tosens des Meeres und seiner Brandung. Die Menschen werden verschmachten vor Furcht und vor Erwartung dessen, was hereinbrechen wird über den Erdkreis; denn die Kräfte des Himmels werden erschüttert werden.«? Es ist wohl nicht ganz unangebracht, das astrologisch auszulegen.

Seither und bis in unsere Tage – über die Antike und das Mittelalter – wurden unzählige Prophezeiungen und Wahrsagungen divinatorischen Charakters ausgesprochen. Auch wenn dies nicht zu unserem Thema gehört, ist es doch reizvoll, einige davon zu zitieren. Eine der bekanntesten ist gewiß die, die Cäsar am 15. März des Jahres 44 v. Chr. auf seinem Weg zum Forum von Destricus Spurinna zu hören bekam: »Hüte dich vor den Iden des März«, warnte er Cäsar, nachdem er die Eingeweide eines Tieres untersucht und zu dieser Schlußfolgerung gekommen war. Worauf der Imperator antwortete: »Aber wir *haben* die Iden des März.« »Das stimmt«, sagte Spurinna ohne Erbarmen, »aber sie sind noch nicht zu Ende.« Eine Stunde später töteten Brutus und seine Mitverschwörer Cäsar mit dreiunddreißig Messerstichen. Die Eingeweide des Tieres haben der Sehergabe des Spurinna offensichtlich nur als *Unterstützung* gedient. Es führen eben alle Wege nach Rom, könnte man sagen.

In der ganzen Welt sind die berühmten Prophezeiungen des Malachias, jenem irischen Mönch aus dem 12. Jahrhundert bekannt, der eine Art Genealogie der zukünftigen Päpste erstellte. In seinen Prophezeiungen nannte er Johannes XXIII. (1958–1963) *pastor et nauta* (Hirte und Seemann). Anhand dieses Beispiels kann ich es mir nicht verkneifen, denen, die meinen, der Glaube und die königliche Kunst der Sterne seien nicht vereinbar, mitzuteilen, daß dieser Papst, und vor ihm etwa zwanzig andere, Astrologie praktizierten. Man erzählt, daß er damit seine schlaflosen Nächte ausfüllte! ... Papst Paul VI. wäre der 260. Papst, *flos florum* (die Blume der Blumen) genannt, nach seiner Familie (Montini), die eine Lilie im Wappen führt. Johannes Paul I., dessen Pontifikat nur kurze Zeit dauerte, wurde von Malachias als *medietate lunae* bezeichnet (was man als »Mondhälfte« oder »Zwischenmond« übersetzen könnte). Er starb unverhofft am 28. September 1978, nachdem er erst am 28. August jenes Jahres gewählt worden war: zwischen dem Vollmond des 18. August und dem des 16. September!

Für die Bezeichnung *de labore solis* (von der Arbeit der Sonne), die offensichtlich Johannes Paul II. betrifft, scheinen die Exegeten, jedenfalls soviel ich weiß, noch keine Auslegung gefunden zu haben. Dieser Papst ist unter einer totalen Sonnenfinsternis geboren worden, was nebenbei bemerkt immer auf ein außergewöhnliches Schicksal schließen läßt, sei es im Guten oder im Bösen. Ich wage diese Auslegung, denn ein solcher astronomischer Tatbestand ist selten genug, um gewissermaßen als »symbolisches Kennzeichen« dienen zu können.

Und danach? Als *gloria olivae* (etwa: Ruhm des Ölbaums oder -zweigs) bezeichnet Malachias den nächsten Papst. Das könnte bedeuten, daß er ein glühender Verteidiger des Friedens sein wird, den das Ende des 20. Jahrhunderts dringend zu benötigen scheint. Seine Amtsausübung wird jedoch von kurzer Dauer sein, denn ihm wird rasch der letzte Papst folgen, Petrus Romanus, Peter von Rom: der Papst der Apokalypse, der sich mit der Verfolgung der Kirche wird auseinandersetzen müssen. »Wenn das Leid vorüber sein wird«, sagt Malachias, »wird die Stadt der sieben Hügel zerstört sein, und der furchtbare Richter wird die Menschen richten.« Diese Aussichten sind um so weniger erfreulich, als die Vergangenheit die Prophezeiungen des Malachias zu bestätigen scheint ...

Bei der Heraufbeschwörung dieser schwindelerregenden Prophezeiungen, die so leichtfüßig die Zeiten zu überspringen scheinen, darf Nostradamus natürlich nicht stillschweigend übergangen werden. Das Thema »Nostradamus« ist sehr vielschichtig, denn zweifellos war er nicht nur Hellseher, sondern vor allem auch – zusammen mit Paracelsus, der noch schwerer zu verstehen ist – einer der bedeutendsten astrologischen Propheten aller Zeiten. Wenn man ihre astrologische Seite verschweigt, ist es nichts weniger als Hochverrat am Andenken dieser beiden Universalgenies, die in einer Person berühmte Ärzte, Astrologen, Kabbalisten, Hellenisten, Ägyptologen und noch vieles mehr waren. Beschränken wir uns hier auf Nostradamus, über den schon so viel geschrieben worden ist und dessen Werk Anlaß zu unzähligen Deutungsversuchen verschiedenster Couleur gab. Wir könnte man die mehr als zehn Vierzeiler mit »astronomischen Daten« vergessen, wenn man sich mit seinen Arbeiten beschäftigt? Ich komme später im einzelnen darauf zurück. Hier möchte ich nur seine Weissagung über Heinrich II., König von Frankreich, zitieren, die ihn im ganzen Land berühmt machte:

»Der junge Löwe überwindet den alten
im Turnier bei einem Einzelwettkampf.

Durch das goldene Gitter sticht er ihm die Augen aus
im dritten Waffengang. Er wird einen grausamen Tod sterben.«
Heinrich II. (Widder, also in erster Linie am Kopf und an den
Augen verwundbar) wurde bekanntlich in einem Turnier von seinem Gegner am rechten Auge schwer verletzt. Er starb nach einem langen und qualvollen Todeskampf. Es ist jedoch schwer zu sagen, ob Nostradamus in diesem bestimmten Fall das Horoskop des Königs erstellt oder ob er einen hellseherischen »flash« hatte.

Aber wie er das Reich Hitlers voraussagte, gleich auf doppelte Art über »Hister«: »Ister« ist der alte Name der Donau – und der Geburtsort des »Führers«, Braunau, liegt unweit von diesem Fluß an einem Nebenfluß der Donau! –, da kann man nicht mehr an der außergewöhnlichen Sehergabe des Autors der *Centurien* zweifeln. Das gleiche gilt für die visuelle Beschwörung des grauen Gewandes von Louis XVI. auf seiner Flucht nach Varennes, das Nostradamus namentlich erwähnt. Die Astrologie allein hätte nicht erlaubt, solche Details, Städtenamen usw., anzugeben. Sie ist mehr symbolisch als konkret.

In unserer Zeit sind die außergewöhnlichen Prophezeiungen von Edgar Cayce bekanntgeworden, diesem Durchschnittsamerikaner, der sich in seinen Trancezuständen in ein bemerkenswertes Medium verwandelte, das über umfassende, von Zeit und Raum unabhängige Kenntnisse verfügte – insbesondere auf dem Gebiet der Geistheilung. Er hatte auch Zugang zu den erhabensten Philosophien, Ursprung und Geschick des Menschen, Reinkarnation usw. Ich muß zugeben, daß ich in dieser Hinsicht immer etwas skeptisch war, wies allerdings eine solche metaphysisch-religiöse Hypothese weder zurück, noch schloß ich sie gänzlich aus. Bis zu dem Tag, als ich unter der grellen Sonne Balis Cayce' Autobiographie (*Many Mansions,* Die Geschichte eines schicksalhaften Lebens) las. In diesem Buch sind überprüfbare, aufgezeichnete, archivierte Experimente angeführt, zusammen mit höchst erstaunlichen Untersuchungen auf diesem Gebiet, die meine volle Zustimmung gewannen. So etwa die Geschichte eines jungen amerikanischen Soldaten, der seit Jahren an unerträglichen Kopfschmerzen litt. Über Tausende von Kilometern hinweg fand

E. Cayce den Grund für seine Bewußtseinstrübung in seinem früheren Leben als Soldat der Sezessionskriege. Er konnte Namen, besondere Kennzeichen und seine Abstammung genau angeben, die man bei späterer Überprüfung bestätigt fand! ...

Diese Weissagungen, die nicht astrologischer Natur sind, werden hier nur erwähnt, um die Neugier des Lesers auf dieses äußerst wichtige Thema zu steigern. Auch der Fall von Jean Dixon kann nicht im rein astrologischen Zusammenhang dieses Werkes gesehen werden. In der Tat ist diese außergewöhnliche, im Steinbock geborene Frau mehr Medium (*psychic,* wie die Angelsachsen sagen) als Astrologin. Elf Jahre bevor er geschah, sagte sie den Mord an Kennedy in Dallas voraus und ließ den Präsidenten sogar vor der tödlichen Gefahr warnen, in die er sich begab – allerdings vergeblich.

Wenn man sich auf rein astrologische Prognosen beziehen will, so findet man da ebenso erstaunliche Beispiele. In der Antike war die Astrologie Bestandteil des Alltagslebens der ganzen Patrizierfamilie und erst recht der großen Politiker. (Die Mauern waren mit Motiven der griechischen Astrologie bemalt, die Menschen trugen Schmucksachen mit ihrem Sternzeichen oder ihm entsprechenden Edelsteinen.) Es wird berichtet, daß im Jahre 45 der damals achtzehnjährige Octavianus Augustus den Astrologen Theogenus konsultierte, der ihm seine Kaiserwürde voraussagte. Der große Sueton, der dies berichtet, erzählt weiter, daß Augustus, nachdem er Kaiser geworden war, in Erinnerung an diese Begegnung eine Münze prägen ließ.

Der zeitgenössische Astrologie-Historiker W. Knappich schildert in seiner bemerkenswerten *Geschichte der Astrologie,* daß der junge Tiberius, geboren 42 v. Chr., in den Genuß der gleichen Voraussage aus dem Munde des Astrologen Scribonianus kam.

»Nach einigen erfolgreichen Feldzügen«, heißt es bei Knappich, »zog er sich freiwillig vom öffentlichen Leben zurück und verbrachte 7 Jahre auf Rhodos, wo er Griechisch lernte, viele Kurse der damals hochangesehenen Akademie besuchte und auch den gelehrten Astrologen *Thrasyllus* kennenlernte, der ihn in die Astrologie einführte und langjähriger Freund und Berater des Kaisers wurde. (...)

Thrasyllus stammte von einer vornehmen Familie aus Alexandria und war ein universell gebildeter Mann, ein Grammatiker, der die Werke Platons neu herausgab...« (S. 84f.).

Tiberius war so von der Unabwendbarkeit des Schicksals überzeugt, daß er darüber den Götterkult vernachlässigte. Da er sich gut in Astrologie auskannte, war er – wie viele seriöse Kollegen heutzutage – über die Schamlosigkeit entrüstet, mit der gewisse Scharlatane völlig aus der Luft gegriffene (und der öffentlichen Moral abträgliche) Prognosen verbreiteten. Obwohl er sich weiterhin von dem überaus kultivierten Astrologen Thrasyllus beraten ließ, scheute er nicht vor dem Paradoxon zurück, die »Chaldäer« (wie die Astrologen oder *mathematici* genannt wurden) aus Rom zu vertreiben. Er war weder der erste, noch sollte er der letzte römische Kaiser bleiben, der einen solchen Senatsbeschluß verkündete. Tiberius, der insgesamt ein argwöhnisches Naturell besaß, war allerdings besonders mißtrauisch gegenüber Scharlatanen. Wie Tacitus berichtet, soll er befohlen haben, Astrologen, die sich als schlechte Prognostiker erwiesen hatten, ins Meer werfen zu lassen. *Dura lex, sed lex...* So habe er Thrasyllus auf Capri gefragt, welchen Verlauf ein bestimmter Tag für ihn nehmen würde. Nachdem der Astrologe die Stellung der Sterne berechnet hatte, antwortete er ihm, dies sei ein sehr gefährlicher Tag für ihn und seine letzte Stunde sei vielleicht gekommen. Da umarmte ihn Tiberius und behielt ihn von nun an als treuen Freund bei sich.

Ein eindrucksvolles Beispiel ist der Fall von Nero, der am 15. Dezember des Jahres 37 bei Sonnenaufgang geboren wurde – er war also ein doppelter Schütze. Voller böser Omen zeigte sein Horoskop an, daß er wahrscheinlich den Thron besteigen, aber seine Mutter, Agrippina, umbringen würde. Agrippina, der Macht mehr bedeutete als das eigene Leben, soll geantwortet haben: »Mag er mich töten, wenn er nur den Thron besteigt!«... Interessant daran ist, daß sich bei der Neuberechnung des Horoskops Neros durch den modernen Computer diese Prognose bestätigt: Mond (Mutter) im achten Haus (Tod), in Quadratur zu Jupiter

(Macht, Gesetz), Mars (Gewalt) und Sonne (Konflikte mit den Eltern, seelische Störungen). Der Mond (Masse) im achten Haus (Tod) in Quadratur zu Mars (Feuer) weist auch auf die Zerstörung Roms durch Feuer, auf den kollektiven Tod infolge Brandstiftung, hin.

Soviel zur römischen Antike, aber man könnte noch unzählige solcher Beispiele zitieren. Als im Mittelalter die Astrologie zusammen mit dem aufkommenden Humanismus neu erblühte, widmete man sich vermehrt der *Stunden-Astrologie* – oder Elektionen-Astrologie –, die darin bestand, den idealen Zeitpunkt für ein wichtiges Vorhaben wie eine Hochzeit, eine Reise, aber vor allem für eine Schlacht »auszuwählen«. Die sehr alte Stunden-Astrologie bildete wahrscheinlich zu Beginn unseres Zeitalters den Übergang zwischen der Mundan-Astrologie und der »judiziellen Astrologie« – die »Judizien« oder Gutachten erstellt –, auch Genethlealogie oder Geburts-Astrologie genannt. Der Ausgang dieser Schlachten, abhängig von der Sternenkonstellation zu Beginn der Feindseligkeiten, war natürlich von allerhöchstem Interesse. So heißt es in den *Mémoires sur Du Guesclin* (Collection complète des Mémoires relatifs à l'Histoire de France), Bertrand du Guesclin habe Tiphaine Raguenel, Schülerin des »souveränen Sternendeuters« Yves Dariam, zur Frau genommen, weil sie ihm seinen Sieg in einem Duell mit Thomas von Canterbury vorausgesagt hatte. Sie »hatte in der ganzen Bretagne großes Ansehen gewonnen durch die trefflichen Voraussagen, die sie gemacht hatte... und das Volk, grob und unwissend, schrieb ihr Talent bei der Beobachtung der Sterne, worin sie sehr erfahren war, Zauberkräften zu«. Ob die Dinge heute soviel anders liegen, könnte man sich fragen, da doch Astrologie, Wahrsagerei, Chiromantie, Hellseherei immer noch mit leichter Hand durcheinandergebracht werden. Aber lassen wir das...

Die Intervention des Königs von Frankreich, Karl VI., zur Niederschlagung der flandrischen Revolten Ende 14. Jahrhundert endete am 27. November 1382 in Roosebeek mit dem Massaker der Aufständischen. Der Sieg des Königs war von Marc de Gênes, dem »großen Astrologen und Arzt (das eine existierte im Mittelalter praktisch nicht ohne das andere) auf Anfrage, die ihm vom König von Frankreich, Karl dem Gutmütigen (Karl VI.), gemacht wurde« vorausgesehen worden. Dieser Marc de Gênes hätte auch den Tod »des noblen Eduard, Prinz von Wales, der im Jahre 1376 verschied«, vorausgesehen.

Zuvor hätte Karl V. selbst das Horoskop seiner zukünftigen Frau, Jeanne de Bourbon, erstellt, bevor er sie heiratete!... Gervais Chrestien, der einen Lehrstuhl für Astrologie an der Universität gründete, »sagte den Tod des Königs Johann (des Guten) voraus, der am 8. Tag des Aprils 1364 in London, England, eintrat«, wohin er sich seinem Feind, Eduard III., freiwillig ausgeliefert hatte.

Ludwig XI. von Frankreich hatte zahlreiche Astrologen an seinem Hof (man zählt mindestens ein Dutzend), unter ihnen auch einen Juden namens Manasse, der in Valence, in der Provinz Dauphiné, lebte. Die Prognosen, die er nach dem Horoskop des Königs erstellte, gingen bis zur Schlacht von Montlhéry und stimmten vollständig mit denen eines anderen Astrologen des Königs, Jean de Marende, überein. »Manasse war ein geachteter Arzt und gab durch die Wissenschaft der Astrologie Antwort auf alle Fragen, die man ihm stellte.«

Ein anderer Astrologe, Conrad Heingartner, erregte Mitte des 15. Jahrhunderts Aufsehen. Entsprechend seiner schweizerischen Abstammung war er gründlich und peinlich genau, aber auch sehr produktiv. Er verfaßte zahlreiche Jahrbücher und Judizien über mehrere Jahre hinweg. Er war unter anderem, nach den Worten von Simon de Phares: »ausgezeichnet in Philosophie, ein hochgelehrter und erfahrener Doktor der Medizin, ein subtiler und tiefsinniger Astrologe. Er stand im Dienst des Herzogs Johann von Bourbon..., des tugendhaftesten Prinzen auf Erden... Er sagte dem genannten Herzog viele Dinge voraus und wurde dann von König Ludwig XI. großzügig unterstützt. Er war zu seiner Zeit in Frankreich der am meisten Bewanderte in der Wissenschaft der Sterne, und er war drei Jahre lang mein Lehrer. Über eine Zeitspanne von fünfundzwanzig Jahren hat Conrad Heingartner fast jedes Jahr sehr genaue und wahrheitsgetreue Voraussagen gemacht« (Maxime Préaud, *Les Astrologues à la Fin du Moyen Age,* Die Astrologen des Spätmittelalters). Heingartner selbst erzählte in einem Kommentar, den er zum *Centiloquium* von Ptolemäus schrieb, folgende amüsante Anekdote als unmittelbare Folge des astrologischen Prinzips: Wenn man ein neues Kleid tragen will, soll man zuerst die Sterne befragen, und wenn im Stundenhoroskop der Aszendent sich im Löwen und zusätzlich in Konjunktion mit dem Mond befindet, soll man darauf verzichten, es zu tragen. Ein berühmter deutscher Professor nun, M. von Gengenbach, fand dieses Axiom dumm und wollte es an sich selbst ausprobieren. Nach seinem schicksalhaften Versuch bekam er solche Schmerzen aller Art, daß er das Kleid wieder ausziehen mußte. Die Geschichte ist um so köstlicher, als es sich dabei um eine Persönlichkeit mit einem beeindruckenden Lebenslauf handelte: 1461 »Licencié« und Kunstlehrer in Paris, wurde er 1463 Staatsanwalt, unterrichtete zwischen 1465 und 1470 in Basel, um 1474 Kanoniker zu werden und 1480 Doktor des kanonischen Rechts; er beendete diese ebenso anspruchsvolle wie brillante Karriere als Rektor der Universität von Paris.

Meine Schlußfolgerung wäre: Glücklicherweise unterwerfen wir uns in unserer Konsumgesellschaft, in der so häufig die Kleider gewechselt werden, nicht mehr einer solchen Analyse. Wo kämen wir sonst hin? Aber vielleicht liegt da die Erklärung für die zahlreichen Hautallergien, die uns so rätselhaft bleiben? ...

Einige Voraussagen in der vollendeten Zukunft

Ein Freund Ciceros bat den römischen Astrologen TARUTIUS FIRMANUS aufgrund der geschichtlichen Ereignisse Roms das Geburtsdatum der ewigen Stadt herauszufinden. Firmanus machte sich an diese Riesenarbeit und fand heraus, daß Rom am 21. April des Jahres 711 gegründet worden sein mußte!

HADRIAN, den man den »Astrologenkaiser« nennen könnte, berechnete regelmäßig seine eigenen Sonnenrevolutionen *(Antigenesis)*. Sehr bewandert in der astrologischen Technik, wählte er seinen Nachfolger, nachdem er dessen Horoskop erstellt hatte. Es handelte sich dabei um Aelius Verus, der jedoch, wie sein großer Freund Antiochus, unglücklicherweise früh starb. Seine falsche Prognose bedrückte Hadrian zwar, erschütterte aber nicht seinen Glauben in die Astrologie.

Julius Cäsar wurde vor der Gefahr, die die Iden des März für ihn bargen, gewarnt. Als Skeptiker wollte er aber solchem Aberglauben keine Aufmerksamkeit schenken. Er fiel am vorausgesagten Tag unter den dreiunddreißig Messerstichen von Brutus und seinen Mitverschwörern während einer Senatssitzung.

Man kennt das Horoskop von Nero, geboren am 15. Dezember des Jahres 37 bei Tagesanbruch, das zeigt, daß er Kaiser werden und seine Mutter umbringen würde.

Überzeugt von seiner Göttlichkeit und über astrologische Voraussagen erhaben, bestrafte der Kaiser Caligula dennoch den Astrologen Apollonius dafür, daß er eine unheilvolle Prognose über ihn verbreitet hatte. Als die Dinge für ihn aber immer schlechter standen, ließ er sich von Sulla sein Horoskop neu erstellen, der ihm, wie Sueton berichtet, klar und deutlich sein baldiges Ende vorausgesagt habe. Er wurde tatsächlich bald darauf Opfer einer Verschwörung.

Der Astrologe Theogenus sagte dem jungen, achtzehnjährigen Octavianus Augustus im Jahre 45 voraus, daß er Kaiser werden würde. Beeindruckt von der Richtigkeit der Astrologie ließ er als Kkaiser Augustus eine Münze mit dem Kopf des Steinbocks prägen, dem Zeichen seines »Mond-Aszendenten« – er war zwar am Ende der Waage geboren, aber mit dem Mond im Steinbock.

Um ihn auf die Probe zu stellen, bat Tiberius – der die Astrologie-Scharlatane ins Meer werfen ließ – den Astrologen Thrasyllus, ihm seine Sterne für einen bestimmten Tag zu berechnen und ihm ihre Auswirkungen mitzuteilen. Thrasyllus führte den Auftrag aus und sagte dem Kaiser, daß er sich auf einen schweren und gefährlichen Tag gefaßt machen solle. Tiberius umarmte ihn und behielt ihn als Ratgeber und Freund fürs Leben. Seine Methoden waren drakonisch, aber wirksam! ...

Bertrand du Guesclin wurde so zutreffend von der Astrologin Tiphaine (Epiphanie) Raguenel beraten, daß er sie zur Frau nahm. Sie »führte ihn so sicher, daß er Connétable von Frankreich wurde und zu seiner Zeit die wichtigsten Dienste leistete und in den Ritterstand erhoben wurde« *(Mémoires sur Du Guesclin).*

Nostradamus, vielleicht der größte aller Astrologen und außerdem ein Seher, kannte bereits die Existenz transsaturnischer Planeten, da er zum Beispiel Neptun in mehreren Vierzeilern namentlich erwähnte. Von Pluto, der erst 1930 entdeckt werden sollte, sprach er in *Centurie I/52:*

»Die zwei Übeltäter des Skorpions verbunden ...« Natürlich handelte es sich dabei um eine Konjunktion zwischen Mars und Pluto, den beiden Herrschern dieses Zeichens. Nostradamus sagte seinen Zeitgenossen eine Menge Ereignisse voraus – wie den Tod Heinrichs II. von Frankreich nach einem tödlichen Turnier. Er übersprang die Jahrhunderte und kündigte die

Französische Revolution, die Flucht Ludwigs XVI. von Frankreich nach Varennes an:

»Der verlassene König ist in Grau gekleidet; sie betreten Varennes,
Die Wahl des Kapetingers ist die Ursache für Sturm, Feuer, Blut und Hackmesser (Guillotine).«

Aber Nostradamus sagte auch HITLER (Hister) voraus, »den Wahnsinnigen«, Franco und Rivera *(Centurie IX/16);* den Beginn des Kommunismus (»Le Commun advènement«) und sein Ende, dreiundsiebzig Jahre und sieben Monate später, was Mai–Juni 1991 ergäbe und nicht im Widerspruch stehen würde zu dem, was die mit der UdSSR verknüpften Planetenzyklen aussagen, ganz im Gegenteil (vgl. »Perspektiven«).

Obwohl er seine Prophezeiungen bis auf das Jahr 3797 ausdehnte – was darauf schließen ließe, daß das Ende der Welt nicht unmittelbar bevorsteht –, kündigte er für die totale Sonnenfinsternis am *11. August 1999* eine Katastrophe erster Größe an, die noch sehr rätselhaft bleibt (»Wird am Himmel ein großer Schreckenskönig erscheinen«).

Eine Eroberung der Erde durch außerirdische Wesen ist vielleicht nicht auszuschließen...

Man kann sich fragen, ob – für unsere Zeit – in diesem schrecklichen Vierzeiler nicht *Aids* angekündigt worden ist:

»Befleckt von Mord, ungeheuerliche *Ehebrüche,*
Großer *Feind des ganzen Menschengeschlechts,*
Der schlimmer sein wird als Ahnen, Onkel, Väter,
An Eisen, Feuer, Wasser, *Blut* und Unmenschlichkeit.«

Mehr als anderswo spielt Nostradamus hier auf »eine Pest des Blutes« an, die den Menschen heimsuchen wird.

Der große Astronom und Astrologe KEPLER konnte, da er sein ganzes System auf der »universellen Sympathie« und der *Harmonie der Sphären* aufbaute, seine berühmten Planetengesetze aufstellen. Um seinen Lebensunterhalt zu verdienen, erstellte er auch Horoskope und machte Prognosen. So sagte er besonders »erschreckliche Verwirrungen« im Lande WALLENSTEINS, des Helden des Dreißigjährigen Krieges, voraus, und zwar für den Monat März 1734. Wallenstein selbst wurde Ende Februar ermordet. Kepler hatte im selben Jahr aufgehört, Prognosen für den Herzog zu machen.

Theophrastus Bombastus von Hohenheim, PARACELSUS genannt, verfaßte neben den sehr esoterischen und geheimnisvoll symbolischen *Prophéties* (»Vorhersagungen«) auch die Prognose seines eigenen Todes, und zwar auf die Zeit und den Ort (Salzburg) genau.

Die Prognose des eigenen Todes ist eine häufige – und verständliche – Beschäftigung der Astrologen: Evangeline ADAMS, eine amerikanische Astrologin der dreißiger Jahre, konnte auch nicht widerstehen und berechnete – mit großer Genauigkeit – das Datum ihrer letzten Reise.

Der unglückliche Astrologe Hitlers, KRAFFT, machte unheilvolle astrologische Vorhersagen in bezug auf das Ende des Führers, für den Fall, daß dieser

> den Krieg nicht vor 1942 gewinnen würde. Aber erstellte er auch seine eigene Prognose, er, der in Buchenwald umkommen sollte, wohin ihn der wütende Hitler geschickt hatte? Sehr wahrscheinlich schon, aber wie soll man seinem Schicksal entkommen? ...

Ein ganzes Buch würde nicht ausreichen, um die zahllosen, oft anschaulichen Prognosen zu beschreiben und aufzuzählen, die zu einer Zeit gemacht wurden, als die Astrologie blühte und an allen Lebensaktivitäten teilhatte. Bekanntlich wurde diese Kunst von den gelehrtesten Persönlichkeiten des Landes (oft Kleriker oder Ärzte) ausgeführt, denn es war ausgeschlossen, ungebildet und zugleich Astrologe zu sein.

Fügen wir zum Schluß das Beispiel von Pierre d'Ailly hinzu, der im 14. Jahrhundert Kurator der Sorbonne war und ein berühmtes Werk über die Übereinstimmungen zwischen der christlichen Religion und den astronomisch-astrologischen und historischen Gegebenheiten schrieb – aus dem gleichen Bedürfnis heraus wie Roger Bacon in England. Fast drei Jahrhunderte, bevor sie eintrat, sagte er die Französische Revolution voraus, indem er behauptete, daß »im Jahre des Herrn 1789 – falls die Welt dann noch existiert, was nur Gott allein weiß – sich große und wunderbare Veränderungen ereignen« würden.

Aber kommen wir noch einmal auf den Astrologen Nostradamus zurück, der seinen Todestag voraussagte. Am Vorabend machte er Katharina von Medici, der er als Berater diente, die Mitteilung: »Morgen werde ich nicht mehr von dieser Welt sein.« Am folgenden Tag wurde er tot aufgefunden. In seinen Ephemeriden war das Datum mit einem Kreuz markiert. Er ist sicher nicht der einzige Astrologe, der diesen Test gemacht hat. Ein neueres Beispiel ist die zeitgenössische amerikanische Astrologin Evangeline Adams, die den ersten großen Medienerfolg unserer Kunst im amerikanischen Rundfunk verbuchen konnte.

Ich selbst habe mich mit dieser Frage beschäftigt, habe allerdings aus Feigheit – oder Weisheit? – die Suche beim Jahr bewenden lassen, ohne den Tag zu ermitteln. Um meine Berechnungen zu verifizieren, bat ich, als ich mich einmal in Indien aufhielt, den hervorragenden (und international bekannten) Hindu-Astrologen B. V. Raman um Bestätigung. Zufrieden habe ich feststellen können, daß er zum selben Ergebnis kam wie ich. Ich sollte vielleicht hinzufügen, daß in Indien die Einstellung zum Tod eine andere ist als im Westen – »Leben heißt sterben lernen«, wie es Montaigne einmal ausdrückte –, sie scheint mir einem gesunden Realismus beträchtlich näher zu kommen. Der Tod ist schließlich unausweichlich. Und Dr. Raman hat mir diesen »Dienst« nur aus Sympathie und Respekt angeboten.

Aber kommen wir wieder auf Nostradamus zurück, der am 14. Dezember 1503 kurz vor Mittag in Saint-Rémy de Provence geboren wurde. Das ergibt nach Gregorianischem Kalender einen Steinbock vom 24. Dezember, mit dem Aszendenten wahrscheinlich in 29 Grad Fische, der Janduz zufolge mit »übersinnlichen Kräften« ausgestattet war. Seine *Centuries* enthalten eine Menge Vierzeiler, die über den Umweg der verwendeten astronomischen Formeln klar datiert sind. Ich zitiere nur das erstaunliche Beispiel, daß er fast dreihundert Jahre vor seiner Entdeckung den Planeten Neptun beim Namen nennt:

»Jupiter mehr der Venus als dem Monde verbunden,
Der in seinem vollen Glanze erstrahlt:
Venus unsichtbar; unter dem Mondschein (verborgen) *Neptun*,
Der von Mars mit dem wuchtigen Speer getroffen wird.«

Es handelt sich hier um nichts mehr und nichts weniger als die Astral-Identitätskarte des Planeten Neptun, dessen Entdeckung man Le Verrier zuschreibt – der seine Existenz schon 1845 durch theoretische Berechnung festgestellt hatte. Neptun wurde in Wirklichkeit aber erst im August 1846 zur Zeit des Vollmonds vom englischen Astronomen Challis *wahrgenommen*. Ich habe mir einen Spaß daraus gemacht, auf meinem Computer das Horoskop des Vollmonds vom 7. August 1846 zu erstellen und fand dabei heraus, daß Nostradamus' unverständlicher Text plötzlich einen klaren Sinn bekam. Wenn man, bei einer optimalen nächtlichen Beobachtung des Himmels, die Sonne am Nadir oder Imum Coeli (IC) plaziert, hat man den Mond nicht weit von Neptun am Zenit (oder

Horoskop der Entdeckung Neptuns, die mit astronomischer Präzision von Nostradamus vorausgesehen wurde (7. 8. 1846 um Mitternacht)

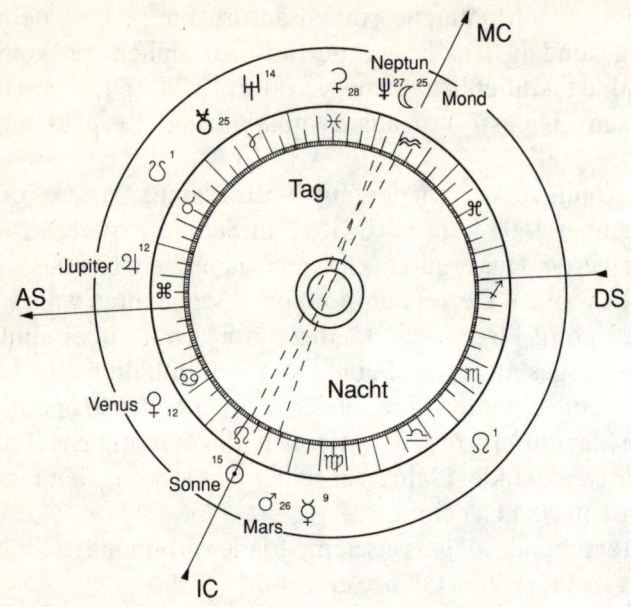

Astronomisch-astrologischer Kommentar: Jupiter befindet sich näher bei der Venus als beim Mond, der – es ist Vollmond – in »vollem Glanze erstrahlt«. Venus hält sich unterhalb des Horizonts auf (es ist Nacht), also »unsichtbar«. Neptun wird durch (die Opposition von) Mars »getroffen«.

Abb. 12

MC); Neptun, der »unter dem Mondschein« des Vollmonds erbleicht, aber vom »Speer« des Mars getroffen wird, der zu ihm in Opposition (180°) steht. Venus ist natürlich unter dem Horizont »unsichtbar«, aber nicht weit von Jupiter entfernt, der näher bei ihr ist als beim Mond.

Wie kann man also – wie es gewisse unseriöse Deuter tun – diesem unvergleichlichen Astrologengenie den Schimpf antun, seine Kenntnisse der Sterne einfach zu übergehen, um auf der Suche nach einer Interpretation dieses Vierzeilers ein Elaborat zu verfertigen, das ich gleich im Wortlaut wiedergebe. Der Autor, der auf dem Buchmarkt einen enormen Erfolg hatte, verstand es, die unbewußte Angst und Beklemmung heraufzubeschwören, die tief in jedem Menschen vorhanden ist, der mit einer Vergangenheit ständiger Kriege und diverser Katastrophen lebt; und zwar mit Erklärungen, die oft der Phantasie entsprungen und willkürlich sind:
»Die Welt wird mehr unter dem Einfluß der Ausschweifung und der Lüge als unter der der republikanischen Prinzipien stehen, die sich im Schein der Lauterkeit präsentieren werden. In England wird sich die Ausschweifung unter [dem Deckmantel] der Lauterkeit verbergen, und das Land wird von der Ausweitung [wörtlich: Verästelung] der schweren kriegerischen Konflikte getroffen werden.« (Jean Charles de Fontbrune: *Nostradamus Historiker und Prophet*, S. 340). Das mindeste, was man dazu sagen kann, ist, daß gewisse Leute sehr viel Phantasie besitzen..., es sei denn, es handelt sich hier um eine Form, seinen persönlichen Phantasmagorien Luft zu machen! Und das muß wohl angenommen werden, denn jeder Übersetzer deutet Nostradamus aus seiner Sicht, unfähig, seine Subjektivität völlig auszuschalten. Zum Beweis diene ein weiterer Vers von Nostradamus, der meisterhaft datiert und auf eine Weise codiert ist, die für einen Astrologen klar durchschaubar ist – jedenfalls für einen modernen Astrologen mit einem Computer, der für ihn den Schlüssel findet, der in einer vollkommen klaren astronomischen Formel enthalten ist. Es handelt sich dabei um den 46. Sixain:

»Der Versorger wird alle in die Flucht schlagen,
Blutegel und Wolf, niemand hört auf meine Worte,
Wenn Mars im Zeichen des Schafes steht
Verbunden mit Saturn, und Saturn mit dem Mond,
Dann wird dein größtes Unheil sein,
Die Sonne steht dabei in Exaltation.

Das ergibt aus der Feder des gleichen Deuters und Übersetzers im »Klartext«:

»Der [russische] Kuppler wird alle [den gesamten Westen] in die Irre führen. Weder die Erben der Revolution [die Linken] noch die Deutschen werden auf meine Botschaft hören, wenn der Papst während seines Pontifikats zur Herrschaftszeit der Republik auf die Kriegsgefahr aufmerksam machen wird; um diese Zeit steht dir [o Frankreich] das größte Unheil bevor. Danach wird die Monarchie wiederkehren« (Ebd., S. 333).

Ich kann beim besten Willen weder verstehen, warum der Papst in diesem Vers erscheint, noch weshalb Blutegel und politische Linke gleichgesetzt werden. Aber da es nicht Gegenstand meines Buches ist, die willkürlichen Fabulierungen dieses Autors zu kritisieren, möchte ich mich hier darauf beschränken, die *unabänderliche,* offensichtliche astronomische Formel zu unterstreichen, die es erlaubt, das Ereignis zu datieren, auch wenn sein Inhalt noch sehr umstritten und dunkel ist. Wir haben:

– Mars im Zeichen des Schafes = Mars im Widder;

– Mars verbunden mit Saturn und dem Mond: diese drei Gestirne in Konjunktion im Widder;

– die Sonne in Exaltation: nach astrologischen Begriffen ist das Domizil der Sonne das Löwezeichen. Ihr Exaltationsort ist somit das Zeichen Widder, also Sonne im Widder.

Schlußfolgerung: Diese astronomischen Positionen werden beim Neumond (im Widder) vom *16. April 1996* zusammenkommen. Dieses Datum verspricht tatsächlich verhängnisvoll zu werden, um so mehr, als sich der Drachenschwanz, der Ereignisse kollektiver Art symbolisiert, auch im Widder befinden wird, und zwar in exakter Quadratur zur – ebenso exakten – Dissonanz Jupiter-Mars, die symbolisch für militärische Aggression (Mars) und für

Handlungen wider das Gesetz (Jupiter) steht. Aber weshalb sollten diese beunruhigenden Angaben mit Rußland in Verbindung gebracht werden? Andere Verse von Nostradamus sowie meine persönlichen Schlußfolgerungen bringen mich dazu, an eine totale Kehrtwendung des sowjetischen Regimes – oder jedenfalls an eine ernsthafte Krise, gefolgt von tiefgreifenden Veränderungen – ab 1990 zu glauben. Die Vorzeichen sind im Horoskop von Moskau mit der nächsten Konjunktion Saturn–Neptun im Dezember 1989 gegeben. (Diese Konjunktion ist eng mit dem Schicksal der UdSSR verbunden: die von 1917 fiel zusammen mit der Entstehung des Regimes; die von 1953 mit dem Tod Stalins.) Die Planetenkonstellation ist äußerst vielsagend! Wenn also die Zukunft so aussieht, wie könnten dann die Russen die Angreifer sein? Sie werden mit großer Wahrscheinlichkeit im eigenen Land schon genug zu tun haben und nicht im Ausland noch Ärger suchen.

Genug der Beispiele... Verlassen wir Nostradamus, der vielleicht der größte Visionär aller Zeiten war, der über ein enzyklopädisches Wissen ebenso wie über geniale Vorstellungskraft verfügte und dazu über die Kenntnisse eines modernen Astronomen – denn er mußte sich Ephemeriden verfertigt haben, einschließlich der noch nicht entdeckten transsaturnischen Planeten, die der besten Computer-Software würdig sind – seine Vierzeiler beweisen es. Und versuchen wir hier nicht weiter zu entschlüsseln, was, wie er selbst voraussagte, nicht vor dem Jahr 2050 verstanden werden soll. Trotzdem, die totale Sonnenfinsternis vom *11. August 1999,* deren Horoskop ich erstellt habe, strotzt tatsächlich vor Dissonanzen nach allen Seiten und wirkt furchtbar bedrohlich für unsere Welt. Dritter Weltkrieg oder Kippen der Erdachse, erstickende Umweltverschmutzung, Trinkwassermangel, Hungersnot, Krieg oder Epidemien (Aids); man hat die unglückselige Wahl des Unheils, das über das heraufdämmernde 21. Jahrhundert hereinbrechen kann. Das wird vielleicht Gegenstand eines nächsten Buches sein.

Ich habe die Prophezeiungen des Nostradamus hier nur so ausführlich zitiert, um den Gedanken des Rumänen Vlaicu Ionescu, des berühmtesten Nostradamus-Spezialisten unserer Tage, eindrücklich zu bekräftigen. Ionescu hat der Ergründung der Geheimnisse um Nostradamus vierzig Jahre seines Lebens gewidmet. In *Nostradamus, l'histoire secrète du monde* (Nostradamus, die geheime Geschichte der Welt) schreibt er:

»Daß der Seher Nostradamus auch ein großer Astrologe war, ist eine Tatsache, auf die wir immer wieder hingewiesen haben... Diese Tatsache zu vernachlässigen und die Textstellen nicht zu ergründen, die (auf mehr oder weniger versteckte Art) Planetenpositionen angeben, bedeutet, den Zugang zu einem wesentlichen Punkt zu versperren: nämlich zur *Datierung* der Ereignisse.«

Mein viel zu früh verstorbener Freund Raymond Abellio drückt die gleiche Vorstellung so aus: »Nostradamus hat in sich bis zu den Grenzen der menschlichen Möglichkeiten das Astrologentalent und das seherisch inspirierte Genie vereint... Astrologie und Sehergabe, zwei *Disziplinen,* die sich Punkt für Punkt ergänzen: die Sehergabe erlaubt es, die Ereignisse *zu sehen,* die Astrologie, deren Datum festzulegen.« Nachdem er auf das große Spektrum einer Planetenkonstellation hingewiesen hat, die sich auf zahlreiche Arten manifestieren und durch den Astrologen symbolisch interpretiert werden kann, wodurch die Prognose in den Bereich des Menschenmöglichen rückt, schließt Abellio: »Es gibt keinen guten Astrologie-Prognostiker, der nicht auch mehr oder weniger Seher ist.« Aber gilt das nicht, wie bereits erwähnt, für jede Disziplin, besonders wenn sie mit dem Menschen, seiner Psyche, seinem Werden, kurz mit seinem *Soma* zu tun hat? Wie wären denn sonst die genialen Diagnosen gewisser Ärzte im Vergleich zu den schwerfälligen, rein »technischen« anderer zu erklären?

Auf des Messers Schneide

Ja, die astrologische Vorhersage ist möglich. Sie durchzieht die ganze Menschheitsgeschichte. In unserer nächsten Nähe gab es den Schweizer Astrologen K.-E. Krafft, der sich zunächst über seine prognostische Kompetenz freuen konnte, für die er später schwer büßen mußte. Tatsächlich stand der Astrologe in Hitlers

Gunst, solange er ihm Ereignisse voraussagte, die mit seinen größenwahnsinnigen Träumen vereinbar waren. Von Goebbels nach Berlin eingeladen, ließ er sich überreden, Nostradamus in einem für das Dritte Reich günstigen Sinn auszulegen. Aber es kam ganz anders. Krafft hatte Hitler gewarnt, daß sich sein Schicksal endgültig wenden würde, sollte er es nicht schaffen, den Krieg vor 1942 zu gewinnen, und daß er in diesem Fall 1945 ein tragisches Ende finden würde. Da die Ereignisse für den Führer tatsächlich eine schlechte Wendung nahmen, wurde Krafft in ein Konzentrationslager gebracht und kam in Buchenwald ums Leben. Ein Opfer für den Moloch Schicksal oder für die immanente Gerechtigkeit? ...

Er hatte nicht die Geistesgegenwart – und Schlauheit –, so zu reagieren wie jener Astrologe, der von seinem König zum Tode verurteilt worden war, weil er ihm ein dunkles und nahe bevorstehendes Ende vorausgesagt hatte. Knapp vor seiner Hinrichtung fügte der Astrologe noch hinzu: »Majestät, es steht auch geschrieben, daß Euer Tod sehr bald dem meinen folgen wird.« Das rettete ihm das Leben, wie man sich wohl vorstellen kann.

Es stimmt, daß auf dem Gebiet der Weissagung – und ich verwende hier absichtlich diesen emotional, mystisch oder irrational geprägten Begriff stellvertretend für *Prognose* – eine gefühlsmäßige Verschiebung von der Botschaft auf den Boten, eine Art unbewußter Übertragung festzustellen ist. Statt die Botschaft (Prognose, Weissagung, Prophezeiung) als eine objektive, intellektuelle Tatsache zu betrachten, die unabhängig ist von dem, der sie mitteilt, entsteht im Kopf des »Empfängers« eine Verbindung, als wäre der Bote nicht nur der Überbringer, die Mittelsperson, sondern irgendwie der verantwortliche Urheber oder mindestens der Komplize der Nachricht – besonders wenn es eine schlechte ist! Man ist bereit, Kassandra zu opfern, und glaubt, damit das Unglück abwenden oder das Böse austreiben zu können. Magisches Denken oder nicht, es ist so; die Menschheit »schleppt immer noch ihren Saurierschwanz hinten nach«, wie es C. G. Jung in Anspielung auf das mächtige kollektive Unbewußte des Menschen formulierte.

Es passiert mir beispielsweise gelegentlich, daß ich Leserbriefe erhalte, in denen ich persönlich für die schlechten Einflüsse verantwortlich gemacht werde, mit denen ich die Leser Woche für Woche »belaste«. Als wäre ich der Demiurg der Planetenkonstellationen! ... Die gleiche Ohnmacht, die ich da spüre, befällt mich auch, wenn mir ein Journalist, der besonders raffiniert Kritik üben will, erklärt: »Großartig, Sie stellen also zutreffende Prognosen, aber wenn Sie sich täuschen, hebt dann nicht eine falsche Prognose eine richtige auf?«

Man verharrt sprachlos vor solch einer beschränkten Logik. Als könnte man mit einem Fingerschnippen die in mehrfacher Hinsicht außergewöhnliche Genauigkeit einer Prognose wie die der Ermordung des Präsidenten Kennedy beispielsweise auslöschen: die besondere Art eines Geschehens (Lebensgefahr), den Ort (Dallas), den Zeitpunkt auf den Tag genau (22. November 1963). Wenn man durch ein Wunder – die Vorhersage ist etwas so Zartes, Heikles – auf eine Prognose kommt, die sich verwirklicht, unter all den *möglichen* Realisierungen der unzähligen Eventualitäten, ist es dann gestattet, einen solchen Erfolg der intuitiven Intelligenz mit einer falschen Weichenstellung gleichzusetzen? Das ist Teil dieser falschen Tatsachen, die unserem (pseudo-)kartesianischen Denken so gefährlich sind. Davor muß man sich hüten.

Wie man sich auch vor den scheinbaren Widersprüchen in einer Prognose hüten muß. Denn die Astrologie weist auf *Umstände* hin, deren *Grund* oft *verborgen* bleibt, wie etwa der Beginn eines Krebsgeschwürs, das klinisch erst viel später erkennbar wird. Ich habe in diesem Zusammenhang darauf aufmerksam gemacht, daß die Atmosphäre für die Wiederwahl von Ronald Reagan im November 1984 sehr schlecht sei: Er stand damals unter dem Einfluß der Quadratur seiner Geburtssonne mit der unheilvollen Konjunktion Sonne–Saturn (im Skorpion), unter der Sadat und Indira Gandhi ums Leben kamen, nicht zu sprechen von Olof Palme und dem französischen Filmemacher François Truffaut, dem beinahe kosmischen Zwilling von Ronald Reagan, der auch an einem 6. Februar geboren wurde. Ihre Geburtssonne befand sich damals in 16 Grad Wassermann und war somit direkt der saturnischen Dissonanz Ende 1984 ausgesetzt.

Es ist bekannt, daß Truffaut an einem Krebsleiden starb. In bezug auf Reagan sagte ich in der Presse voraus, daß er die katastrophalen Nachwirkungen dieser Planetenkonstellation im Sommer 1985 spüren würde: Man erfuhr dann, daß er wegen eines beginnenden Darmkrebsgeschwüres operiert werden mußte. Ein Schweizer Mediziner, der bestens über den Gesundheitszustand des amerikanischen Präsidenten informiert ist, bestätigte mir, daß sich dieses Krebsgeschwür sehr wohl schon seit Ende November, der für den Präsidenten schicksalhaften Periode also, habe bilden können.

Es war im übrigen zu der Zeit recht schwierig für mich, für die Lebensbereiche Ronald Reagans, die von dieser Konstellation betroffen waren, eine genaue Prognose zu stellen, denn es handelte sich dabei um seine Sonne, also das Lebenssymbol, aber auch das Symbol des Ichs und seiner Darstellung nach außen – für einen Politiker von höchster Bedeutung. Da ich in Politik nicht sehr bewandert bin, wagte ich sogar zu sagen (und zu schreiben) – überzeugt von den verhängnisvollen Auswirkungen dieser Zeitspanne –, daß der amerikanische Präsident Gefahr laufe, nicht wiedergewählt zu werden. Was jedem nur durchschnittlich Informierten höchst naiv vorgekommen sein muß!

Aber die Gestirne zeigten eindeutig eine Wendung in der Laufbahn Ronald Reagans an. Bis dahin war er der Prototyp des sauberen und harten Amerikaners. In seine zweite Amtszeit aber ging er unter schlechten Vorzeichen. Sein Image war getrübt und seine Vitalität durch die zahlreichen Operationen geschwächt, so daß immer mehr Zweifel an seiner Fähigkeit laut wurden, eine Weltmacht zu regieren. Man weiß heute, daß die Irangate-Affäre im Jahre 1985 kurz nach seiner Wiederwahl ihren Anfang nahm. Aber all das entwickelte sich erst im Laufe der Monate und Jahre, auch wenn es im Keim bereits in den Sternen vom November 1984 vorhanden war. Das ist die heikle Stelle der Astrologie, eine ihrer schlimmsten Fallen.

Einen (für die Astrologin) ebenso undankbaren Verlauf zeigt das Beispiel von Lady Diana, deren Horoskop im Jahre 1985 eine ernste Gefühlskrise, vielleicht eine Identitätskrise, anzeigte. Großes Schweigen in der Presse, in der Lady Di auch weiterhin immer nur lächelnd erschien, kleine konformistische Krebsin, die sie irgendwie ist. Und erst im Jahre 1987 machte sich ihr widerspenstiger Aszendent im Schützen mit einer offenen »Ich-habe-die-Nase-voll-Reaktion« bemerkbar, wahrscheinlich als unmittelbare Folge der im Jahre 1985 entstandenen schleichenden Ehekrise.

Wenn man in der Presse kein sofortiges Echo auf seine Prognosen erfährt, ist man im Moment beunruhigt. Selbst als Astrologin ist man nicht in die Geheimnisse der Götter eingeweiht und keineswegs unfehlbar. Man überlegt; wenn nötig, überprüft man seine Berechnungen. Besonders wenn man sich sehr engagiert hat, wie das bei mir manchmal der Fall ist. Und vor dem offenkundigen Mißerfolg, für den man keine »technische« Erklärung finden kann, bleibt man perplex. Bis man sich bewußt wird, daß die Presse dem unterworfen ist, was man als *Eisberg-Phänomen* bezeichnen könnte. Denn schließlich übermittelt sie dem Publikum nur, was sie selbst an Informationen ausfindig machen kann, die sie dann von Fall zu Fall noch mehr oder weniger verzerrt wiedergibt. Mit Sicherheit bleibt den Journalisten das Innerste der Persönlichkeiten im Rampenlicht verborgen – und das ist auch gut so. Aber es hat zur Folge, daß die öffentliche Meinung *und* die Presse irregeführt werden, wodurch die Astrologen in eine sehr unangenehme Lage versetzt werden. Wie soll man beweisen (und überprüfen), daß man recht hat?...

Erst recht bleibt das verborgen, worüber sich diese Prominenten selbst noch nicht bewußt geworden sind! Denn die Astrologie wirkt wie ein Laserstrahl, der seelische Zustände aufdeckt, die der eingeschränkten Sicht des Menschen noch lange verborgen bleiben können. Und oftmals werden sie dem Betreffenden selbst erst nach einem Prozeß der Bewußtwerdung klarer, als Ergebnis einer meditativen Versenkung, einer inneren Krise oder einer ehrlichen Innenschau.

Diese beschränkte Fähigkeit der Astrologie, sich selbst gegenüber ihren eigenen Anhängern zu beweisen, ist eine ihrer schwachen und verletzlichen Stellen, denn man wird vielleicht nie – oder erst viel später – wissen, ob man recht gehabt hat oder nicht. Das zeigt sich auch am Beispiel von Papst Johannes Paul II., dessen Horoskop im September 1986 eine Atmosphäre des Todes enthielt. Man kann sicher sein, daß er symbolisch Todesängste ausgestanden hat – sein Tod wurde ihm vor seiner Reise nach Lyon von allen Seiten in der Presse angekündigt. Er verbrachte sicherlich schlaflose Nächte, denn selbst wenn er über irdische Schicksalsschläge erhaben ist, so ist doch auch ein Papst nur ein Mensch, nicht wahr? Selbst Christus entging seinen Ängsten nicht, auf dem Ölberg.

In einem ganz anderen Zusammenhang war häufig – nicht nur unter Astrologen – vom »Jupiter-Effekt« die Rede. Diesen Begriff hatten amerikanische Wissenschaftler (vgl. Gribbin/Plagemann: *The Jupiter effect*) für die außergewöhnliche Planetenanordnung vom November 1982 geprägt. Im Zusammenhang mit seiner Entdeckung des *Zyklenindexes der Planetenkonzentration,* die später von A. Barbault wieder aufgenommen wurde, hatte mir Henri-Joseph Gouchon ausführlich darüber erzählt.

Mein Lehrer hatte nämlich für die vergangenen Jahrhunderte, besonders aber für das zwanzigste, eine Kreisbogenkurve erstellt, die sämtliche langsamen Planeten im Tierkreis für das ganze Jahrhundert erfaßte. Er kam zu dem Schluß (und Barbaults Untersuchungen bestätigen es), daß Kriegs-, Revolutions- und Epidemieperioden immer eintraten, wenn der Index am tiefsten war, das heißt, wenn sich die Planeten am Himmel am dichtesten beieinander befanden.

Im 20. Jahrhundert lagen die Tiefstpunkte genau bei den Weltkriegen, der dritte wichtige Tiefpunkt zeigte sich nach 1973, der Zeit der weltweiten Erdölkrise. (Ich muß hinzufügen, daß mein Lehrer mir diese Kurve schon Anfang der siebziger Jahre gezeigt hat.) Die Tatsache, daß sich für Ende 1982 eine spektakuläre Zusammenballung (Clusterum) der Planeten abzeichnete, ähnlich der vom April 1941 im Stier, die mit Hitlers Geburtstag (Stier vom 20. April) und dem Zeitpunkt zusammenfiel, als der Krieg wirklich weltumspannende Ausmaße annahm, ließ nur eine dramatische Interpretation zu. Die rein astrophysikalische Theorie, wonach eine Konzentration der meisten Planeten auf einer kleinen Himmelsfläche das Risiko darstelle, eine starke Anziehung auf die Sonne auszuüben und sie somit etwas zu dezentrieren, zeigte ebenfalls in eine beunruhigende Richtung.

Kurz, nicht nur die meisten Astrologen, sondern auch viele offiziell anerkannte Wissenschaftler starrten gebannt auf den Horizont dieses Monats November 1982 – und ich gebe zu, daß ich persönlich auch sehr viel Angst hatte. Allem Anschein nach geschah jedoch nichts Außergewöhnliches. Die Welt überlebte. Aber in Mexiko spie der Vulkan El Chino zu diesem Zeitpunkt Hunderttausende von Tonnen Lavastaub und Dämpfe in die Atmosphäre und Stratosphäre. Diese apokalyptische Staubwolke machte die Runde um die Erde und verursachte, wie es später hieß, in der ganzen Welt offenkundige Klimaveränderungen. Einige Wissenschaftler verbinden diese »natürliche Umweltverschmutzung« mit den erschreckenden Löchern, die seither in der schützenden Ozonschicht beobachtet werden. Das ist also ein Beispiel für die mögliche Schwierigkeit, die genaue Art von Ereignissen mit einer gegebenen Planetenkonstellation in Verbindung zu bringen. Der Mensch ist eben im allgemeinen ein kurzsichtiges Wesen.

Eine weitere, verhängnisvolle Schwachstelle der Astrologie sind die Geburtsdaten, der einzige Felsen, auf dem das ganze Interpretationsgebäude aufgebaut ist. So zirkulieren beispielsweise drei verschiedene Geburtsstunden über Ronald Reagan (vielleicht ist er sogar selbst der Urheber dieser Verwirrung, um die Spuren... und die Prognosen zu verwischen – schließlich ist sein Respekt vor der Kunst der Sterne wohlbekannt!). Wenn man genau sein will, ändert das im Hinblick auf die Prognose natürlich fast alles. So habe ich schon manchmal gezweifelt, ob ich überhaupt die richtigen Daten hatte, wenn die Ereignisse nicht genau so eintrafen, wie ich sie vorausgesagt hatte. Aber woher soll man das wissen? Die ganze Welt wird den Astrologen einzig und allein nach den Ergebnissen beurteilen; »halbschwanger« gibt es nicht. Also tritt ein Ereignis ein oder nicht.

So machte ich eine peinliche Erfahrung mit dem *Stern*. Als Helmut Kohl sich 1986 in einer schwierigen Lage befand, bat mich die Redaktion um eine Prognose seiner politischen Zukunft. In der

Überzeugung, korrekte astrologische Daten zu besitzen, ergaben meine Berechnungen, daß er mit großer Wahrscheinlichkeit gezwungen sein würde, im Sommer 1986 von seinem Amt zurückzutreten. Das geschah jedoch nicht. Ich konnte es einfach nicht verstehen... Bis ich zufällig von einem deutschen Freund erfuhr, daß die Geburtsstunde, auf der ich meine ganze Analyse aufgebaut hatte, falsch war! Kohl ist Aszendent Widder und nicht Fische. Eine böse Überraschung im Moment, aber als ich meine Berechnungen mit der richtigen Stunde wiederholte, wurde mir vieles klar. Und ich wage jetzt – ich kann dem Risiko nicht widerstehen! – eine neue Prognose: 1989 wird für ihn kritisch werden. Kohl wird höchstwahrscheinlich gezwungen sein, die Folgen seiner im Jahre 1988 begangenen schweren Fehler auszubaden.

Man sieht also, bis zu welchem Punkt der Prognose-Astrologe einem Seiltänzer gleicht, der mit einem brüchigen Seil arbeitet. Ihm wird kein Fehler verziehen, auch wenn er selbst nichts dafür kann. Denn jeder Mensch weiß, daß sogar auf die Geburtsstunden, die in den Standesämtern registriert sind, nicht immer Verlaß ist, da der Vater – oder der Beamte – meistens die wirkliche Geburtszeit aufrundet. Man müßte also im Grunde aufgrund der Ereignisse im Leben der Betreffenden eine *Korrektur der Geburtsstunde* vornehmen, aber einerseits hat man nicht immer die Zeit dazu (das ist ein langwieriges Unternehmen), und andererseits fehlen einem oft die nötigen Informationen, besonders wenn es sich um nichtprominente Persönlichkeiten handelt. Der Astrologe ist also in einer unangenehmen Situation und sieht sich gezwungen, sich mit Spekulationen und Hypothesen zu begnügen. Man weiß ja, daß die Zeitungen nicht gern im Konditionalis berichten. Sie kennen nur den Indikativ. Das fällt einem gewissenhaften – oder einfach vorsichtigen – Astrologen manchmal ganz schön schwer, kann ich Ihnen sagen.

Aber kommen wir wieder zum Kern der Sache zurück, und sprechen wir nach den Planetentransiten, der wichtigsten Prognosemethode, über die schon erwähnten *Planetenzyklen*, die mit den Transiten verbunden sind. Im *Dictionnaire astrologique* (Lexikon der

Astrologie) meines verstorbenen Lehrers H.-G. Gouchon steht: »Zyklus wird die Zeit genannt, die ein Planet braucht, um entweder den ganzen Tierkreis zu durchlaufen oder um nach einer genauen Zahl von Jahren wieder die gleiche Position im Tierkreis einzunehmen.« Die Revolutionszeit der Planeten um die Sonne beträgt für:

Neptun ungefähr 163 Jahre,
Uranus ungefähr 84 Jahre,
Saturn ungefähr 29½ Jahre,
Jupiter etwas mehr als 11 Jahre,
Mars 1 Jahr und 322 Tage,
Sonne (Erde) ungefähr 365 Tage,
Venus 224 Tage,
Merkur 87 Tage
und für Pluto cirka 248 Jahre.

Wir alle beobachten in unserem Leben zyklische Perioden, und diese Zyklen finden sich sogar innerhalb des Jahres wieder: Einige unter uns haben jedes Jahr im Monat Oktober und nur in diesem Monat berufliche, soziale oder juristische Schwierigkeiten. Andere sind im Juni körperlichen Belastungen ausgesetzt oder erleiden Todesfälle in der Familie nur im Februar. Bei der Überprüfung des Geburtshoroskops erklärt sich dieser Tatbestand im allgemeinen durch die jährliche Wiederkehr der Sonne auf die Planeten, die mit den betreffenden Lebensbereichen zusammenhängen. So bewirkt zum Beispiel der jährliche Durchgang der Sonne durch das Zeichen, das dem eigenen vorausgeht, also dem Monat vor dem Geburtstag, im allgemeinen eine bedrücktere, weniger optimistische und weniger vitale Zeitspanne als im restlichen Jahr – eine Periode der Besinnung auf sich selbst, manchmal verbunden mit einer vorübergehenden Niedergeschlagenheit. Vielleicht weil sie dem zwölften Sonnenhaus entspricht?

Aber gewisse Zufälligkeiten sind nicht immer einfach zu erklären, und ich entnehme dem *Dictionnaire astrologique,* dieser reichen Fundgrube der Astrologie, die ganz außergewöhnliche Rolle, die das Datum des 2. Dezember in der Geschichte der Bonapartes gespielt hat:

2. Dezember 1800: Schlacht bei Hohenlinden
2. Dezember 1804: Krönung Napoleons I.
2. Dezember 1805: Schlacht bei Austerlitz
2. Dezember 1807: Gründung des Königreichs Westfalen
2. Dezember 1808: Kapitulation von Madrid
2. Dezember 1851: Staatsstreich der Bonapartisten
2. Dezember 1852: Proklamation Napoleons III. zum Kaiser.

Lange habe ich nach dem *Grund* für diese Häufung gesucht, die ich weder einem Zufall noch irgendeinem Aberglauben zuschreiben wollte. Bis ich merkte, daß der 2. Dezember einer Position der Sonne in 9–10 Grad Schütze entsprach, und sich herausstellte, daß diese Position im Horoskop Napoleon Bonapartes eine wichtige Rolle spielte. Denn dieser Löwe Aszendent Skorpion hatte seinen Merkur in 6 Grad Löwe (also in harmonischer Beziehung zur Sonne vom 2. Dezember), während aber Mars und Neptun zwischen 6 und 12 Grad Jungfrau einnahmen (in Dissonanz also zu dem gleichen Punkt). Es ist somit vorstellbar, daß je nach Planetenkonstellation zum Zeitpunkt der erwähnten Ereignisse entweder Merkur oder Mars–Neptun einen stärkeren Einfluß ausübten, was auch den gemischten Charakter der an einem 2. Dezember stattgefundenen Ereignisse erklären könnte (Krönung und Siege oder Niederlagen). Was die Ereignisse im Zusammenhang mit Napoleon III. betrifft, ist anzunehmen, daß er absichtlich dieses Datum gewählt hat, das einen so starken Bezug zu freudigen Ereignissen in der Familie hatte.

Was das Individuum betrifft, so kann die gleich- oder regelmäßige Wiederkehr bestimmter Phänomene (seelische Verfassung oder Ereignisse) anhand der planetarischen Zyklen durch die Genethlealogie (Individual-Astrologie) bestens aufgedeckt werden. Davon war weiter oben bereits die Rede. (Mehr dazu und zu ihrer Rolle in der Mundan-Astrologie findet sich im Kapitel »Anwendungsgebiete«.)

Hier nun ein modernes und ganz und gar wissenschaftliches Beispiel: Die Untersuchungen der Erdbeben haben gezeigt, daß sie im allgemeinen dann stattfinden, wenn Uranus an der Vertikalen des Ortsmeridians, das heißt am Medium Coeli kulminiert. Ein amerikanischer Wissenschaftler schloß daraus, daß am 10. März 1933 ein Beben stattfinden müßte: Am selben Tag erschütterte tatsächlich ein Erdbeben Long Beach und forderte hundertfünfzehn Todesopfer. Astrologen veröffentlichen ihre Entdeckungen, die jedoch von der orthodoxen Wissenschaft zurückgewiesen wurden, da sie auf der empirischen Methode beruhten. Ein Wissenschaftler erklärte sogar: »Selbst wenn es wahr ist, kann ich mir nicht erlauben, daran zu glauben.« Berufsehre geht über Wahrheit! ...

Wir haben auf die Einschränkungen hingewiesen, denen die Prognose-Astrologie aus allerlei Gründen unterworfen ist, einschießlich der technischen, medienbedingten und psychologischen. In diesem Zusammenhang muß ich auch eine Schwierigkeit erwähnen, die eng mit der Prognose verbunden ist: die Frage der moralischen Verantwortung des Astrologen gegenüber seinem Klienten oder Leser. Hat der Astrologe das Recht, und wie weit hat er es, ihm das zu sagen, was er für die Wahrheit hält? Wird er dadurch in diesem Menschen nicht die Hoffnung, vor allem aber die Eigenverantwortung untergraben? Lukian von Samosata (125–192 n. Chr.) hat gut reden, wenn er sagt, »die Astrologie bereitet Vorfreude ... und härtet gegen das Böse ab«; bei manchen empfindlichen Gemütern ist es nicht ganz so einfach. Wer von uns hat schon die moralische Stärke der Stoiker, deren Lehrer Epiktet ein so vollkommenes und eindrückliches Vorbild war? Wer von uns kann auch nur den *Gedanken* an ein Unglück ertragen, das einem geliebten Menschen widerfahren könnte?

Das ist der sehr hohe Preis, den der Astrologe für sein fast faustisches Wissen zahlt. Es ist aber auch eine großartige Schulung für moralische Größe und Disziplin, für die philosophische Notwendigkeit, *ja* zum Leben zu sagen und seine hellen ebenso wie seine dunklen Seiten zu akzeptieren. Man muß auf dem Weg der Weisheit und der inneren Entwicklung außerordentlich fortgeschritten sein, um zu einer solchen Lebensbejahung zu gelangen, ohne daß sie als passive Resignation erscheint. Man kann nicht bei jedem Menschen so viel moralische Stärke voraussetzen. Daher die Forderung nach einer Deontologie (Pflichtenlehre) des Astrologen, wie es das Berufsethos des Arztes oder des Anwalts gibt. Sie ist um so notwendiger, als, wie oben schon erwähnt, immer eine gewisse Fehlerquote bleibt. Selbst wenn *alle* Transite und *alle* Direktionen irgendein tragisches Ereignis ankündigen, so gibt es immer auch eine Unbekannte, die auf wunderbare Weise wirken kann: die Vorsehung, die offensichtlich durch das *Gebet* eindrücklich stimuliert werden kann.

Der Astrologe soll der Arzt der Seele sein, der dem Menschen, der auf der Suche nach seiner Identität ist, die Richtung weist, und nicht ihr Scharfrichter oder Mörder. Wie ein Chirurg etwa soll der Astrologe seinem Nächsten angesichts einer unausweichlichen Prüfung human gegenübertreten, ihn schonend auf eine solche Möglichkeit vorbereiten und ihm die Wahrheit nicht brutal ins Gesicht schleudern, wie es die »falschen Propheten« tun. (Diese Bezeichnung verdienen sie, denn ihr Verhalten ist aus ethischer Sicht unverantwortlich und daher verwerflich, selbst wenn sich ihre Prognose bewahrheitet.) In diesem Zusammenhang kann diese Kategorie von Astrologen keineswegs schweigend übergangen werden, oder auch diese Art von Hellsehern, Propheten und sogar Ärzten: alle, die leichtsinnig mit der Zukunft ihrer Klienten oder mit Menschen allgemein umgehen, gehören dazu. Sie mißbrauchen ihre Macht, berauben ihren Mitmenschen seiner Hoffnung und verstoßen somit gegen die kosmischen Gesetze. Denn der wahre aufgeklärte Praktiker kann solche krassen Manipulationen der Seele nur ablehnen. Sie dienen eher der Befriedigung von Machtgelüsten und der Kompensation persönlicher Frustrationen als dem Nächsten. Solch ein verabscheuungswürdiges Vorgehen verstärkt schließlich nur die Angst des Menschen vor dem Unbekannten, seine Qualen der Ungewißheit und seine ständige Furcht vor dem Leiden. Eine zu kategorische und brutale Diagnose, auch wenn sie inhaltlich stimmt, ist inakzeptabel (außer unter bestimmten Bedingungen, wo der Klient auf der »Wahrheit« besteht, und auch dann noch . . .) und zeigt einen Mangel an Menschlichkeit und meistens auch an Kompetenz. Denn wahre Erkenntnis geht fast immer mit Zweifeln einher, und jeder Mensch – einschließlich des Astrologen – ist fehlbar und muß wissen, daß sich alles verändern kann, je nachdem, ob ein Mensch stärker seine Sonne (sein wahres

Ich) oder seinen Mond lebt, ob er bewußt den Gesetzen seines individuellen Schicksals gehorcht oder denen seiner vegetativen, sinnlichen oder kollektiven Lebensvorgänge. Der Weg zur Gelassenheit führt sicher über die Ausübung dessen, zu was uns dieser geniale Sklave und Philosoph des 1. Jahrhunderts vor Christus einlädt: »Begehre nicht, daß das, was geschieht, nach deinem Gutdünken geschehe, sondern halte für gut, wie es geschieht, und du wirst glücklich leben« (Epiktet: *Handbüchlein der Ethik,* Kap. 8, S. 21).

Die Astrologie erfüllt ihre prophylaktische Aufgabe in der Gesellschaft, wenn sie die Volksweisheit »Vorbeugen ist besser als heilen« sowohl auf individueller als auch auf sozialer und kollektiver Ebene anwendet. Der Abschnitt, der dem *Straßenverkehr* (vgl. S. 298) gewidmet ist, zeigt, daß die Gesellschaft gerade im kollektiven Bereich davon profitieren könnte, wenn sie vermehrt auf das Hilfsmittel der königlichen Kunst der Sterne zurückgreifen würde: zum Beispiel bei der Festlegung der Ferien. Und wenn es nur wäre, um dabei die Zeit des Neu- oder Vollmonds zu meiden, die der Statistik zufolge mörderisch zu sein scheint. Oder ein anderes Beispiel: das Rennen Paris–Dakar, das 1988 ein wahres Blutbad unter Teilnehmern und Zuschauern anrichtete (fast 20 Tote in einigen Tagen!). Als ich das Horoskop seines Starts erstellte, standen mir die Haare zu Berge: man hätte keinen schlechteren Zeitpunkt wählen können! Als hätte ein böser Geist die Organisatoren geleitet, die natürlich bestimmten »logischen« Geboten gehorchten, die mit den Regeln dieses Rennens verbunden sind, wie etwa die Vorschrift, daß der Start im Morgengrauen des Neujahrstages zu erfolgen hat. Aber mit einer Startzeit von 6 Uhr früh (5 Uhr G. M. T.) plazierte sich das Medium Coeli von Versailles *genau* auf der Position (vom 1. Januar 1988) des Drachenschwanzes (südlicher Mondknoten). Diese zwei Hauptpunkte befanden sich *zu jenem Zeitpunkt* in fast exakter Dissonanz zu der schwierigen Konjunktion Saturn-Uranus, die den tragischen Ausgang dieser Rallye bewirkte, bei der fast täglich ein neues Todesopfer zu beklagen war. Wenn der Start beispielsweise um 32 Minuten vorverlegt worden wäre, auf 5 Uhr 28, ja sogar auf 5 Uhr 30, hätte sich der

Ortsaszendent (von Versailles) in 25 Grad Skorpion auf Mars (dem Sportplaneten) und in *Harmonie* mit den Knoten (Kollektiv-Signifikator) befunden, während das Medium Coeli eben das Trigon zu Merkur überschritten hätte, der Reisen und Wechsel begünstigt. Kleine Ursachen, große Wirkungen!...

Die wertvolle prophylaktische Eigenschaft der Astrologie könnte auch auf wirksame Weise in Sicherheitsfragen bei *Kernkraftwerken* eingesetzt werden, wie ich schon angedeutet habe. Denn man kann über die Mundan-Astrologie nicht nur auf Perioden aufmerksam machen, die im allgemeinen einen Nuklearunfall begünstigen, sondern auch, wenn man die Daten der Inbetriebsetzung eines Werks kennt, die gefährlichen Zeitspannen für *dieses bestimmte* Kernkraftwerk ausrechnen. Aus diesem Grund habe ich die Verantwortlichen des Werks von Creys-Malville kontaktiert, das nicht weit von meinem Wohnort Genf entfernt liegt und über das in der Presse zu lesen war, daß verschiedentlich Natrium ausgetreten war. Ich entdeckte, daß das Horoskop für die nächsten Monate eine echte Gefahr anzeigte, und ich war nicht unglücklich, als ich erfuhr, daß das Werk seine Produktion stark gedrosselt hatte. Dieses absolut fürchterliche Damoklesschwert schwebt jedoch weiterhin über unseren Köpfen, und die wirtschaftlichen Interessen haben nach wie vor mehr Gewicht als unser Überleben und das unserer Kinder. Es ist einfach wahnsinnig. Das Absurde wird grotesk, wenn der Sprecher des Kernkraftwerks auf die Anschuldigung, daß Natrium ausgetreten sei, sich entrüstet wehrt: »Das geschah nicht 128-, sondern bloß 40mal!« Man glaubt zu träumen.

Der Leser wird nun sicher verstehen, daß in einem Astrologen, der diese Dinge sieht, die in der Öffentlichkeit oft wenig bekannt sind – und die man nicht wahrhaben will –, manchmal ein Gefühl der Hoffnungslosigkeit angesichts des Absurden, der Sinnlosigkeit und der Kommunikationsunfähigkeit aufsteigen kann.

In diesem Zusammenhang kann man zwei Sorten Leute – und Reaktionen – gegenüber der astrologischen Prognose unterscheiden:

1. die narzißtischen oder subjektiven, die nur von Prognosen beeindruckt sind, die sie persönlich angehen, und die völlig unempfänglich sind für jede Beweisdemonstration. »Beweise überzeugen nur den Verstand«, sagte sinngemäß Pascal und spielte damit sehr feinsinnig auf die nur oberflächliche Zustimmung an, im Gegensatz zur tieferen, im Gefühl verankerten Überzeugung, die den notwendigen Antrieb für die menschliche Tätigkeit darstellt. Die Skepsis dieser Leute schwindet erst, wenn man ihr Horoskop erstellt und ihnen in ganz genauen *nachträglichen Prognosen* »schwarz auf weiß« ihren bisherigen Lebensweg aufzeigt (mit fünfundzwanzig haben Sie sich möglicherweise scheiden lassen und mit dreißig – im September? – hatten Sie einen Verkehrsunfall oder sind knapp einem entgangen... usw.). Dadurch entsteht bei diesen Menschen langsam eine positivere Einstellung – ein »Warum nicht« –, die schließlich die Oberhand gewinnt und zur intellektuellen und gefühlsmäßigen Zustimmung führt.

2. die objektiven oder intellektuellen, die Verstandesmenschen, die eine Demonstration in gehöriger Form und durch Beweismaterial brauchen. Sie weisen jede zutreffende persönliche Prognose durch den dehnbaren Begriff *Koinzidenz* oder den noch einfacheren des *Zufalls* von sich. Diese Menschen sind noch schwerer zu überzeugen, denn ihr Verständnis basiert auf logischen Zusammenhängen, die aber eine Kenntnis der Postulate der Astrologie sowie ihrer Technik voraussetzen, die nicht von einem Tag auf den andern erworben werden kann. An diesen Menschentyp richtete Newton seine Antwort, die er Halley gab, der erstaunt war, daß Newton die Astrologie praktizierte: *»You didn't study it, Sir, but I did.«*

Ein Traum, der Wirklichkeit werden kann und muß

Nicht nur, um ihren »Adelsbrief« wiederzuerlangen, muß die Astrologie ihre Prognosen unbedingt auf systematische Forschungen, Statistiken von Format und anspruchsvolle Studien stützen, sondern auch, um in aller Öffentlichkeit ihre Aufgabe als »Warnerin« vor Gefahren, von denen die ganze Gesellschaft bedroht ist, wahrnehmen zu können. Der Staat, der als erster davon profitieren würde, müßte hier sicher die Mäzenatenrolle übernehmen. Da es keine solche staatliche Unterstützung gibt, die die astrologische Forschung und Lehre institutionalisieren würde, werden es sich – bestimmt – die großen Privattrusts mit Sicherheit überlegen, ob sie in die Bresche springen, natürlich in ihrem eigenen Interesse. Noch scheinen weder die Luftfahrtunternehmen noch die Versicherungsgesellschaften begriffen zu haben, welchen Vorteil ihnen das Wissen um bestimmte zukünftige Ereignisse verschaffen würde. Vielleicht wird eines Tages der Flugverkehr, die Massenabreise in die Ferien oder Rallyestarts zu bestimmten Zeiten vermieden oder die Sicherheitsmaßnahmen in Kernkraftwerken verstärkt werden ... wegen ungünstiger kosmischer Energien, die mit Hilfe astrologischer Computerprogramme berechnet werden konnten. Natürlich entstehen dadurch ethische Probleme, die gelöst werden müssen, um die menschliche Freiheit nicht zu verletzen. Aber unsere Gesellschaft könnte dabei tausendfach gewinnen, diese Gesellschaft, von der Einstein sagt, daß die Astrologie ihr *Lebenselexier* sein könne.

Beispiele aus meinen Voraussagen, die eingetroffen sind ...

Die Erstellung von Prognosen wirkt als intellektuelle Herausforderung sehr motivierend. Außerdem ist die Prognose eines der wenigen wirksamen Mittel, mit denen man den wissenschaftlichen Charakter der Astrologie beweisen kann, die bestimmten Gesetzen gehorcht. Hier also für die Skeptiker einige meiner schwarz auf weiß festgehaltenen Prognosen, die sich als richtig herausgestellt haben, manchmal auf den Tag genau:
  – Das Attentat auf Papst JOHANNES PAUL II. im Mai 1981, vorausgesagt in meinem Buch *Astralement vôtre ou le triomphe d'une vocation*, S. 345 (dt.: *Verbrennt die Hexe nicht*), erschienen im August 1980.
  – Das Attentat auf RONALD REAGAN wurde in einem Artikel angekündigt, der im Januar 1981 an *Jours de France* geschickt worden war – die sich weigerte, ihn zu veröffentlichen – und der am 23. März in der Redaktion der *Elle* eintraf und in der Woche des Attentats vom 31. März erschien.
  – Im März 1985 habe ich ALAIN PROST mündlich mitgeteilt, seine Weltmeisterschaft in der Formel 1 werde in *Elle* vom 2. September 1985 schwarz auf weiß vorausgesagt. Sie wurde im November des gleichen Jahres Wirklichkeit.

– BAND AID, das weltweit übertragene Konzert »WE ARE THE WORLD«, die erste große weltweite Solidaritätsbewegung vom 14. Juli 1985, war vorausgesagt worden ... für den 14. Juli des gleichen Jahres, in *Horoscope 1985* (Edition⁰ 1).

– Die KATASTROPHE von Hamburg (ein Schiff sank mit allen Passagieren) (Bundesrepublik Deutschland), bei der vierzig Kinder ertranken, stand exakt für das Datum der Dissonanz Neptun–Mars, am 2. Oktober 1984, in den Sternen (vorausgesagt in *Bild und Funk* und in *Bild* wiederholt).

– Der KANZLERWECHSEL in Deutschland für September 1982, in *So steht es in den Sternen* (Goldmann), erschienen im Oktober 1981. Helmut Schmidt trat tatsächlich im September 1982 zurück.

Luftverkehrskatastrophen:

– Die Katastrophe der JAPAN AIR LINES vom 12. August 1985 (der Jumbo-Jet stürzte ab) – eine der verheerendsten aller Zeiten –, vorausgesehen im Wochenhoroskop vom 10.–17. August 1985 in *Télé-7 Jours* (Frankreich), *Le Matin-Dimanche* (Schweiz) und *Bild und Funk* (Bundesrepublik Deutschland).

– Die Doppel-Tragödie von MADRID Anfang Dezember 1983 (in: *Horoscope 1983*, Edition⁰ 1); erschienen im Juni 1982.

– Die Katastrophe Ende August 1983, bei der die Boeing der KOREAN AIR LINES abgeschossen wurde (vorausgesehen für 26.–30. August, in *Paris-Match*).

– Die Katastrophe von MILWAUKEE (Flugzeug-Absturz) vom 6. September 1985, vorausgesehen *für genau diesen Tag* in *Matin-Dimanche* vom 15. August 1985.

– Die Katastrophe von GANDER (USA) vom 13. Dezember 1985, bei der 269 amerikanische Soldaten ums Leben kamen (vorausgesehen für die Woche vom 10.–17. Dezember in *Horoscope 1985*).

– Die CHALLENGER-Katastrophe Ende Januar 1986. Diese Zeitspanne wurde für die USA ebenso wie für Ronald Reagan als verhängnisvoll angekündigt, in *Horoscope 1985*.

Und:

– Ein ERFOLG im Kampf gegen AIDS, für Januar 1986 vorausgesagt (in: *Horoscope 1986*): In *La Tribune de Genève* vom 17. Januar 1986 wird die Entdeckung eines Medikaments – Retrovir – gemeldet, das die Entwicklung dieser schrecklichen Krankheit stoppen soll, wenn auch nicht endgültig heilt.

– TSCHERNOBYL, eingetreten am 24. April 1986 (Zeitpunkt der Explosion), vorausgesehen für ... den 22. April 1986: »Risiko einer Katastrophe durch Giftgas oder giftige Flüssigkeiten« (in: *Horoscope 1986*).

– Sandoz, Katastrophe der gleichen Art, befürchtet in *Télé-7 Jours* für den 31. Oktober, eingetreten an genau diesem Tag.
– Das Erdbeben von Mexico, in *Elle* vom 2. September 1985 für die Zeit vom 14.–17. September vorausgesagt, das am 18. begann.
– Der Börsenkrach vom 19. Oktober 1987 wurde ... für den 18. angesagt (einem Sonntag! ... Unaufmerksamkeit der zerstreuten Astrologin), unter anderen vier wirtschaftlich kritischen Daten für das gleiche Jahr, in *Horoscope 1987*.
– Die sintflutartigen Regenfälle, die mehrere Schweizer Kantone am 24. August 1987 in einen Notstand versetzten, wurden schon am 12. Januar im Westschweizer Fernsehen für genau diesen Tag vorausgesagt (»Neumond mit verheerender Wirkung für die Schweiz; Risiko einer Katastrophe ökonomischer oder ökologischer Art«).
– Genaue Vorhersage des Wahlausgangs für *sechs Kandidaten* bei den kantonalen und eidgenössischen Wahlen in der Schweiz (vom Oktober 1987), welche durch das Los von der Tageszeitung *La Suisse* bestimmt worden waren: 100 % Erfolg.

FÜNFZEHNTES KAPITEL
Die kosmischen Zwillinge

»Der Mensch reagiert unterschiedlich auf die gleiche Konstellation, je nachdem, ob er Fürst oder Hirte ist.«

(PTOLEMÄUS: Antigone)

Gewiß drängt sich von der Vernunft her ein Korollarium des astrologischen Postulats auf: denn wenn ein Geburtshoroskop das psychische Grundmuster und die Schicksalsgestaltung bestimmt, müßten zwei Menschen mit dem gleichen Kosmogramm – also dem gleichen Geburtshoroskop – in dieser Hinsicht ganz erhebliche Ähnlichkeiten aufweisen. Die Voraussetzungen sind erfüllt, wenn zwei Menschen *am selben Tag, im selben Augenblick* und, wenn möglich, *am selben Ort* (oder an Orten, die nicht weit voneinander entfernt sind) geboren wurden. In solchen Fällen kann von astrologischen Doppelgängern oder *kosmischen Zwillingen* gesprochen werden. Der gleiche geographische Punkt auf der Erdkugel ist von höchster Bedeutung, damit ihr Aszendent – ebenso wie ihr Medium Coeli und alle Anfangspunkte (oder Spitzen) ihrer Häuser sich genau, fast auf den Grad entsprechen. Schon eine Abweichung von vier Minuten in der Geburtszeit verschiebt den Aszendenten um einen Grad und kann bereits Unterschiede im Körperbau, im Temperament und im Charakter bewirken – insbesondere, wenn sich der Aszendent des einen am Ende eines Zeichens und der des anderen am Anfang des nachfolgenden Zeichens befindet. Vier Minuten, die einem Bogengrad entsprechen, verschieben die Geschehnisse im Leben um ein Jahr, wenn man sich auf bestimmte Direktionsmethoden bezieht. Meistens werden aber Zwillinge in einem Abstand von zehn bis zwanzig – und häufig mehr – Minuten geboren, was bereits größere Unterschiede bei den Aspekten bedeuten kann.

Als amüsantes und konkretes Beispiel diene dieser Fall eines Arztes und Schriftstellers aus Genf, der mir mitteilte, er sei überglücklicher Großvater von reizenden Drillingsbabys. Da er bereits Unterschiede im Verhalten der drei, erst ein paar Wochen alten Säuglingen festgestellt hatte, gab er mir ihre genauen Geburtszeiten und forderte mich auf, aus diesem Trio den Lebhaftesten und den Ruhigsten herauszufinden. Er war verblüfft, als er feststellte, daß die Astrologie diese feinen Unterschiede wahrnehmen kann, und wurde noch stutziger, als ich ihn warnte, daß die drei derzeit von einer kleinen Infektion bedroht waren, da sich der erste eine Erkältung zugezogen hatte und die anderen zwei höchstwahrscheinlich anstecken würde. Nun, das war schon passiert: Der »Älteste« hatte sich erkältet und hustete.

Eine erste Erklärung für die Unterschiede in Charakter und Schicksal von Zwillingen liegt also in ungenau erfaßten oder deutlich voneinander abweichenden Geburtszeiten. Die zweite Erklärung, die ein gewisses psychologisches Gewicht hat, lautet: Zwillinge, die Seite an Seite leben, entwickeln auf der Suche nach ihrer eigenen Identität unbewußt die Fähigkeit, sich voneinander zu unterscheiden. Das ist erwiesen.

Eine völlige Übereinstimmung von zwei Horoskopen ist äußerst selten, auch bei biologischen Zwillingen. Und man kann zugunsten der seriös betriebenen Astrologie sagen, daß diese Ausnahme eine intelligente Bestätigung der Regel darstellt.

Trotzdem ist das Thema *kosmische Zwillinge* in der Auseinandersetzung zwischen Verteidigern und Gegnern der »königlichen Kunst der Sterne« weiterhin heftigst umstritten; vielleicht, weil die Rationalisten genau wissen, was auf dem Spiel steht. Wenn nämlich *faktisch* eine Analogie zwischen zwei Personen mit identischen Geburtskoordinaten nachgewiesen werden kann (Gleichheit wohl nicht, da ja jedes einzelne Menschenwesen einzigartig ist), hat die Astrologie auf dem Gebiet der experimentellen Beweisführung gewonnen. Für die notorischen Gegner dieser noblen Disziplin wäre das allerdings eine peinliche Schlappe! Trotzdem werde ich in diesem Kapitel versuchen, diese Analogie nachzuweisen. Ich beginne mit den seltenen Fällen, in denen die Geburtsdaten exakt übereinstimmen. Daraus geht hervor, daß astrologische Zwillinge bei allen sozialen, genetischen oder rassischen Unterschieden gewissermaßen »homothetische«, also analoge Schicksale aufweisen; und das ist sehr faszinierend. So als würde ihre Schicksalslinie den gleichen Verlauf nehmen, mit gleichzeitigen Höhen und Tiefen in ihrem Werdegang; selbst wenn sie sich im übrigen auf ganz unterschiedlichem Niveau bewegen.

Zum Beweis möge das folgende berühmte historische Beispiel dienen, das für die Verleumder der Astrologie ein ernsthaftes Problem darstellt. Dieses Beispiel, das unter englischen Astrologen zum Klassiker avanciert ist, wurde Anfang unseres Jahrhunderts von Paul Choisnard, dem Astrologen und Absolventen der École polytechnique, angeführt, dem wir auch die ersten astrologischen Statistiken verdanken.

Am 4. Juni 1738 morgens um 7 Uhr 30 kommen in einer englischen Gemeinde zwei männliche Kinder zur Welt. Als Erwachsene treten beide im selben Monat die Nachfolge ihres Vaters an, heiraten am selben Tag (8. September 1761), haben dieselbe Anzahl Kinder gleichen Geschlechts, erkranken am selben Tag, haben die gleichen Unfälle und sterben schließlich im Abstand von einer Stunde am selben Tag (29. Januar 1820). Der eine war Samuel Hemmings, ein einfacher Eisenwarenhändler, und der andere ... König Georg III. von Großbritannien!

Diese Anekdote, die sowohl die Größe als auch die Grenzen der Astrologie widerspiegelt, belegt hervorragend, was für ein erheblicher Standesunterschied zwischen zwei Menschen bestehen kann, die einen ansonsten im wahrsten Sinn des Wortes analogen Lebenslauf haben. Die Kluft zwischen den beiden Schicksalen auf der Ebene des »Alltagslebens« ist um so bedeutender, als der kulturelle und soziale Hintergrund und besonders die Rassenzugehörigkeit voneinander abweichen und somit eine jedem der beiden Lebensläufe eigene Infrastruktur bilden. Hier zeigt sich wieder diese »absolute Struktur«, von der Raymond Abellio so gern sprach: dieses Grundmuster der Psyche und des Zukünftigen, das Skelett, auf dem sich eine an der Oberfläche unterschiedliche, den historischen, sozialen und genetischen Umständen entsprechende »Gestalt« herausbilden wird. Es ist daher völlig überflüssig, die (seit Ptolemäus – vgl. das Motto dieses Kapitels) längst offenen Türen einzurennen und vermeintlich neue Differenzierungen einzuführen, um diesen äußerlichen – in gewisser Weise *zufälligen* und *kontingenten* – Faktoren den Platz einzuräumen, den sie verdienen – wie es die sogenannte »konditionalistische« Schule macht.

Da also die Planetenpositionen in einem Geburtshoroskop, das zwei Personen gemeinsam haben, übereinstimmen, kann man mit fast hundertprozentiger Sicherheit davon ausgehen, daß die beiden Individuen, die zur gleichen Zeit den gleichen kosmischen Einflüssen ausgesetzt sind, auch gleichzeitig ihre aktiven, dynamischen, erfolgreichen Perioden – also Perioden des Glücks und Wohlbefindens – haben. Umgekehrt werden sie aber auch die gleichen traurigen, einschränkenden, langweiligen Phasen, also Phasen der Prüfungen und Krankheiten, durchleben. Sie werden auf die gleichen Planetenaspekte empfindlich reagieren. Wenn beispielsweise Jupiter ihre Sonne passiert, werden sie beide *gleichzeitig* eine Periode der persönlichen Entfaltung und neuer Möglichkeiten erleben. In den Fällen, in denen die Geburten nicht exakt zur selben Zeit stattgefunden haben – aber natürlich am selben Tag desselben Jahres und auch am selben Ort –, werden wohl die betroffenen Lebensbereiche verschieden sein, und zwar dem Haus entsprechend, in dem ihre Geburtssonne steht, aber dieser Durchgang wird für den einen wie für den anderen gleichermaßen wahrnehmbar sein.

Desgleichen kann der Astrologe darauf wetten, daß alle beide eine kritische, wahrscheinlich beschwerliche Zeit durchzustehen haben, wenn Saturn ihre Sonne passiert oder in Opposition zu ihr steht.

So also würden beide Individuen im Takt desselben kosmischen Pulsschlags mitschwingen, im Konzert der Himmelsrhythmen wie feine und empfindliche Musikinstrumente unisono mittönen. Sind die seltsamen Parallelen zwischen den Lebenswegen zweier Menschen, die am gleichen Tag geboren wurden, nicht aufschlußreich? Beispielsweise James Joyce und James Stephens. Beide wurde am 2. Februar, und zwar im Jahre 1882 um 6 Uhr früh in Dublin, geboren. Schriftsteller alle beide, waren sie einander in Freundschaft verbunden. Bei ihnen ging die Analogie so weit, daß sie sich sogar ähnlich sahen ... und den gleichen Vornamen trugen.

Zahllose Beispiele dieser Art gibt es bei eineiigen Zwillingen, die sich in der Regel äußerlich verblüffend gleichen. Bei zweieiigen Zwillingen hingegen – die aus der nicht unbedingt gleichzeitigen Befruchtung zweier Eizellen stammen – ist die Ähnlichkeit häufig sogar weniger groß als sonst bei Geschwistern üblich. Nachdem er 27 000 echte Zwillinge untersucht hatte, kam Professor Kallmann vom Psychiatrischen Institut von New York zu dem Schluß: »Jedes Wesen trägt in sich eine Uhr, die bei seiner Geburt gestellt wird und die insbesondere Krankheiten und Unfälle vorbestimmt.« Eine Theorie, die zunehmend auch von der modernen Genetik akzeptiert wird. Kallmann zitiert dabei einen Fall von Zwillingen, die bei der Geburt getrennt wurden und in verschiedenen Adoptivfamilien aufwuchsen. Beide schlugen die Militärlaufbahn ein, und beide beendeten sie im Grad eines Obersten. Der Schweizer Astrologe Krafft, der den Begriff Astrologie nur widerstrebend verwendete, führt in seinem *Traité d'Astrobiologie* (Abhandlung über die Astrobiologie) erstaunliche Fälle an: von einem Zwillingspaar, das am 6. Juni 1914 in Plainpalais, Genf, geboren wurde – also auch im *Zeichen* Zwillinge, was bei Mehrlingsgeburten häufig vorkommt! –, der eine um 7 Uhr 45, der andere um 7 Uhr 50. Beide starben im Alter von zwei Monaten an Gastroenteritis. Ein anderes Paar kam am 11. Februar 1876 in Genf auf die Welt, der eine um 14 Uhr, der andere um 14 Uhr 15. Im Abstand von drei Monaten wählten beide mit sechsundvierzig Jahren den Freitod durch Ertrinken. Zwei weitere noch: geboren am 11. Mai 1835 um 13 Uhr im französischen Departement Saône-et-Loire, entschliefen beide Brüder hochbetagt und zufrieden, der eine im Alter von neunzig, der andere mit einundneunzig Jahren. Ich persönlich bin davon überzeugt, daß der zweite vier Minuten nach dem ersten geboren wurde, also um 13 Uhr 04 – die Standesämter halten sehr oft nur die aufgerundete Geburtsstunde fest –, was astrologisch dieses eine Jahr Unterschied im Lebensalter erklären würde. Denn vier Minuten Differenz in der Geburtszeit rücken den Aszendenten in unseren Breiten um einen Grad vor; und nach den symbolischen Direktionen entspricht ein Grad einem Lebensjahr.

Aber halten wir uns nicht länger bei den biologischen Zwillingen auf. Kommen wir zu den »Zwillingen vor den Sternen«, also zu denen, die nicht blutsverwandt sind. Krafft zitierte den verblüffenden Fall zweier Radrennfahrer, die nur »Fast-Zwillinge« waren, denn der eine, Léon Level, wurde am 12. Juli 1910 geboren und der andere am 14. desselben Jahres: Paul Chocque. Das Schicksal der beiden verlief parallel. Sowohl Level als auch Chocque wurden im Jahre 1936 berühmt, und beide entschlossen sich am Ende ihrer Karriere, Steherrennen zu fahren. Level fand auf der Rennpiste von Parc des Princes im März 1949 den Tod, und Chocque kam sechs Monate später auf *derselben* Piste und auf genau dieselbe Weise ums Leben!...

Es gibt unzählige Beispiele, die diese erstaunlichen Entsprechungen veranschaulichen. So das Beispiel, das Dr. Allendy zitierte: Die Brüder Chanteau wurden am 18. Mai 1874 in Nantes geboren, der erste um 11 Uhr 30, der zweite um 11 Uhr 45. Ihre Ähnlichkeit war außergewöhnlich. Sie gewannen mit zwei aufeinanderfolgenden Nummern in der Glückslotterie und heirateten am gleichen Tag Zwillingsschwestern. Oder das Beispiel der Zwillingsbrüder aus La Réole, César und Constantin, geboren 1759, die ein identisches Schicksal hatten: Beide wurden Anwälte, engagierten sich zusammen in der Französischen Revolution und wurden beide in den Generalstand befördert, nachdem sie im Departement la Vendée verwundet worden waren. Sie wurden am gleichen Tag im Jahre 1815 von den Engländern hingerichtet, weil sie in die Armee Napoleons eingetreten waren.

Die Wechselfälle des Medienglücks haben mir persönlich eine höchst interessante Erfahrung beschert. Eine französische Fernsehanstalt hatte mich mit einer Sendereihe im Abendprogramm über eine astrologische Frage beauftragt, und ich schlug mein Lieblingsthema »kosmische Zwillinge« vor. Das schien mir das Interesse der Zuschauer zu garantieren – aus populärer ebenso wie aus philosophischer Sicht, was sich nicht notwendigerweise widerspricht, wie die »Scharfrichter« der Astrologie oft unterstellen. Wahrscheinlich aufgrund eines tückischen Neptun-Einflusses, der zu jener Zeit mein Horoskop und meine Aktivitäten »vernebelte«, zerschlug sich das Projekt innerhalb von drei Monaten. Die Gründe dafür sind mir bis heute schleierhaft (typisch Neptun! . . .). Wie dem auch sei, dieses Abenteuer – oder Mißgeschick – hatte mich auf die Idee und zugleich auf den Geschmack gebracht, weiter in dieses Gebiet einzudringen und herauszufinden, was konkret von einer solchen Wette zu erwarten war. Um eine solche handelte es sich nämlich, denn das Prinzip der Sendung beruhte auf den vermuteten Parallelen zwischen Charakter und Schicksal zweier Persönlichkeiten, von denen eine dem Publikum bekannt war, die andere aber nicht.

Der Zufall (?) wollte es, daß ich bei einem Essen in Genf Alain Prost traf. Dankbar für eine optimistische Prognose, die ich ihm zehn Monate zuvor im Hinblick auf seinen Weltmeistertitel gemacht hatte, erklärte er sich zu einem Interview für die Pilotsendung von »Kosmische Zwillinge« bereit. Dazu muß noch gesagt werden, daß wir durch Aufrufe im Fernsehen (und mit etwas Glück) seinen perfekten kosmischen Zwilling gefunden hatten, der zwei Minuten früher, am gleichen 24. Februar 1955, geboren worden war. Der Unterschied in der Länge (Sonnenzeit) kompensierte den minimen Unterschied des Geburtsmoments, und somit waren die beiden Horoskope identisch und deckungsgleich . . . Die Resultate waren überwältigend. Im Abstand von zwei Wochen stellten wir beiden Teilnehmern dieselben Fragen, die sich aus der Analyse ihrer Horoskope ergeben hatten. Wir besuchten beide bei sich zu Hause, Alain Prost oberhalb des Genfersees und Michel Jaspes, seinen kosmischen Zwilling, in Lorient (in West-Frankreich).

Hier nun die Ergebnisse, die eine erstaunliche Übereinstimmung zeigen, die äußerste Verblüffung hervorruft, selbst wenn man von vornherein bereit ist, die astrologische Erklärung dieses Phänomens zu akzeptieren.

1. Michel Jaspes fühlte sich schon immer zum Autorennfahrer berufen und gewann den Preis des Westfranzösischen Automobilclubs *(Automobile Club de l'Ouest, A. C. O.).* Er mußte seinen Lebenstraum aber dem unerbittlichen Zwang der finanziellen Wirklichkeit opfern. Mit anderen Worten: Das Startgeld für die Rennen war so hoch, daß er zu seinem Leidwesen nicht weitermachen konnte.

2. Wie Alain Prost stammt auch er aus einer Handwerkerfamilie, die nicht in der Lage war, ihn zu unterstützen und ihm diese Laufbahn zu ermöglichen.

3. Sie waren beide mit siebzehn Jahren ihrer ersten Liebe begegnet.

4. In dem Persönlichkeits-Fragebogen, der dadurch weltberühmt wurde, daß der Schriftsteller Marcel Proust ihn in seinem Leben zweimal ausfüllte, glichen sich ihre Antworten aufs Haar. Auf die Frage »Was verabscheuen Sie am meisten?« gaben beide zum Beispiel Heuchelei an. Als ihre Lieblingstugend nannten sie Ehrlichkeit.

5. Dasselbe gilt für ihre Antworten in bezug auf die Liebe, die Frauen, den Tod, das Alter, die Armut, die Politik. Es war umwerfend.

6. In ihren Mußestunden widmeten sich beide der Poesie – was weder für einen aktiven noch für einen verhinderten Sportler unbedingt selbstverständlich ist!

7. Sie waren beide zur gleichen Zeit mit dem Fiskus oder den Behörden aneinandergeraten.

8. Beide hatten ein Kind.

9. Alain Prost besaß eine Werbeagentur. In einem ähnlichen Unternehmen war auch Michel Jaspes tätig.

10. Beide liebten Sport. Tägliches Joggen gehörte bei beiden Männern neben anderen körperlichen Ertüchtigungen zum Pflichtprogramm.

11. In ihrem weiteren Lebenslauf zeigte sich, daß zur Zeit des

prächtigen Pluto-Trigons Ende 1985, das das Leben der Fische vom 24. Februar bereicherte, Alain Prost Weltmeister des Formel-1-Rennens wurde, wie ich es ihm vorausgesagt hatte, während sein kosmischer Zwilling in den Genuß eines außergewöhnlichen beruflichen Erfolgs kam.

Und so weiter und so weiter. Ich erinnere mich, daß wir sechzehn Parallelen aufgezeigt hatten, die so frappierend waren, daß mich unser kleines Drehteam, nach diesem Doppel-Interview für die Astrologie sensibilisiert, mit der Hellsichtigkeit von Astrologie-Profis darauf hinwies, daß bei solchen Ergebnissen die ganze Welt glauben würde, die Sendung sei manipuliert und gestellt.

Das ganze Experiment beruhte natürlich auf dem gemeinsamen Horoskop der kosmischen Zwillinge: Sternzeichen Fische (Poesie, Sensibilität), Aszendent Zwillinge (manuelle Geschicklichkeit, Nervenreflexe), Medium Coeli im Wassermann, über dem Merkur kulminierte (Vorliebe für Public Relations, aber auch für Geschwindigkeit), das ganze gekrönt von einem starken Mars im Widder (Liebe zur Mechanik, Bedürfnis, sich mit anderen zu messen... und Spaß an rein körperlicher Ertüchtigung, Vorliebe für Sport).

Ich bin weiterhin der Überzeugung, daß dieses Thema die Fernsehzuschauer begeistern würde, nicht nur wegen seines »voyeuristischen« Elements, das das innere Wesen einer bekannten Persönlichkeit auf fast psychoanalytische Weise ans Licht bringt, sondern auch wegen seiner offensichtlichen philosophischen Aspekte: Die finanziellen Schwierigkeiten beider Familien waren ja in etwa gleich groß. Was hat also Alain Prost angetrieben, daß er sich alle Kinobesuche verkniff, nur um das Nötigste an Rennausrüstung erwerben zu können? Und warum hat Michel Jaspes vor diesen Problemen kapituliert? Dadurch wurde die Gabelung ihres beruflichen Werdegangs eingeleitet. Anhand dieser sehr konkreten Beispiele wurde mir wieder einmal klar, daß eben die Willensfreiheit letzten Endes auch noch ein Wörtchen mitzureden hat; daß wir unsere »Gaben« (im biblischen Sinn) auf verschiedene Arten einsetzen können und daß darin unsere Freiheit besteht...

Doch selbst wenn man die Geburtszeit zweier Menschen, die

zum gleichen Zeitpunkt geboren wurden, nicht berücksichtigt, kann man seltsame Analogien in ihrem Schicksal feststellen. Führen wir als Beispiele die folgenden »Zwillingspaare« an:

1. Die beiden berühmten Nazis GÖRING und ALFRED ROSENBERG kamen beide am 12. Januar 1893 zur Welt. Beide traten im Abstand von wenigen Tagen der NSDAP bei. Göring wurde zu Beginn der Naziherrschaft Reichsmarschall und Verteidigungsminister des Dritten Reichs, während der andere Steinbock, Rosenberg, ebenfalls eine wichtige Position in der NSDAP hatte. In den Nürnberger Prozessen wurden beide zum Tod durch den Strang verurteilt. Das Urteil sollte am 16. Oktober 1946 vollstreckt werden. Göring »durchbrach« unbewußt diesen Determinismus, denn er vergiftete sich am Abend vor der Hinrichtung in seiner Zelle, während sein »Zwilling« die vorgesehene Strafe auf sich nahm.

2. Da Steinbock (und Löwe) das eigentliche Zeichen der Politiker ist, verwundert es nicht, darunter auch das »Paar« ADENAUER – PIECK zu finden. Beide wurden im Abstand von zwei Tagen geboren, nämlich am 5., beziehungsweise am 3. Januar 1876. Adenauer wurde in Westdeutschland Kanzler, während Pieck an die Staatsspitze Ostdeutschlands kam. Bemerkenswert dabei ist, daß beide 1933, beim Aufstieg Hitlers, von der politischen Bühne verschwanden, um 1946 gleichzeitig wieder aufzutauchen und diesseits und jenseits des Eisernen Vorhangs, jeder in seinem Land, das höchste Amt zu übernehmen. Für den Astrologen ist das die normalste Sache der Welt, da beide zur gleichen Zeit durch die gleichen wichtigen Planetentransite beeinflußt wurden – vor allem durch die langsamen Planeten.

3. Wenn wir schon von Steinbock-Politikern sprechen, erwähnen wir auch den Präsidenten RICHARD NIXON, geboren am 9. Januar 1913, auf dessen Geburt mit ein paar Stunden Verspätung (schon am 10.) in Bratislava die des späteren tschechoslowakischen Staatschefs GUSTAV HUSÁK folgte. Wenn man den Unterschied in der Lokalzeit miteinbezieht, müssen sich ihre Geburtsbilder sehr ähnlich sein!

4. Ein anderer Steinbock-Politiker, der ägyptische Präsident

NASSER, wird zu gleicher Zeit wie der spätere brasilianische Staatspräsident FIGUEREIDO geboren: am 15. Januar 1918.

5. Aber dieses ehrgeizige (und sehr leicht verletzbare) Zeichen bringt nicht nur Politiker, sondern auch Verbrecher (wie Dr. Petiot u. a.) hervor. Denken wir nur an JACQUES MESRINE, geboren am 28. Dezember 1936, einer der meistgesuchten Verbrecher Frankreichs, der im Jahre 1979 von der Polizei erschossen wurde, und seinen (Fast-)Zwilling, HENRI SIMONELLI, geboren am Abend vorher im gleichen Jahr..., der seinem »Zwilling« auch im Tod voranging: Auch er wurde erschossen, aber schon im Jahr 1973.

6. Wir beenden die Beispiele aus diesem Zeichen mit HENRI MILLER und einem anderen Schriftsteller, J. GALTIER-BOISSIÈRE, die beide am 26. Dezember 1891 geboren wurden.

7. Unter den Wassermännern müssen wir unbedingt VALÉRIE GISCARD D'ESTAING und den Vorsitzenden der SPD-Bundestagsfraktion HANS-JOCHEN VOGEL erwähnen, die nur durch wenige Geburtsstunden getrennt sind. Sie sind am 2., beziehungsweise 3. Februar 1926 geboren worden.

8. ABRAHAM LINCOLN, der noble Verfechter der Menschenrechte, und der berühmte Biologe CHARLES DARWIN kamen beide am gleichen Tag auf die Welt: am 12. Februar 1809. Das Hauptwerk des Naturforschers, *Von der Entstehung der Arten,* erschien etwa zur selben Zeit, in der Abraham Lincoln zum Präsidenten der Vereinigten Staaten gewählt wurde.

9. Der englische Mathematiker A. WHITEHEAD und der Schweizer Physiker CH. E. GUILLAUME, Nobelpreisträger von 1920, erblickten am 15. Februar 1861 das Licht der Welt.

10. Die Widder MARLON BRANDO und DORIS DAY wurden am 3. April 1924 geboren. Obwohl ihr Aszendent wahrscheinlich verschieden ist, haben sie einen analogen Lebenslauf: Nach einer sagenhaften Glanzzeit in den fünfziger und sechziger Jahren zogen sich beide völlig aus der Hollywood-Welt zurück, um sich interessanteren Dingen zu widmen (für den Held des Films *Die Faust im Nacken* waren es die amerikanischen Indianer, für die amerikanische B. B. ausgesetzte Tiere...).

11. Da Widder das eigentliche Zeichen der Sportler ist, nennen

wir die zwei Weltrekordler im Hochsprung, den Russen Valerji Brumel und den Chinesen Ni Dschidschin, die beide am 14. April 1942 geboren wurden.

12. Auch das andere Feuerzeichen, Löwe, ist ein »bevorzugtes« Zeichen für Sportler. Zum Beispiel Rosi Mittermaier, die deutsche Skirennfahrerin, und John Smith, Athletikchampion, beide geboren am 5. August 1950.

13. Was den im Stier geborenen Adolf Hitler betrifft, hatte er einen »Zwilling« in der Person des Finanzministers des Dritten Reichs, A. Thierack, der wie sein berühmter Chef am 20. April 1889 geboren worden war.

Das Zeichen des Stiers war übrigens in der Geschichte dieser unruhigen Zeit reichlich vertreten, vielleicht weil die Planetenballung (Clusterum) während des Krieges den in diesem Zeichen Geborenen zu Ehren verhalf... (Wie die Planeten-»Ballung« im Steinbock in den kommenden Jahren verspricht, die Persönlichkeiten dieses saturnischen Zeichens in den Vordergrund zu rükken!) Tatsächlich findet man im Geburtsjahr Hitlers, aber ein paar Tage später als dieser, den portugiesischen Diktator Salazar (geboren am 28. April 1889). In einer ganz anderen Sparte liegt vier Tage vorher die Geburt von Charlie Chaplin (am 16. April)! Ist das der Grund, daß »Kid« sich verpflichtet fühlte, die Rolle des »Diktators« zu verkörpern – oder ging von dieser Aufgabe eine Faszination aus, die auf einer dunklen Affinität beruhte? Vergessen wir unter den hier angeführten Stier-Geborenen nicht den Marschall Pétain, den japanischen Kaiser Hirohito und den brasilianischen Diktator Vargas.

14. Einer der erstaunlichsten Fälle ist sicherlich der des eineiigen Zwillings-Schwesternpaares Gerda Wagner und Erika Roleff, über das im Dezember 1987 in der deutschen Presse berichtet wurde. Beide wurden am 7. Juli 1939 geboren und durch den Krieg sehr früh, im Jahre 1943, getrennt. Gerda blieb für Jahre verschwunden. Trotz zahlreicher Nachforschungen der Eltern blieb sie nach dem Krieg unauffindbar. Sie wuchs zunächst in einem Waisenhaus auf und wurde später adoptiert. Ihre Schwester Erika lebte die ganze Zeit über mit ihren Eltern in Augsburg. Ende

1987 kam Gerda nach Augsburg und ging zum Einkaufen in einen Laden. Die Verkäuferin war, was sie natürlich nicht wußte, Erikas Nichte. Als Gerda das Geschäft betrat, wurde sie mit »Guten Tag, Tante Erika« begrüßt. Nach vierundvierzig Jahren Trennung wieder vereint, verglichen die beiden Schwestern ihren bisherigen Lebensweg und stellten verblüffende »Parallelen« fest:

– 1962 hatten beide gleichzeitig eine Blinddarmoperation;

– 1969 befanden sich beide unabhängig voneinander wieder im Krankenhaus: *Der einen wie der anderen* wurde die *rechte* Brust amputiert.

– Gerda hat sieben Kinder, Erika wurde siebenmal schwanger; warum sie die Schwangerschaften nicht ausgetragen hat, ist nicht bekannt.

– Seit Jahren frisieren sie sich gleich, sie tragen beide eine Brille und meistens Hosen – wie George Sand, auch sie war ein atypischer, etwas »vermännlichter« Krebs! –, und außerdem sind sowohl Gerda als auch Erika Operettenliebhaberinnen.

15. Ein anderer, mindestens ebenso erstaunlicher »Zwillingsfall«, dessen Parallelen wie von einer unsichtbaren Uhr programmiert zu sein scheinen – meiner Meinung nach ist hier die planetarische Uhr im Spiel –, die »Jim Twins«: JIM LEWIS und JIM SPRINGER, die vier Monate nach ihrer Geburt getrennt wurden. Sie waren Gegenstand einer Studie, die Professor Th. Bouchard von der Universität von Minneapolis (Minnesota) durchführte und die zum Ziele hatte, die Rolle des sozialen Milieus beziehungsweise der Vererbung zu untersuchen. Die heute 44jährigen fanden sich im Alter von neununddreißig Jahren wieder, nachdem sie an verschiedenen Orten aufgewachsen waren. Sie stellten in ihrem Leben folgende Parallelen fest:

– Sie waren beide zum zweitenmal verheiratet;

– ihre ersten Frauen hießen beide Linda und ihre jetzigen Betty;

– beide haben einen Hund, der Toy (Spielzeug) heißt;

– beide sind Kettenraucher und Nägelkauer, sie bevorzugen dieselbe Biermarke;

– in der Schule haßten beide Rechtschreibung und Rechnen;

– beide nahmen aus unbekannten Gründen im gleichen Alter fünf Kilo zu! ...

Die New Yorker Universitätsprofessorin Susan Farber erklärte sich diese Übereinstimmungen so: Durch eine Trennung können sich die Talente, Neigungen und Veranlagungen, die von Geburt – und durch Vererbung – bei beiden vorhanden sind, besser entfalten. Zwillinge, die zusammen aufwachsen, hätten hingegen die Tendenz, sich zu differenzieren. Als Erklärung für dermaßen deutliche und exakte Entsprechungen erscheint mir das ein bißchen mager. Aber was würde man nicht alles in Kauf nehmen, um dem Schwefelgeruch zu entfliehen, der den kosmischen Einflüssen anhaftet ...

16. Zum Schluß noch das spektakulärste Beispiel: Unter dem Titel »Das kosmobiologische Schicksal der Drillinge Bartini« veröffentlichte *L'avenir du Monde* im Januar 1938 eine ganz erstaunliche Geschichte. »Die Drillinge BARTINI, die im letzten Monat am gleichen Tag gestorben sind – und zwei von ihnen an der gleichen Ursache –, obwohl sie sehr weit voneinander entfernt gelebt hatten, sind ein neuer Beweis für die Wahrheit der kosmobiologischen Thesen. Einer der Drillinge wurde in Rom Opfer eines Autounfalls, an dem ihn nach Zeugenaussagen keine Schuld traf; er wurde von einem Lastwagen, der mit voller Geschwindigkeit von links kam, überfahren. Er war so schwer verletzt, daß er noch vor Ankunft eines Arztes an der Unfallstelle verschied. Der zweite der Brüder Bartini starb in derselben Stunde wie das Unfallopfer. Er hielt sich zu der Zeit in Florenz auf und war bis zu diesem Moment kerngesund. Aus ›heiterem Himmel‹ erlitt er einen Schlaganfall und war tot. Der dritte der Brüder wohnte in Mailand. Nachdem er die Nachricht vom Tode seiner beiden Brüder erhalten hatte, entschloß er sich, nach Rom zu fahren, wo die Beisetzung stattfinden sollte. Aber das Schicksal wollte es anders. Noch am selben Abend erlitt auch er einen Schlaganfall und verschied.«

Kann man dafür eine andere Erklärung finden als den kosmischen Einfluß? Das scheint mir schwer, selbst wenn man ein Höchstmaß an Phantasie und »intellektueller Treulosigkeit« aufwendet. Die Programmierung durch das gleiche Erbmaterial, die im übrigen im Fall von zweieiigen Zwillingen nicht so recht funktionieren möchte, ist eine bequeme Ausrede. Nur leider keine allzu aussagekräftige. Die kosmische Programmierung hingegen ist einleuchtend und aufschlußreich!

Willensfreiheit oder Determinismus?

SECHZEHNTES KAPITEL
Wie Einsteins Fliege ...

»Verrückt ist, wer gegen die Sterne ankämpfen will.«
(CHARLES PERRAULT)

»Der Determinist und der Fatalist sind Verzweifelte, die ihr Ich verloren haben, weil in ihnen nur noch Platz für die Notwendigkeit ist.«
(KIERKEGAARD)

»Die Sterne,
Die Sterne bilden unsere Sinnesart.«
(SHAKESPEARE: König Lear)

Um nach Herzenslust jammern und klagen zu können, hat es der Mensch aus Gleichgültigkeit und Bequemlichkeit schon immer vorgezogen, sein Unglück äußeren Ursachen zuzuschreiben. So haben auch in der ganzen langen Geschichte der Politik die Verantwortlichen immer wieder Sündenböcke gesucht, die geeignet waren, stellvertretend für ihre eigenen Fehler einzustehen. So war eine Bestrafung natürlich viel weniger problematisch.

Aber die tief in der menschlichen Seele verankerte natürliche Feigheit ist vielleicht nicht die einzige Erklärung für diese nicht besonders edle und eigentlich kindisch verantwortungslose Haltung. Im innersten Herzen hat der Mensch schon immer so etwas wie eine Nabelschnur gespürt, die ihn mit dem Universum verbindet – der Mythos von den drei Parzen, die den Lebensfaden spinnen und zerreißen, ist ein beredter Hinweis darauf. Diese Verbundenheit unterwarf den Menschen in periodischen Abständen unbesiegbaren Kräften, einem unerbittlichen Zwang: der Macht des Schicksals. Die Stoiker in der Antike waren großartige Vertreter dieser würdigen Unterwerfung unter und Ergebenheit in das griechische »Fatum«. Der berühmte Sklave und Philosoph Epiktet behauptete, (was unseren modernen Verstand durchaus schockieren kann): »Wenn der edle Mensch seine Zukunft kennen würde, würde er selbst an seinen Krankheiten, seinem Tod, seiner Verstümmelung mitwirken, da er sich sagen würde, daß dies das Los sei, das ihm in der Verteilung des Ganzen zukomme und daß das Ganze wichtiger als der Teil sei.« Wenn es um Verstümmelung geht, wußte Epiktet bestimmt, wovon er sprach: Wurden ihm nicht bei der Folterung durch seinen Meister die Beine zerquetscht? Er war zweifellos in einer guten Schule, um seine ehrgeizigen Theorien zu prüfen, welche die vollkommene Unabhängigkeit der Seele, die höchste Gelassenheit zum Ziele hatten. Daraus versteht sich auch, daß die griechische Mythologie und Philosophie einen idealen Boden für die Entfaltung der aus Babylon gekommenen königlichen Kunst der Sterne vorbereitet hatte.

Man findet diesen zugleich philosophischen und religiösen Fatalismus verstärkt wieder im Islam, über das berühmte »Mektub« (Schicksal). Der nachhaltige Einfluß der Araber auf die Astrologie des Mittelalters hat sicher dazu beigetragen, den deterministischen Aspekt unserer Kunst hervorzuheben. Aber vergessen wir nicht, daß etwas später – im 17. Jahrhundert – die von den Jansenisten (also unter anderem auch von Blaise Pascal), aber auch von Calvin und Luther vertretene berühmte Gnadenauffassung zu vielen Disputen führte. Diese Lehre besagte, daß man mit der unermeßlichen Gnade, der Garantin der Endvergebung, geboren werde oder nicht – ganz unabhängig davon, welches unsere Taten auf dieser Welt seien. Entsprechend dieser rein willkürlichen Verteilung hatte die Gnade keinerlei Bezug zum Begriff Verdienst. Kann man sich einen stärkeren Determinismus vorstellen? Und gibt es für einen Humanisten eine unerträglichere Ungerechtigkeit als diese transzendentale Günstlingswirtschaft? Obwohl diese Prädestination stark umstritten war, fand sie doch auch einigen Beifall. Man kann sich darüber wundern und daraus schließen, daß nicht so sehr diese elitäre Vorstellung als vielmehr die Angst davor, die Menschen würden durch das Diktat der Sterne ihrer Eigenverantwortung beraubt, viele Kirchenmänner oder Philosophen dazu veranlaßte, sich gegen die Astrologie zu stellen. So hat zum Beispiel Thomas von Aquin, der Vater des Thomismus, wahrscheinlich aus reiner Sozialprophylaxe auf der Abwendbarkeit des astralen Einflusses beharrt, als er das alte Sprichwort wiederholte: »Die Sterne machen geneigt, aber sie zwingen nicht.«

Seit dem *Jahrhundert der Aufklärung* und der damit verbundenen offiziellen Verdammung der Astrologie reagierte der moderne Mensch noch empfindlicher auf jede Art von Determinismus. Er entledigte sich jeglicher transzendentalen Macht und vertraute nur noch auf die Vernunft. Im Bewußtsein seiner Kräfte, die ihm unbegrenzt erschienen – und ihm auf gewissen Gebieten bis heute so erscheinen – und die sich in den Wundern seiner Technik und Wissenschaft widerspiegelten, hatte er – und hat noch – scheinbar allen Grund, jegliche Herrschaft des Okkulten von sich zu weisen.

Ein zu großer Machthunger der Astrologie, Mißbräuche, deren sie sich schuldig machte, befleckten endgültig ihren Ruf. Molière hätte anstelle des *Arztes wider Willen* ebensogut den *Astrologen wider Willen* schreiben können, um diese allmächtige Zunft der Geheimsprachler zu geißeln. Der Vorwurf, »Opium des Volkes« zu sein – der erhoben wurde, ehe es diesen Begriff überhaupt gab –, war soziologisch höchstwahrscheinlich berechtigt. Aber wie jede Medaille hat auch jede Erkenntnis zwei Seiten: Die Radioaktivität beispielsweise kann sowohl heilen als auch töten. Uns sind auch die Vor- und Nachteile des Automobils oder des Flugzeugs bekannt: Ist das aber ein Grund, sie alle beide abzuschaffen? Niemand käme auf die Idee, die Christen von heute und noch weniger Christus selbst für die Folterungen der Inquisition verantwortlich zu machen. Aber genau das macht man mit der Astrologie, wenn man ihr – *ohne sie zu kennen* – vorwirft, sie schwäche durch ihren Determinismus und den Fatalismus, den sie hervorrufe, die Willenskraft des Menschen und entfremde ihn von sich selbst.

Nachdem die Astrologie als Studienfach an den Universitäten abgeschafft worden war, konnte sich der westliche Mensch, der auf dem Gebiet der wissenschaftlichen Technik immer erfinderischer wurde, einbilden, er befinde sich auf dem Weg zum Übermenschen im Sinne Nietzsches. Aber die letzten Jahrzehnte haben ihn gewiß gezwungen, seine Ansprüche herunterzuschrauben. Die Psychoanalyse hat in ihm wirkende dunkle Kräfte aufgedeckt, die seine sakrosankte Vernunft nicht meistern konnte; Parapsychologie und Telepathie enthüllten ihm unbekannte immaterielle, aber nicht weniger reale Welten. Schließlich konfrontierte ihn die moderne Genetik mit einem weiteren Determinismus, mit dem er sich arrangieren mußte: hatte man doch entdeckt, daß nicht nur unsere äußere Erscheinung, unser Körperbau, sondern auch viele unserer Krankheiten vom ersten Augenblick unserer Existenz an in den Genen enthalten sind.

Und was machen wir mit dem sozialen, rassischen Determinismus? Wer würde wagen, ihn zu leugnen? Wer würde zum Beispiel den Mut haben zu behaupten, die Chancen zu Beginn dieses Erdenlebens seien für den zukünftigen Erben eines großen Familienunternehmens in Zürich, München oder New York die gleichen wie für das Neugeborene in den Vororten Kalkuttas, dem fast unausweichlich ein Schicksal von Hunger und Armut blüht?

Man wird mich fragen, ob dieses soziale Umfeld aus dem Horoskop ersichtlich ist. Nicht direkt, sondern nur vermittelt über die Rückwirkungen des Erlebten auf die Psyche und das Bewußtsein. Aber ein gewisses soziales Umfeld – das man, wie gesagt, im Horoskop nicht erkennt – ist gegeben, und es ist möglich, dem Geburtsbild den Grad des materiellen und psychologischen Wohlstands des Betreffenden zu entnehmen, die Atmosphäre seiner Kindheit, seine sozialen und finanziellen Aufstiegsmöglichkeiten, welche die Art reflektieren, wie er mit seinem Reichtum oder eben seiner materiellen Not *lebt* beziehungsweise umgeht.

Angesichts all der verschiedenen Determinismen, die der moderne Mensch wohl oder übel hat akzeptieren müssen, kann man sich fragen, warum er sich dem Determinismus gegenüber, den man den Sternen zuschreibt, so abweisend verhält. Ich habe häufig bemerkt, daß die in den Feuerzeichen (Widder, Löwe, Schütze) Geborenen die Vorstellung, einem Astral-Determinismus unterworfen zu sein, ganz besonders vehement ablehnen – wie wahrscheinlich jeglichen Determinismus. Ob Widder, Löwe oder sogar Schütze, der in einem Feuerzeichen Geborene besteht darauf, sein eigener Herr und Meister zu sein, und legt Wert auf die Feststellung, daß das Verdienst für seine Leistungen ihm, und nur ihm, zukommt. Was er nicht weiß – und nicht wissen will –, ist die Tatsache, daß er sich über die Sterne lustig machen kann, soviel er möchte. Davon schwindet ihr Einfluß noch lange nicht... Der Schütze allerdings hat ein größeres Bedürfnis nach Philosophie, ja sogar Mystik, und sein skeptischer Voluntarismus ist häufig weniger stark ausgeprägt. Es sei denn, es handelt sich um einen jener libertären, wilden, leicht primitiven Kentauren.

Ich frage Sie nun: Warum wird hier mit zweierlei Maß gemessen? Wieso akzeptiert man den genetischen, psychoanalytischen und den soziologischen Determinismus und lehnt den Determinismus der Sterne ab?

Aber betrachten wir diesen Astral-Determinismus noch etwas näher. Zuallererst muß betont werden, daß er *relativ* und nicht absolut ist, daß er dem menschlichen Wesen im Vergleich zu den anderen Determinanten – Rasse, Religion, Epoche, Milieu, Vererbung, Bildung – einen beträchtlichen Spielraum für seinen freien Willen läßt. Der Mensch ist nicht determiniert, er ist *konditioniert:* ein kleiner Unterschied! Was trennt die beiden Begriffe? *Determiniert* heißt: »bestimmt, festgelegt, dem Determinismus unterworfen«; und *konditioniert:* »durch etwas anderes bedingt«. Wenn der Mensch völlig determiniert wäre, wie würden sich dann die Unterschiede im Verhalten von kosmischen Zwillingen erklären, die aus dem einen eine bekannte Persönlichkeit machen, während der andere im Schatten bleibt? (Ich gebe hier wohlbemerkt kein Werturteil im Sinne eines »Plus« für sozialen Erfolg ab. Denn es ist wohl klar, daß darin noch lange keine Garantie für die persönliche spirituelle Entwicklung und Vervollkommnung der Persönlichkeit liegt.) Spinoza sagt in seiner *Ethik,* in der er beweist, daß man Rationalist sein und doch an einen Determinismus im weitesten Sinne glauben kann: »Die Menschen täuschen sich, wenn sie sich für frei halten. Diese Meinung beruht einzig auf der Tatsache, daß sie sich zwar ihrer Handlungen bewußt sind, nicht aber der *Ursachen,* die diese bestimmen.«

So kann zwar ein Mensch, der von der Natur besonders benachteiligt und erblich schwer belastet ist, den Himmel, die Vorsehung und das Schicksal verfluchen, aber er ändert nichts daran, daß dies eine *gegebene Tatsache* ist, eine ungerechte vielleicht. Aber darum nicht weniger real. Obwohl alle Menschen die gleichen Rechte haben, werden sie nicht gleich geboren. Man muß gar nicht Gobineau und seine elitären Theorien bemühen, um feststellen zu können, daß es – zum Beispiel in bezug auf Intelligenz, Schönheit, Gesundheit und Wohlstand – ganz erhebliche Unterschiede zwischen den Menschen gibt.

In diesem Zusammenhang stellt sich die Frage, ob die verschiedenen Methoden der Betrachtung des Menschen vielleicht zu vergleichbaren oder gar identischen Ergebnissen kommen. Bestätigt die Physiognomik, was Chirologie oder biologische Vererbungstheorien über einen bestimmten Menschen aussagen? Und stehen deren Ergebnisse nicht im Widerspruch zu den Enthüllungen, die sich aus der Analyse seines Horoskops ergeben? Es gibt nur eine einzige vorgegebene Realität, nämlich den Menschen in seiner Ganzheit. Wenn diese Disziplinen also nicht reiner Humbug sind, müssen sie alle zusammen dazu dienen können, diesen Menschen widerzuspiegeln. Dabei geht jede Disziplin den ihr eigenen Weg. Aber sie alle müssen schließlich den Gipfel erreichen, von dem aus man eine umfassende und perfekte Sicht auf die Vielschichtigkeit des analysierten Wesens hat. Diese Wege sind somit sich ergänzende Seiten ein und derselben Wirklichkeit: des Menschen. Je tiefer die Forschung mit ihren Versuchen in dieses Gebiet eindringt, desto klarer werden meiner Meinung nach die engen Zusammenhänge und übereinstimmenden Richtungen der Humanwissenschaften. Wenn ein Mensch mit einem syphilitischen Erbe belastet ist, so bin ich überzeugt, daß sich dies in seinem Horoskop als Neigung zu Geschlechtskrankheiten niederschlägt (etwa durch eine Dissonanz zwischen dem vierten – Vererbung – und dem sechsten Haus – Gesundheit –, einschließlich des Skorpions – Geschlechtskrankheiten?). Aber diese Anfälligkeit ist auch in den Chromosomen sichtbar... oder mit den Methoden der Parapsychologie – oder Hellseherei...

Im gleichen Zusammenhang wäre es gewiß interessant herauszufinden, ob zum Beispiel in der großen Musikerfamilie Bach die künstlerischen Neigungen in allen Generationen feststellbar sind. Denn die *planetarische Vererbung* ist statistisch bestätigt worden (zuerst von Kepler im 17. Jahrhundert und dann im 20. von Françoise Gauquelin, der Frau Michel Gauquelins). Es ist so gut wie sicher, daß dies der Übermittlungsweg der Erbanlagen überhaupt ist – was auch nur logisch wäre.

Die Astrologie ist nichts anderes als ein *Spiegel* der dem Menschen innewohnenden Kräfte und Möglichkeiten. Sie hat nie vorgegeben, die *Ursachen* aufzuzeigen – diese gehören in den Bereich des Unsagbaren. Warum also so infantil sein und die Schuld beim Spiegel suchen und ihn zerbrechen, wo er uns doch so außergewöhnlich nützlich sein kann und uns erlaubt, weiser und somit stärker zu werden? Erinnern wir uns an den Vergleich C. G. Jungs: »Wir werden in einem vorausbestimmten Augenblick geboren, an einem vorausbestimmten Platz, und haben, wie der Jahrgang eines Weines, die Qualität des Jahres und der Jahreszeit, in der wir zur Welt kamen. Nicht mehr und nicht weniger behauptet die Astrologie« (zit. n. Reinicke, *Praktische Astrologie*, S. 32).

Jeder von uns ist ein einmaliges Wesen, unsere Individualität ist absolut einzigartig – unsere Fingerabdrücke, unsere Stimme, die Augeniris beweisen es ebenso wie die Schwierigkeiten bei Organtransplantationen. Jeder von uns bildet einen *Mikrokosmos,* der im Takt, im Rhythmus einer bestimmten Wellenlänge mitschwingt, als Resonanz des Universums, des *Makrokosmos*. Jede Wissenschaft, jede auf Vermutungen beruhende Kunst – ob Graphologie, Chirologie, Psychologie, vorsorgende Medizin, Physiognomik oder Meteorologie – nimmt definitionsgemäß den Menschen und seine Umgebung als Maß und gibt ihm in gewisser Weise die Richtung an, indem sie Prognosen und Vermutungen anstellt, eine Art Wette auf die Zukunft. Wieso also versucht man der Astrologie einen magischen und irrationalen Anstrich zu verleihen, obwohl sie nichts anderes macht, als eine wahrscheinliche Zukunft zu ermitteln, wie es alle Humanwissenschaften tun? Der moderne Denker Jacques Maritain sagt: »Die Persönlichkeit ist eine Synthese von *Möglichkeit* und *Notwendigkeit*. Die reine Notwendigkeit ist unerträglich und erstickt unweigerlich das Ich.« Die Astrologie weist auf das Mögliche, also das Wahrscheinliche hin. Und nicht mehr. Sie hat nie die Absicht gehabt, den Menschen seines Lebenselexiers Freiheit zu berauben – außer vielleicht in ihren Phasen der Verirrung und des bedauerlichen Mißbrauchs durch machtgierige »falsche Propheten«. Im Gegenteil, sie hilft dem Menschen, indem sie ihm seine Stärken und Schwächen, seine fundamentalen, *essentiellen* Möglichkeiten (durch das Horoskop) und seine vorübergehenden, kurzen, *akzidentiellen* Risiken (durch die Planetentransite) aufzeigt. Je besser man seinen Feind (den *inneren* wie den *äußeren*) kennt, desto eher kann man ihn erkennen, seine Fallen erraten, kurzum, ihn besiegen.

Alles, was wir an uns und an unserer Lage ablehnen, sei es angeboren oder erworben, all unsere Fehler und Schwächen müssen wir zuerst *erkennen,* sie uns bewußt machen, bevor wir sie bekämpfen oder auch annehmen können. Dabei erweist sich die Astrologie als wunderbar befreiend. Denn auf alle Fragen, die man über sich und sein Schicksal (das sich aus einem bestimmten Horoskop ergibt) stellt, gibt es eine Antwort. Diese objektive Antwort des Horoskops – nicht auf der Ebene des »Warum«, aber des »Wie« – hat den Effekt einer »Verfremdung«, eines befreienden Abstandes. Diese fast unpersönliche und doch sehr subjektive Bewußtwerdung zeigt das Ende einer Selbstentäußerung, einer geistigen Unterwerfung unter die Macht des Schicksals an. Denn das Verhängnis vollzieht sich meistens *innerlich,* hervorgerufen durch unsere Unvollkommenheiten, unsere Leidenschaften und Schwächen, für die wir eines Tages bezahlen müssen – meistens bei dissonanten Stellungen des Saturns. In unserer Unwissenheit und Verblendung und aus Bequemlichkeit führen wir unser Unglück (Scheidung, Trennung, sogar unsere Unfälle und Krankheiten) auf ein widriges Geschick zurück, also auf das *von außen* über uns hereinbrechende Verhängnis. Wenn wir weise wären und in jedem

Augenblick unseres Lebens das Richtige tun würden, bräuchten wir die immanente (astrale) Gerechtigkeit viel weniger zu fürchten. Oder wie die Alten sagten: »Die Sterne bestimmen den Menschen, aber der Weise beherrscht die Sterne.«

Die Bestimmung der Astrologie ist es also, uns zu helfen, damit wir uns selbst besser kennenlernen. Damit wir im Wissen um unsere Grenzen und um die Ursachen unserer Komplexe oder Fehler an uns selbst arbeiten können und somit *freier* und unabhängiger werden. Diese Haltung ist dynamisch und dem Fatalismus diametral entgegengesetzt. Wer gewarnt wurde, ist doppelt vorsichtig! Stellen Sie sich vor, wir würden unseren Lebensweg mit Hinweisschildern pflastern, die uns auf unsere wesensmäßigen oder vorübergehenden Schwachstellen aufmerksam machen, die durch negative Planetentransite noch verstärkt werden. Könnten wir unser Leben dann nicht besser meistern, uns für die schwierigen Momente wappnen und in den günstigen entschieden voranpreschen? Vorbeugen ist immer besser als heilen. Würde ein Rennfahrer mit verbundenen Augen an einer Rallye teilnehmen? Wohl kaum. Man würde ihn mit Recht für leichtsinnig halten.

Es gibt jedoch Schicksale, die schwerer zu ertragen sind als andere. Das ist für einen Astrologen, der sich mit Horoskopen beschäftigt, ganz eindeutig. So kann ein Mensch auf seinem Weg schlimmen Prüfungen ausgesetzt sein, die er nicht umgehen kann. Sein Weg wird für ihn zum persönlichen Nadelöhr, zum eigenen schmalen Lebenspfad, der es ihm erlaubt, die Stufen zur spirituellen Vervollkommnung hinaufzusteigen. Descartes, dieser rationalistische und geniale Widder – das ist nicht unvereinbar! –, sagte sehr tiefsinnig: »Mindestens einmal in seinem Leben muß man alles in Frage gestellt haben.« Nun, man sage mir, aus welcher masochistischen oder perversen Laune heraus sich der Mensch in Frage stellen würde, der stets von seinem Vergnügungstrieb (»Lustprinzip«) geleitet wird, wenn NICHTS ihn dazu zwingen würde? »Der Mensch ist ein Lehrling, der Schmerz ist sein Meister«, erklärt Alfred de Vigny düster, aber scharfsinnig. Wir lernen nur durch die Bewußtwerdung, und die wird nur durch das Leiden erzeugt. Leider! . . .

Natürlich ist dieser Lehrmeister oft sehr streng, ob er sich nun Saturn, Pluto, Uranus oder Neptun nennt. Und der Mensch muß in sein Innerstes hinabsteigen, in die Tiefe seiner Seele, um in den Gedanken und Handlungen seiner Vergangenheit, die in ihm widerhallen und Vergeltung fordern, eine vage Erklärung, eine dunkle Begründung für sein Unglück zu finden. Nicht kraft eines menschlichen, sozialen oder zufälligen Gesetzes, sondern kraft eines kosmischen, eines Gesetzes des universellen Gleichgewichts. Dieses Gesetz heißt *Karma* und besteht aus Aktion und Reaktion. Es ist unerbittlich und wirkt wahrscheinlich diesseits und jenseits unserer irdischen Existenz, unserer kurzen sublunaren Reise... Es ist durchaus denkbar, daß wir mit gewissem karmischem Gepäck auf diese Welt kommen, das wir aus früheren Existenzen »geerbt« haben. Und unsere Persönlichkeit wie unser Schicksal, Resultanten des Augenblicks unseres »Auftauchens«, ergeben sich daraus, nicht zufällig, sondern entsprechend dieser »Schuld«, diesem spirituellen Soll oder Haben, die den Hintergrund unserer neuen Erdenexistenz bilden.

Es ist daher so gut wie sicher, daß der Zeitpunkt unserer Geburt nichts mit dem Zufall zu tun hat, denn dieser Zeitpunkt wird unsere Psyche und folglich unser Schicksal formen. Erinnern wir uns bei dieser Gelegenheit an den schönen Ausspruch der Hindu: »Säe einen Gedanken, und du erntest eine Tat; säe eine Tat, und du erntest eine Gewohnheit; säe eine Gewohnheit, und du erntest einen Charakter; säe einen Charakter, und du erntest ein Schicksal.« Wir westlichen Menschen, die wir so sehr daran gewöhnt sind, den Charakter vom Schicksal zu unterscheiden, zwischen dem, was wir *sind* und dem, was *uns passiert,* zu trennen, sollten über diese Kettenreaktion nachdenken, die uns die Verbundenheit dieser zwei Konzepte klar aufzeigt. Angesichts der gegebenen Größe (unserem Geburtshoroskop) ist es nun an uns, auf den verschiedenen Bewußtseinsebenen ein bestmögliches Resultat, einen optimalen Fortschritt zu erzielen. Dieser Fortschritt wird von der Arbeit an uns selbst, von unserer Selbstanalyse abhängen, die unsere Weiterentwicklung bestimmt.

Auf einer höheren Ebene kann ein Mensch, der seine ständigen und vorübergehenden Handikaps kennt, auch die Herausforderung der Sterne annehmen. Schon im 17. Jahrhundert sagte der Astrologe Sir Thomas Brown: »Lade deine Fehler nicht auf dem Rücken des Widders oder Stiers ab«, denn das würde heißen, die Gegebenheiten des Horoskops passiv hinzunehmen und die menschliche Verantwortung abzulehnen. Diese Verantwortung des Menschen ist nicht nur auf kriminologischem Gebiet durchaus anfechtbar und umstritten und kann – muß vielleicht sogar – im Zusammenhang mit den Erkenntnissen der Astrologie diskutiert werden. (Wir erinnern uns, zu welcher Vorsicht Tschijewskji im Hinblick auf das Strafmaß mahnte, das bei Verbrechen anzuwenden sei, die unter Einwirkung der höchsten Sonnenaktivität begangen werden). Es gibt die Verfechter der absoluten und permanenten Verantwortlichkeit, die »Scharfmacher«, die sich weigern, die genetischen, psychopathologischen und sozialen Umstände in ihre Überlegungen mit einzubeziehen. Und es gibt die anderen, die sich einer möglichen Verlagerung der Verantwortung bewußt sind, die offen sind für Diskussion ... und Toleranz. Denn verstehen bedeutet noch lange nicht entschuldigen, sondern nur, dem Menschen die Fähigkeit zuzugestehen, über sich selbst hinauszuwachsen und seine inneren Dämonen zu besiegen. Die Astrologie hat ihm dieses Privileg nie abgesprochen.

Zudem ist die *astrologische Kausalität* kein mechanisches Ursache-Wirkung-Verhältnis, das durch eine Art inneren Automatismus festlegt und zwingt. Arthur Koestler unterstreicht dies, als er vom älteren Kepler spricht: »Sein Glaube an die Astrologie war dazu zu sehr verfeinert. Er glaubte weiterhin, daß die Konstellationen die Charakterbildung beeinflußten und auch eine Art katalysierende Wirkung auf Ereignisse hätten; hingegen lehnte er die gröbere Form, die eine direkte astrologische Ursächlichkeit sehen wollte, als Aberglauben ab« (Arthur Koestler: *Die Nachtwandler,* S. 386). Das ist auch der Grund, weshalb ein Mensch, der in seiner Entwicklung weit fortgeschritten, weise ist, viel eher einem einseitigen und *mechanischen* Determinismus entgeht. Um so schwieriger ist es für den Astrologen, einem solchen Menschen konkrete Ereignisse vorauszusagen. So kann beispielsweise ein Planetenwechsel, der einem x-beliebigen mit größter Sicherheit die Scheidung oder Trennung bringt, von einem sehr weit fortgeschrittenen Menschen auf einer subtileren, höheren Ebene gelebt werden, vielleicht als tiefe metaphysische Krise oder als große gefühlsmäßige und sprituelle Einsamkeit.

Wie oft habe ich schon eine Katastrophe, die sich in meinen Berechnungen zeigte, einzig und allein auf psychischer Ebene durchlebt – in Träumen, Ängsten oder quälenden Sorgen ... Symbolisch hat das dieselbe Bedeutung, wie wenn mir diese Katastrophen wirklich widerfahren wären, ich sie tatsächlich erlebt hätte. Fragen Sie Ihren Psychoanalytiker, er wird es Ihnen bestätigen. So ist eine Kollegin von mir vor Angst tausend Tode gestorben, als über Stunden jede Verbindung mit den Antillen unterbrochen war, weil dort verheerende Wirbelstürme herrschten. Ihre Tochter, die in Saint-Barthélémy lebt, befand sich zwar in großer Gefahr, aber es geschah ihr nichts. Die kritischen Planetentransite, denen ihre Mutter ausgesetzt war, manifestierten sich nur symbolisch. Aber so unbedeutend, wie ein pragmatischer Geist vielleicht denken könnte, ist das nicht. Mit der gleichen Einstellung muß man die Anzeichen für Gewalt betrachten, die im Horoskop von Papst Johannes Paul II. enthalten waren, als er im September 1986 nach Lyon reiste. Ich hatte diese latente Aggressivität damals in seinem Geburtsbild festgestellt, als ich Ende 1985 für eine französische Zeitschrift seine Zukunft berechnete. In Unkenntnis seiner Reisepläne hatte ich selbst geschrieben, daß er erneut Gefahr liefe, Aggressionen seiner Umgebung ausgesetzt zu sein – wie zur Zeit des Attentats auf ihn. Erst viel später, als die Zeitungen meldeten, daß möglicherweise ein neuer Mordanschlag auf ihn bevorstehe, wurde mir die Grausamkeit dieser Sensationspresse bewußt. Ich selbst änderte darauf meine Interpretation, indem ich mir sagte, daß der Heilige Vater es vielleicht »vorzog«, seine kritischen Transite auf rein psychischer, symbolischer Ebene zu leben. Und ich hatte recht – obwohl man später vernahm, daß auf der Autobahn in der Nähe von Lyon eine Bande von drei Terroristen festgenommen wurde, die zugaben, ein Attentat auf den Papst geplant zu haben! ... Sprengstoff und Waffen wurden beschlagnahmt.

Ich habe keineswegs die Absicht, den freien Willen des »astrologisierten« Menschen zu unterdrücken. Ich habe bereits darauf hingewiesen, daß die Astrologie eine Art *Psychogramm* erstellt, dessen Dimension und Auswirkung sie aber nicht ermessen kann. Barbault sagt: »Auf der gleichen Gefühlsgrundlage bringt die Intelligenz einen Paranoiker und einen Napoleon hervor, einen Besessenen und einen Maine de Biran, einen Ängstlichen und einen Dostojewskij, einen Sadisten und einen Bichat. Das Horoskop – das muß ein für allemal anerkannt werden – gibt einen tiefen Einblick in das Wesen des Menschen, sagt aber nichts über sein *Format* aus. Das Horoskop ist wie ein Gebäudeplan, dessen Maßstab man nicht kennt« (In: *Traité pratique d'astrologie*) (Abhandlung über die praktische Astrologie).

Seit Freud spricht man von der *Triebsublimierung*. Ich frage mich daher, ob man in diesem Fall nicht die Faktoren umkehren und sagen müßte: »Auf der gleichen Intelligenzgrundlage bringt das (mehr oder weniger pathologische) Gefühl ... hervor.« Denn die Geschichte – besonders die Geschichte der grauenhaften und systematischen, mit genialer Grausamkeit geplanten Verbrechen des Zweiten Weltkriegs – zeigt nur zu oft, daß sich das Böse proportional zum Intelligenzgrad verhält und mit ihm womöglich noch größer wird. Eine Gefühlsstörung würde vermutlich die »emotionale«, tiefinnerste Zustimmung erklären, die allein diese abscheulichen Verbrechen möglich machte.

Die wesentliche Frage bleibt offen: nämlich, ob der Ängstliche immer auch die Möglichkeit hat, ein Dostojewskij zu werden, und ob Napoleon, mit einem geringeren Selbstbewußtsein, ein gewöhnlicher Paranoiker geblieben wäre? Das Geburtshoroskop ist ein Vektor der Persönlichkeit. Am Menschen selbst ist es, daraus zu machen, was er muß ... und was er kann.

Also: sind wir nun letztendlich determiniert, frei oder konditioniert ... und wenn ja, inwiefern? Lauter schwierige, heikle Fragen, die jede für sich eine ausführliche Antwort verlangen würden.

Diese Antwort ist um so schwieriger zu geben, als eine negative Tatsache aufgrund der Logik der Dinge nicht bewiesen werden kann. Wer kann mir beweisen, daß ich den Unfall, den ich heute durch meine astrologische Sachkenntnis meine vermieden zu haben, tatsächlich gehabt hätte, wenn ich meine Aufmerksamkeit und Vorsicht am Steuer nicht verdoppelt hätte? Das ist vollkommen unmöglich! Höchstens mit einem Argument, das gewisse Dickköpfe allerdings als irreführend zurückweisen werden: Wäre ich mir der Gefahr nicht bewußt gewesen, wäre ich viel schneller gefahren, ich hätte zu spät gebremst, usw. Das ist mir persönlich mehrmals passiert, vor allem wenn ein verantwortungsloser Fahrer mit Karacho über eine rote Ampel donnerte. Ich hatte an diesen Tagen glücklicherweise ein kleines Blinklicht im Kopf, das mich warnte: »Paß auf, paß auf, heute bist du gefährdet...«

Doch die wichtigen Termine beim Schicksal, die müssen wir meiner Meinung nach einhalten. Wie ließen sich sonst die Befunde der Horoskop-Analysen erklären, die *im nachhinein* manchmal auf den Tag genau zutreffen, eine bestimmte Woche, ja sogar einen bestimmten Tag ins Blickfeld rücken, der besonders schlimm war? Ob körperlich oder seelisch schlimm, ist manchmal unmöglich zu bestimmen; aber die Gewalt war da, bereit zum Ausbruch, und sie hat weh getan: Scheidung, Trauer, Trennung, plötzliche Krankheit oder ein Unfall? In bezug auf die Art der Manifestation ist man manchmal unschlüssig, aber das *timing* existiert und zeigt deutlich: Es ist *offensichtlich genau in diesem Zeitpunkt etwas geschehen*. Der Astrologe kann so auf ein Ereignis hinweisen, das zehn Tage oder zwanzig Jahre zurückliegt – häufig mit einer Genauigkeit, die den Fragenden verblüfft. Und dies beweist, daß es seit dem ersten Atemzug des Kindes geschrieben stand, daß genau an diesem Tag, in diesem Monat ein markierendes Ereignis das Schicksal dieses Menschen prägen würde. Faszinierend, nicht wahr?

Ich erzählte in diesem Zusammenhang einmal einem französischen Minister, dem ich sein Horoskop gestellt hatte, die Aspekte seines Geburtshimmels deuteten darauf hin, daß er im Juni 1944 ein sehr dramatisches Erlebnis hatte, das für sein Leben sehr wichtig war. Und zwar genau am 5., fügte ich nach weiteren Berechnungen hinzu. Er wurde ganz blaß und nickte nur zögernd. Er war sprachlos über die Treffsicherheit meiner Angaben. Da er sich gut in Astrologie auskannte, war ihm klar, daß das alles nichts mit Hellseherei zu tun hatte. Ich sagte ihm sogar noch, wie überrascht ich war, daß er überhaupt noch lebte. Das konnte nur mit dem einzig guten Einfluß zusammenhängen, der zu jener Zeit in seinem Horoskop herrschte, nämlich dem Schutz der Venus. Da rückte er mit der Sprache raus. Der 5. Juni 1944 war der schlimmste Tag seines ganzen Lebens gewesen. Ein Kommando junger deutscher Soldaten hatte ihn »exekutiert« und als tot liegengelassen. Bei Einbruch der Dunkelheit kam ihm dann einer der Jugendlichen zu Hilfe und schleppte ihn durch den Wald zur Grenze und rettete ihm so das Leben.

Natürlich gibt es eine Vorbestimmung. Die Frage ist nur: Worauf bezieht sie sich? Auf einen einzelnen Handlungsstrang oder auf die zahlreichen Erscheinungsformen ein und derselben Planetenkonstellation? Bei dieser Frage verschwimmen die Grenzen zwischen Determinismus und freiem Spielraum. Zugunsten des Determinismus spricht diese Art Spinnennetz, diese *Verflechtung der Schicksale,* die sich in Horoskopen von Menschengruppen zeigt, die in gegenseitiger Abhängigkeit leben, als miteinander verbundene Glieder einer Kette. So sieht man den Tod der Mutter im Horoskop des Sohnes und umgekehrt; man erkennt sowohl den beruflichen Aufstieg des Mannes als auch seine Mißerfolge und Krankheiten im Horoskop seiner Frau. Und in einem erweiterten Sinn kann man über die Einflüsse, die im Verlauf einer menschlichen Existenz auf den Drachenkopf (nördlichen Mondknoten) oder auf Pluto einwirken – symbolisch für kollektive Einflüsse in einem Horoskop –, die Verbindung erfassen, die zwischen größeren Menschengruppen besteht, etwa zwischen Angehörigen der gleichen Nation. Darin spiegelt sich ein kollektives Karma wider, in dem wir alle mehr oder weniger voneinander abhängen.

Wir sind aufgerufen, unseren Freiheitsspielraum stets in einem kreativen und altruistischen Sinn zu nutzen, um unsere karmische

Schuld abzutragen. Mit den Gedanken und Taten von heute schaffen wir uns unser Morgen.

Aber alle, ob gut oder böse, sind wir mit derselben unendlichen kosmischen Uhr verbunden, und jeder von uns durchläuft seine Bahn mit der ihm eigenen Geschwindigkeit. Und wenn sich eines Tages eine Reihe von Katastrophen am Horizont abzeichnet – die biblischen »mageren Jahre«, in denen gar nichts mehr geht –, so ist das weder die Schuld von Saturn oder Neptun noch die der Sterne im allgemeinen. Denn wir folgen nur unserem »persönlichen Zeitplan«, der vom großen kosmischen Gesetz der Analogie festgelegt wird, das uns, wie es schon Plotin sagte, im Takt der »Sphärenmusik« tanzen läßt. In einer vollkommenen Gleichzeitigkeit, die vielleicht weniger mit dem Gesetz der Kausalität zu tun als mit dem Gesetz der Synchronizität. Und dieser persönliche Zeitplan bestand schon vor Ewigkeiten, er wurde wahrscheinlich lange vor unserer Geburt aufgestellt.

Wir alle haben unser Kreuz zu tragen, das Kreuz des menschlichen Schicksals. Aber das erweiterte Bewußtsein, zu dem wir durch die Astrologie gelangen können, weist uns den Platz nicht mehr unter, sondern *über* dem Kreuz zu, wie Vouga sagt. Die Freiheit des Geistes ist wertvoller, wenn sie dem Determinismus (der Ereignisse) abgerungen wird. Hier kann der Mensch seine Größe beweisen. So ist die Freiheit des Gefangenen erhaben und die des in Freiheit Lebenden nichts als natürlich. Denken wir nur an die menschliche Größe eines Nelson Mandela, der trotz sechsundzwanzig Jahren tragischer Gefangenschaft in Südafrika »free in his mind« ist!

Der Poet und Astrologe Jean Carteret drückt das geistige Übersich-selbst-Hinauswachsen in bezug auf die äußeren Ereignisse in unserem Schicksal so aus: »Der Mensch ist in seinem Sein determiniert, aber frei in dem Bewußtsein, das er über sein Sein hat.« Daher auch die unterschiedliche Art und Weise, mit der die Menschen ein plötzliches Unglück und die daraus folgenden Veränderungen ertragen. Zum Beispiel kann man sich nach einem schlimmen Unfall, durch den man in seiner körperlichen Bewegungsfreiheit eingeschränkt wird, durchaus (zumindest am Anfang) als

Opfer des Schicksals fühlen, traurig und besiegt. Oder man wächst über sich selbst hinaus und steigt im Leben eine Stufe höher. Carteret ging sogar so weit zu sagen: »Die Sextile und Trigone haben eine positive Wirkung auf die Seinsebene und eine negative auf die Ebene der Werte; die Quadraturen und Oppositionen haben eine negative Wirkung auf das Sein und eine positive auf die Werte.« Das ist schwer zu begreifen, sogar für einen Astrologen, der an die wohltuende Wirkung günstiger Aspekte glauben will. Aber selbst solche Kriminelle wie Landru oder Dr. Petiot waren mit Sicherheit nicht nur ungünstig aspektiert. Sie wurden von ihren Mitbürgern respektiert und begingen trotzdem in aller Seelenruhe ihre Verbrechen. Ihre moralischen Werte hatten einen Knacks bekommen (wie man umgangssprachlich gern sagt).

Fast bleibt also die Frage nach der Willensfreiheit unbeantwortet. Die verschiedenen Schulen der Astrologie vertreten alle philosophischen Richtungen: vom striktesten Determinismus bis zur größten Willensfreiheit. Raymond Abellio vertrat die erstgenannte Strömung, und ich muß gestehen, daß auch ich dieser strengen und überwältigenden Vorstellung manchmal einen gewissen Reiz abgewinne. Am anderen Ende der Skala stehen vor allem Astrologen, die keine Prognosen machen wollen (oder können?). Aber wie soll man unter diesen Umständen die Gesetze und die Wissenschaftlichkeit der Astrologie beweisen? Diese Astrologen beschränken sich auf die Charakterkunde, und das ist im Grunde verschwendete Energie, denn die Himmelsmechanik erlaubt uns praktisch endlos Schlüsse zu ziehen... oder fast endlos, jedenfalls so weit, wie uns die Ephemeriden führen (das heißt bis 10 000 Jahre nach Christi Geburt, für einen leistungsfähigen Computer kein Problem).

Ich persönlich mache mir die Metapher zu eigen, die Einstein zugeschrieben wird, der sich weigerte, an den Zufall zu glauben: Eine Fliege summt durch ein helles, sonnendurchflutetes Zugabteil. Sie nimmt im Gepäcknetz Platz, verharrt dort und fliegt weiter. Sie putzt sich die Flügel und freut sich des Lebens. Sie läßt sich auf der geröteten Nasenspitze eines im Zug schlafenden

Herrn nieder und fühlt sich frei wie der Wind. Aber sie weiß nicht, daß sie sich in einem Zugabteil befindet und nach Marseille fährt.

Und wir, wohin gehen wir? Selbst wenn wir das Ziel nicht kennen: Wir gehen unseren Weg...

Aber einstweilen lebe die Freiheit, auch wenn ihr nur ein kleiner Spielraum bleibt. Wie der von Malraux, der ihn zwischen Zufall und reiner Notwendigkeit ansiedelt, was unserer geliebten Freiheit nur wenig Platz einräumt. Dieser Spielraum zeigt sich im Schicksal von kosmischen Zwillingen, die trotz identischer Horoskope kleine Unterschiede im Schicksal aufweisen. Dieser Spielraum, den mein Lehrer Henri-Joseph Gouchon eine Mischung von Willensfreiheit und Vorsehung nannte, scheint das Merkmal unserer Autonomie zu sein. Auf jeden Fall gibt uns dies die Möglichkeit, daß wir über uns selbst hinauswachsen und große Tragödien im Leben überwinden, ohne die Hoffnung zu verlieren.

Die Astrologie heute...

SIEBZEHNTES KAPITEL

Der Mensch des Weltraumzeitalters und die Astrologie

»Das ewige Schweigen dieser unendlichen Räume macht mich schaudern.«

(BLAISE PASCAL)

»Erkenne dich selbst und überlasse die Natur den Göttern.«

(SOKRATES)

Nach den großartigen Erfolgen (die ersten Schritte auf dem Mond im Juli 1969, die gigantische Reise der Raumsonden »Voyager I« und »Voyager II«, nicht zu vergessen die sowjetischen und europäischen Glanzleistungen) und nach den Fehlschlägen im Rahmen der Raumfahrt (speziell die Challenger-Katastrophe im Januar 86 ist uns noch in Erinnerung) – nach all dem kann man sich fragen, was denn der mit Zahlen gefütterte und mit Robotern vertraute moderne Weltraumritter auf der versteckten Seite des Kosmos noch zu finden hofft. (Wenn ich von der versteckten Seite des Kosmos spreche, meine ich natürlich keine physikalisch meßbare Größe, sondern denke an die Grundlage einer Kosmogonie und eines philosophischen Systems.)

Als Bailly, ein erklärter Feind der Astrologie, behauptete, daß diese *unheilbare Krankheit der Menschheit durch den Fortschritt der Aufklärung* geschwächt würde und sogar ganz von der Bildfläche verschwinden würde, wenn sich *die Aufklärung universell* durchgesetzt hätte, sah er die Wiedergeburt der Astrologie nicht voraus, der wir paradoxerweise gerade am Ende dieses 20. Jahrhunderts beiwohnen.

Kann man derzeit wirklich von *mangelnder Aufklärung* sprechen? Wo der technische Fortschritt unaufhaltsam scheint und die Erforschung des Himmels bis an den äußersten Rand des Sonnensystems vorangekommen ist? Wohl kaum. Und dennoch – ist das nicht ein merkwürdiges Zusammentreffen? – kommt die Astrologie jetzt aus dem Untergrund hervor, in den sie sich, verunglimpft und verstoßen, vor drei Jahrhunderten geflüchtet hat. Obwohl sie sehr oft falsch eingeschätzt und verkannt wurde, taucht sie jetzt wieder auf und ist paradoxerweise lebendiger denn je. Sie hat die Gewißheit, daß ihr von jetzt an die Zukunft gehört.

Man muß annehmen, daß es *zweierlei* Arten von Aufklärung gibt und daß Wissenschaft, technischer Fortschritt, Mondflug, Laser und Kybernetik den spirituellen Durst der Menschheit nicht zu stillen vermögen. Woran es leider mangelt, ist die Integration der verschiedenen Teilgebiete modernen Wissens, gegenseitiger Austausch und Verbindungen untereinander. Eine auf die Spitze getriebene Spezialisierung, die *vertikale* Wissenschaft, wird den Menschen ersticken, weil es an der lebenswichtigen gegenseitigen Befruchtung fehlt, die Nachbarwissenschaften oder -disziplinen durch Konfrontation, gegenseitige Ergänzung und Bereicherung leisten können – eben durch *horizontale* Beziehungen untereinander. Unsere technologisierte Zivilisation hat übergreifende *Systeme* zugunsten isolierter Spezialwissenschaften abgeschafft. Diese haben im Laufe der Zeit zwar zweifellos an Ernsthaftigkeit und Tiefe gewonnen, dabei aber oft den Gesamtüberblick verloren, der erst durch die Integration der Einzelwissenschaften in einem Sammelbecken des Wissens möglich wird. Die gefährliche Folge ist, daß wir nicht mehr in der Lage sind, erkenntnistheoretisch jeder einzelnen Disziplin den ihr gebührenden Platz zuzuweisen. Das aber ist bekanntlich nötig, um zu einer ausgeglichenen Synthese und Harmonie zwischen dem Intellekt und den spirituellen Bedürfnissen des Menschen zu gelangen, die für sein Gleichgewicht unbedingt notwendig sind ...

Unsere Zivilisation birgt übrigens einen Widerspruch in sich: Sie durchlebt gegenwärtig eine ihrer absurdesten Perioden, die zwangsläufig zu einer neuen Wertbestimmung führen muß. In diesem Sinn hat Camus (Skorpion), der Autor des faszinierenden

Werkes *L'homme révolté* (Der Mensch in der Revolte), bereits vor einigen Jahrzehnten dieses Unbehagen gespürt, das mit dem Schicksal des Menschen eng verbunden ist und besonders in unserer Epoche stärker hervortritt. »Das Absurde entsteht aus der Konfrontation des menschlichen Rufens mit dem unvernünftigen Schweigen der Welt«, hat Camus geschrieben. (Ich möchte nebenbei darauf hinweisen, daß der Skorpion ganz besonders empfänglich ist für das Absurde.)

So stellt sich also die Frage: Bringen uns unsere phantastischen Entdeckungen und die aufsehenerregenden technischen Errungenschaften wirkliches Wachstum und echte Entfaltung? Oder sind sie nur Ersatz für die erschütternde innere Leere, für unsere kranke Seele?

Ist es nicht bezeichnend, daß mehrere amerikanische Astronauten nach ihren Weltraum-Erfahrungen tief religiös wurden? Vielleicht »erleuchtet« durch ihr außergewöhnliches Erlebnis, den Blick auf unsere Erde aus den Weiten des Alls? Diese Erde, die nun auf eine kleine Kugel inmitten des großartigen Makrokosmos zusammengeschrumpft war?

Ja, unsere Zivilisation schafft in uns ein künstliches Bedürfnis nach Materiellem. Man kann sogar behaupten, daß unsere Gesellschaft Gefahr läuft, an ihren eigenen Giften zugrunde zu gehen. Der einzelne lehnt sich zwar gegen diese Umweltvergiftung auf, aber letztlich ist er doch ein ohnmächtiges Opfer dieser *absurden Zeitströmung*.

Im 19. Jahrhundert glaubten die Menschen sogar, ohne die Natur und den Himmel auskommen zu können. Sie waren ausdrücklich materialistisch, mechanistisch eingestellt und begünstigten den Teil auf Kosten des Ganzen. Die Fortschritte auf dem Gebiet der Biologie, der Medizin oder anderer Wissenschaften schienen ihnen recht zu geben. Diese Wissenschaften füllten dem Anschein nach den Horizont des Menschen aus und schienen alles zu ersetzen, was aus seinem Universum verschwand.

Nun zeigt sich aber immer mehr, daß diese Wissenschaftsgläubigkeit utopisch und selbstgefällig, ja fast rührend war in ihrem positivistischen und pragmatischen Vertrauen in den Menschen, den sie wahrer Wunder für fähig hielt. Die Wunder fanden zwar statt, aber der Mensch ist dennoch enttäuscht, denn er hat den Sinn seines Lebens verfehlt, den Sinn für die kosmische Verbundenheit in Zeit und Raum verloren. Die jüdisch-christlichen Religionen haben sich von ursprünglichen Lebensformen mehr und mehr in Zugehörigkeits-Etiketten verwandelt; die sozialen Normen zerbrechen, und die Ideologien haben ihre Unschuld verloren. Der Mensch braucht aber absolute Werte, Einheit, ein Gefühl der Universalität und der Solidarität. Er sehnt sich nach einer Weltanschauung, die sein Bedürfnis nach rationalen wie auch nach mystischen Zusammenhängen befriedigt. Er ahnt dunkel das Scheitern der modernen Welt auf verschiedenen Gebieten, die von der Kluft, vom Mißverhältnis zwischen der Wissenschaft und dem Bewußtsein des Menschen bis zur Frage nach dem Sinn des Lebens überhaupt reichen. Miguel de Unamuno nennt dieses Leiden am Leben, diese Grundangst des metaphysischen Menschen das *tragische Lebensgefühl,* das auch mit Beruhigungs-Pillen nicht geheilt werden kann. André Breton spricht von einem *unzerstörbaren Nachtkern,* der im Menschen die Sehnsucht nach seinen verlorenen Wurzeln weckt, nach einer geheimen Vereinigung seines irrationalen, mystischen Teils (der mit dem Menschheitsgedächtnis, dem *kollektiven Unbewußten* verbunden ist) mit seinem aufgeklärten, bewußten und aktuellen Ich.

Das also sind die Hauptgründe, die den Menschen des anbrechenden 21. Jahrhunderts dazu bewegen, seinen Platz im großen Ganzen zu suchen, das – wie er vernimmt – nicht die Summe aller Teile ist, sondern etwas organisch Gewachsenes. Der Strukturalismus eines Lévi-Strauss ebenso wie die Weltanschauung eines Abellio, eines Steiner, eines Capra oder eines Einstein sind Zeugnisse dieser ganzheitlichen Betrachtungsweise, die ein schmerzliches Bedürfnis in unserer Gesellschaft geworden ist und noch auf ihren Messias oder ihren Guru wartet. Da wir uns auf eine Zivilisation der Frau zubewegen, bestehen gute Aussichten, daß diese führende Persönlichkeit weiblichen Geschlechts sein wird. Sie wird das »Unvereinbare« vereinen:

Natur und Logik, Geist und Seele, Seele und Körper, Gerechtigkeit und Barmherzigkeit, Mystik und Wissenschaft ...

Auffällig ist, daß die Astrologie historisch immer dann wieder auftaucht, wenn die sozialen Strukturen dabei sind, sich aufzulösen, und kulturelle Veränderungen stattfinden. Ihr Fortbestand durch all die Zeiten hindurch sollte allein schon genügen, uns von ihrem positiven Wert zu überzeugen. So ist es auch kein Zufall, daß die königliche Kunst der Sterne gerade in unseren Tagen wieder neu erblüht. Raymond Abellio zufolge ist diese Kunst »ein vollkommenes dialektisches Abbild des Weltsystems«, und sie »erscheint wie das vollendete Strukturmodell aller Geistes- und Naturwissenschaften zusammen sowie gewissermaßen auch ihres Endzwecks, da sie als Gesamtstruktur alle Teilstrukturen enthält und bestimmt, die von diesen Wissenschaften empirisch entdeckt worden sind«.

In unserer gegenwärtigen Übergangszeit stellt die Astrologie eine verlockende Kosmogonie dar. Sie kann das Bedürfnis des Menschen nach Transzendenz befriedigen, indem sie sowohl seine Seele als auch seinen Geist anspricht. Wie an der Wissenschaft, so hat sie auch an der Religion teil: an der Wissenschaft, indem sie die Ansprüche des Verstandes und der Logik erfüllt (was auch immer ihre rationalistischen Verleumder dazu sagen mögen, die nicht wissen, wovon sie sprechen); an der Religion, indem sie über eine Art Pantheismus den Menschen wieder mit seinen Ursprüngen und seinem Platz im Universum versöhnt, das ihn umgibt. (Es ist diese einmalige Synthese, die die Rationalisten so beunruhigt, denn sie riecht nach Schwefel!) Diese Versöhnung wird im Zeitalter des Wassermanns stattfinden, der langsam, aber sicher die Herrschaft zu übernehmen scheint – während einer sicherlich turbulenten, dafür aber um so aufregenderen Phase!

Ist es nicht interessant, daß der Wassermann von Uranus regiert wird, der traditionellerweise die Astrologie ... aber auch die Erforschung des Weltraums symbolisiert? Denn vergessen wir nicht, Uranus liegt das griechische Wort »Uranos« zugrunde, das »Himmel« bedeutet. Ohne in Messianismus machen zu wollen, bin ich davon überzeugt, daß dies kein zufälliges Zusammentreffen ist, sondern daß der Siegeszug der Astrologie nicht mehr lange aufzuhalten sein wird. Die Anzeichen dafür sind bereits spürbar.

ACHTZEHNTES KAPITEL

Astro-Psychologie – der Schlüssel zur Seele

»Die Verbundenheit, die überall im Universum erkennbar ist, läßt vielmehr die Vermutung zu, daß die Ergebnisse (dieser möglichen psycho-kosmischen Wechselbeziehungen) positiv ausfallen und es ermöglichen werden, das Geschwätz der Scharlatane von der Astrologie fernzuhalten – wie von der Chirologie und der Physiognomik... Wenn man einen Blick auf die alten astrologischen Charakter-Klassifizierungen wirft, kann man sich nur wundern über die erstaunlich große Übereinstimmung mit mehr als einem Resultat der modernen Morphologie und Physiognomik (...) Die ersten Synthesen, welche die astrologischen Typen umschreiben, sind jedenfalls näher bei einer echten Charakterkunde als die kategoriale Psychologie, die im letzten Jahrhundert das konkrete Wissen des Menschen mit ihren Systemen sagenhafter Möglichkeiten verbarrikadiert hat.«

(EMMANUEL MOUNIER: Traité du Caractère)

Eine solche Anerkennung des grundsätzlichen Wertes der astrologischen Menschen-Typologie (lange vor den Statistiken, die später die Ergebnisse der Astrologie bestätigten) durch einen der hervorragendsten französischen Philosophen der Nachkriegszeit ist allerdings Musik in den Ohren der Astrologen. Wir bedauern nur, daß diese erkenntnistheoretische Feststellung, genau wie etwa die von Balzac, Goethe, Kepler oder Breton, in unserer westlichen Gesellschaft im allgemeinen nur hinter vorgehaltener Hand weitergesagt wird. Wer weiß denn zum Beispiel, daß Universitätsprofessoren die Astrologie als »*die* Wissenschaft der Persönlichkeit« bezeichnen und sie wegen der Genauigkeit ihrer Resultate vor – oder über – die klassische Psychologie stellen? Wie dem auch sei, die älteste charakterologische Klassifizierung, die wir kennen, bleibt die von Hippokrates (dem griechischen Arzt aus dem 5. Jahrhundert

v. Chr.). Sie beruht auf den vier Elementen – Erde, Luft, Wasser und Feuer. Den einzelnen Elementen entspricht jeweils ein Typus: der melancholische, sanguinische, phlegmatische, respektive cholerische. Die planetarische Charakterologie hat einen unmittelbaren Bezug zu dieser antiken Klassifizierung, denn die astrologischen Typen verteilen sich folgendermaßen:

Der *Erde* und dem *melancholischen* Temperament entsprechen der *Saturn*-Typ, den der Steinbock darstellt, und der *Merkur*-Typ, den die Jungfrau verkörpert. Beide stehen im Zusammenhang mit den Urprinzipien *Trocken* und *Kalt*.

Zum Element *Feuer* – dem *cholerischen* Temperament – gehören der *Uranus*-Typ – Wassermann –, der *Sonnen*-Typ – Löwe – und der *Mars*-Typ – Skorpion und Widder –, die durch die Urqualitäten *Trocken* und *Warm* charakterisiert sind.

Ich möchte daran erinnern, daß diese jahrhundertealte Typologie durch die modernen Forschungsergebnisse auf den Gebieten Biologie, Embryologie und Morphologie als Klassifizierungssystem des Menschen in ihrer vollen Bedeutung bestätigt wird. Denn sie gründet auf *ewigen Ordnungsprinzipien* wie Warm und Kalt, Trocken und Feucht, die die »humores« im wahrsten Sinne des Wortes, also die Körpersäfte, charakterisieren: Lymphe, Blut, Galle. Man findet diese Grundprinzipien in allen aktuellen psychophysiologischen Klassifizierungen wieder, so auch bei Le Senne, Heymans, Jung und Dr. Corman.

Das Element *Luft* seinerseits ist durch den sanguinischen Typ dargestellt, dem der astrale *Jupiter*- oder *Venus*-Typ entspricht, also die Sternzeichen Schütze und Waage. Nach Hippokrates charakterisiert das Element *Wasser* den *phlegmatischen* Typ, den wir im *Neptun*-Typ – Fische – oder im *Mond*-Typ – Krebs – finden.

Betrachten wir nun diese planetarischen Typen etwas genauer. Untersuchen wir zum Beispiel den Sonnentyp, der sich im reinen Löwe-Typen verkörpert. Er zeichnet sich durch eine Neigung zur *ganzheitlichen Persönlichkeit* aus, die einem *Ich-Ideal* entspricht, denn ihm wohnt die Kraft inne, von unbewußten, unkontrollierten und »wilden« Aktivitäten zu beherrschter und bewußter Aktivität zu gelangen. Das bedingt also *Sinn für die Wirklichkeit* und *moralisches Bewußtsein* zugleich. Die so *zentrierte* und *ganzheitliche Persönlichkeit* erzeugt eine seelische Triebkraft, die zur *Kreativität* befähigt. Sie bewirkt ein selbstbeherrschtes Gleichgewicht der Seele wie auch die Fähigkeit zur sozialen Integration *(Sinn für das Soziale).*

Da der Einfluß der Sonne gewissermaßen die Synthese der anderen planetarischen Einflüsse darstellt, ist es nur logisch, dem Sonnen-Typ auf intellektueller Ebene die Wachheit des Merkur-Typs, die Tiefe des Saturn-Typs, das Organisationstalent des Jupiter-Typs und vielleicht sogar die künstlerischen Neigungen des Venus-Typs zuzuweisen. Es scheint jedenfalls nicht möglich zu sein, ohne einen starken Sonneneinfluß etwas wirklich Außergewöhnliches zu schaffen, das in der Nachwelt fortlebt. Das läßt Oberst Castant nicht ohne einen gewissen Pessimismus sagen: »Der Sonnen-Typ kommt unter den Menschen leider nur selten vor. In unserer Zeit trifft man ihn kaum mehr an, es sei denn in unterdurchschnittlichen Persönlichkeiten, die durch die Mischung mit Sekundärtypen geschwächt sind. Deshalb kann sich der Einfluß der Erde ungehindert verbreiten und die Menschen, ihres Lichts beraubt, bewegen sich in der Dunkelheit.« Die Sonnen-Signatur scheint tatsächlich seltener als andere Prägungen zu sein. Warum das so ist, weiß man noch nicht. Vielleicht weil wir uns nach der indischen Epochen-Einteilung seit Jahrhunderten im *Eisernen Zeitalter,* dem düsteren *Kali-Yuga* befinden, in dem die edlen Werte verschwinden? Aber das ist eine ganz andere Frage, die uns von unserem Thema wegführen würde.

Der Sonnen-Typ besitzt eine sehr starke Anziehungskraft, ist aber nicht leicht zugänglich, da seine Überheblichkeit bei den anderen oft Minderwertigkeitsgefühle hervorruft. Während der Venus-Typ anzieht und verführt, hat der Sonnen-Typ neben seiner Attraktivität auch etwas Zwingendes.

Da der Sonnentyp in Sachen Liebe ein sehr hohes Ideal anstrebt, gelingt es ihm normalerweise nur selten, seine perfektionistischen Ansprüche zu befriedigen. Man kann sagen, daß seine großen sozialen Aufstiegsmöglichkeiten als Ersatz für sein Gefühlsleben dienen, das er – obwohl es nicht immer besonders glücklich ist – mit Würde trägt. Verstärkt trifft das auf Löwe-Frauen zu – oder auf Frauen mit Sonnen-Dominante –, die oft hin- und hergerissen sind zwischen ihrem perfektionistischen und autoritären Absolutismus einerseits und ihrer Weiblichkeit andererseits, die das Bedürfnis hat, beherrscht zu werden. Dieses Phänomen findet man auch bei Frauen mit Mars-Dominante – also Widder- und Skorpiongeborenen –, nur daß sich bei ihnen diese Spannung eher über ein bloßes Machtverhältnis bemerkbar macht als im Zusammenhang mit einem Ich-Ideal.

Der Sonnen-Typ scheint wie geschaffen für Chefposten und für die Leitung wichtiger Geschäfte. Man findet ihn an höchster Stelle im Pressewesen, als Bankier oder als Generaldirektor großer Unternehmen. Aber seine Berufung kann auch wissenschaftlicher, literarischer oder künstlerischer Natur sein (besonders auf dem Gebiet der Malerei, wo die Konjunktion Sonne-Jupiter überdurchschnittlich häufig vertreten scheint). Auch in der Politik gehört er den führenden Kreisen an und sichert sich, zusammen mit dem Steinbock ... den Löwenanteil! Er ist mit großer Vitalität ausgestattet und regeneriert sich bemerkenswert schnell. Er besitzt eine Lebenskraft, die ihn oft, zusammen mit dem Widder und dem Skorpion, über den Durchschnitt hinaushebt. Er hat aber auch die Tendenz, seine außergewöhnliche Leistungsfähigkeit zu mißbrauchen, was ihn für Herz- und Kreislaufkrankheiten anfällig macht. Vergessen wir nicht, daß die Sonne das Herz regiert – wie die registrierte Zunahme von Herzanfällen zur Zeit der Sonnenflecken gezeigt hat.

Wenn die Geburtssonne sehr ungünstig aspektiert ist, kann der Sonnen-Typ an Größenwahnsinn, Selbstüberschätzung und Überheblichkeit leiden, die ihn arrogant und unerträglich machen. Wie die Sonne durch ihren unerbittlichen Lauf jeden Abend gezwungen wird, unterzugehen und ihre Strahlen zu verbergen, so läuft der dissonante Sonnen-Typ, der in seinem Leben durch Maßlosigkeit – insbesondere Hochmut – gesündigt hat, am Ende Gefahr, daß sein Stern unter dramatischen Umständen untergeht. Das war bei Napoleon der Fall, dessen Leben traurig im Exil endete, aber auch bei Mussolini, der in aller Öffentlichkeit und in Schande erschossen wurde.

Der Sonnen-Typ hat meistens ein strahlendes Aussehen: ein gleichmäßig geschnittenes Gesicht, leuchtende Augen (»nur die Augen verrieten den großen Mann«, sagte man von Napoleon), eine glatte, hohe Stirn, eine leicht gebogene Adlernase, einen schönen, schlanken und eleganten Körper. Seine Haltung wirkt edel und stolz, distanziert, reserviert, hochmütig oder theatralisch... Er macht im allgemeinen einen vornehmen, würdevollen, großzügigen und selbstsicheren Eindruck. In der Charakterologie von Le Senne entspricht der Sonnen-Typ dem *leidenschaftlichen* Typus, also dem affektiv-aktiven Sekundärtyp. Napoleon I. ist dafür das beste Beispiel.

Wie für den Sonnen-Typ kann auch für jeden anderen Planeten-Typ eine solche ausführliche Analyse erstellt werden. Jeder Planet »regiert« je nachdem ein oder zwei Tierkreiszeichen. Ein Saturn-Typ also (es gibt verschiedene astrologische Möglichkeiten, es zu sein) hat prinzipiell eine Steinbock- oder Wassermann-Dominante, manchmal sogar eine Waage-Dominante, falls sich Saturn bei der Geburt in diesem Zeichen befand, wo er »erhöht« ist, d. h. sich voll entfalten kann. Mars regiert den Widder und den Skorpion, Venus den Stier und die Waage, Uranus ist der Regent des Wassermanns (vor seiner Entdeckung galt Saturn als Herrscher dieses Zeichens). Umgekehrt ist Saturn, der Hauptregent des Steinbocks, Mitherrscher im Wassermann. Das »Domizil« von Jupiter befindet sich im Schützen (früher auch Regent der Fische), während die Fische von Neptun regiert werden. Merkur ist Herrscher sowohl über die Jungfrau als auch über die Zwillinge – jedenfalls solange dieser androgyne Planet nicht ausschließlich den Zwillingen zugeteilt wird. Denn die Jungfrau hat wahrscheinlich eine Affinität zu Ceres, der mit der analytischen und rationalen Intelligenz in Verbindung gebracht wird, während Merkur das Wissen und die synthetische, eklektische und synkretische Intelligenz symbolisiert, die für Zwillinge typisch ist.

Dem erst 1930 entdeckten Pluto weisen die Astrologen als Domizil das Zeichen des Skorpions zu, und zwar aufgrund der symbolischen Eigenschaften, die dieses Zeichen besitzt und die auch bei diesem Planeten vermutet werden. Pluto ist der Planet der Umwandlung von Gut in Böse – und umgekehrt der Planet des Todes und der Erlösung, der Zerstörung im Hinblick auf einen Neuaufbau (der Planet der Reformer), aber auch, und nicht zuletzt, das Symbol für Sexualität. Deshalb scheint der Skorpion auch sein *ideales Domizil* zu sein, denn zwischen den beiden besteht offensichtlich eine Affinität. Eine andere Schule bringt Pluto jedoch mit dem Widder in Verbindung, sie ist besonders in Deutschland und den USA vertreten. Bei unserem heutigen Wissensstand ist es noch nicht möglich, darüber endgültig zu befinden, da der historische Abstand noch zu gering ist.

Wir könnten so die gesamte planetarische Symbolik und ihre Anwendung auf die Menschen entsprechend ihrer Horoskop-Dominante durchgehen, aber das würde zu weit führen. Der interessierte Leser findet exzellente Analysen und Beschreibungen in Fachbüchern, die sich speziell mit diesem Thema befassen.

Ich möchte hier auch auf die außergewöhnliche Entsprechung zwischen Planeten-Typen der klassischen Astrologie und Körperbau hinweisen, was zur Morpho-Psychologie führt. Die Wechselbeziehungen sind höchst verblüffend, wie Emmanuel Mounier in seinem *Traité du caractère* (Abhandlung über den Charakter) richtig feststellt. Wenn wir einige verschiedene Typen der morpho-psychologischen Klassifizierung betrachten, finden wir die von Le Senne, die sich auf die Klassifizierung von Hippokrates stützt; die von Jung, die hauptsächlich auf dem Gegensatz *Extravertiert/ Introvertiert* beruht (die er in Untergruppen aufteilt); die von Dr. Corman *(Manuel de morpho-psychologie)* (Handbuch der Morpho-Psychologie), die im wesentlichen aus zwei doppelwertigen Kriterien besteht: dem der *Verschlossenen/Offenen* und dem der *Stheniker/Astheniker*. Faszinierend daran sind die Entsprechungen, die man zwischen diesen verschiedenen Charaktertypen und den Tierkreiszeichen findet. So trifft man die »Offenen« des Dr. Corman unter den Venus-, Mond-, Jupiter- und Neptun-Typen an, die etwa dem extravertierten Typ Jungs entsprechen würden.

Obwohl man unter den Neptun- und Mond-Typen häufig auch apathische Introvertierte findet, oft mit einer schlaffen oder »weichen« Muskulatur – im Gegensatz zum durchtrainierten Mars-Typen oder dem sehnigen Saturn-Typen – kurzum, Menschen, die sich durch eine mehr oder weniger introvertierte, verträumte oder verborgene Sensibilität auszeichnen. Die *Verschlossenen* der Morpho-Psychologie sind hingegen häufig *nervös,* was dem Mars- oder Saturn-Typ entsprechen könnte, manchmal auch dem Merkur-Typ, und dem *introvertierten* Typ nach Jung. Man findet sie besonders im Steinbock, im Skorpion (und manchmal im Widder).

Die *offenen Stheniker* sind nervöse und nach Le Senne *leidenschaftliche* oder *cholerische* Typen, die in der Astrologie im allgemeinen vom Schützen oder von den Zwillingen verkörpert werden. Ein verschlossener Astheniker entspricht gewissermaßen dem gehemmten und resignierten Saturn-Typ.

Voller Verachtung werfen die Rationalisten der Astrologie oft vor: »Der beste Beweis, daß es sich um vernunftwidrigen Humbug und den reinsten Aberglauben handelt, also völlig primitiv ist, wird durch die Tatsache erbracht, daß ihr in eurem Jargon heidnische und mythologische Begriffe verwendet... Wie könnt ihr im Ernst behaupten, euer Mars befinde sich auf eurer Venus? (Es handelt sich dabei um eine Konjunktion der beiden Gestirne, E. T.) Alle irgendwie intellektuell gearteten Ansprüche der Astrologie verlieren vor so viel Primitivität an Bedeutung.« Primitivität ist genau das richtige Wort, antworte ich ihnen, aber in seinem edlen Sinn: in seinem Bezug zum *Ursprünglichen* und nicht im abwertenden Sinn. Es stimmt, daß die Venus oder Aphrodite in der Antike die Göttin der Liebe war, und daß sie in der Astrologie die Schönheit, das Gefühls- und Liebesleben, die Abenteuer, das Vergnügen und das Spiel symbolisiert. Nach Gaston Bachelard ist der Tierkreis »der Rorschach-Test unserer Vorfahren«. Unsere Vorväter hätten also alle ihre Gefühle auf den Himmel projiziert. Somit fließen in der Astrologie seit Urzeiten Mythologie (mit ihren Archetypen, die in uns allen lebendig sind) und griechische Philosophie zusammen. Die moderne Psychoanalyse hat diese Grundeigenschaften nur wieder neu entdeckt und im berühmten *kollektiven Unbewußten* von Jung bestätigt.

Aber überlassen wir das Wort André Barbault: »Die *statistisch erhärtete* Tatsache der Gott-Planet-Entsprechung genügt offenbar nicht, um sich vor Angriffen zu schützen. Aber diese rationalistische Kritik verliert an Glaubwürdigkeit, wenn sie sich schlichtweg weigert, die tiefe Bedeutung des mythischen Denkens zu analysieren, und sie weiterhin die altmodische Meinung vertritt, Mythen seien willkürliche Auswüchse der Fantasie. Denn nach Meinung der Psychologen gleicht die Mythologie immer mehr einer poetischen Schöpfung der kollektiven Seele, welche imstande ist, auf die tiefsten Wahrheiten zu stoßen und die fundamentalsten Werte der Menschheit miteinander zu verbinden. Was können wir also dafür, wenn die in der Mythologie verankerten Göttertypen Merkur-Mars-Venus in Wirklichkeit perfekte menschliche Archetypen darstellen und hinter den modernen Etiketten der psychologischen Klassifizierungen noch immer lebendig sind? *Der Dichter ist ganz einfach dem Gelehrten* im Wissen um die menschliche Natur *vorangegangen,* denn diese wurde gefühlt, bevor sie gedacht wurde. So ist *der Mythos nichts anderes als eine Vorkenntnis der Welt...* Jedenfalls hat es wahrscheinlich schon sehr früh eine empirische Gegenüberstellung zwischen bestimmten Planetenpositionen im Tierkreis und ihren physischen und psychischen Wirkungen auf den Menschen gegeben. Der Mensch hat aus der archaischen und mythischen Tiefe, der er entsprungen ist, die notwendigen Vorbilder für seine *Astrosymbolik* geschöpft.«

Als Beleg dafür, daß das Wahre nicht immer wahrscheinlich ist, möchte ich den verblüffenden Tatbestand anführen, daß offenbar nicht einmal die Namen der transsaturnischen Planeten dem Zufall zu verdanken sind, stimmen sie in ihrer Symbolik doch vollkommen mit den Göttern überein, deren Namen sie tragen. So fällt beispielsweise die Entdeckung Plutos im Jahre 1930 mit den Forschungen über die Atomspaltung zusammen, die den Anfang der modernen Physik markierten und zur Nutzung der Kernenergie führten. (Ist es nicht auch höchst aufschlußreich, daß Unfälle im

Zusammenhang mit Radioaktivität, wie die Reaktorkatastrophe in Tschernobyl, mit Pluto-Dissonanzen in Verbindung stehen?)

Diese erstaunliche und scheinbar »willkürliche« Übereinstimmung zwischen dem Namen des Planeten und seinem symbolischen Gehalt trifft nicht nur auf Pluto zu. Uranus (von griechisch *uranos* = Himmel), der kurz vor der Großen Französischen Revolution entdeckt wurde (im Jahre 1781), entspricht genau diesem Symbol für emanzipatorischen Geist und Revolution. Er steht aber auch für Aeronautik und Weltraumforschung. Obwohl in bezug auf Neptun keine unmittelbare Verbindung zwischen dem Gott des Meeres und der Entdeckung des Planeten 1846 nachgewiesen werden kann, fällt doch auf, daß ganz bestimmte Ereignisse genau in diese Zeit fielen. Denn mit Neptun verbindet man die Vorstellung von Mystik und Sozialismus. Nun erließ aber Papst Pius IX 1846 die Enzyklika *Divinae revelationis factum,* in der die Offenbarung Gottes als eine historische Tatsache bekräftigt wurde. Was den Sozialismus betrifft, ist das Jahr 1846 durch ein Werk Proudhons geprägt *(La philosophie de la misère)* (Die Philosophie des Elends), welches ein Vorläufer für das berühmte *Kommunistische Manifest* von Karl Marx war, das zwei Jahre später veröffentlicht wurde, nämlich 1848. Auch dieser *objektive Zufall* (wie ihn Barbault nennt) ist eine Tatsache, die eine Berufung auf mythologische Werte rechtfertigt... Oder in einer Paraphrase von Pascals Worten ausgedrückt: »Das Universum hat seine Gründe, die die Vernunft nicht kennt.«

NEUNZEHNTES KAPITEL
Segen und Fluch des Computers

»*Unterschied zwischen dem Geist der Geometrie und dem Geist des Feinsinns.* Die Prinzipien des einen sind handgreiflich, aber abseits alltäglicher Anwendung, deshalb macht es Mühe, sich ihnen zuzuwenden, da die Gewohnheit fehlt; sobald man sich aber ihnen zuwendet, übersieht man die Prinzipien vollständig, und man müßte einen völlig verkehrten Verstand haben, wenn man auf Grund von Prinzipien, die so faßbar sind, daß es fast unmöglich ist, daß sie uns entschlüpfen, falsch schließen sollte.
Die Prinzipien des Feinsinns aber sind im allgemeinen Gebrauch und jedem vor Augen. Man braucht sich weder nach ihnen umzuwenden noch sich Gewalt anzutun, man braucht nur ein gutes Auge, das aber muß gut sein, denn die Prinzipien sind so verstreut, und es gibt ihrer so viele, daß es fast unmöglich ist, keins zu übersehen. Nun, läßt man eins der Prinzipien fort, so führt das zum Irrtum, also muß man einen sehr sichern Blick haben, um alle Prinzipien zu sehen, und alsdann den rechten Verstand, um nichts Falsches an Hand bekannter Prinzipien zu folgern.
Alle Mathematiker würden demnach, hätten sie gute Augen, feinsinnig sein, denn an Hand der Prinzipien, die sie kennen, urteilen sie nicht falsch; und die Feinsinnigen würden Mathematiker sein, könnten sie sich an den Anblick der ungewohnten Grundsätze der Mathematik gewöhnen.«

(BLAISE PASCAL: Über die Religion)

Die geniale Unterscheidung des scharfsinnigen Zwillings Pascal wirft ein bezeichnendes Licht auf die Computerfrage. Ich komme weiter unten noch darauf zurück. Für den Moment möchte ich lediglich betonen, daß in dieser Unterscheidung viel Verwirrung und unzählige falsche Schlußfolgerungen auf dem Gebiet der Gutachten und Analysen wurzeln ... und zwar häufig auf hohem

Niveau. Das Carlsons Experiment in den Vereinigten Staaten, das zur ausdrücklichen Verdammung der Astrologie geführt hat, war meiner Meinung nach mit diesem Mangel an Feinsinn behaftet, der zur Wahl falscher Testkriterien führte. Aber täglich begegnen wir »Spezialisten«, hören oder lesen wir von Fachleuten, die, wie Herr Professor Wetterfahne, unfähig sind, ihre Kenntnisse zu relativieren und sie in das kollektive Sammelbecken des Wissens einfließen zu lassen. Gelehrte, die sich einer völlig unverständlichen Sprache befleißigen und nur ihre Lehrsätze im Kopf haben, keine Spur von gesundem Menschenverstand, aber dafür um so kategorischer. Bedauerlich ist auch die Kehrseite der Medaille, die genauso unvollkommen ist: Menschen, die zwar über geistige Tiefe und Scharfsinn verfügen, denen aber offenbar sowohl intellektuelle Disziplin und Gedankenstrenge fehlen als auch das Vermögen, ihre Intuition argumentativ zu strukturieren. Die erste Kategorie leidet im allgemeinen an Unverhältnismäßigkeit – daher auch ihre Überheblichkeit, und die andere vermag sich keine Autorität zu verschaffen. Denn der systematische Geist oder der Geist der Geometrie, den die Dialektik unterstützt, sowie Bildung und Information (alles Sachen, die man sich aneignen muß und kann, was am ehesten an den Universitäten geht) verleihen dem Geist des Feinsinns erst seine Form und damit seine Autorität. Aus diesem Grunde bringt man auch dem Arzt oder dem Futurologen von vornherein mehr Respekt entgegen als dem Heilpraktiker oder dem Hellseher. Und doch ist der Geist des Feinsinns eine Gabe, die man nicht erlernen kann. Daher auch die unzähligen »intelligenten« – nein, gebildeten oder vielmehr mit Informationen vollgestopften – Dummköpfe, die wie Dickhäuter argumentieren.

Ich habe mich so ausführlich über diese Unterscheidung des Geistes ausgelassen, weil sie von grundlegender Bedeutung ist. Natürlich sollte im Idealfall jeder von uns beide Teile in einem ausgeglichenen Verhältnis besitzen – was in Wirklichkeit schon mal nicht der Fall ist. Wenn es aber um Menschen geht, die einen Beruf gewählt haben, der ihnen Macht über andere gibt (wie Psychologen, Ärzte, Sozialarbeiter, Astrologen, Psychoanalytiker usw.), versteht es sich von selbst, daß solche Unvollkommenheit oder

Lücken gefährliche Folgen haben können. Der Geist des Feinsinns, der aus den verschiedenen Aspekten eines Problems eine scharfsinnige Synthese herausschält und dem Spezialisten die beste Art eingibt, seinem Klienten den Tatbestand darzulegen, ist in der Tat von wesentlicher Bedeutung und unverzichtbar. Nun, diese ausgeglichene Mischung aus intelligenter, logischer Überlegung und dem *erfinderischen, freien* Teil des Geistes, die das EINZIGARTIGE jedes einzelnen Falles herausarbeiten kann und schon beim Menschen eher selten vorkommt, gehört sicherlich nicht zu den Eigenschaften des Computers. Jedenfalls nicht beim heutigen Stand der Informatik, die sich zwar täglich in Riesenschritten weiterentwickelt, aber ihre Vollendung bestimmt noch nicht erreicht hat.

Der Computer ist aus der Landschaft des 21. Jahrhunderts nicht wegzudenken. Vielleicht ist sein bescheidener Vorläufer die mechanische Rechenmaschine, die ausgerechnet von Pascal konstruiert wurde – der sich, wie man sieht, keineswegs darauf beschränkte, ausführliche Überlegungen über die Nase der Kleopatra anzustellen.

Seit 1812, als der Engländer Babbage die Grundlagen für große Elektronenrechner legte, hat die Forschung auf diesem Gebiet gewaltige Fortschritte gemacht. 1964 brachte IBM den ersten Computer mit integrierter Schaltung (IBM 360) auf den Markt, den man als Vater unserer heutigen Computer betrachten kann. Ich möchte übrigens darauf hinweisen, daß mit dieser bemerkenswerten Neuerung eine äußerst seltene und vielsagende Planetenkonstellation zusammenfiel: 1962 bildeten Uranus (Symbol für Spitzentechniken, Elektrizität und insbesondere Elektronik) mit Pluto (Neuschöpfungen, materielle Leistung) eine Konjunktion in der Jungfrau (dem – neben Stier – eigentlichen Zeichen der Zahlen ... und der Verkleinerung: der Chips!). Außerdem ergab sich Mitte desselben Jahres ein wunderschöner Trigonaspekt zwischen Jupiter (Ausdehnung) und Uranus. Die Entwicklung des Personal-Computers Altair (von der amerikanischen Firma MITS) im Januar 1975 – unter einem Aspekt zwischen Jupiter und Uranus – war ein bedeutendes Ereignis. Aber man mußte erst die Konjunktion dieser beiden Planeten im Jahre 1983 abwarten, um den unaufhaltsamen Aufschwung der Elektronik miterleben zu können, die von da an Einzug in den Alltag hielt.

Damit hat der technische Fortschritt einen gewaltigen Sprung nach vorn gemacht, denn der Computer kann unüberschaubar große Dienste leisten, nicht zuletzt auf sozialem Gebiet. Aber man muß die Grenzen dieser modernen Götter kennen. Man darf sie nicht anbeten und sich von ihnen beherrschen lassen, sondern muß sie als Werkzeuge einsetzen. Die atemberaubende Entwicklung von Computern aller Art hat zugleich die wachsende Begeisterung unserer Zeit für die Astrologie begleitet und begünstigt, denn sie ermöglicht in dem Maße, in dem diese Wissenschaft vom Menschen auf unwiderlegbaren mathematischen und astronomischen Fakten beruht, die systematische Formulierung von Horoskopanalysen.

»Die Zahl der Amerikaner, die die Astrologie unterhaltsam oder faszinierend und einer ernsthaften Untersuchung würdig finden oder sie sogar als eine Art Glaubensersatz ansehen, hat diese Minderheit in ein soziales Phänomen verwandelt«, konnte man schon am 21. März 1969 in einem Artikel des Magazins *Time* lesen, der Caroll Righter gewidmet war, dem großen amerikanischen Astrologen. *Time* gab folgende Zahlen an: 10 000 Berufsastrologen und 575 000 Amateure allein in Amerika. Diese Begeisterung ist heutzutage weltweit verbreitet, und die Zahl der Menschen, die ihren Aszendenten – und erst recht ihr Sternzeichen – kennen, nimmt täglich zu. In einer Umfrage, die in einer deutschen Illustrierten Ende 1987 veröffentlicht wurde, stellte sich heraus, daß in Deutschland eine von zwei Personen denkt, daß »an der Astrologie etwas Wahres« ist, während eine von drei Personen völlig daran glaubt. (Nebenbei bemerkt, ich kann dieses Wort »glauben« nicht ausstehen, denn es erinnert unweigerlich an ein Glaubensbekenntnis. Dabei handelt es sich doch um die intellektuelle Zustimmung zu einer Erkenntnis...) Eine weitere Umfrage, die kürzlich von der französischen Wochenzeitschrift *Express* durchgeführt wurde, zeigt, daß sich die Generation der 16- bis 24jährigen immer mehr für Astrologie interessiert und mehr darüber wissen will, was weiter nicht verwunderlich ist: die Jugend ist ja der Teil der Bevölkerung, der am meisten für Zukunftsfragen sensibilisiert ist.

Die Astrologie, die wieder aus dem Untergrund aufgetaucht ist, in den sie durch den Bannfluch im 17. Jahrhundert verbannt worden war, ist in unseren Tagen zu einem echten soziologischen und kulturellen Phänomen geworden; zu ihrem Vorteil wie zu ihrem Nachteil, und leider allzu oft zu ihrem Nachteil! ...

Der Computer ist eines der wirkungsvollsten Hilfsmittel in der Astrologie, das muß man zugeben. Das »Computer-Horoskop« bietet einige Vorteile, es ist bequem und billig. Außerdem fällt die »Schwellenangst« des Klienten weg, der in der Anonymität bleiben und trotzdem sein *persönliches Orakel* befragen kann. Aber: Erhält er eigentlich wirklich ein persönliches Horoskop?

Auf den ersten Blick sieht es für den Klienten so aus, denn die Informationen, die er dem Computer liefert, sind seine ureigenen: Es handelt sich um *sein* Geburtsdatum, um *seine* Geburtsstunde und um *seinen* Geburtsort, die dem elektronischen Monster eingegeben werden und als Basis und Datenmaterial für ein Produkt dienen, das scheinbar nach Maß angefertigt wird. Die Planetenstellungen bei der Geburt des Betreffenden, die in diesem Horoskop angegeben werden, sind tatsächlich genau (vorausgesetzt, der Apparat ist korrekt programmiert, was nicht immer der Fall ist).

Damit hat es sich allerdings schon mit der Maßarbeit. Denn die Bedeutungen, die den verschiedenen Konstellationen zugesprochen werden (den Planeten in den Zeichen, den Aspekten), werden isoliert voneinander betrachtet, qualitativ zwar korrekt, aber dabei fehlt die Synthese in bezug auf die einzigartige Persönlichkeit des Klienten, die ein organisches Ganzes bildet. Außerdem hebt der Computer jegliche *Hierarchisierung* der astrologischen Faktoren in einem Horoskop auf, die einander häufig widersprechen, wie jeder Astrologe bestätigen kann. Wenn ein Kosmogramm beispielsweise sowohl einen hemmenden Faktor (etwa eine saturnische Dominante) als auch einen extravertierten aufweist (also eine Venus-, Mars- oder Jupiter-Dominante), stellt sich die Frage, welcher dieser beiden Faktoren sich gegen den anderen durchsetzen wird. Konkret ausgedrückt: In welchem Lebensbereich wird sich der Betreffende introvertiert oder extravertiert verhalten (in seinem Beruf, seinem Privatleben, im Freundeskreis)? Nur eine Diagnose, die die globale und *innerlich verbundene* Struktur des Horoskops berücksichtigt, erlaubt eine intelligente, wahre Synthese. Und das geht eben nicht ohne den gewissen *Geist des Feinsinns*.

Der Computer selbst kann nur über den *Geist der Geometrie* verfügen. Aber gerade auf dem Gebiet der menschlichen Seele genügt dieser allein nicht. Denn der Computer kann nur ausspucken, was ihm eingegeben wurde; wie auch ein Wörterbuch nur Begriffe verzeichnet und keine Syntax enthält, die allein die Wörter *intelligent* miteinander verbindet. Die Sprache der elektronischen Maschine ist eine beschränkte, binäre Sprache, Stückwerk und »ein Spiel ohne Regeln, reduziert auf seine Grundelemente«. Sie ergibt ein bloß horizontales *Nebeneinander* von Teilbedeutungen, die den isoliert betrachteten Planetenkonstellationen entsprechen, was (den erklärten Feind der Astrologie) Paul Couderc dazu bewegte, dieses uneinheitliche Produkt als *Harlekinade* zu bezeichnen. Die Verleumder der Astrologie profitieren natürlich von den Schwächen des Computers – nicht etwa, daß sie die Maschine dafür verantwortlich machen, nein, die Astrologie selbst halten sie für beschränkt. Berühmt sind die Experimente, die die Zeitschrift *Science et Vie* in Zusammenarbeit mit Michel Gauquelin durchgeführt hat. (Bei diesen Experimenten wurden einer Computerfirma die Geburtsdaten von zehn Kriminellen eingeschickt.)

Es ist natürlich einfach, eine Disziplin zu verspotten, wenn die Ergebnisse einer Untersuchung negativ ausfallen. Man müßte sich zuerst vergewissern, ob die Regeln dieser Disziplin respektiert wurden. Das aber war hier nicht der Fall. So ist es allseits bekannt, zu welch lächerlichen Schlußfolgerungen die Maschine kam in bezug auf die Horoskope des französischen Massenmörders Dr. Petiot, des Pfarrers d'Uruffe und von Elisabeth Ducourneau, der letzten Frau, die unter der Guillotine starb. Die astrologischen Diagnosen für diese Personen waren nicht nur sehr zuversichtlich, sondern sie gingen komischerweise *völlig am Thema vorbei*. Gut. Aber das kann nicht der Astrologie zur Last gelegt werden, sondern der rein analytischen und nicht synthetischen Arbeitsweise des Computers. Ganz abgesehen von der »mala fide« des Verdikts, das auf die Grundeigenschaft des Computers hätte eingehen müssen: nämlich daß ein Computer lediglich die analysierten Faktoren aneinanderreihen kann, aber unfähig ist, eine befriedigende Synthese mit klugen Nuancen zu machen.

Bekanntlich ist jeder Mensch ein mehr oder weniger vielschichtiges Wesen, also nicht frei von Gegensätzen und Widersprüchen. Wenn man böswillig ist, genügt es daher, einfach einen der astropsychologischen Faktoren des Horoskops isoliert herauszugreifen (im Fall von Dr. Petiot zum Beispiel seine venusische Seite »von beängstigender Sensibilität«!). Ohne einen gegensätzlichen, antithetischen Faktor ergibt sich daraus ein völlig groteskes, unausgeglichenes Bild. Auch seine »sich gut in die sozialen Normen einfügende Wesensart«, von der im Horoskop dieses berühmten Verbrechers die Rede war und der sein sozial *angepaßter* Teil (er war Mitglied des »conseil général«, verdienter Bürgermeister und wohl auch guter Arzt) entspricht – alles Tätigkeiten, die eine positive, lichte Seite der Persönlichkeit zeigen – macht nur seine Dr.-Jekyll-Seite sichtbar, nicht aber seinen Mr.-Hyde-Aspekt, die gegensätzliche Schattenseite.

Michel Gauquelin, der Initiator dieser schon vor längerer Zeit durchgeführten Experimente, gibt selbst die Schwäche einer solchen im Grunde anti-astrologischen Beweisführung durch den Computer zu, wenn er schreibt: »Die Computer-Astrologie liefert uns weniger ein Horoskop denn ein Skelett von einem Horoskop, oder noch genauer, die Teile eines Skeletts ohne jegliche Verbindung untereinander.« Wenn man dieser bedeutsamen Einschränkung noch die Tatsache hinzufügt, daß in neun von zehn Fällen nur die *aufgerundete* statt der genauen Geburtsstunde in den Computer eingegeben wird (obwohl man weiß, daß ein Unterschied von vier Minuten bereits eine Verschiebung der Aspekte im Horoskop zur Folge hat), kann man vernünftigerweise keine Wunder in puncto psychologische Treffsicherheit erwarten!

André Barbault selbst, Verantwortlicher für die Horoskope der Firma *Astro-Flash* (die diese berüchtigten Horoskope erstellt hatte), gestand, von *Science et Vie* darauf angesprochen, daß der Computer »traumatisierende Interpretationen« vermeide und daß er im Regelfall die Wirklichkeit beschönige. Ich kann diese Vorsicht bei der elektronischen Horoskop-Erstellung gut verstehen. Schließlich ist der Empfänger ein anonymer Unbekannter, den man weder einordnen noch so »begleiten« kann, wie ein Arzt einen Patienten begleitet. Da bei diesem Vorgehen mangels Synthese die genaue Bewertung eines Faktors unmöglich ist, und da der Computer die eingegebenen Daten ganz simpel zusammenfügt, ist diese Vorsicht absolut notwendig. Sie ist übrigens auch bei der Benützung des Computers als Berechnungsinstrument und Interpretationsbasis durch den Amateur-Astrologen geboten. Denn heute kann sich jeder einen billigen Kleincomputer kaufen, der ihm die mühsame – und oft langwierige – Berechnung seines Horoskops abnimmt. Mit Hilfe eines Interpretations-Handbuchs kann er sich in die Analyse seines Kosmogramms vertiefen und den Astrologie-Lehrling spielen. Das alles ist schön und gut, aber für seine Schlußfolgerungen sollte er unbedingt einen erfahrenen Astrologen hinzuziehen, der seine Ergebnisse richtig einzuordnen vermag. Welchen schlimmen Ängsten und Befürchtungen ist er sonst ausgesetzt, wenn er beispielsweise entdeckt, daß ihn der dissonante Saturn im achten Haus zu einem frühzeitigen Tod bestimmt, und zwar durch Feuer, wenn sich dieser Planet in einem Feuerzeichen befindet, durch Ersticken oder Erdrosseln, wenn er sich in einem Luftzeichen befindet... usw. Vor allem die alten Handbücher können uns mit ihren alarmierenden Deutungen das Gruseln lehren: einige schlaflose Nächte sind Ihnen sicher!

Nur lange Erfahrung mit der Astrologie und eine intelligente »Verarbeitung« der Planeten-Symbole ermöglichen eine vollgültige individuelle Analyse. Denn man muß bedenken, daß eine Astrologie-Anleitung – genau so wie ein Computerprogramm mit Deutung und Textverarbeitung – nie *alle* Manifestationen auf Erlebnisebene abdecken kann. An diesem Punkt hilft die Fachkenntnis des Astrologen weiter, der, wenn er kompetent ist, die Symbole auf den persönlichen Fall anwendet. Unnötig zu sagen, daß dies beim Computer ausgeschlossen ist.

Wir sprachen vom Dialog: ein letzter entscheidender Punkt in der Kritik, die man gegen den Computer als Ersatz-Astrologen vorbringen kann. Ich habe bereits darauf hingewiesen, wie wichtig es ist, daß der Astrologe die Situation des Ratsuchenden möglichst genau abschätzt, um ihn durch sein Horoskop besser erfassen zu können. Denn das ist, was wir nie vergessen dürfen, gewissermaßen die stilisierte, plastische oder elastische, verformbare, wie im Wasser gespiegelte Struktur des Menschen. Ein und dasselbe Horoskop kann mehrere verschiedene Lebensweisen aufzeigen, die sich wie Akkorde auf mehreren Oktaven überlagern. Um das *Spiel* (im Sinne von Spielraum) dieses Horoskops beurteilen zu können, das den Aspekt Freiheit, eigener Wille, in einem Wort: die *Dimension* der Persönlichkeit darstellt, ist der Dialog lebenswichtig. Welcher Arzt würde *blind* oder gar brieflich eine Diagnose stellen?

André Barbault selbst, der seinerzeit mit seinem *Astro-Flash-System* im Kreise seiner puristischen (oder nur weniger kühnen?) Astrologenkollegen Mißbilligung hervorgerufen hatte, rechtfertigte seinen Versuch folgendermaßen: »Es gibt zwei Interpretationsebenen. Da ist einmal die Himmelskonstellation bei der Geburt und in einem bestimmten Augenblick des Lebens. Und dann gibt es die Beziehungen zwischen den Bestandteilen dieser Konstellation und uns selbst. Der Computer liefert das *Rohmaterial,* ermöglicht eine erste Formulierung. Für wenige (zehn...) Francs leistet die Maschine gute Arbeit. Was nachher kommt, ist eine Frage der Beziehung zwischen dem Deutenden und der ihm verfügbaren Deutung. Nichts hindert den Fragenden daran, einen Astrologen aufzusuchen, um ihn bei einem bestimmten Problem um Rat zu fragen.«

Natürlich; angesichts des Berges kümmerlicher Interpretationstexte, die von einigen mit ein paar Grundelementen gefütterten Computern ausgespuckt werden, Texte, die nur dazu beitragen, die Astrologie zu entstellen und den Abgrund zwischen ihrer wahren Natur und dem Zerrbild ihrer selbst zu vertiefen, kann man nur bedauern, was Ende dieses Jahrhunderts ein notwendiges Übel geworden zu sein scheint. Aber wenn man das Problem aus einem optimistischen – und dennoch realistischen – Blickwinkel betrachtet, kann man sich vor Augen halten, daß »das Bessere der Feind des Guten ist«: Das Aufkommen dieser (unvollkommenen) elektronischen Horoskope kann immerhin die Neugier und, wer weiß, vielleicht sogar eine echte Berufung wecken. Vor allem dürfen wir nicht vergessen, daß der Computer das Leben der Astrologen verändert hat, die seither nicht nur mehr Zeit für die Interpretation aufwenden können, da ihnen die Horoskopberechnungen erspart bleiben, sondern auch sich – und das ist von ausschlaggebender Bedeutung für die »Renaissance« der Astrologie – vermehrt der Forschung und ihren statistischen Erhebungen widmen können. Zusammen mit den zahlreichen Prognosen, die durch den Zeitgewinn möglich geworden sind, wird dies in hohem Maße dazu beitragen, daß die Astrologie ihren »Adelsbrief« zurückerhält. Ich persönlich besitze seit 1976 einen amerikanischen Computer, der einzig und allein für astrologische Zwecke programmiert wurde – der aber natürlich keine Interpretationstexte ausspuckt. Ich könnte ihn mir aus meiner beruflichen Tätigkeit nicht mehr wegdenken. Ich hätte ohne ihn sicherlich einen guten Teil meiner bisherigen Arbeit nicht leisten können. Seine Kapazität ist erstaunlich, enthält er doch unter anderem Ephemeriden, die bis 10 000 v. Chr. zurückgehen, und die auf der anderen Seite ein Horoskop bis in das Jahr 10 000 ermöglichten.

Schlußfolgerung: Selbst wenn es gelingt, die *Software* (also das Programm) des Computers zu verbessern und zu verfeinern, kann ich mir nicht vorstellen, wie er die Kunstfertigkeit des Astrologen ersetzen könnte. Denn sein Erzeugnis bleibt einseitig und grob: quantitativ und nicht qualitativ, außerdem blind und anonym. Es sei denn, man nimmt sich die Zeit und legt über Jahre hinweg ein Lexikon aller Interpretationstexte an, das die gesamte – riesige! – Zahl der möglichen Fälle voraussieht, *alle* astrologischen Parameter und *jede* ihrer Kombinationen in Betracht zieht. Aber auch dann noch ... Selbst wenn alle Knöchelchen des Skeletts aufgereiht sind: wer bringt die verschiedenen Elemente in die richtige Rangordnung? Und was geschieht mit der Synthese?

Das ist auch der Grund, warum ich mich bisher aus Zeitmangel geweigert habe, ein Charakter-Horoskop durch den Computer anzufertigen. Obwohl ich einen Abstecher in die Elektronik gemacht habe, indem ich in Frankreich ein Minitel-Programm (etwa BTX) astrologischer Voraussagen entwickelte, das dazu bestimmt ist, dem Ratsuchenden sein Sternenklima Stunde für Stunde anzugeben und in dem seine genaue Geburtsstunde berücksichtigt wird. So ist mir durch das »Wunder« des Computers etwas gelungen, das keine Zeitung ihren Lesern anbieten kann: nämlich *individuelle* Prognosen, die zu jedem Zeitpunkt des Tages den Einfluß *aller* Planeten in bezug auf *sieben* Faktoren des persönlichen Horoskops analysieren (Sonne, Mond, Aszendent, Himmelsmitte, Merkur, Venus, Mars). Und das Ergebnis? Voraussagen, die *siebenmal genauer* sind als die in der Presse, die zwangsläufig nur die 12 Sonnenzeichen berücksichtigen können. Und das andere Wunder der Elektronik besteht darin, daß der Benützer die Möglichkeit hat, Zeitsprünge zu machen und herauszufinden, wie seine Sterne zum Beispiel am 5. Mai 1933 standen. Oder er kann eine Reise, eine Hochzeit, den Kauf eines Hauses, die Gründung einer Firma oder ein künstlerisches Werk – für Sommer 1997 planen! Ein Informatiker hat sämtliche Himmelskonstellationen des 20. Jahrhunderts einprogrammiert. Stellen Sie sich mal vor, wie lange der Astrologe brauchen würde, um das alles in seinen Tabellen nachzuschlagen ... mal ganz abgesehen davon, daß das Arbeitsstunden sind, die sich der Fachmann teuer bezahlen läßt.

Allein der Computer macht es auch möglich, in Windeseile die Horoskop-Skizze eines Neugeborenen zu erstellen, von dem angenommen wird, daß es zu einem bestimmten Augenblick vor dem Jahr 2000 geboren werden wird – ein weiteres meiner Datenverarbeitungs-Programme, das ich für die Zeitschrift *Parents* (Eltern) ausgearbeitet habe.

Natürlich wäre es utopisch, ja sogar unehrlich, dem Ratsuchenden etwas zu versprechen, was auch der Computer nicht geben kann, nämlich die Gesamtheit aller möglichen Szenarien unter einem bestimmten Planeteneinfluß und vor allem den genauen Ablauf der Geschehnisse entsprechend seinem persönlichen Horoskop. Aufgezeigt werden nur Entwicklungen, genaue Tendenzen in einem bestimmten Lebensbereich, die aber häufig abstrakt bleiben. Astrologie ist schließlich keine Hellseherei!

Ziehen wir eine Parallele zwischen der königlichen Kunst der Sterne und dem Schachspiel, um damit auch auf die Grenzen des Computers hinzuweisen. Als man über Jahre hinweg die spektakulärsten und schwierigsten Schachpartien computerisierte, hat sich beispielsweise gezeigt, daß die Maschine schwächer bleibt als die zehn besten Spieler der Welt.

Genie und *Inspiration* sind beim Computer ausgeschlossen, egal wie hochentwickelt die Programme sind. (Der Vergleich mit der Astrologie drängt sich um so mehr auf, als die Analogie zwischen Schachspiel und Horoskop offensichtlich ist: Hat nicht jeder Bauer je nach seiner Stellung auf dem Schachbrett seine eigenen Regeln, seine charakteristische Fortbewegungsart? Die gleiche Wechselbeziehung bestimmt den Planeteneinfluß in einem Horoskop.)

So müssen sich die Praxis und die Theorie, die Kunst und die Wissenschaft unaufhörlich gegenseitig durchdringen: die Wissenschaft, indem sie kontrolliert, klarstellt und verbessert, und die Kunst, indem sie in *jedem einzelnen Fall* die wissenschaftlichen Angaben *anpaßt* und sie um das kreative Element bereichert. Da die Maschine heutzutage den Menschen mehr und mehr verdrängt, ist es lebenswichtig, daß es Bereiche gibt, in denen der menschliche Austausch, die Beratung und der Dialog aufrechterhalten werden. Die Astrologie ist bestimmt einer dieser Bereiche.

Auch auf die Gefahr hin, inkonsequent zu erscheinen, behaupte ich, daß ein gutes Computer-Horoskop – entstanden aus einem abgestuften Programm, das die Horoskop-Dominante (eine heikle Aufgabe) berücksichtigt – oder eine schlichte Charakterskizze, die sich auch als solche, nämlich als eine erste Annäherung ausgibt, der traumatisierenden oder saft- und kraftlosen Beratung durch einen verantwortungslosen Pseudo-Astrologen vorzuziehen ist.

ZWANZIGSTES KAPITEL

Die verschiedenen Anwendungsbereiche der Astrologie in der modernen Welt

»Was die Astrologie tut, ist, uns zu zeigen, daß es Übereinstimmungen zwischen dem Makrokosmos und dem Mikrokosmos gibt... Ob die Astrologie nun eine Wissenschaft oder eine Pseudo-Wissenschaft ist, die Tatsache bleibt, daß die ältesten und größten Kulturen, die wir kennen, ein Jahrhundert nach dem anderen die Astrologie als Grundlage für ihr Denken und Handeln benutzt haben.«

(Henry Miller)

»Die Astrologie ist eine Wissenschaft für sich, aber eine wegweisende. Ich habe viel aus ihr gelernt und viel Nutzen aus ihr ziehen können. Die physikalischen Energien unterstreichen die Macht der Sterne über unser irdisches Geschick. Die Astrologie wiederum unterstützt die physikalischen Erkenntnisse. Deshalb ist sie eine Art Lebenselexier für die Gesellschaft.«

(Albert Einstein)

In unserer modernen Zeit sind die Anwendungs- und Einsatzmöglichkeiten für die Astrologie unüberschaubar groß und vielschichtig. Und die mannigfaltigen Gebiete, auf denen sie sich nützlich machen kann, sind noch gar nicht alle klar umrissen. Je eher die königliche Kunst der Sterne allgemein anerkannt wird, das versteht sich von selbst, desto besser kann sie praktisch in der Gesellschaft eingesetzt werden und ihr unersetzliche Dienste leisten. Und diese glückliche Zeit hat schon begonnen: der Einzug der wahren Astrologie – einer von allen dogmatischen Schlacken, von Scharlatanerie und Beutelschneiderei befreiten Astrologie – ist nahe. Ich möchte hier zur Information oder zur Erinnerung die Gebiete kurz überfliegen, auf denen diese kostbare Wissenschaft von den Gestirnen zum größten Nutzen der Menschen angewandt werden kann.

Es versteht sich eigentlich von selbst – und doch ist es sehr wichtig, es noch einmal zu betonen –, daß der Wert der Schlußfolgerungen auf den verschiedenen Anwendungsgebieten von der Sachkenntnis des Astrologen abhängt. Das gleiche gilt aber für alle Berufe, bei denen der Mensch zugleich Subjekt (der Praktizierende) und Objekt (der Ratsuchende) der Analyse ist: Es ist bei allen Humanwissenschaften der Fall, bei der Psychologie, der Graphologie, der Medizin usw. (immer wenn der Mensch im Mittelpunkt steht und die Erkenntnisfindung den direkten Kontakt mit dem Menschen voraussetzt). Bei der Astrologie ist nicht nur die berufliche Kompetenz ausschlaggebend, sondern auch die moralische und menschliche Substanz des konsultierten Astrologen. Wenn dieser moralisch weniger entwickelt ist als sein Klient: wie kann er ihn dann nutzbringend beraten? Er wird ihm alltägliche und prosaische Ratschläge geben, während der Ratsuchende in höheren Sphären schwebt und sich mit metaphysischen und existentiellen Problemen beschäftigt! . . . Natürlich ist eine vollkommene Objektivität ausgeschlossen, das wissen wir seit Kant. Zu diesen ersten Schwierigkeiten kommt unweigerlich noch das Problem der Auswahl von Bewertungskriterien hinzu: Es findet eine *unbewußte,* vorwissenschaftliche *Wahl* statt, die die Ergebnisse unabhängig vom Willen des Praktizierenden oder des Fragenden lenkt und die durch seinen Wertmaßstab, seine Neigungen und Zwangsvorstellungen bestimmt ist. Es gibt so viele Bewußtseinsmuster wie es Astrologen gibt – oder Psychologen, Ärzte, Graphologen usw. Aber wie gesagt, »das Bessere ist der Feind des Guten«, und die Hilfe, die der Astrologe geben kann, ist im allgemeinen echt.

Hier die Gebiete, auf denen diese Hilfe zur Anwendung kommt:

Die Astrologie als Kurz-Psychoanalyse, als Psychotherapie, die von Schuldgefühlen befreit: So bezeichne ich die sorgfältig ausgeführte Horoskop-Analyse, die meisterlich auf die sokratische Ermahnung zum »Erkenne-dich-selbst« antwortet. Die Selbsterkenntnis, die anhand der Interpretation des Geburtshimmels möglich wird, bildet sicherlich das vornehmste Anwendungsgebiet der Astrologie neben ihrem Beitrag auf metaphysischer und gnostischer Ebene, der ihrem Einsatz im Alltagsleben übergeordnet ist. Ich habe in diesem Buch ausführlich erläutert, daß das Horoskop ein Schlüssel zur Seele, zum Temperament des menschlichen Wesens und somit zur Selbsterkenntnis ist. In dieser Hinsicht verfügt die Astrologie über bedeutende »mäeutische« Möglichkeiten, da sie Triebe aller Art und Traumata aus dem Unbewußten ans Licht des Bewußtseins holen kann, die sonst dem »Patienten« vielleicht für immer verborgen blieben und sich, wenn sie unterdrückt werden, schädlich auswirken – wie Freud jedenfalls behauptet. Die Astrologie ist Stimulus und Substrat der deduktiven Intelligenz, die im Idealfall zu dem führen kann, was Husserl *das absolute Bewußtsein* nennt. Hier drängt sich eine Anmerkung auf: Um seiner heiklen Aufgabe als »Leser« der Seele gewachsen zu sein, muß der Astrologe umfassende Kenntnis der Tiefenpsychologie, der transzendentalen Psychologie sowie der Metaphysik besitzen.

Jung behauptet, daß das *Übermentale* beim Yoga nichts anderes sei als das Freudsche Unterbewußte. Das kommt mir übertrieben vor, denn diese beiden Zustände unterscheiden sich in der Bewußtseinsebene: Jung scheint den Verstärkungsfaktor des Be-greifens, diesen Übergang vom Scheinbaren zum Wirklichen, vom Schatten zum Licht zu vergessen, der im Grunde nichts anderes als eine Bewußtwerdung ist. Die Astrologie kann wirkungsvoll dazu beitragen, dieses Unterbewußte aufzudecken, vor allem durch die Astro-Psychoanalyse, wie wir gleich sehen werden.

Der Astrologe soll also mit seiner Kunst dem Ratsuchenden als Spiegel dienen. Aber der Klient soll keine autoritären Ratschläge von ihm erwarten, sondern die objektive Beschreibung seines Wesens oder einer bestimmten Situation sowie Hinweise auf das Spektrum seiner Handlungs- und Entwicklungsmöglichkeiten. Mit anderen Worten: Der Astrologe soll ihm seine Schwächen aufzeigen, die Stellen, an denen er sich um Verbesserung im Hinblick auf eine positive Entwicklung, Entfaltung und bessere soziale Einordnung bemühen muß. Der freie Wille des Menschen bleibt dabei vollkommen erhalten. Im Gegenteil, der Mensch wird, wenn er die Hinweise und Angaben des Astrologen anwendet und sich dadurch seiner vorhandenen Kräfte und Möglichkeiten, seiner Talente, seines Temperaments und seiner psychischen »Achillesferse« bewußt wird, in die Lage versetzt, die positiven Seiten seiner Persönlichkeit einzusetzen und die negativen zu erkennen und unter Kontrolle zu bringen. Diese Erweiterung des Bewußtseins und der Selbsterkenntnis wird seine beste Waffe im Leben sein und das sicherste Instrument für einen Fortschritt, eine Entwicklung seiner moralischen oder spirituellen Persönlichkeit. Der Tiefenpsychologe C. G. Jung sagte sinngemäß: »Bei einer schwierigen psychologischen Diagnose erstelle ich gewöhnlich ... das Horoskop. Und sehr häufig habe ich beobachtet, daß die astrologischen Elemente gewisse Punkte erklären, die ich sonst nicht hätte verstehen können.«

Das Paradoxe am Menschen ist, daß er erst durch die Überwindung seiner ursprünglichen Bedingtheit seinen wahren Wert beweist. Diese Überwindung ermöglicht ihm einen Sieg über sich selbst – statt ihn herabzusetzen, zu begrenzen und sich selbst zu entfremden. Es ist somit offenkundig, daß der freie Wille des Menschen im Verhältnis zu seiner seelischen Entwicklung steht: je weiter der Mensch in seiner Entwicklung fortgeschritten ist, desto mehr ist er fähig, sein Schicksal zu schmieden und es zu beherrschen. Je passiver und beschränkter er aber ist, desto mehr wird er durch sein Geburtshoroskop, durch seine »rohen« Kräfte und Möglichkeiten »programmiert«, da es ihm nicht gelingt, über sie hinauszuwachsen.

Erfahrungen mit und Berichte von »Psychoanalysierten« haben mich davon überzeugt, daß zwei oder drei Sitzungen bei einem kompetenten Astrologen soviel wert sind wie eine zeitraubende und (oft) mühselige Psychoanalyse.

Der Geburtshimmel kann sogar die höchste Berufung eines Menschen aufzeigen, das Gebiet, auf dem er seine spirituelle Erfüllung suchen sollte. Dieses Gebiet hat oft nichts mit seinem Beruf oder dem Bereich zu tun, in dem er seinen Lebensunterhalt verdient – die aber auch aus dem Horoskop ersichtlich sind.

Aber der außerordentliche Vorteil der Astrologie gegenüber der klassischen Psychoanalyse besteht im *timing* – also im Ermitteln der wichtigsten Zeitpunkte in der Vergangenheit oder Zukunft, die durch den unveränderlichen (und somit berechenbaren) Lauf der Planeten festgelegt sind. So können Sie erfahren, welches die Perioden sind, in denen sich ein bestimmter Mangel stärker bemerkbar machen wird, der Sie in eine schwierige, ja hoffnungslose Lage bringen kann, wenn Sie Ihrer Veranlagung einfach nachgeben, ohne sie unter Kontrolle zu bringen. Ist das nicht eine unschätzbar wertvolle Dienstleistung?

In bezug auf die großen Planetenzyklen hat jeder von uns seine eigenen kosmischen Fristen einzuhalten, Hindernisse zu überwinden, um sich weiterentwickeln zu können. Uranus zum Beispiel hat einen Zyklus von vierundachtzig Jahren. So ist es in der Halbzeit seines Zyklus (bei der Opposition von Uranus zu seiner Position im Geburtshoroskop und beim Viertelzyklus – also jeweils ungefähr mit zweiundvierzig und einundzwanzig Jahren – völlig normal und voraussehbar, daß jeder Mensch eine größere Veränderung durchmachen wird, die nach Geburtshoroskop in verschiedenen Lebensbereichen stattfinden kann. Um ein Beispiel zu geben: Mit Uranus im vierten Haus (Familie, Herkunft) ist es so gut wie sicher, daß der Betreffende mit einundzwanzig Jahren, wenn Uranus die erste Quadratur mit sich selbst zu seiner Radix-Stellung bildet, den Drang verspüren wird, sein Elternhaus zu verlassen, um sein Leben selbst in die Hand zu nehmen. Mit zweiundvierzig Jahren (bei der Opposition), wird er eine Zeit großer Unbeständigkeit in bezug auf die von ihm gegründete Familie erleben. Diese Unbeständigkeit wird, wenn sie noch durch andere dissonante Faktoren im Horoskop verstärkt wird, die zur gleichen Zeit wirksam sind, zur Scheidung und zum Verlassen der Familie führen – über eine heftige Unabhängigkeitskrise, die auch *midlife crisis* genannt wird. Und seine ganze Umgebung wird bedauernd feststellen, daß sie ihn nicht wiedererkennt, denn Uranus bewirkt den Bruch mit und die Abkehr von der Vergangenheit.

Saturn hingegen, dessen Zyklus etwas mehr als neunundzwanzig Jahre beträgt, kennzeichnet mit seinen Phasen von etwa sieben und vierzehneinhalb Jahren die Zeiten der Rückbesinnung auf sich selbst, der Konfrontation mit einer unbequemen Wirklichkeit oder lastender Verantwortung, mit Prüfungen und kaum erträglicher Frustration, die jedoch für unsere geistige Entwicklung notwendig sind. Das gleiche gilt für die noch heimtückischeren, deprimierenderen und zersetzenden Dissonanzen von Neptun, die alle einundvierzig Jahre stattfinden ... Wenigstens hat man Zeit zu verschnaufen!

In diesem Zusammenhang kommt einem die sogenannte schmerzlose Geburt in den Sinn – eine reichlich beschönigende Umschreibung! –, die aber den klaren Vorteil hat, daß die Frau bei allen Qualen wenigstens erfährt, *warum* sie leidet, *was* in ihrem Körper vor sich geht und *zu welchem Zweck*. Und wenn man einen Schmerz intellektuell begreift, verliert er seinen geheimnisvollen Charakter und seine Dramatik. Etwas Ähnliches geschieht in der astrologischen Psychotherapie, die sich in der nächsten Zeit gewaltig weiterentwickeln wird. (Natürlich müssen die Astrologen, die sich auf dieses Gebiet spezialisieren, über sehr fortgeschrittene Kenntnisse der Psychologie, der Psychoanalyse und der Psychopathologie verfügen.)

Nehmen wir ein Beispiel: Eltern schreiben mir und bitten mich um Hilfe. Ihr siebzehnjähriger Sohn ist dabei, auf die schiefe Bahn zu geraten. Dabei war er bisher ein Mustersohn. Er ist schon mehrmals von zu Hause ausgerissen, und seine Eltern haben allen Grund anzunehmen, daß er Drogen konsumiert. Außerdem ist er in letzter Zeit aus unerklärlichen Gründen sehr depressiv, und seine Eltern befürchten das Schlimmste.

Während ich das Horoskop des Sohnes erstelle, wird mir seine Situation sofort klar: Er hat seine Geburtssonne in Fische (Sensibilität, Beeinflußbarkeit, pessimistische Neigungen) im fünften Haus (sehr kreativ, aber auch stark von seinen Sport- und Spielkameraden beeinflußbar). Diese Geburtssonne befand sich in seinem Horoskop in Quadratur zu Uranus (Unabhängigkeit, Kurzschlußhandlungen) im achten Haus (Sektor der Krisen, der Infragestellung und der Sexualität). Daraus ergibt sich, daß dieser Mensch sich in zyklischen Abständen widersetzen, Reißaus nehmen muß – besonders unter dem Einfluß seiner Spielkameraden. Zudem ist er dann speziell für eine Flucht in »künstliche Paradiese« anfällig. Nun sind aber bekanntlich die Fische versucht, die Wirklichkeit zu fliehen, und sie sind besonders drogengefährdet. Diese seit der Geburt latent vorhandenen Anlagen schlummerten seit Jahren in ihm und wurden jetzt durch einen äußerst seltenen (alle einundvierzig Jahre stattfindenden) Planetentransit »geweckt«: nämlich durch die doppelte Dissonanz von Neptun zu diesen zwei Horoskopfaktoren, die bereits seit einigen Monaten wirksam war und noch das ganze Jahr andauern würde. Für die Eltern waren diese Informationen bestimmt von Vorteil. Wenigstens wußten sie jetzt, warum Drogen plötzlich eine so große Anziehungskraft auf ihren Sohn hatten.

Die »Wahlverwandtschaften«: Das ist das Spezialgebiet der angewandten Astrologie, da es fast alle Menschen irgendwann in ihrem Leben betrifft. Man könnte übrigens hier den indirekten Beweis erbringen: Gefühlsmäßige Einsamkeit, Frustration, Frauenhaß oder Ehelosigkeit entsprechen ganz bestimmten Planetenstellungen, aus denen man mit Leichtigkeit die entsprechende Schlußfolgerung ziehen kann. So kann man annehmen, daß Saturn, wenn er sich im zwölften Haus (Einsamkeit, Prüfungen) oder in Opposition zu Mars im fünften Haus (Liebesangelegenheiten) oder im siebten Haus (Ehe) befindet, die Entfaltung des Gefühlslebens nicht gerade begünstigt. Das ist nur ein Beispiel, und die Kombinationsmöglichkeiten sind natürlich sehr zahlreich.

Es ist dem Menschen gegeben, die Liebe in zahlreichen verschiedenen Formen zu leben, die sich in den zwölf Tierkreiszeichen widerspiegeln. Zwischen der Liebeskunst des erdentrückten, mutwilligen Verstandesmenschen aus dem Zeichen der Zwillinge und der zutiefst erdverbundenen, genießerischen und naiven des Stiers besteht ein ebenso großer Unterschied wie zwischen der heimlichen, maßlosen und quälerischen Liebe des Skorpions und der strahlenden, selbstbewußten und erobernden des Löwen.

Andererseits ist der Einklang der Aspekte zwischen zwei Horoskopen ein Hinweis auf gutes Einvernehmen, das auf verschiedenen Ebenen herrschen kann, also auf der menschlichen, das heißt auf der gefühlsmäßigen oder freundschaftlichen Ebene, aber auch auf der intellektuellen und leidenschaftlichen (sexuellen) – und manchmal auf (fast) allen zusammen... Eine grundsätzliche Harmonie der beiden Horoskope stellt eine echte Erfolgs- und Glücksgarantie für das Paar dar. Ich habe weiter oben die Arbeiten von André Barbault über die französischen Königspaare erwähnt. Der Grad ihres Einvernehmens – das man ihnen vielleicht nur in der Geschichte weiterhin zuspricht – zeigt sich ganz genau in den traditionellen planetarischen Affinitäten. Diese bestehen im wesentlichen in den (natürlich fiktiven) Konjunktionen bestimmter Planeten an einem bestimmten Punkt in den zwei Geburtshoroskopen. So etwa, wenn sich die Sonne des Mannes am gleichen Punkt wie der Mond oder die Venus seiner Partnerin befand, oder sein Mars zusammen mit ihrer Venus etc.

In einem Horoskop geben die Häuser V (Abenteuer, Liebschaften und ihre Atmosphäre – entsprechend dem Planeten, der sich in diesem Haus befindet –), VII (insbesondere die Ehe) und IV (in bezug auf die Familie, die man gründen wird; dieses Haus steht aber auch für die Familie, aus der man herkommt) Auskunft über die Liebe. Der eigentliche Planet der Gefühlsbeziehungen ist natürlich die Venus: entsprechend ihrer Stellung im Tierkreis und ihrer Aspektbildung (harmonisch oder dissonant) kann man wertvolle Angaben über die Liebesfähigkeit des Betreffenden machen: wie leidenschaftlich oder im Gegenteil wie gehemmt oder gefühlskalt er ist. Außerdem erfährt man entsprechend den Planetentransiten in seinem Horoskop sein Geschick in Liebesdingen oder günstige Zeitpunkte für eine Begegnung oder Hochzeit.

Zur Veranschaulichung kann man also sagen, daß in einem Geburtshoroskop und entsprechend der Aspektbildung mit der Venus der Mond in einem Horoskop den Wandel, die Unbeständigkeit anzeigt; Mars das Feuer und die Leidenschaft; Saturn Gefühlskälte und Antipathie; Uranus das Unvorhergesehene und Unkonventionelle; Neptun Komplikationen, Laster oder eine gewisse Fatalität.

Ich möchte hier zum Schluß noch hinzufügen, daß ein seriöser Horoskopvergleich für ein Paar ebenso nützlich wäre wie eine ärztliche Untersuchung vor der Eheschließung, und daß jeder Eheberater über eine astrologische Ausbildung verfügen sollte. Aber aufgepaßt: Es ist immer noch besser, von diesem komplexen Gebiet, das von so ausschlaggebender Bedeutung ist, überhaupt nichts zu wissen als irgend welche allgemeinen Vorstellungen zu haben, die zu übereilten und falschen Aussagen verleiten können. Wie etwa die, daß überhaupt keine Aussicht auf gutes Einvernehmen zwischen X, der Widder ist, und Y, die Steinbock ist, bestehe. Es existiert zwar eine gewisse Spannung zwischen diesen zwei Zeichen – die grundverschieden sind. Aber wenn sich ihre Aszendenten in Opposition befinden (sexuelle Anziehung), wenn ihre Monde harmonisieren (gleiche Wellenlänge im emotionalen Bereich) und wenn schließlich auch ihre Merkure harmonisch stehen (intellektuelles Einvernehmen), wird dieser »kleine Unterschied« zwischen den beiden als stimulierender und anregender Faktor wirken und ihnen das ersparen, was Nietzsche völlig berechtigt als Feind Nummer Eins in der Ehe betrachtete: die Langeweile!

Medizinische Astrologie und die Gesundheit: Die Astrologie hat, aufbauend auf der Analogie, die sich ganz natürlich zwischen den vier Jahreszeiten, den vier hippokratischen Temperamenten und den vier Mondphasen (oder Mondviertel) ergibt, sehr früh schon den Frühling (erstes Viertel) mit dem *sanguinischen* Temperament – das den Luftzeichen entspricht – und den Urqualitäten *Feucht* und *Warm* in Verbindung gebracht; den Sommer (zweites Viertel) mit dem *cholerischen* Temperament *(Warm und Trocken)* und den Feuerzeichen; den Herbst (drittes Viertel) mit dem *melancholischen* Temperament *(Trocken und Kalt)* und verbunden mit den Erdzeichen; und schließlich den Winter (letztes Viertel) mit dem *phlegmatischen* Temperament, das den Wasserzeichen (und den Urqualitäten *Kalt und Feucht*) entspricht.

Wie allgemein bekannt ist, weist die traditionelle Astrologie seit alters her jede menschliche Körperzone einem bestimmten Tierkreiszeichen zu. Eine der klassischen Darstellungen der Astrologie ist der *Tierkreiszeichenmann (homo zodiacus)*, der im Mittelalter häufig auf schönen Holzschnitten abgebildet wurde und der topographisch die Einflußzonen gemäß den zwölf Tierkreiszeichen aufzeigt. So entspricht der Widder dem Kopf, der Stier dem Hals und den Schultern, die Zwillinge regieren die Arme und die Lunge; der Krebs, ein Wasserzeichen, die Brust und den Magen. Der Löwe aber beherrscht das Herz und die Wirbelsäule. Der Jungfrau hat man schon immer den Unterleib und die Eingeweide zugesprochen, während die Waage die Nieren und die Lenden erbte. Dem Skorpion wurden die Geschlechtsorgane und die Blase zugeschrieben, dem Schützen die Hüften und Oberschenkel. Man brachte den Steinbock in Verbindung mit den Knien, dem Körpergerüst, der Haut und den Zähnen. Die Bereiche des Wassermanns sind traditionell die Blutzirkulation, Handgelenke und Beine; die Fische schließlich regieren die Füße und das parasympathische Nervensystem.

So unterscheidet man:
– das Nierensystem (Widder-Waage);
– das Geschlechtssystem (Stier-Skorpion);
– das Atemsystem (Zwillinge-Schütze);
– das Verdauungssystem (Krebs-Steinbock);
– das Herz- und Kreislaufsystem (Löwe-Wassermann);
– das Eingeweidesystem (Jungfrau-Fische).

Im 16. Jahrhundert war die Theorie weit verbreitet, daß sich der Mensch aus drei verschiedenen Körpern zusammensetze: dem physischen Körper, dem astralen oder planetarischen Körper und schließlich dem reinen Licht-Körper, dem Geist-Leib. Die beiden ersten sind dem großen Arzt Paracelsus zufolge für ansteckende Infektionen anfällig oder für einen unheilvollen Einfluß der Planeten. Eine Krankheit kann sehr wohl von *innen* her durch heftige Gefühlserregung – »Streß« würden wir heute sagen – ausgelöst werden: Haß ist ein Beispiel dafür. Wie Paracelsus meinte, wird dabei der Lichtkörper durch die zwei groberen Körper *verdunkelt*, und der fleischliche Körper muß über den Umweg einer Krankheit die seelischen Gifte ausscheiden. Das ist nichts anderes als eine altertümliche Beschreibung psychosomatischer Erkrankungen. Man nimmt heute an, daß Krebs sehr häufig seelische Ursachen hat. Darüber hinaus verblüfft die doppelte Tatsache, daß einerseits zwischen dem Entstehen von Krebs und dem Planeten Pluto offenbar meistens ein Zusammenhang besteht, daß Pluto aber andererseits mit Sicherheit eine Zeit schwerer Unruhe oder tiefer Wandlung anzeigt, die häufig mit Ängsten und Schuldkomplexen einhergeht... die ohne weiteres den Keim psychosomatischer Störungen bilden können. Jedenfalls besteht eine Wechselbeziehung: Die Frage ist, was war zuerst, das Huhn oder das Ei?

Ich habe Paracelsus schon einmal als den Begründer der modernen *Chronobiologie* erwähnt, die den *Faktor Zeit* als Grundlage der Therapie betrachtet. So setzt die *Chronobiologie* beispielsweise gewisse Lichtmanipulationen in der Behandlung von Depressionen ein, wodurch die körpereigene Produktion von Melatonin angeregt wird.

Interessant sind in diesem Zusammenhang auch die Beobachtungen André Barbaults: Der Eintritt Plutos in das Zeichen des Krebses im Jahre 1915 scheint eine Generation gekennzeichnet zu haben, die »empfänglicher« war für Magen- und Brustkrebs (s. Krebs), wohingegen zusammen mit dem Eintritt dieses Planeten 1939 in das Zeichen Löwe die Herz- und Kreislaufkrankheiten vermehrt aufzutreten scheinen. Der Eintritt des Skorpionregenten in die Jungfrau 1957 hätte demnach eine Generation hervorgebracht, die für Geschwulstbildungen an den inneren Organen anfälliger war. Muß man daraus schließen, daß der Eintritt Plutos in die Waage im Jahre 1972 eine Generation hervorbrachte, die vermehrt zu Nierenschmerzen, Nieren- und Gebärmutterkrebs neigt? Und wäre dementsprechend also der Eintritt dieses Planeten in das Zeichen Skorpion im Jahr 1983 die Ursache für eine Zunahme der Krebsleiden der Geschlechtsorgane (After, Prostata, Eierstöcke)? Oder Blut- (Leukämie) und Knochenmarkskrebs? Auf diesem Gebiet stehen noch ernste und zugleich faszinierende Forschungen bevor...

Culpeper, ein Arzt und Astrologe, der im 17. Jahrhundert lebte, wies auf die medizinisch-astrologischen Eigenschaften der Pflanzen hin (also ihre Wirksamkeit und ihre Affinität in bezug auf bestimmte Zeichen).

Auf Grund genauer Elemente in einem Horoskop, die hauptsächlich durch die Sonne, den Mond, den Aszendenten und die Häuser VI, VIII und XII dargestellt werden, kann der Astrologe wertvolle Auskünfte erhalten über die verletzlichen und schwachen Stellen eines bestimmten menschlichen Organismus.

Auch die verschiedenen Planeten symbolisieren die physiologischen Körperfunktionen: So herrscht der Mond (Symbol für Seele und Gefühl) auf organischer Ebene über den Magen – zusammen mit dem Zeichen Krebs, das er regiert. Die Sonne mit Domizil Löwe steht in Beziehung zum Herzen, und ihre spezifische Stellung in den Zeichen weist auf bestimmte pathologische Veranlagungen hin, besonders wenn die Geburtssonne dissonant war.

Demgemäß zieht die Sonne im Zeichen Stier im allgemeinen empfindliche Stimmbänder und einen verletzlichen Hals nach sich, der besonders für Angina anfällig ist. Ein Zwillinge-Geborener hingegen wird zu Verletzungen an den Armen (Charles Aznavour) und an den Händen neigen, während ein Schütze sich »mit Vorliebe« den Oberschenkelknochen brechen (J. Chirac) oder an den Oberschenkeln verletzen wird. Venus weist auf ... venerische Krankheiten hin (gleicher Wortstamm!) und herrscht – s. Waage und Stier, die sie regiert – über die Nieren, den Hals, die weiblichen Geschlechtsorgane, den Mund ... und den Tastsinn. Jupiter steht allem Anschein nach in Beziehung zu den Nebennieren und mit Sicherheit zur Leber. Er spielt vor allem die Rolle des Verstärkers und kann, obwohl von den Alten der »Große Wohltäter« genannt, durch Maßlosigkeit viele Beschwerden verursachen, vor allem durch zuviel Fett im Blut – denn die Jupiterianer (Typ Raimu, Balzac oder Orson Welles) sind meistens »joviale« (von Jupiter) Genießer und »begießen« ihr Essen gern ausgiebig – was sie aber auch für Krebsgeschwüre anfällig macht.

Dagegen entstehen die Übel, die Saturn verursacht, aus einem Mangelsyndrom: durch Muskelschwund oder Sklerose, Kontraktion oder Devitalisation. Ein dissonanter Transit dieses Planeten kennzeichnet sehr häufig ein plötzliches Altern, das mit Absinken der Energie, also des Lebensoptimismus, und Kalziummangel einhergeht. Mars ist oft verantwortlich für starkes Fieber, für heftige und plötzliche Anfälle – etwa rasende Zahnschmerzen, Blinddarmentzündung etc. – entsprechend dem betreffenden Zeichen. Er steht im Zusammenhang mit chirurgischen Eingriffen, Unfällen (zusammen mit Uranus), Schnittwunden und Verletzungen – während Saturn in erster Linie Urheber von Knochenbrüchen und Stürzen ist, vor allem, wenn er dissonant zu Mars steht. Merkur ist, verbunden mit der Schilddrüse, der Planet des Nervensystems und hängt mit der Sprache zusammen. Dissonante Geburtsstellungen des Merkur sind oft die Erklärung für Stummheit, Stottern oder andere Sprachstörungen.

Aus den Aspekten, die alle diese Planeten zueinander bilden, kann man genaue Angaben über die physische Beschaffenheit eines Menschen erhalten. Traditionellerweise regiert die Sonne den Gesichtssinn, Venus den Tastsinn, Mars den Geschmackssinn, Jupiter den Geruchssinn und Saturn den Gehörsinn. »All das kann willkürlich erscheinen«, bemerkt der Astrologe Antarès, »ist es aber nicht. Es genügt zum Beispiel, das Horoskop von Personen zu untersuchen, die ein ausgesprochen hochentwickeltes Tastempfinden haben, wie Geigenspieler oder Bildhauer, um sich davon zu überzeugen, daß Venus diesen Sinn, der ihnen ganz besonders eigen ist, verleiht. Ähnlich ist gewiß Saturn bei Schwerhörigkeit im Spiel, und so weiter.«

Es wäre langweilig, hier all die astrophysiologischen oder astropathologischen Entsprechungen aufzuzählen, die die medizinische Astrologie kennt. Sagen wir einfach, daß man durch die astrologische Analyse sehr wertvolle Hinweise auf das *Terrain* Mensch erhalten kann. Diese Kenntnisse werden in unseren Tagen immer wichtiger: Besonders in der Homöopathie und der Naturheilkunde werden sie sehr geschätzt. Diese Heilmethoden werden ja zusehends zu einer Konkurrenz für die Allopathie, die allzu oft nicht die Ursachen, sondern die Wirkung behandelt, was zur Folge haben kann, daß durch die Behandlung eines Organs ein anderes geschwächt wird. Seit Claude Bernard, der behauptete, daß die Mikrobe allein nichts, aber ihr *Terrain* alles sei, hat die Medizin in dieser Hinsicht deutliche Fortschritte gemacht. Denken wir nur an die Bedeutung der Immunologie. Die Astrologie ermöglicht nun durch ihre Kenntnisse, dieses menschliche »Terrain« zu stärken, damit es sich dann seinerseits wirksamer gegen Krankheitserreger verteidigen kann. Die Krankheit Aids, die seit einigen Jahren auftritt und die nichts anderes ist als eine Zerstörung des Immunsystems – also der natürlichen Abwehrkräfte –, stellt einen erschütternden Beweis dieser therapeutischen Wahrheit dar.

Schon der altgriechische Arzt Hippokrates sagte: »Ein Arzt ohne Kenntnisse der Astrologie hat nicht das Recht, sich Arzt zu nennen.« Es ist nicht ausgeschlossen, daß diese Feststellung – oder Warnung – sich bald allgemein durchsetzt, wenn die Astrologie ihre Erfolge bei der *Vorbeugung* von Erkrankungen bewiesen haben wird. Wer weiß? Vielleicht ist der Tag gar nicht so weit, an dem die Sozial- und Krankenversicherungen die Kosten einer astrologischen Beratung übernehmen werden, um über die Gesundheitsrisiken ihrer Mitglieder – und wann sie wahrscheinlich auftreten – informiert zu sein.

Ohne gleich so kategorisch wie Hippokrates zu sein und in Erwägung, daß die Astrologen, um auf diesem Gebiet leistungsfähig zu sein, über ein Minimum an medizinischen Kenntnissen verfügen müßten – aber auch so nie den Arzt ersetzen könnten –, würde ich eher den Ärzten empfehlen, sich für die Astrologie zu interessieren und wenn möglich mit den Astrologen zusammenzuarbeiten. In den Vereinigten Staaten und auch in Europa wird bereits häufig praktiziert, was wenig bekannt ist: Zahlreiche Mitglieder der Ärzteschaft lassen sich in dieser Richtung beraten, wenn sie eine heikle Diagnose zu fällen haben. Ein Zeichen der Zeit, das viel über das zunehmende Eindringen astrologischer Vorstellungen in fortschrittliche Wissenschaftskreise aussagt: Dr. Michaud, ein Arzt aus Dijon, hat seine Doktorarbeit über die engen Zusammenhänge zwischen astrologischen Daten und dem Auftreten von Krebs geschrieben.

Zum Schluß ein Zitat des Akupunkteurs Dr. Emerit, der sagt: »Der Beweis ist erbracht, daß die außerordentlichen und beeindruckenden Anstrengungen der Astrologen im Laufe der Jahrhunderte auf einem felsenfesten Prinzip beruhen.«

Die Astrologie in der Erziehung: Aus oben Gesagtem geht klar hervor, daß man aus dem Horoskop des Neugeborenen oder des Kindes auch die Anfälligkeiten für Krankheiten ermitteln kann. Dadurch erhalten die Eltern bereits eine Vorstellung darüber, welche besonderen Vorsichtsmaßnahmen sie in bezug auf die Gesundheitsvorsorge oder Ernährung ergreifen sollen. Aber unabhängig vom Einblick, den die Astrologie in die Gesundheit des Kindes vermitteln kann, ist diese Kunst für die Eltern auch sonst wertvoll, da sie dank der Astrologie das Temperament, die Talente, die physischen und psychischen Schwächen und Neigungen des Kindes entdecken können, die sich später, entsprechend ihrer Natur, in mehr oder weniger positiver Form zeigen können. Claire Santagostini, eine sehr kompetente Astrologin und Pädagogin, die kürzlich verstorben ist, sagte: »Aus einem Geburtshoroskop ist eine dynamische Grundhaltung ersichtlich, die durch die Beziehung zu einem Schwerpunkt bestimmt ist, der durch das entstehende Ich zusammen mit all den Erbanlagen gebildet wird. Diese Grundhaltung, diese stabile Gesamtstruktur des Ichs zu kennen, ist für die Erzieher außerordentlich nützlich.« Sie selbst hatte als Erzieherin große Erfahrung mit Horoskopen von schwererziehbaren und verhaltensgestörten Kindern.

Es ist einleuchtend, daß man ein Kind mit Fische-Dominante, das sensibel und beeindruckbar ist, nicht gleich erzieht wie ein eigenwilliges und heftiges Skorpion-Geborenes, das seinen Eltern oder Lehrern »nichts ersparen« wird. Diese jedoch sollten sich auf das Temperament eines Kindes einstellen, um so viele positive Seiten seiner Persönlichkeit wie nur möglich zu fördern und damit die schwierigen oder gar beunruhigenden Charakterneigungen zu verbessern oder wenigstens zu vermindern, unter denen sowohl das Kind als auch seine Umwelt leiden.

Eine solche Erziehung beginnt sehr früh, sozusagen in der Wiege. Mütter, die mehrere Kinder haben, wissen sehr gut, daß sich bereits in diesem Alter oft verblüffende Unterschiede und

Gegensätze zwischen Geschwistern bemerkbar machen. Das allein ist schon ein indirekter Beweis dafür, daß die Vererbung nicht entscheidender ist als der Einfluß der Gestirne: Wie ließe sich sonst die Tatsache erklären, daß man häufig bei zwei Menschen mit ähnlichem Horoskop mehr Übereinstimmungen findet als unter Geschwistern? Selbst im Hinblick auf seine zukünftige Sexualität kann das Geburtsbild des Kindes die Eltern beispielsweise bereits auf gleichgeschlechtliche Neigungen aufmerksam machen und ihr Verhalten dem Kind gegenüber in eine bestimmte Richtung lenken. Die Eltern sollten soviel Weisheit, Selbstbeherrschung und Intelligenz besitzen, das Kind nicht zu verletzen und die Lage nicht zu dramatisieren. Dazu können sie sich der Astrologie als wertvollem Hilfsmittel bedienen, denn sie vermag einen jungen Menschen zu harmonischer und erfüllter Selbstverwirklichung zu führen.

Astrologie in der Berufsberatung: Von immer mehr Berufsberatungsorganisationen und Personalberatungsfirmen wird die Astrologie, in der Regel computergestützt, neben den klassischen Psychotests und den Methoden der Graphologie in europäische Wirtschaftsunternehmen eingeführt. Da die Astrologie vorhandene Begabungen und Talente aufdecken kann, ist sie ein wertvolles Test-Instrument für die Berufswahl. Die Dominante des Horoskops gibt Auskunft über den Bereich, von dem sich der Betreffende angezogen fühlt. Auch das Zeichen, in dem sich sein Medium Coeli (MC) befindet, ist in diesem Punkt sehr aussagekräftig. So hat eine Person, deren MC in Zwillinge steht (von Merkur regiert: menschliche Kontakte, Handel, Briefe, Presse), gute Aussichten, im Journalismus, in der Werbung oder auch im kaufmännischen Bereich erfolgreich tätig zu werden. Das MC im Steinbock deutet auf eine Vorliebe für Politik, Wissenschaften oder auch Landwirtschaft hin, während im Stier der Betreffende sich entweder stark zur Architektur hingezogen fühlt (er liebt Häuser!) oder zu Berufen, die mit Geld zu tun haben (wie Börsenmakler, Bankier, Buchhalter usw.) oder zur Musik (vor allem Gesang).

Beachtung verdient auch, daß man im Horoskop eine bestehende Disharmonie zwischen dem Bereich, der für den Lebensunterhalt gewählt wurde, und der inneren Berufung des Menschen feststellen kann. Selbst wenn dies gegen die Sterne zu gehen scheint: lohnt es sich denn nicht, das höchste Streben des Betreffenden zu fördern, statt ihn zu einem verbitterten, frustrierten, enttäuschten Menschen zu machen, der sich jeden Tag wie ein Märtyrer ins Büro schleppt? Wir haben die äußerst interessanten Zusammenhänge zwischen dem Beruf und dem Planeten, der am Horizont aufgeht (Aszendent) oder am MC kulminiert, gesehen, die Michel Gauquelin statistisch nachgewiesen hat.

Die Astrologie macht es andererseits auch möglich, falsche Weichenstellungen zu vermeiden, die manchmal tragisch sind, weil sie kaum rückgängig gemacht werden können.

Die Astrologie in der Kriminologie: ein weiteres ideales Anwendungsgebiet der Astrologie! Ich sage ideal, weil es theoretisch möglich sein müßte, die schlimmen Folgen bösartiger Neigungen eines Herangewachsenen für seine Umgebung zu verhindern, und zwar, indem die Eltern frühzeitig auf eine Häufung besonders unheilvoller Konstellationen im Geburtsbild des Kindes aufmerksam gemacht werden. Es ist ganz klar, daß die Erziehung eine solche Veranlagung berücksichtigen muß.

Das berühmte Y-Chromosom, das bei Kriminellen zusätzlich vorhanden sein soll, müßte in einem Horoskop feststellbar sein. Und ein Astrologe, der diesen Titel zu Recht führt, sollte dazu in der Lage sein. Er kann, ohne Befehle zu erteilen oder absolute Urteile zu fällen, was gefährlich und willkürlich wäre, als Ratgeber dienen und einen Weg aufzeigen, der allerdings für die Eltern nicht immer leicht zu gehen sein wird. Wenn ein Jugendlicher ein ausgesprochen gewalttätiges »Klima« in seinem Horoskop aufweist, so werden die Eltern ersucht, sich ihrem Sohn gegenüber psychologisch geschickt zu verhalten, um mit allen Mitteln eine Verschlimmerung der Lage – wenn sein Verhalten schon abnormal ist – und den Abbruch der Kommunikation zu vermeiden. Häufig wird eine Psychotherapie notwendig sein, um die kritischen Perioden zu überbrücken, die der Astrologe vorhersagen kann. Dadurch werden im besonderen Streitigkeiten zwischen den Eltern vermieden, weil ihnen die Gefahren von zu großer Nachgiebigkeit und Autoritätsverlust bewußt gemacht werden.

Leider häufig erst, wenn das Schlimmste schon eingetroffen ist und ein Verbrecher vor Gericht steht, kann die Astrologie, ähnlich wie die Psychiatrie, aus dem Horoskop des Täters die Ursachen seiner Straftat aufdecken, denn seine angeborenen Veranlagungen scheinen filigran in seinem Geburtsbild auf. Die Astro-Psychoanalyse ist hier eine echte Hilfe und kann auf krankhafte Veranlagungen, abnormale Aggressionstriebe oder gefährliche und explosive Hemmungen hinweisen. (Diese zeigen sich häufig durch eine *Planetenballung im zwölften Haus,* dem Haus der Heimlichkeiten, des Verbrechens und der Isolation, die sowohl gesellschaftliches Einzelgängertum als auch Gefängnis bedeuten kann: Das ist beispielsweise der Fall bei Eichmann, Landru und Jack the Ripper, die alle diese Ballungen in ihrem Horoskop haben.)

Durch die Entdeckung der engen Zusammenhänge zwischen dem Horoskop des Kriminellen und seinem Verbrechen stellt sich natürlich die Frage nach der moralischen Verantwortung des Täters. Aber auch nicht mehr als in der Psychiatrie! Denn die Astrologie hat der Psychiatrie gegenüber den Vorteil, daß sie sich auf ein Horoskop, also eine Faktizität, stützt, statt sich auf eine Diagnose zu verlassen, die durch Auftreten, subjektive Reaktionen und das äußere Verhalten des Betreffenden (das verrückt erscheinen kann, ohne es zu sein, und umgekehrt) entstanden ist. Dabei habe ich den zweiten wichtigen Vorteil der Astrologie noch nicht erwähnt, der darin besteht, über den Umweg des Horoskops vorab *warnen* zu können, während die Psychiatrie sich zwangsläufig erst einschaltet, wenn das Übel schon geschehen oder fortgeschritten ist.

Hier bietet sich eine interessante Zwischenbemerkung an: Seltsamerweise ist es für den Astrologen äußerst schwierig, die Horoskope von – potentiellen oder wirklichen – Opfern und Tätern zu unterscheiden. Beide bergen *Gewalt,* die entweder erlitten oder ausgeübt wird. Aber die Aspekte der Gewalt sind symmetrisch und ergänzen sich gegenseitig wie in einem Puzzle. Das führt zu der logischen Schlußfolgerung: Wenn man das Horoskop eines Opfers zur Hand hat – und noch besser mehrere, damit Vergleiche möglich sind –, kann man theoretisch unter den Verdächtigen den Schuldigen herausfinden. Besonders wenn man die Daten der Straftat besitzt, deren Horoskop man auch erstellen kann: Dieses Horoskop muß zwangsläufig sowohl das Horoskop des Verbrechers als auch das der Opfer »aggressivieren«. (Fingerzeig für Krimi-Autoren!)

Wie viele Justizirrtümer könnten dadurch vermieden werden! Ist das nicht ein großartiger Dienst, den die Astrologie der Gesellschaft von morgen erweisen könnte – und muß?

Die Astrologie im Verkehrswesen: (individuelle und kollektive) Unfallperioden: Es gibt natürlich Horoskope, die ihre Träger überdurchschnittlich für Unfälle gefährden. So kann beispielsweise eine Dissonanz Mars/Uranus ziemlich nachteilig wirken, besonders wenn sich einer der beiden Planeten im dritten (kleine Reisen) oder im neunten Haus (große Reisen) befindet (oder eines dieser Häuser regiert). Das gleiche gilt für Dissonanzen zwischen Mars und Jupiter. Eine genaue Quadratur etwa zwischen Planeten im zwölften Haus (Prüfungen) und dritten oder neunten Haus sollte einen Betroffenen zu überdurchschnittlicher Vorsicht im Straßenverkehr anhalten. So sollte er beispielsweise nicht zu jedem x-beliebigen in den Wagen steigen, und schon gar nicht in den Zeiten, in denen Planetentransite diese Konstellation aspektieren. Die tödlichen Unfälle, die ich festgehalten habe, fanden nie zu »irgendeinem« Zeitpunkt statt. Auch der Schwarze Mond spielt dabei offenbar eine nicht unbedeutende Rolle. Man kann hier also eine nützliche und vorbeugende Aufgabe erfüllen, wenn man auf die Planetentransite aufmerksam macht, die die entscheidenden Punkte des Horoskops sensibilisieren und potentiell vorhandene Einflüsse wirksam machen können.

Es gibt für jeden von uns mehr oder weniger gefährliche Zeitabschnitte, deren wir uns bei unserem Verhalten im Straßenverkehr und am Steuer, ja sogar bei der Planung unserer Reisen – als mögliches Risiko – bewußt sein sollten. Neben diesem individuell wirkenden Einfluß gibt es bestimmte Zeiten, die Massenunfälle begünstigen und in der Mundan-Astrologie bestimmten Planetendissonanzen entsprechen. Gouchon hat vor mehreren Jahren sehr langwierige und ernsthafte Untersuchungen zu diesem Thema angestellt und ist dabei zu interessanten Ergebnissen gekommen, die zu einer zukünftigen Zusammenarbeit zwischen der Astrologie und den Verkehrssicherheitsdiensten ermutigen. »Hier ein ganz einfaches Experiment: Zwischen 1955 und 1966 habe ich das jeweilige Datum von 160 Konjunktionen zwischen Mond und Jupiter festgehalten und die Zahl der tödlich Verunfallten am Tag der Konjunktion und an den zwei darauffolgenden Tagen zusammengezählt. Für diese 160 Aspekte habe ich eine *Verminderung* der Unfallopferzahl um 425 festgestellt. Das beweist überhaupt nicht, daß man die Theorie auf den einzelnen anwenden kann, aber es ist ein Beweis für eine der unzähligen Gegebenheiten der astrologischen Tradition.« Ich selbst konnte mich im Laufe der Jahre davon überzeugen, daß es richtige Unfalltage gibt (insbesondere bei Dissonanzen zwischen Uranus und Mars oder Saturn und Merkur). Die Erkenntnis dieser Gesetze ermöglichte mir unter anderem die Voraussage der Serie von Eisenbahnunfällen im Sommer 1985 wie auch die folgenschwere Flugzeugkatastrophe der Japan Air Lines zur gleichen Zeit.

Umgekehrt gibt es auch Tage, an denen weniger Unfälle geschehen (bei Konjunktionen Mond/Jupiter und Merkur/Jupiter). Die Forschungen in diesem Bereich befinden sich aber noch in den Anfangsstadien. Ihre Ergebnisse wären in dieser Zeit des Massensterbens bei Straßen- und Luftverkehrsunfällen gewiß sehr wertvoll.

Man könnte sich auch eine fruchtbare Zusammenarbeit zwischen der Astrologie und den Kultusministern der Länder vorstellen, bei der man gemeinsam die Reisedaten für die Schulferien entsprechend den Gestirnsverhältnissen festlegen würde. Vielleicht liegt das alles gar nicht mehr so fern?

Eine Untersuchung über den Straßenverkehr

Nachdem ich mir vom französischen Straßenverkehrsamt die Zahlen der Unfallopfer des Jahres 1986 besorgt hatte, stellte ich umfangreiche Berech-

nungen an, die in erster Linie darauf abzielten, für jeden Monat die Tage mit der höchsten beziehungsweise tiefsten Unfallrate herauszufinden. Ich schied die Ferienreisedaten und die Feiertage aus, die die Bilanz hätten verfälschen können, und kam zu folgenden Ergebnissen:
– Die Mondphasen sind offenbar ganz besonders mörderisch (speziell Vollmond).
– Der absteigende Mondknoten oder Drachenschwanz, der das Kollektive symbolisiert, scheint eine wichtige Rolle zu spielen. Er stand während des ganzen Monats Oktober in Dissonanz zu Saturn. Dieser Monat war der verheerendste des ganzen Jahres, und zwar sowohl in bezug auf das Maximum als auch auf das Minimum (das Minimum dieses Monats war das jahreshöchste). Dies ist um so bedeutender, als im Oktober weder Schulferien noch Festtage waren. So ist bei diesem Vergleich beispielsweise das Maximum wie auch das Minimum des Monats August tiefer als im Oktober. Das Minimum vom August bleibt allerdings noch dreimal höher als das vom Februar.
– Bemerkenswert ist, daß im August der 16. im Straßenverkehr der traurigste Tag war. Das war zwar ein Samstag, er fiel aber nicht mit einem Ab- oder Rückreisedatum des traditionellen 15. August (französischer Feiertag) zusammen. Aus der Sicht der Sterne hingegen läßt sich die erhöhte Zahl der Unfallopfer (49) erklären: An diesem Tag bestand eine exakte Quadratur zwischen Merkur (Verbindungen) und Pluto (Störungen), und der Mond formte drei dissonante Aspekte.
– Ein weiteres Maximum des Jahres ergab sich am 14. Juni, als die Sonne in Dissonanz zu Jupiter stand (Häufigkeit: dreimal im Jahr) und der Mond dissonant zu Saturn. Am 17. Juni hingegen (nur drei Tage nach dem Maximum) zeigte sich ein Minimum: Die Sonne bildete diesmal ein Trigon (harmonischer Aspekt) zum Mond, und der Mond stand harmonisch zu Jupiter.
– Ist es nicht paradox (aus astrologischer Sicht natürlich nicht), daß ausgerechnet in der Zeitspanne im Juli, die theoretisch als die gefährlichste gilt (nämlich zwischen dem 11. und dem 15., da der 14. französischer Nationalfeiertag ist), der 14. die tiefste Unfallopferzahl (30) aufweist, während sich am Himmel der bestmögliche Planetentransit bildete (Trigon Sonne–Jupiter)?
– Ein weiteres Maximum des Jahres 1986, das am 13. April (43 Opfer) erscheint, trifft mit verschiedenen Dissonanzen zusammen, bei denen der Mond (in Opposition zu Saturn) die Rolle des Auslösers spielt (Merkur in Quadratur zu Uranus und Saturn in Quadratur zu Jupiter im Orbis). Das war übrigens ganz allgemein eine sehr unruhige Periode, die unter anderem im Bereich der internationalen Politik mit der Bombardierung Libyens durch die Amerikaner zusammenfiel, die die ganze Welt tagelang in Atem hielt.

Schlußfolgerung: Die günstigen Planetenaspekte scheinen »das Schlimmste zu verhüten« und vorsichtiges Verhalten zu bewirken, während umgekehrt Vollmond, Neumond und andere planetarische Dissonanzen das Risiko des Massensterbens auf der Straße offenbar erhöhen.

Börsen-Astrologie: Der hervorragende belgische Astrologe Brahy befaßte sich bereits vor mehreren Jahrzehnten mit den Entsprechungen, die zwischen den himmlischen Aspekten und den wirtschaftlichen Wechselfällen unserer sublunaren Welt bestehen könnten. In seinem in Astrologiekreisen wohlbekannten Buch *La clé de la prévision des événements mondiaux et des fluctuations économiques et boursières* (Der Schlüssel zur Voraussage von Weltereignissen und Wirtschafts- und Börsenschwankungen) legt er seine Theorien dar, aus denen in der Hauptsache hervorgeht, daß die Dissonanzen zwischen Jupiter und Uranus eine explosive Wirkung auf die Börse haben. Ich selbst glaubte dies bis dahin und glaube es auch heute noch... im allgemeinen. Der Börsenkrach vom 19. Oktober 1987 jedoch – den ich unter drei weiteren Daten des Jahres 1987 als wahrscheinlich vorausgesagt hatte (auf Seite 40 meines Büchleins *Horoscope 1987* schrieb ich: »Die Börse könnte... am 27. Mai und um den 18. Oktober herum sowie beim Neumond vom 19.–20. Dezember verrückt spielen«) –, ereignete sich, als die Aspektierung zwischen diesen zwei Planeten harmonisch war. Das bestätigt nur die Vielschichtigkeit der Astrologie – falls dies noch nötig war –, die eine komplexe Kasuistik entwickeln muß, da jeder Fall ein neues Problem darstellt (wie jeder Patient beim Arzt?). Um mich kurz zu fassen, möchte ich hier nur andeuten, daß die Planeten Jupiter (Finanzen) und Uranus (Bruch, abrupte Wechsel) bei Börsenschwankungen scheinbar eine entscheidende Rolle spielen.

In bezug auf den Neumond vom 20. Dezember 1987 zeigt die Grafik, daß der Dow-Jones-Index an diesem Tag erneut einen Einbruch erlitt.

Zum Abschluß dieser Ausführungen möchte ich noch erwähnen, daß es seine guten Gründe hat, daß immer mehr Personen oder Gesellschaften vor einer größeren Investition die Sterne befragen. Denn erstens ist es möglich, anhand der Mundan-Konstellationen das wirtschaftliche Klima und die Tendenzen manchmal auf den Tag genau abzuschätzen (ich selbst mache mir gern einen Spaß daraus, um eine Lanze für die Astrologie zu brechen und die Gesetze auszutesten, die diese so schwankende Materie

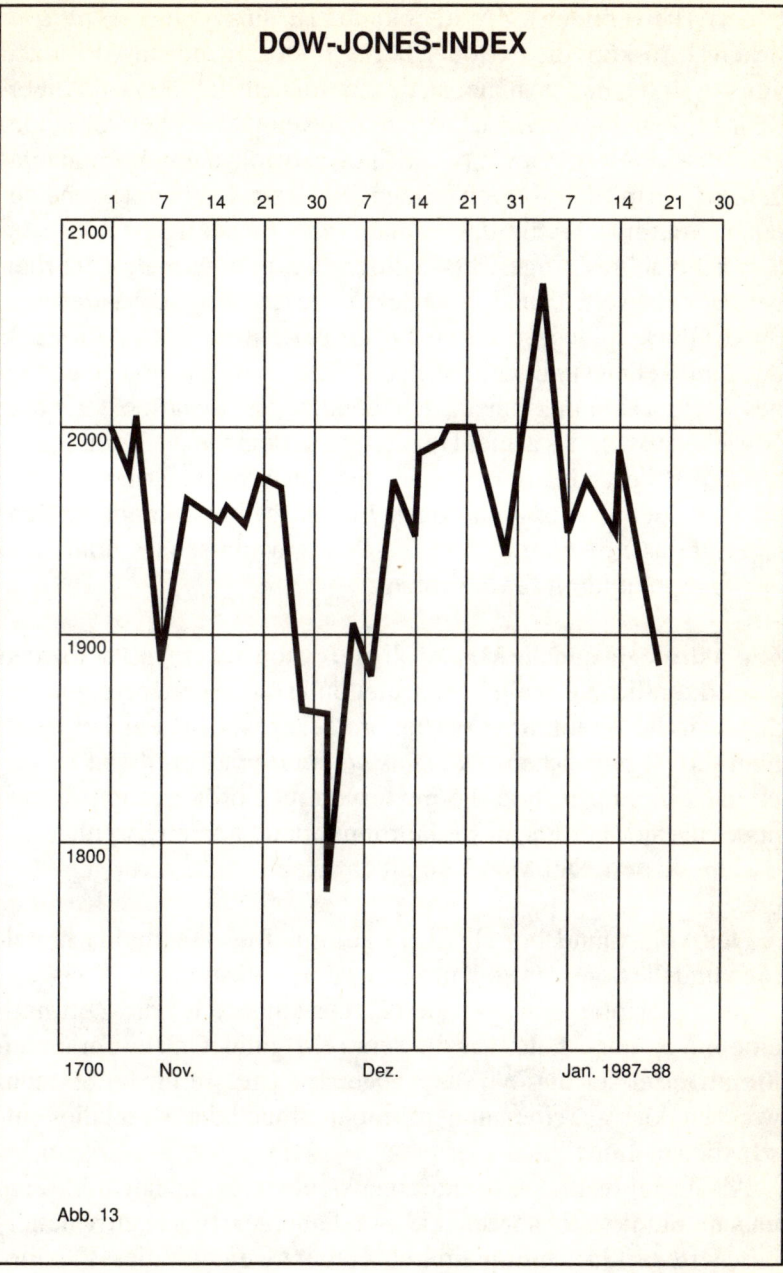

Abb. 13

beherrschen können). Zweitens kann man aufgrund eines persönlichen Horoskops die Perioden herausfinden, die für Investitionen günstig sind, aber auch die, an denen Vorsicht geboten ist. Außerdem können natürlich die latenten und von Geburt her vorhandenen Aussichten auf Gewinne durch Investitionen und Kapitalanlagen etc. ermittelt werden. Denn die Astrologie unterscheidet einen Sektor, der für das Einkommen zuständig ist, das »im Schweiße seines Angesichts«, durch bezahlte Arbeit, erworben wurde: das zweite Haus; einen Sektor, der die möglichen Gewinne durch Glücksspiel betrifft (wie Lotterie, Rennen, Spekulationen): das fünfte Haus; und schließlich den Sektor für indirekt gewonnenes Geld (Kommissionen, Dividenden, Erbschaften, Renten, Darlehen usw.): das achte. Der Astrologe kann je nach den Planeten, die in diesen Häusern stehen, und den Aspekten, die sie zu den übrigen Geburtskonstellationen bilden, seinem Kunden raten, sich auf das eine oder andere Geschäft einzulassen... oder eben auf das Spekulieren zu verzichten.

Die Astrologie und die Meteorologie: Schon in der Antike wurden wetterkundliche Regeln beobachtet und systematisch gesammelt: der Grieche Theophrast schrieb im 4. Jhr. v. Chr. ein Lehrbuch über die Regenzeichen *(De signis pluviarium)*. Vergil und Plinius taten es ihm nach, und die modernen meteorologischen Kenntnisse, die sich bereits im 16. Jahrhundert anbahnten, beruhen auf diesem Wissen. Der Mond nimmt darin einen sehr wichtigen Platz ein.

Der Volksmund bezieht sich häufig auf die Tagundnachtgleichen und die Sonnenwenden. So sagt eine volkstümliche Weisheit, wenn die Wintersonnenwende (21. Dezember) auf die Zeit nach einem Neumond falle, sei dies ein sehr gutes Omen. Im ersten Mondviertel sei die Wirkung abgeschwächt; wenn die Sonnenwende jedoch auf einen abnehmenden Mond falle, so sei dies entschieden ungünstig.

Als im Jahre 1976 eine außergewöhnliche Hitze herrschte, die uns in Frankreich sogar eine Sondersteuer (die Dürresteuer) bescherte, erklärte mir mein Lehrer, der Grund für dieses Phänomen sei die Stellung Saturns, der in dieser Zeit das Zeichen Löwe (Feuerzeichen) passierte. Man müßte überprüfen, ob solche Dürren entsprechend dem Saturn-Zyklus alle dreißig Jahre auftreten! Jedenfalls besteht ein enger Zusammenhang zwischen den Schlechtwetterperioden und gehäuften dissonanten Aspekten Saturns zu anderen Planeten am Himmel. Ich komme hier nicht noch mal auf das Problem der Sonnenflecken zurück, das ich weiter oben schon dargestellt habe.

Die Astrologie in der Seismographie und Ökologie: Im Kapitel, das den Beweisen gewidmet ist, habe ich ausführlich die astralen Gegebenheiten und insbesondere die Stellungen von Uranus, Mars und Pluto analysiert, die mit Erdbeben-Katastrophen verbunden sind. Pluto muß scheinbar auch mit Geschehnissen, die mit Radioaktivität und Umweltverschmutzung zusammenhängen, in Verbindung gebracht werden, denn er nimmt bei der Katastrophe von Tschernobyl (Opposition Sonne–Pluto) wie bei der Sandoz-Katastrophe (Konjunktion der beiden Gestirne) eine starke Position ein. Aber auch Neptun scheint bei allem, was mit Umweltvergiftung (durch Giftgas oder giftige Flüssigkeiten) zu tun hat, eine wichtige Rolle zu spielen. Er war an der Katastrophe von Tschernobyl mitbeteiligt, indem er die Auswirkungen verstärkte. Nachdem ich im Atlas den Breiten- und Längengrad von Tschernobyl ermittelt hatte, arbeitete ich das Horoskop der Katastrophe aus. Es ist einfach verblüffend! Aber ebenso verblüffend ist das Horoskop, das ich für den der Katastrophe vorausgehenden Neumond vom 9. April 1986 erstellt habe – ebenfalls mit den geographischen Ortskoordinaten. Der Aszendent bildet eine *doppelte, exakte Dissonanz* mit Merkur *und* Uranus, während die Konjunktion zwischen Mars und Neptun genauso exakt ist! Das hat gewiß nichts mit Zufall zu tun!

Durch die Analyse der unheilvollen Konstellationen eines Jahres können die Risikoperioden für Erdbeben oder Umweltverschmutzungskatastrophen vorausgesehen werden. So habe ich (in *Elle*) das genaue Datum des Erdbebens von Mexiko; auf den Tag genau Tschernobyl (in *Horoscope 1986*) und die Sandoz-Kata-

NEUMOND vor der nuklearen Katastrophe von TSCHERNOBYL (Sonnenfinsternis vom 9. 4. 1986)

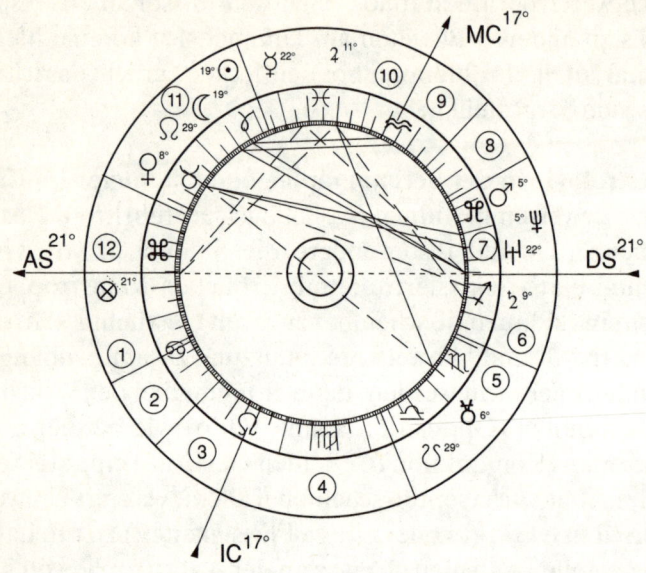

Es zeigt sich deutlich, daß der Horizont (Aszendent) von Tschernobyl durch die exakte Dissonanz Merkur–Uranus »aggressiviert« wird, was auch verständlich macht, daß sich die explosive Mundan–Konjunktion in der Nähe von Kiew konkretisiert hat und nicht anderswo: die exakte Konjunktion Mars–Neptun (Giftunfälle), die gleichzeitige Opposition Venus–Pluto (Umweltverschmutzung) und die Dissonanz Merkur (Wind) – Uranus (Unfälle) erklären die Katastrophe.

Abb. 14

strophe (in *Télé-7 Jours* in Frankreich, *Le Matin-Dimanche* in der Schweiz und *Bild und Funk* in Deutschland) vorausgesagt. Diese »Koinzidenzen« scheinen also nicht zufällig zu sein und sollten die Behörden dazu bewegen, zu bestimmten Zeiten im Jahr die Sicherheitsvorkehrungen in den Kernkraftwerken zu verstärken.

Da das Atomkraftwerk Creys-Malville verhältnismäßig nahe bei meinem Wohnort liegt, habe ich Kontakt mit den Verantwortlichen aufgenommen, um das Entstehungs-Horoskop dieses Werks zu erstellen. Ich erkannte für Herbst 1987 ungünstige Aspekte und war sehr erleichtert, als ich vernahm, daß sein Betrieb für mehrere Monate völlig eingestellt worden war.

Horoskope unbelebter Dinge oder abstrakter Einheiten (Gesellschaften, Schiffe, Zeitungen, Produkte usw.): So sehr man auf den ersten Blick (wenn man mit der Astrologie sympathisiert) den kosmischen Einfluß auf uns menschliche Geschöpfe – äußerstenfalls auf Tiere – zugeben kann, so ungehörig, ja fast unannehmbar erscheint uns die Vorstellung, daß zwischen einer Sternenkonstellation und einem Objekt oder einer abstrakten Einheit eine Verbindung bestehen könnte. Aber es ist so. Und wenn man es sich recht überlegt und bedenkt, daß die Astrologie ein Phänomen untersucht, das, wie auch immer es beschaffen sei, einen *Anfang*, einen *Werdegang* und ein *Ende* hat, und daß sie, gemäß den kosmischen Energien, die bei seiner »Geburt« vorherrschen, diesem Phänomen eine *innewohnende Natur* zurechnet, ist es dann wirklich noch verwunderlich? Als die Chefredakteurin einer Frauenzeitschrift mich mit einem Augenzwinkern bat, das »Geburts«-Horoskop ihrer Zeitschrift zu erstellen, akzeptierte ich. Das Ergebnis sollte veröffentlicht werden. Ich war neugierig auf diese Fingerübung, die mir zunächst mehr mit Medienrummel zu tun zu haben schien als mit wissenschaftlicher Seriosität. Ich entwarf also das »Porträt« dieser Zeitschrift, die ich wie ein Wesen aus Fleisch und Blut behandelte: Die Ergebnisse waren erstaunlich! Die Chefredakteurin wies mich darauf hin, daß sie gewisse »interne« Details streichen würde, insbesondere die Angaben über Mittel und Finanzierung unseres Subjekts/Objekts wie auch die Angaben über die Streitigkeiten unter den Angestellten, denn ihre Mitarbeiter würden bestimmt behaupten, ich sei vorher darüber informiert gewesen. Diese »weibliche Einheit« (ich muß es doch sagen, es handelte sich dabei um die Frauenzeitschrift *Cosmopolitan*) entstand im Zeichen des Schützen –also etwas amazonenhaft und sehr liberal– und zeigte mit ihrem Merkur im Skorpion eine lebhafte Neugier für alles, was mit Sex zu tun hatte... und das stimmte alles. Nicht nur die »psychologische« Richtigkeit überraschte uns, sondern auch die Übereinstimmung der kritischen Perioden der Zeitschrift mit den dissonanten Aspekten in ihrem Horoskop.

Die Anekdote des Passagierdampfers *Achille Lauro* mit seinem bewegten Schicksal ist eine weitere erstaunliche Veranschaulichung der Tatsache, daß die Astrologie auch bei unbelebten Gegenständen »funktioniert«. Als ich für Mai 1986 zu einer Kreuzfahrt auf dieses Schiff eingeladen wurde – als Gegenleistung sollte ich einen Vortrag halten –, stand die Öffentlichkeit noch unter dem Eindruck der Entführung der *Achille Lauro* vor der Küste von Alexandrien und der kaltblütigen Ermordung eines amerikanischen Touristen durch die Terroristen. Aus einer Vorahnung heraus konnte ich mich nicht recht für die Besteigung dieses Schiffes begeistern und verlangte von den Organisatoren die »Geburtskoordinaten« seines Stapellaufs. Unnötig, das Erstaunen und die Verärgerung der Leute zu beschreiben, die sich nicht in der Lage sahen, diese Angaben in den griechischen Archiven über den Dampfer aufzutreiben, der immerhin schon einige Jahrzehnte alt war. Doch da ich nicht locker ließ und mein Agent ihnen verbot, meine Mitwirkung in der Werbeschrift für die Kreuzfahrt anzukündigen, wurde mein Wunsch schließlich erfüllt.

Als ich das Horoskop auf meinem Computer erstellte, entdeckte ich nicht nur den *genauen* Unglückstag des Schiffes, der mir entfallen war, sondern ich war auch sicher, daß es wenig Aussicht hatte, den Beginn des Monats März zu »erleben«. In einem Vortrag, den ich im Januar 1986 an der Universität Genf hielt, nahm ich dieses Beispiel, um die »abstrakte« Astrologie zu veranschaulichen, und ein Journalist notierte – und veröffentlichte am Tag darauf – meine negative Prognose. Er war es auch, der mich Ende März spontan anrief, um mir die Neuigkeit mitzuteilen, die für mich fast ebenso verblüffend war wie für ihn: *Achille Lauro* war mit sechshundert Personen an Bord auf Grund gelaufen und schwer beschädigt worden!

Man kann auf die gleiche Weise das Horoskop eines Unternehmens oder eines Produkts erstellen. Ich habe das in Deutschland oder Frankreich oft gemacht, und es ist sicher, daß der Zeitpunkt, der beispielsweise für die Gründung einer Gesellschaft gewählt wird, maßgebend ist für ihre Entwicklung, ihren Erfolg oder Mißerfolg. Dadurch wird auch die Voraussage der schwierigen Perioden ermöglicht, die durchzustehen sind ... wodurch das Schlimmste verhütet werden kann. Schließlich zeigt das Horoskop auch, mit welchen Personen die Gesellschaft die besten Aussichten hat, Fortschritte zu machen, und wer ihr Unglück bringen wird. Ich selbst habe für die Unterzeichnung der Statuten meiner kleinen Gesellschaft für astrologische Publikationen einen genauen Tag und Zeitpunkt ermittelt, der weder auf der Weltebene (also für das Horoskop an sich) noch in bezug auf mein persönliches Horoskop oder das meiner Geschäftspartner allzu dissonant war.

Die logische Folge daraus zeigt sich auf interessante Weise bei den unerklärlichen Mißerfolgen von Filmen und Theaterstücken, die unter einer dissonanten Sternenkonstellation herausgekommen oder, wie der Volksmund sagt, unter einem ungünstigen Stern geboren sind. Wir alle haben sicher schon bemerkt, daß ein künstlerisches Werk oft ganz plötzlich »einschlägt« und einen Riesenerfolg verbucht, nachdem es zunächst eine fast »tödliche« Premiere erlebt hatte. Es genügt daher manchmal, ein Buch oder einen Film »neu herauszubringen«, um ihm die gebührende Anerkennung zu verschaffen. Wie viele Meisterwerke sind so vielleicht einfach durch eine mißglückte »Geburt« in Vergessenheit geraten! Ein recht trauriger und frustrierender Gedanke ...

Die Mundan-Astrologie: die Planetenzyklen: Die Mundan-Astrologie ist mit fünfundvierzig Planetenzyklen verbunden, die in einer großartigen Bewegung des kosmischen Uhrwerks ineinander übergreifen. André Barbault hat darüber ein sehr interessantes Werk *(Les Astres et l'Histoire)* (Gestirne und Geschichte) geschrieben, das viele Untersuchungen und astro-historische Gleichzeitigkeiten quer durch die Geschichte enthält. Dieser Zweig der Astrologie befindet sich noch im Versuchsstadium. Er befaßt sich mit der Erforschung des zyklischen Auftretens von Kriegen, Epidemien und ähnlichen kollektiven Ereignissen. Tatsächlich scheint ein Zusammenhang zu bestehen zwischen bestimmten historischen Phänomenen und einzelnen Zyklen.

»In mir ist langsam die Überzeugung gewachsen, daß alle Gesetze der Entwicklung, die Völker, Nationen, Klassen und ihre Kämpfe kennzeichnet, höheren kosmischen Gesetzen unterworfen sind, die die allgemeine Entwicklung der Menschheit bestimmen«, sagte Romain Rolland.

Auf individueller Ebene reagiert sicherlich jeder von uns im Einklang mit den planetarischen Dominanten, die ihm seine Sternen-*Signatur* verleihen, auf unterschiedliche Zyklen empfindlich: der Sonnentyp ist empfänglich für einen Zyklus von elf Jahren (das betrifft denjenigen, der beispielsweise einen starken Löwe-Einfluß hat oder dessen Sonne in der Nähe des Aszendenten steht). Der Saturn-Typ ist anfällig für einen Zyklus von neunundzwanzig Jahren ebenso wie auf den Halbzyklus von vierzehneinhalb Jahren – der dem Oppositionsaspekt entspricht – oder auf den Sieben-Jahre-Zyklus: der Quadratur usw. Der Jupiter-Typ hingegen schwingt in einem Rhythmus von elfeinhalb Jahren: das Alter von dreiundzwanzig und vierunddreißigeinhalb werden in seinem Leben entscheidende Momente sein.

Auf kollektiver Ebene markieren die *Planetenzyklen* zwischen den langsamen Planeten die wichtigsten Weltereignisse. Barbault beschreibt die Planetenzyklen folgendermaßen: »Das ist der Kreislauf, der sich zwischen zwei Planeten, dem schnellsten und dem langsamsten Planeten, und zwischen zwei aufeinanderfolgenden Begegnungen (oder Konjunktionen) dieser beiden Planeten ergibt.« Bereits Morin de Villefranche (17. Jahrhundert), der große Astrologietheoretiker der Moderne, empfiehlt das Studium der Zyklen: »Die Konjunktion der ›Lichter‹ (Sonne und Mond) oder Planeten stellt einen spezifischen Einwirkungsbeginn des Himmels auf diese irdische Welt dar, deren Einfluß bis zur nächsten Konjunktion anhält.«

Ich kann hier nicht ausführlich auf dieses umfassende und faszinierende Thema eingehen. Barbault kommt jedoch unbestreitbar das Verdienst zu, bestimmte große geopolitische Bewegungen mit bestimmten Zyklen langsamer Planeten in einen Zusammenhang gebracht zu haben. Diese Wechselbeziehung erscheint vollkommen überzeugend bei der Analyse kollektiver Wesenheiten – also Menschen, die aufgrund einer Staatsverfassung miteinander verbunden sind, die ein genaues »Geburtsdatum« (die Konstitution) hat: zum Beispiel die UdSSR, das China von Mao Tse-tung, Israel, die Schweiz, die USA, die Bundesrepublik Deutschland und die Deutsche Demokratische Republik. Frankreich schwingt sicher im Jupiter-Neptun-Rhythmus, denn alle seine Republiken – außer der zweiten – wurden bei einer Konjunktion dieser beiden Planeten gegründet. Seit 1958 gibt es die »5. Republik«, und die Astrologen arbeiten seither mit diesem Horoskop.

Es ist eine Tatsache: Die Vergangenheit, auch die nahe, zeigt, daß diese Wechselbeziehungen »funktionieren«. Als Beispiel die bemerkenswerte Übereinstimmung zwischen den Saturn-Neptun-Zyklen seit 1917 und der Entwicklung der UdSSR und des Kommunismus in Europa:

1917 (Konjunktion Saturn–Neptun): Russische Revolution.

1936 (Opposition Saturn–Neptun): Moskauer Prozesse, Bürgerkrieg in Spanien, Erstarken des antikommunistischen Faschismus.

1953 (Konjunktion Saturn–Neptun): Stalins Tod, Beginn der Entstalinisierung. Aufstand in der DDR.

1971–1972 (Opposition Saturn–Neptun): besonders schwere Agrarkrise – Weizenmangel – Beginn der wirtschaftlichen Zusammenarbeit zwischen Osten und Westen.

Man kann sich also ausrechnen, daß die nächste Konjunktion dieser zwei langsamen Planeten im Jahre 1989 bewegte Zeiten für den russischen Kommunismus bringen wird: Ausdehnung oder Rückgang, Krise oder Pankommunismus? (vgl. Kapitel »Perspektiven«). Andererseits hat Barbault, als er sich mit den kürzeren, also den jährlichen Zyklen befaßte – in diesem Fall mit den jährlichen Konjunktionen Sonne–Jupiter – nachträglich eine große Zahl ruhiger Perioden festgestellt und einen Zusammenhang zwischen diesen Aspekten und den Waffenstillständen nachgewiesen. Aber auch hier befinden wir uns noch auf einem Experimentierfeld, auf dem es möglich sein müßte, mit der wertvollen Unterstützung des Computers feste Gesetze herauszuarbeiten. Vielleicht schon bald?

Ich persönlich habe beispielsweise einen bemerkenswerten Zusammenhang zwischen der jährlichen Konjunktion Sonne–Uranus – Ankünderin plötzlicher, unvorhergesehener Börsenschwankungen und Luftkatastrophen – und sozialen Aufstandsbewegungen festgestellt. (Beispiel: Die letzte Sonne–Uranus-Konjunktion fand am 23. 12. 1988 statt, und am 21. 12. kam es zur tragischen PAN-AM-Katastrophe in Schottland!)

Die Mundan-Astrologie beschäftigt sich also im Gegensatz zur Individual- oder Geburts-Astrologie mit dem kollektiven Schicksal der Menschheit, dem Verlauf der Weltereignisse, der sozialen, wirtschaftlichen, kulturellen und politischen Entwicklung der Völker zu einem bestimmten Zeitpunkt ihrer Geschichte oder im historischen Wandel. Ein anspruchsvolles und um so spannenderes Anwendungsgebiet, das uns einen *Sinn für die Geschichte* vermittelt: nicht in der kommunistischen Bedeutung, sondern in Verbindung mit den Gestirnen des Sonnensystems, in deren Rhythmen unsere sublunare Welt auf kollektiver wie auf individueller Ebene mitschwingt.

Die postume Astrologie: Das »Comeback« nach dem Tod: Da ein Horoskop nur eine flüchtige – und in gewisser Weise zufällige – Momentaufnahme des Geburtshimmels darstellt, dessen planetarische Elemente weiterhin endlos und unerschütterlich ihre Runden drehen, wird verständlich, daß es kein Ende hat. Das bedeutet auch, daß der Tod darin nicht mit dem Wort »Schluß« gekennzeichnet ist, sondern einfach als ein besonders kritischer, neuralgischer Punkt im Lebenslauf des Menschen. Denn das Universum, das sich nicht darum kümmert, ob wir Menschen-Ameisen noch am Leben oder tot sind, wird auch weiterhin die Phasen des Aufschwungs mit einem besonderen Netz kosmischer Energien auszeichnen, das seit der Geburt eines menschlichen Wesens (in seinem Geburtshoroskop) vorhanden ist. Fazit: Wenn beispielsweise Jupiter, Faktor der Ausdehnung und des Erfolges, (ungefähr alle zwölf Jahre) in das Zeichen des Wassermanns zurückkehrt, haben die Verstorbenen, die in diesem Zeichen zur Welt kamen, gute Aussichten, sich eines »Medien-Comebacks« zu »erfreuen«, das wir in unserer Unwissenheit dem Zufall zuschreiben. So hat man nie so häufig nach seinem Tod von Claude François gesprochen wie 1985–1986 (Jupiter in Wassermann) und von Elvis Presley im Jahre 1984 (Jupiter in Steinbock). David Bowie, wie Presley an einem 8. Januar geboren und quicklebendig, hatte in der gleichen Zeit eine weltweite Erfolgsphase.

Im Laufe dieser Aufzählung konnten wir die Vielfalt der Anwendungsmöglichkeiten der Astrologie feststellen. Ihre soziale Verwendbarkeit unterliegt natürlich ihrer Anerkennung als nützliche Disziplin durch Institutionen. Es ist daher dringend erforderlich, daß die moderne Welt ihr das Recht zugesteht, den ihr gebührenden Platz unter den Humanwissenschaften einzunehmen.

... und die Astrologie morgen: Perspektiven

EINUNDZWANZIGSTES KAPITEL

Die Astrologie: eine Kosmogonie, die mit der avantgardistischen Wissenschaft vereinbar ist

»Daraus erkennt man, daß man niemals von vornherein die Grenzen wissen kann, die der Anwendbarkeit bestimmter Begriffe bei der Ausdehnung unseres Wissens gesetzt sind. Besonders dann nicht, wenn dieses Wissen in sehr entlegene Teile der Natur führt, in die wir nur mit den modernsten technischen Hilfsmitteln eindringen können. Daher sind wir in diesem Prozeß des Eindringens gelegentlich gezwungen, unsere Begriffe in einer Weise zu verwenden, die logisch nicht gerechtfertigt werden kann und die gewissermaßen als sinnlos bezeichnet werden muß. Das Beharren auf der Forderung nach völliger logischer Klarheit würde wahrscheinlich die Wissenschaft unmöglich machen. Wir werden hier in der modernen Physik an die alte Erkenntnis erinnert, daß man dann, wenn man darauf besteht, niemals einen Irrtum auszusprechen, eben schweigen muß.«

(WERNER HEISENBERG: Physik und Philosophie)

»Die Wissenschaft sagt uns, was wir wissen können, aber es ist wenig, was wir wissen können. Und wenn wir das vergessen, was wir nicht wissen können, werden wir Dingen gegenüber gleichgültig, die von höchster Wichtigkeit sind.«

(BERTRAND RUSSELL)

Wenn die offiziell anerkannte Wissenschaft nicht einen – chronischen – Rückstand gegenüber dem effektiven Wissensstand aufweisen würde, über den die Menschheit bereits verfügt, hätte ich im Titel dieses Kapitels getrost das nur beschränkt gültige Adjektiv *avantgardistisch* weggelassen. Denn die zahlreichen Feststellungen und Erfahrungen der verschiedenen Wissenschaftler, die in diesem Buch zitiert werden, zeigen ein Bild von einer aktuellen, lebendigen Wissenschaft, einer Wissenschaft, die sich – statt sich mit allen Mitteln gegen Entwicklung und Fortschritt zu wehren – immer wieder mit Begeisterung, Neugier und Demut selbst in Frage stellt.

Die große wissenschaftliche Umwälzung begann mit der Entdeckung des Atoms und den Theorien und Untersuchungen von Planck, Rutherford, Böhm, Heisenberg, Einstein, Bell, Capra. Schon das auslaufende, mechanistische und materialistische 19. Jahrhundert geriet auf der Ebene der wissenschaftlichen Philosophie in eine erkenntnistheoretische Sackgasse: Mesmer und Charcot waren an dieser Entwicklung nicht unbeteiligt. Begünstigt durch die Kybernetik, die allgemeine Systemtheorie und die Biokybernetik sah sich das sakrosankte *Prinzip des Kausalzusammenhangs* wenn auch nicht ganz ersetzt, so doch bereichert durch das umfassendere und weniger künstliche Prinzip der *universalen Wechselbeziehung*.

Das Prinzip ist tatsächlich weniger künstlich. Denn das Postulat in sich *geschlossener Systeme,* das in der klassischen Physikochemie Anwendung fand, beruhte in Wirklichkeit auf Auswahlkriterien, die ein Ergebnis dann ausschlossen, wenn es Ursachen entstammte, die noch nicht bewiesen waren. Nun, die Quantenmechanik hat unter anderem das Verdienst gehabt zuzugeben, daß in einer vernetzten Welt wie der unseren kein einziges System vollständig in sich geschlossen sein kann. Und der Philosoph und Absolvent der École polytechnique Raymond Abellio fügt dem hinzu: »Muß man daran erinnern, daß es die Paradoxe von heute sind, die, gewonnen aus der unendlichen Wechselbeziehung der kleinsten Teilchen, welche Zeit und Raum übersteigt, die allgemeine Wahrheit von morgen bilden werden? Muß man auch daran erinnern, daß man heute, mit dieser neuen Physik, allmählich in Betracht zieht, daß die Welt eine Art universale, gegenseitig verbundene Seelenstruktur bildet, die vielleicht der menschlichen Seelenstruktur ähnelt?« *(La fin de l'ésotérisme)*

Bevor wir uns auf solch vergeistigte Höhen begeben, was uns einige »Realisten« zum Vorwurf machen könnten, bleiben wir bei dieser Feststellung: Es gibt keinen Grund, das Universum als ein in sich geschlossenes System zu betrachten, wie es noch vor ein paar Jahrzehnten gemacht wurde.

Die Astrologie, die davon ausgeht, daß die Welt den Menschen in sich birgt, wie auch der Mensch die Welt in sich trägt, liegt längst nicht mehr quer zu den jüngsten Theorien der modernen Physik. Die folgende Auswahl von Aussagen renommiertester Fachleute mag dies belegen. Die Entdeckung der Elementarteilchen führt in der Tat zu einer Welt der *Einheit. Denn eine Wandlung der Wissenschaft zieht eine Wandlung des Bewußtseins nach sich.* Diese Einheit der Materie bildete schon die Grundlage der orientalischen Philosophien und Mystik, die die Physiker nun neu entdecken und in ihre Weltanschauung einbeziehen. So schlägt beispielsweise Fritjof Capra eine Brücke zwischen der Physik und der in mystischer Tradition stehenden Metaphysik – und er ist nicht allein damit.

»Die einzige große Revolution des Jahrhunderts hat in der Physik stattgefunden«, sagt G. Zukav in *La danse des éléments* (Der Tanz der Elemente). Durch diese Revolution können die höchsten Bewußtseinsebenen erreicht werden, denn sie stellt eine Verbindung zwischen der Natur und dem Menschen her, der aus dem gleichen Material geformt ist – oder aus den gleichen Wesenheiten, denn wie sich zeigen wird, ist die Materie entmaterialisiert worden.

Die rasante Entwicklung der Theorien und Experimentiermethoden bewirkt, daß diese nur noch rein zufällig und provisorisch gültig sind, sogar für Spezialisten. Der Physiker und Autor von *La mutation du IIIe millénaire* (Die Mutation des 3. Jahrtausends) und *Au-delà du hasard et de l'anti-hasard* (Jenseits des Zufalls und des Anti-Zufalls), Robert Linssen, meint dazu: »Wir leben in einer Zeit, die außergewöhnlich reich ist an Umwälzungen und tiefgreifenden Veränderungen aller Art und auf allen Ebenen. Die paar Wochen, die es braucht, um eine vollständige Synthese zu erarbeiten, ermöglichen inzwischen eine solche Informationsfülle an Neuentdeckungen, daß es aussieht, als wären unsere Anstrengungen bereits überholt ... Kaum wird eine Arbeit, die der Philosophie der Wissenschaften gewidmet ist, veröffentlicht, ist sie häufig schon nicht mehr zeitgemäß, egal wie stichhaltig ihre Belege und Schlußfolgerungen auch sein mögen.« Nicht gerade ermutigend für den Durchschnittsmenschen, der noch viel weniger Aussichten hat, all diese Schwankungen nachzuvollziehen.

Man hat häufig – und zu Recht – das Loblied des *Honnête homme* des 17. Jahrhunderts gesungen, des allseitig gebildeten Weltmannes, der es sich selbst schuldig war, *auf allen* Gebieten aufgeklärt zu sein. Offensichtlich lassen aber die Wissenschaften, die sich mehr und mehr »vertikal« spezialisiert haben, wenig Platz für eine »horizontale« Bildung – wodurch das Risiko des »Babelschen« Kommunikationsverlusts noch größer wird, an dem unsere Epoche krankt... und der paradoxerweise durch unsere Kommunikationsmedien entstanden ist! Diese Vorstellung des *Honnête homme* erscheint somit leider wie eine reine Utopie, eine Fiktion, eine Unmöglichkeit, da sie nicht auf das 20. Jahrhundert, und noch weniger auf das 21., übertragbar ist, denn sie leidet in erster Linie an einer *Komplexitätskrise.* Aus genau diesem Grund – und weil ich keine Physikerin bin – werde ich im allgemeinen das Wort den Spezialisten und Experten überlassen, um sicher zu sein, daß ich ihre Gedanken nicht falsch wiedergebe. Ihnen allen ist gemeinsam, daß sie die *einschränkende* Hülle der offiziellen Wissenschaft überwunden haben und sich weiteren und ehrgeizigeren, ich würde fast sagen *ökumenischen,* Horizonten öffnen, an denen sich vor allem die Physik und die Metaphysik wieder vereinigen. Die Weltanschauung der Physiker hat sich verändert: Aus einer »oberflächlichen« und bruchstückhaften wird eine globale und *holistische.* »Der Sinn für eine *allgegenwärtige und alles durchdringende* Einheit, welche die üblichen raum-zeitlichen Konditionierungen zugleich aufnimmt und beherrscht, ist für den Menschen unbedingt notwendig«, sagt Linssen. Und Jean Charon behauptet kühn: »Die wichtigste Entdeckung unseres 20. Jahrhunderts war nicht die der Atomkraft und auch nicht die der Audio-Video-Technik... Es war die Entdeckung der *Innenwelt* durch die *Physik.*« Wie konnte sich, was bisher für die traditionelle Wissenschaft gewissermaßen als ein blasphemisches Paradoxon galt, bei modernen Wissenschaftlern durchsetzen?

Dieser Wandel begann nach der Entdeckung Plutos (im Jahre 1930), der für die Astrologen das Nukleare symbolisiert – ein denkwürdiges Zusammentreffen, nicht wahr? 1936 stellten die Untersuchungen von Louis de Broglie die Atomkorpuskeln als *Einflußzonen* dar, als *Wellenbündel,* die jedoch nicht als die Schwingung von *etwas Physikalischem* betrachtet werden sollten. Da sind wir auch bereits mitten im Problem, im Kern der wissenschaftlichen und philosophischen Revolution, die sich noch erheblich ausweiten wird. Die Physik, die Wissenschaft der Materie, entmaterialisiert die Materie! Hätte demnach Demokrit, der erste große Materialist der Antike, unrecht gehabt? Bestimmt, der Verlauf der Ereignisse wird es beweisen. Man nimmt schon an der Wortwahl Anstoß, denn der – zu materielle – Ausdruck »Korpuskel« wirkt störend; er wird durch den neutraleren Ausdruck »Teilchen« ersetzt. Von nun an und bis in die achtziger Jahre wird der Begriff der Materie tiefgreifenden Veränderungen ausgesetzt sein. Hören wir, was Linssen dazu sagt: »Es ist gut, sich daran zu erinnern, daß die Teilchen ihre Eigenart einem *Grad der Aktivierung* oder *Intensitätsgrad der Bewegung* verdanken. Wir wissen jetzt, daß diese Bewegungen grundsätzlich durch ihre *Beziehungen* zur Umwelt festgelegt sind.«

Man kommt also wieder auf dieses neue (?) Gesetz der universalen Wechselbeziehung zurück, der eigentlichen Grundlage des astrologischen Postulats und jeder traditionellen Kosmogonie. Man ist bei einem Prinzip der strukturellen Einheit der materiellen Welt angelangt; man denkt unweigerlich an das, was Raymond Abellio entsprechend der universalen Ordnung, die sich im Astral-Determinismus widerspiegelt, die *absolute Struktur* nannte. Die Arbeiten bedeutender Physiker wie G. Chew, F. Capra, Bell und A. Aspect unterstreichen klar die gemeinsame Grundlage des Universums. Die Brücke zur Metaphysik ist geschlagen, da: »... die Arbeiten von B. d'Espagnat, O. Costa de Beauregard und Jean Charon uns zwingen, die Existenz einer abstrakteren Raum-Zeit-Welt anzuerkennen, welche einige als *medial,* anders als *spirituell* betrachten« (Linssen).

In der Beschreibung, die der sowjetische Physiker Alexandrow von den Teilchen gibt, ist die Analogie zur Astrologie dermaßen offensichtlich, daß man das Wort »Teilchen« durch das Wort »Planet« ersetzen könnte: »Die Welt der Elementarteilchen bildet eine Wesenheit. In dieser Welt hängen die Eigenschaften jedes Teilchens von den Eigenschaften der anderen Teilchen ab. Jedes Teilchen strahlt unaufhörlich elektromagnetische Signale aus, die überall eindringen und zwischen den Körpern und ihren Teilchen eine Verbindung und eine universale Wechselwirkung herstellen.« Die Assoziation mit dem unendlichen Schachspiel, mit dem ein Geburtshimmel vergleichbar ist, liegt auf der Hand, wenn man sich an die Wechselwirkung und die semantische Wechselbeziehung der planetarischen Symbole erinnert. Der Makrokosmos (das Universum und das »unendlich Große«) und der Mikrokosmos (der Mensch und das »unendlich Kleine«) der Alten kommen wieder zusammen, sind wieder versöhnt.

Der Physiker B. Nicolescu erklärt diese Wechselbeziehung folgendermaßen: »Ein Teilchen ist das, was es ist, nur weil all die anderen Teilchen gleichzeitig existieren.« Das ist meilenweit entfernt vom Konzept in sich geschlossener Systeme der klassischen Physik, wonach alle Phänomene aus dem Kontext gelöst für sich betrachtet werden. Und doch gibt es noch immer zahlreiche Wissenschaftler, die, wie Evry Schatzman, ein französischer Astrophysiker und ehemaliger Vorsitzender der »Rationalistischen Union«, behaupten, daß »der Determinismus und die Kausalität die Grundlagen jeder objektiven Erkenntnis bleiben« *(Science et société)* (Wissenschaft und Gesellschaft). Aber man kann sicher sein, daß eine solche Betrachtungsweise wissenschaftlich bald vollkommen »out« sein wird – auch die Wissenschaft hat ihre Moden. Überholt, veraltet und anachronistisch wird sie den leicht beschränkten »Musterschülern« vorbehalten sein, den halbgebildeten Sturköpfen, die unempfänglich sind für die Entwicklung der Zeit. Solche Pappenheimer gibt es schließlich in jedem Zeitalter.

Ein globales Weltbild also! Der folgende Satz des Physikers Linssen erinnert an den *Tierkreismann* von Hermes und an das hermetische Analogiegesetz:

»Dasjenige, welches Unten ist, ist gleich demjenigen, welches Oben ist: Und dasjenige, welches Oben ist, ist gleich demjenigen, welches Unten ist, um zu vollbringen die Wunderwerke eines einzigen Dinges.«

»Das sichtbare Universum soll wie die organische Einheit eines einzelnen Körpers betrachtet werden. Dieser Körper könnte der Körper eines Riesen mit gasförmigen Muskeln aus reinem Licht sein, und jedes menschliche Wesen wäre davon ein scheinbar getrenntes Körperglied.«

Linssen

Die renommierten Physiker David Böhm, Fritjof Capra und G. Chew bestehen nicht nur auf der Notwendigkeit einer globalen oder *holistischen* Sicht des Universums, sie unterstreichen auch den Vorrang einer essentiellen Wirklichkeit, von der sich die *äußere Welt ableitet* und der gegenüber diese *zweitrangig* ist.

Dann wären wir also mitten in der Kantschen Wirklichkeit, im unergründlichen *Noumenon,* dem ersten Prinzip jedes *Phänomenons?* Man denkt auch unweigerlich an Platos Höhlengleichnis, dem zufolge unsere *Wirklichkeit* nur Schein ist, trügerischer Abglanz einer idealen »Wesenheit«, der einzigen Wirklichkeit.

Demnach täuschen uns also unsere Sinne, aber das wußten wir ja. Wir wissen es seit Descartes, diesem genialen Widder, der zu oft verkannt und als rationalistischer Griesgram verunglimpft wird. Schließlich stellte er die Frage, woher wir eigentlich die Sicherheit haben, nicht zu träumen, wenn wir uns für wach halten. Aber wir haben es erst kürzlich wieder lernen müssen, über die Erfahrung mit dem »unendlich Kleinen« und dem Unsichtbaren: Tschernobyl und Aids waren (und sind) in dieser Hinsicht eine bittere Lektion. Was wird aus dem pseudo-gesunden »realistischen« Menschenverstand eines ungläubigen Thomas, der nur glaubt, was er sieht, im Angesicht einer verheerenden Reaktorkatastrophe oder eines tödlichen Virus? Doch wie oft bekomme ich nicht von – anti-astrologischen – »Freigeistern«, die noch der alten Denkart verhaftet sind, ironisch vorgehalten: »Ich lebe sehr gut ohne die Sterne und Planeten, die viel zu weit entfernt sind, als daß sie irgendeine Wirkung auf uns ausüben könnten«... Ohne zu ahnen, daß die Gestirne ihn schon zur Kenntnis nehmen – ob ihm das nun gefällt oder nicht.

Was also ist die Wirklichkeit? Nach Böhm ein phantastisches Energiereservoir:

»Der eigentliche wirksame Faktor ist das unendliche Energiemeer, das den sogenannten *leeren Raum* ausfüllt, der in Wirklichkeit *voll* ist. So wie wir es kennen, ist das materielle Universum lediglich ein Wellengekräusel, dessen Faktoren am Ganzen nur in einer unbedeutenden und fast verschwindenden Weise beteiligt sind.«

Voll womit? Das ist die Frage. Voll Energie? Gut. Und worauf beruht die Hypothese des astralen Einflusses, wenn nicht darauf, daß veränderliche kosmische Energien den gesamten Weltraum ausfüllen?

»Die uns bekannte Materie wäre also in Wirklichkeit eine Ausstrahlung, die viel immaterieller ist, als wir aufgrund der Faszination unserer Sinneseindrücke zu glauben versucht sind«, fügt Böhm hinzu und fährt fort: »Was wir durch unsere Sinne als einen leeren Raum wahrnehmen, ist in Wirklichkeit eine Fülle, die die Grundlage jeder Existenz bildet, einschließlich der unseren... Aus der Sicht der neuen Physik ist diese Fülle ein *allgegenwärtiges Bewußtseinsfeld,* das eine solche Energiekonzentration enthält, daß es völlig normal ist, ihm einen Charakter höchster Substantialität zuzuschreiben.«

Halten hier nicht das Materielle und das Spirituelle Hochzeit? Findet hier nicht eine kosmische Vereinigung statt, die jeden plumpen Materialismus weit hinter sich läßt? Was wir heute miterleben, ist eine echte Umwälzung der traditionellen Werte:

»Die umfassende, vollständige Ordnung enthält etwas höchst Subtiles und Unantastbares. Wir schlagen nun vor, diese subtile und nicht faßbare Grundlage als Basis und Hauptquelle der Aktion zu nehmen... Anstatt das Subtile als abstrakte Form vom Greifbaren abzuleiten, leiten wir das Greifbare als abstrakte Form vom Subtilen ab.«

Mit anderen Worten: Der Geist ist der Schöpfer der Materie und keineswegs ihre Folge oder bloße Begleiterscheinung. Man denke an all die Antriebskräfte der psychischen, biologischen, physischen Wirklichkeit. Man denke an den *Elan vital,* den Lebensdrang von Bergson, an die Freudsche *Libido* mit ihrer gewaltigen Energie – Glaube, Hysterie, Begierde, die bekanntlich Berge versetzen können ...

Es ist diese globale Weltanschauung, anhand derer Linssen die Ähnlichkeit herausarbeitet, die zwischen der Sichtweise der großen Mystiker und dem Wertverständnis der neuen Physik besteht. Noch vor ein paar Jahrzehnten hätte man die Pioniere dieser »metaphysischen« Physik wohl des religiösen Wahns bezichtigt. »Ganzheitliche« Denker wie Teilhard de Chardin oder Rudolf Steiner, natürlich ganz zu schweigen von Dr. Gérard Encausse, Papus genannt, und noch viele andere haben sicherlich unter dieser Inquisition der offiziellen Wissenschaft zu leiden gehabt. Aber das ist das Schicksal der Pioniere, die letztendlich auch die Lorbeeren ernten dürfen. Man kann nur feststellen – und sich darüber freuen –, wie unermeßlich weit der Weg war, der seit Condillac und seinesgleichen zurückgelegt wurde, diesen materialistischen und mechanistischen Denkern, für die das Gehirn den Gedanken *ausschied* wie die Nieren den Urin. Heute kommt die kosmische Vision einer mystischen Vision gleich, wie sie Fritjof Capra *(Das Tao der Physik),* Physiker am *Lawrence Berkeley Laboratory* erlebt hat:

»Eines Nachmittags im Spätsommer saß ich am Meer und sah, wie die Wellen anrollten, und fühlte den Rhythmus meines Atems, als ich mir plötzlich meiner Umgebung als Teil eines gigantischen kosmischen Tanzes bewußt wurde ... Ich ›sah‹ förmlich, wie aus dem Weltraum Energie in Kaskaden herabkam und ihre Teilchen rhythmisch erzeugt und zerstört wurden. Ich ›sah‹ die Atome der Elemente und die meines Körpers als Teil dieses kosmischen Energie-Tanzes; ich fühlte seinen Rhythmus und ›hörte‹ seinen Klang, und in diesem Augenblick wußte ich, daß dies der Tanz Schivas war, des Gottes der Tänzer, den die Hindus verehren« (S. 9).

Unter dem Eindruck dieser Erleuchtung suchte und fand Capra die Parallelen und Übereinstimmungen zwischen der modernen Physik und den hohen mystischen Traditionen aller Zeiten. Damit verknüpfte er auch die verborgene Seite von westlichen Denkern: Kepler und seine *Weltharmonik,* seine *Sphärenmusik,* oder Leibniz und seine *prästabilierte Harmonie,* seine Theorie der Monaden – alleiniges Prinzip jeder physischen und psychischen Wirklichkeit, und eine Wissensvielfalt, die bis dato in der *objektiven,* rationalen Wissenschaft keinen Platz hatte.

Etienne Guillé, Professor an der Universität Orsay in der Nähe von Paris, weist auf folgendes hin: »Die *Schwingungsenergien* der Zellen sind modifizierbar. Je intensiver sie werden, desto höher steigt das *Bewußtseinsniveau* des Menschen... Wir nutzen nur einen kleinen Teil unserer Möglichkeiten. Darin liegt auch die Chance einer spirituellen Wandlung.«

Und der Physiker Linssen wird zum Philosophen und Moralisten, wenn er zum Schluß kommt: »Im Verlauf einer solchen Wandlung zeigen sich spontan die höchsten Ebenen des Bewußtseins, der Intelligenz und der Liebe in einer kreativen und ungeteilten Apotheose.« Die irdische Physik und die himmlische Physik vermählen sich.

Verbirgt sich nicht hinter dem scheinbaren pantheistischen Anthropomorphismus eines Kepler die ganze Intuition der wahren Erkenntnis? Denn dieser geniale Astronom und Astrologe hat geahnt, daß in einer Welt vollkommener gegenseitiger Abhängigkeit, die zugleich den Menschen wie den Kosmos widerspiegelt, die Erde nur ein *lebendiger* Körper sein kann: »Wie die Blase den Urin fließen läßt, so die Berge Flüsse... Wie in den Adern des Tieres Blut entsteht,... so in den Adern der Erde Metalle und Kristalle sowie Regendampf.«

Die Erde nährt sich aus dem Meer, das die geometrischen, harmonischen Konstellationen der Planeten, der Sonne und des Mondes empfängt und an dieser himmlischen Harmonie teilhat. Die Erde hat einen Tast- und Gehörsinn, und sie hat ein Gedächtnis (wer würde daran zweifeln?). Sie verdaut und atmet und ist Krankheiten unterworfen (die Umweltverschmutzung scheint unheilbar zu sein). Schließlich hat die Erde, wie die Sonne, wie das Universum, eine Seele...

Heute wäre der in Mutter Erde »verliebte« Kepler gewiß Ökologe und würde wahrscheinlich, meint jedenfalls B. Nicolescu, die phantastische Entwicklung der Informatik... seinem Gehirn zuschreiben! Und warum nicht? Möge dem, der den ersten Stein auf ihn wirft, vorher wenigstens ein Zehntel von Keplers bewundernswerten Entdeckungen und astronomischen Arbeiten gelingen! Die Sprache des Philosophen – und besonders des Mystikers –, der mit einer Wirklichkeit konfrontiert ist, die seinen Verstand übersteigt, muß gezwungenermaßen und scheinbar naiv auf die poetische oder Kindersprache zurückgreifen. Denn das Symbol ist das einzige angemessene Instrument, um das Unsagbare wiederzugeben.

Ich habe bis hierher von der neuen Physik ganz allgemein gesprochen. Betrachten wir nun die Zusammenhänge im einzelnen, die sich zwischen den verschiedenen Wissenschaftszweigen und der Astrologie – oder Kosmobiologie – immer deutlicher abzeichnen.

Astronomie und Astrologie

Der Astrologie wird häufig der Vorwurf gemacht, sie berücksichtige nicht die neuesten astronomischen Entdeckungen, sie beachte weder Pulsare, Quasare, Schwarze Löcher, Nebel, Asteroiden noch transplutonische Planeten usw. Sicherlich hat die königliche Kunst der Sterne, die auf einer *Interpretation* der himmlischen Konstellationen beruht, immer einen gewissen Rückstand gegenüber der Astronomie, die ihr als Grundlage dient: nämlich die Zeit, die sie braucht, um auf Erfahrung gestützt die symbolischen Entsprechungen herauszufinden. So wirkt auch der 1930 entdeckte Pluto in den Augen der Astrologen noch ziemlich geheimnisvoll. Sie beobachten aber weiterhin seinen Einfluß. Ein Zusammenhang mit Problemen der Umweltverschmutzung und der Erdöl-Politik einerseits sowie mit Aids und Erdbeben andererseits belegen meiner Meinung nach zweifelsfrei seine Entsprechungen in der Mundan-Astrologie.

Was die Asteroiden betrifft, die viel zu zahlreich sind, als daß sie in ihrer Gesamtheit berücksichtigt werden könnten, kann man doch sagen, daß manche Astrologen seit einigen Jahren *Ceres,* das semantisch-symbolische Gegenstück zu Merkur, in ihre Deutungen miteinbeziehen. Die amerikanischen Astrologen versuchen sich kühn im »Einsatz« von Pallas oder Juno, aber für die meisten Berufsastrologen ist ihre Interpretation noch sehr vom Zufall bestimmt und zu wenig schlüssig bewiesen.

Das gleiche gilt für *Chiron,* den kleinen Planeten, der erst 1977 entdeckt wurde. Er befindet sich zwischen Saturn und Uranus und hat einen Zyklus von ungefähr fünfzig Jahren. Einige amerikanische Astrologen betrachten ihn als Symbol für unkonventionelles Denken und Nonkonformismus – ähnlich wie Uranus. Aber auch hier fehlt noch der nötige Abstand und die notwendige langjährige Erfahrung, um konkrete Beweise zu erbringen.

In einem russischen Observatorium wurden die Energien beobachtet und gemessen, die vom Sternbild Skorpion ausgehen: sie durchdringen unsere Atmosphäre und die Erde in einer zweihundertvierzigtausendstel Sekunde! ... Das sollte uns in bezug auf die Auswirkungen eines möglichen Gestirnseinflusses zu denken geben: Dieser kommt demnach praktisch augenblicklich zum Tragen, was einer annähernden Gleichzeitigkeit von Ausstrahlung und Empfang entsprechen würde. Das sollte die »Anhänger« des Gestirnseinflusses und die der Jungschen Synchronizität eigentlich miteinander versöhnen.

Der Geburtshimmel stellt gewissermaßen unseren kosmischen Kodex dar, das Abbild unseres psychobiologischen Egos. Dieses »Grundschema« wird entsprechend den später auf uns einwirkenden Transiten negativ oder positiv stimuliert.

Mit Sicherheit erhebt die Astrologie nicht den Anspruch, eine abgeschlossene Wissenschaft zu sein – was gleichbedeutend wäre mit *toter* Wissenschaft. Sie schreitet voran und entwickelt sich weiter. Im Gleichschritt mit den neuen Entdeckungen der Gegenwart und der Zukunft entwickelt sie sich stetig weiter.

Was die Fragen betrifft, die mir der Astrophysiker Reeves in bezug auf die Integration anderer Sonnensysteme und Galaxien gestellt hat, scheint mir, daß die Astrologie schon genug mit unserem eigenen Sonnensystem zu tun hat, von dem wir direkt abhängen.

Physik, Biologie und Kosmobiologie oder Astrologie

Im Kapitel, das den Beweisen gewidmet ist, wurden zahlreiche Experimente erwähnt, die den Einfluß unseres Sonnensystems auf uns Erdbewohner nachweisen.

Der elektromagnetische Aspekt des Lebens wurde in der westlichen Welt vor rund zwei Jahrhunderten entdeckt, als es gelang, die elektrischen Impulse des Körpers und des Nervensystems, später auch die der Gehirnzonen, zu messen. 1969 wurde nachgewiesen, daß das Gehirn ein Magnetfeld besitzt, das von ferne feststellbar ist. Wie der ganze Kosmos, so besteht auch der Mensch aus einem komplexen System elektromagnetischer Felder. Die Untersuchungen über die engen Zusammenhänge zwischen dem elektromagnetischen Feld der Erde und dem menschlichen Verhalten wie auch die Aufmerksamkeit, die seit einiger Zeit der elektromagnetischen Umweltverschmutzung entgegengebracht wird, scheinen in ihren Ergebnissen übereinzustimmen und somit auf ein neues wissenschaftliches Bewußtsein des menschlichen Wirkens innerhalb des kosmischen hinauszulaufen.

Die *Lebensfelder* sind elektrische Felder, die die lebenden Körper umgeben. Sie wurden 1935 von Dr. Burr entdeckt, einem Anatomieprofessor der Universität Yale. Diese Lebensfelder ordnen und beherrschen die physische Lebensmaterie, der sie gewissermaßen als Form dienen. Sie bilden eine höhere Oktave im elektromagnetischen Spektrum und hängen mit der von Sehern und Mystikern beschriebenen *Aura* zusammen. Sie können heute dank des Kirlian-Effekts sogar fotografiert werden. Die Lebensfelder umschließen jede Zelle und jeden Kern und ermöglichen es, das *Pattern* (oder Schema), die Gestalt und sogar die Lebenskraft eines zukünftigen Organismus vorauszusehen. Sie sind allem Anschein nach überall in unserem Universum vorhanden. Sie kristallisieren sich, *bevor der physische Organismus Gestalt annimmt, und bestehen auch nach seinem Tod weiter!* Diese Erkenntnis führte Dr. Burr 1972 dazu, sein inzwischen berühmt gewordenes Buch zu veröffentlichen: *Blueprint for Immortality.* Er schreibt darin: »Die Lebensfelder sind bekannt als die Basis-Schemata allen Lebens auf diesem Planeten.« Eine bedeutende Entdeckung, die zeigt, daß »das Leben kein Zufall ist«. Burr fügt hinzu, daß diese Lebensfelder vom Mond, von der Sonne und den Planeten beeinflußt werden. Worauf wartet die offizielle Wissenschaft eigentlich noch, bis sie diese Fakten in ihre Arbeit miteinbezieht? ...

Das Nervensystem wäre demnach nicht auf genetische Vererbung zurückzuführen, sondern auf das unmittelbare Wirken höherer Kräfte. Chinesische Akupunkteure wissen seit Jahrhunderten, daß die Faktoren der kosmischen Umwelt einen bestimmten Einfluß auf unsere Energiefelder ausüben.

Der amerikanische humanistische Astrologe Rudhyar, der das Geburtshoroskop die *Kern-Matrix* des Menschen nannte, war gar nicht so weit entfernt von dieser physikobiologischen oder kosmobiologischen Anschauung des Menschen. Das verstärkt nur die Vorstellung, daß der Geist der Materie vorausgeht und daß diese gewissermaßen seine logische Folge oder sein Produkt ist.

Nachdem der berühmte amerikanische Astronom G. Stromberg Untersuchungen über die Rhythmen und Frequenzen des menschlichen Organismus angestellt hatte, kam er zu der Ansicht, daß die Struktur der lebenden Organismen durch *Schwingungssysteme* oder *pulsierende elektrodynamische Felder* bestimmt werde. Stromberg zufolge bringen diese Lebensfelder das Molekül dazu, die vielgestaltigen Lebensformen der Pflanzen, Tiere und Menschen anzunehmen, und zwar aufgrund einer elektromagnetischen Matrize. Der physische Körper wäre somit nach Stromberg nicht Ursache, sondern Folge dieser Energiefelder.

Der französische Naturwissenschaftler Etienne Guillé, Professor und Forscher an der Pariser Universität Orsay, sieht es ähnlich. Er schreibt in *L'alchimie de la Vie* (Die Lebensalchemie): »Ich habe diesen Titel gewählt... um auf die Analogie hinzuweisen, die zwischen den Ereignissen besteht, die sich auf materieller Ebene abspielen wie diese Chromosomen-Umbildung (das Leben), und den symbolischen Beschreibungen der alchemistischen Umwandlungen, die getrennt gesehen schwer verständlich erscheinen. Wenn wir nun die energetischen Veränderungen analysieren, die beim molekularen Vorgang und in der symbolischen Beschreibung Anteil haben, sehen wir, daß sie identisch sind. Wir versuchen in diesem Buch, die innere Natur dieser energetischen Veränderungen zu erfassen... Unsere zwei Experimente gehen nur dem Schein nach von sehr verschiedenen Ausgangspunkten aus: Der *Molekularbiologe,* der von seiner Ausbildung her immer tiefer und bis in alle Einzelheiten in die Analyse einzudringen versucht, und der *Sozialpsychologe,* der einen inneren Weg durchläuft, finden sich schließlich und führen auf der gleichen energetischen Verständnisebene des Lebens einen Dialog, ganz erstaunt darüber, daß sie beide die gleichen Begriffe und die gleiche Sprache benützen. Ist nicht das die große Lebensalchemie?«

Und Guillé wird mir erlauben hinzuzufügen: Ist dies nicht die Versöhnung der Wissenschaft mit sich selbst – nach einer separatistischen Politik der übertriebenen und extremen *Spezialisierung,* die jede Aussicht auf eine für alle wissenschaftlichen Zweige gleichermaßen gültige Wahrheit zerschlagen hat? Dem Titel eines Sozialpsychologen, den Guillé für sich in Anspruch nimmt, könnte man noch einen weiteren hinzufügen, nämlich den des Kosmobiologen, wenn man sich etwa auf folgende Sätze bezieht: »Die Lebensalchemie ist mit der Qualität der kosmo-tellurischen Schwingungen verbunden, die wir empfangen, weiterleiten und ausstrahlen...«

Guillé schlägt in seinem Buch eine »neue Lesart der genetischen Information, die in unseren Chromosomen enthalten ist« vor, »da eine energetische Interpretation der zellularen Vererbung auf zwei Eigenschaften der DNS hinweist: erstens wurde die Präsenz von

Metallen nachgewiesen, und zweitens haben diese Moleküle die Fähigkeit, eine Information auf Entfernung weiterzugeben...« Demnach ist die DNS ein Schwingungsträger und kann, gemäß ihrer topologischen Anordnung, den Genen eine Art Signal übermitteln.

Nach Burr und Ravitz beschäftigt sich auch Guillé mit den Lebensfeldern. Er behauptet: »Genau wie der Kosmos ist auch der Mensch ein äußerst komplexes System von elektromagnetischen Feldern, die imstande sind, untereinander zu *interagieren.*« Und es folgt die Erklärung für die *Verachtung,* mit der unsere »vereinfachende« Wissenschaft diesen elektromagnetischen Faktoren begegnet: »Es ist möglich, die elektromagnetischen Felder auf den verschiedensten Ebenen zu messen, und wir finden sie immer in andere elektromagnetische Felder übergreifend. Diese Vielschichtigkeit unserer energetischen Verbundenheit mit der Umwelt (Erde–Kosmos), zusätzlich zu unserer gezwungenermaßen vereinfachenden Bildung und Erziehung, läßt uns den Boden unter den Füßen verlieren, und wir ziehen es – bewußt oder unbewußt – vor, *diese energetische Ordnung nicht zu beachten, die unsere Vorstellungen übersteigt.*« Kurzum, wir leugnen das Phänomen, doch die Bombe tickt!

Aber wie kann man diese Wirklichkeit weiterhin leugnen, wenn man ein paar Seiten weiter erfährt, daß »es bei der Amplifikation der DNS, die unter physiologischen ... oder pathologischen Bedingungen, Streß genannt, entsteht, jetzt möglich ist, sich vorzustellen, daß *die Himmelskonstellation und die tellurischen Strömungen des entsprechenden Ortes* sich in gewisser Weise *im Molekül abdrucken.* Diese von Energieschwingungen hervorgerufene Prägung zeigt sich durch eine typische Molekularordnung, welche die energetische kosmische Ordnung wiedergibt. Und wenn diese Ordnung im zellularen Leben eines Menschen wirksam wird (unter den entsprechenden Planetentransiten? E. T.), zieht sie starke Veränderungen im Verhalten dieses Menschen nach sich.« Was kann man dem Offensichtlichen noch hinzufügen? Lauter Geheimnisse, die noch zu entdecken oder wiederzuentdecken sind! Und man fragt sich zwangsläufig, welche selbstherrliche

Leichtfertigkeit gewisse (Halb-)Gelehrte dazu bringt, sich mit ihren (Pseudo-)Gewißheiten zu brüsten ... »Ich weiß, daß ich nichts weiß.« Sokrates hatte recht.

Der Begriff der *positiven und negativen Ionen* gehört seit einiger Zeit zu unserem Alltag. Alle möglichen Apparate und raffinierten Geräte schützen uns vor einem Übermaß an positiven Ionen, die ja bekanntlich schädlich sind. Aber seit jeher weiß der Mensch, daß die feinen Veränderungen in der Atmosphäre und in der Luft für Änderungen im menschlichen Verhalten verantwortlich sind. Bekannt sind die schlimmen Auswirkungen des Föhns in der Schweiz und in Deutschland, des Mistrals und des Tramontanas im Süden, des kalifornischen Santa Ana und des afrikanischen Schirokkos – alles trockene und heiße Winde, die mit einem Anstieg von Unfällen, Unwohlsein, Schlaflosigkeit und Depressionen einhergehen. »Das amerikanische Institut für medizinische Klimatologie in Philadelphia hat nachgewiesen, daß die negativ ionisierte Luft sich auf den physischen und emotionalen Zustand von ungefähr 65 % der Bevölkerung günstig auswirkt; die anderen 35 % scheinen unter ungünstigen Auswirkungen zu leiden«, schreibt Ingenieur Jean-Marie Schiff in seinem Buch *»L'Age cosmique aux U.S.A.:«,* dem ich viele Informationen entnommen habe.

Eine negative Ionisierung verändert die menschlichen Gehirnströme. Das scheint von nicht ganz geringer Bedeutung zu sein und könnte die Erklärung dafür abgeben, daß das bekanntlich mit positiven Ionen gesättigte Mikroklima von Genf für einen traurigen Weltrekord verantwortlich ist: den der Selbstmorde! Wer hätte geahnt, daß die friedliche Calvinstadt über dieses zweifelhafte Privileg verfügt? Jedenfalls ist folgende Tatsache sicher, die für unsere Abhandlung wichtig ist: Die Mehrheit dieser Schwankungen sind mit den Mondzyklen von siebenundzwanzigeinhalb Tagen verbunden. »Der schwedische Chemiker und Nobelpreisträger Arrhenius hat nachgewiesen, daß die ionische Konduktivität der Atmosphäre mit einem plötzlichen Anstieg der Kriminalität alle siebenundzwanzigeinhalb Tage zusammenfällt.«

Vergessen wir in diesem Zusammenhang nicht das Phänomen der *Pyramiden.* »Bekanntlich ist die Funktionsfähigkeit der Pyramiden mit dem Magnetfeld der Erde verbunden: Eine Pyramide entwickelt ihre höchste Wirksamkeit, wenn die Mittelsenkrechte einer Seite direkt auf den magnetischen Nordpol ausgerichtet ist... Dabei wurde ein Regressionsphänomen beobachtet: Eine Pyramide schleift eine Rasierklinge nicht immer mit der gleichen Wirksamkeit. Die Klinge kann wochenlang scharf sein, dann schneidet sie ein oder zwei Tage nicht, um darauf erneut vollkommen scharf zu sein. Dieses Phänomen wurde mit dem rhythmischen Einfluß äußerer Kräfte wie den Mondpositionen und den Planetenanordnungen in Beziehung gebracht.«

Ein Physikprofessor der Pariser Universität, Wolkowskji, behauptete vor einigen Jahren: »Andere Auswirkungen des Mondes auf den physiologischen Zyklus der Austern oder den weiblichen Menstruationszyklus übersteigen bei weitem ein einfaches biomechanisches, mit der Massenanziehung verbundenes Modell... Die Feinheit dieser Phänomene erfordert ihre Erforschung durch eine organische Physik – oder eine Physik der belebten Systeme, d. h. eine ultra-komplexe –, die an unseren Universitäten noch nicht gelehrt wird... Die belebten Systeme sind durch ihre Vielschichtigkeit für sehr schwache elektromagnetische Felder empfänglich...«

Auf die Gefahr hin, langweilig zu werden, könnte ich die Beispiele für derartige Nachweise, Untersuchungen und Experimente von Wissenschaftlern jeglicher Herkunft noch beliebig fortsetzen. Alle laufen auf denselben Punkt hinaus: nämlich auf die Wechselwirkung von Kosmos und Mensch, noch und noch und immer wieder. Professor Wolkowskji folgert schließlich: »Die biologischen Probleme sind nicht nur in *quantitativer* Hinsicht zu untersuchen, sondern auch in bezug auf Beschaffenheit, Position, Form und Anordnung.« Also genau das Vorgehen der Astrologie, die eine »absolute Struktur« anbietet.

Medizin und Astrologie

Genau darin besteht auch die Methode der holistischen avantgardistischen Medizin, die bestrebt ist, den Menschen in seiner Ganzheit zu sehen und nicht, wie die klassische Medizin, ein einzelnes Organ zu behandeln, als wäre es von den anderen völlig unabhängig. Die gegenseitige Abhängigkeit findet nicht nur auf der Ebene der Organe statt, sie ist auch zwischen *Psyche* und *Soma* vorhanden, die sich in einer ständigen Interaktion befinden. Man weiß, daß der Grund für *Niedergeschlagenheit* häufig körperliche Überarbeitung ist, und umgekehrt erkennt man mehr und mehr, daß die Ursachen für Krebs beispielsweise häufig emotionaler oder psychischer Natur sind. In diesem Zusammenhang fällt mir wieder der schon erwähnte Dr. Burr ein, der in Zusammenarbeit mit Dr. Langmann, Entbindungsarzt an der Universitätsklinik New York, eine neue Technik in der Diagnose von Gebärmutterkrebs entwickelt hat: Dabei wird einfach die Cervix-Spannung mit der des gesamten Unterleibs verglichen! Mit dieser Methode war es möglich, einen Tumor, lange bevor er irgendwelche Beschwerden verursachte, zu entdecken. Burr und Langmann wandten also die Methoden der Kirlian-Photographie an, bevor dieser Begriff überhaupt geprägt war: die Photographie mit Hilfe von Hochspannungsfeldern. (Ich vermute, daß diese elektrischen Unterschiede bei kranken oder potentiell kranken Organen zu eben dem Zeitpunkt auftraten, in dem der (oder die) Betreffende den entsprechenden Planetentransit erfuhr. Aber das ist vorläufig noch eine Hypothese.)

Wo bleibt nun die »materialistische« und mechanistische Medizin, die sich auf äußere, sichtbare, »objektive« Feststellungen beschränkt und nur die Wirkungen beachtet, statt sich um die Ursachen zu kümmern? Erscheint sie nicht als etwas dürftig und oberflächlich? Ist nicht zum Beispiel die Homöopathie, von der offiziellen Medizin heute noch oft abgelehnt, der Wirklichkeit des ganzheitlichen Menschen näher? Sie, die versucht, das – durch das Horoskop festgelegte – »Terrain« zu pflegen, statt seine Störungen, die schließlich nur eine unmittelbare Folge sind?

Professor Kallman vom New Yorker Psychiatrischen Institut macht sich gewissermaßen zum Wortführer für die avantgardistische Biologie im allgemeinen – und für H. Laborit in Frankreich im besonderen –, wenn er behauptet, daß jedes menschliche Wesen eine innere *Uhr besitzt, die bei seiner Geburt eingestellt wurde und die seine Krankheiten und Unfälle vorherbestimmt.* Es scheint, als könnte man sogar das ungefähre Alter einer Krankheit festlegen, den *Zeitpunkt,* zu dem sie sich im Leben des Betroffenen bemerkbar machen wird – ebenso wie seinen Tod, der in seinen Genen eingetragen sein soll.

Man kann sich in diesem Zusammenhang fragen, warum dieser Determinismus, der den leidenschaftlichen Verfechtern der Willensfreiheit die Haare zu Berge stehen lassen müßte, nicht mehr Entrüstung und intellektuelle Auflehnung hervorruft. Weil er bewiesen ist? Wie? Wer sollte das überprüfen? ... Nein, das ist einfach einmal mehr der Beweis, daß die verschiedenen Disziplinen mit zweierlei Maß gemessen werden und daß der Kreditrahmen, den man der Medizin oder der Biologie einräumt, nicht für die königliche Kunst der Sterne gilt. Gut, das war eine Abschweifung vom Thema, aber ich konnte sie mir einfach nicht verkneifen.

Um eine Brücke zwischen der Astrologie und der Psychologie oder Psychiatrie zu schlagen, hat die Amerikanerin Gina Ceaglio psychologische Tests auf astrologischer Basis entwickelt. Folgende astro-psychologische Entsprechungen hat sie aufgestellt – sie entsprechen ziemlich genau dem traditionellen Planetsymbolismus:

SONNE: Selbstintegrierung, Selbstverwirklichung *(self-integration and self-realization);*
MOND: Selbsterhaltung *(self-sustainance);*
MERKUR: (intellektuelle) Selbstwahrnehmung (und der Welt!) *(self-perception);*
VENUS: Selbstbestätigung, Lustprinzip nach Freud (?) *(self-ratification);*
MARS: Selbstmobilisierung oder Aggressionstriebe *(self-mobilisation);*
JUPITER: Selbstachtung *(self-regards);*
SATURN: Selbstdisziplin oder Über-Ich *(self-discipline);*
URANUS: Selbstentdeckung *(self-discovery);*

NEPTUN: Selbstverherrlichung *(self-idealism)*;
PLUTO: Selbstläuterung *(self-purification)*.

Man könnte zu den semantischen Unterschieden manchen Kommentar anbringen, aber was zählt, ist doch der Versuch, eine gemeinsame Sprache zu finden.

Schlußfolgerung

Man kann wohl behaupten, daß in dieser Übergangsperiode zum dritten Jahrtausend die lediglich rationalistische Weltanschauung und die engstirnige Wissenschaftsgläubigkeit überholt sind. So auch die Weltsicht eines Auguste Comte mit seinen berühmten drei Stadien des menschlichen Geistes, die sich zwar mit einem bestimmten Erkenntniswert schmückten – nämlich einer Hierarchisierung des Wissens – und in der die Wissenschaft gewissermaßen die Krönung war, das Prunkstück des menschlichen Geistes. Was sich langsam vom ursprünglichen *magischen Denken* über einen religiösen Übergangszustand zur Wissenschaftsgläubigkeit entwickelt hatte, wirkt heute hoffnungslos überholt. Die Bande zwischen Religion, Mystik und Wissenschaft werden jeden Tag enger, sehr zum Mißfallen der beschränkten Rationalisten, die überall den Schwefelgestank des Aberglaubens wittern oder die Opiumdämpfe des Mystizismus, den sie mit »Humbug« gleichsetzen. Der große Physiker Fritjof Capra zeigt uns, daß diese Weltanschauung überholt ist und daß die »letzte Wahrheit« einzigartig und unteilbar ist.

Der Jerusalemer Biologieprofessor Atlan behauptet, daß die aktuelle Physik unser rationales Verständnis übersteige und daß die Wissenschaften von morgen gezwungenermaßen auch die phantastische und mystische Dimension des Menschen miteinbeziehen müßten (z. B. durch Künstler, Dichter, Praktizierende des I Ging oder der Astrologie und viele andere verkörpert). Schiff schließt eines der Kapitel seines Buches *»L'age cosmique aux U.S.A.«* mit den Worten: »Die kosmischen Biorhythmen... die auf den Menschen einwirken und die durch das Licht, durch elektromagnetische, geophysikalische oder atmosphärische Effekte und durch planetarische, solare oder kosmische Einflüsse hervorgerufen werden, erhalten in unseren Tagen langsam Anerkennung, obwohl sie noch nicht ganz erklärbar sind.«

Ich wollte mit diesem zugegebenermaßen etwas eklektischen Kapitel darauf hinweisen, daß die hier angeführten Versuche und Erfahrungswerte alle für eine Einheit der Schöpfung sprechen, auch wenn sie keine unmittelbare Verbindung mit dem Einfluß der Planeten aufzeigen. Sie richten sich gegen die Abkapselung der einzelnen Systeme (die sich doch gegenseitig durchdringen und bereichern können) und führen schließlich zur Aufhebung dieser unfruchtbaren Trennung des Physischen vom Psychischen, der Physik von der Metaphysik. Die Zeit ist reif für eine Synthese, eine Erneuerung, die in Richtung der großen kosmogonischen Systeme geht und die auch den Drang des Menschen nach einer objektiven Erkenntnis der Natur sowie seines eigenen Lebenssinns miteinbezieht. Die Richtung, in die das prophetische Wort Einsteins weist, das sinngemäß lautet: »Heute beginnt der bedeutendste Dialog, den die Menschheit je geführt hat: der Dialog zwischen dem wissenschaftlichen Geist und dem Sinn des Lebens.«

Die klassische Wissenschaft teilte die Welt in Schubladen ein und isolierte den Menschen. Die Astrologie hingegen stellt den Bezug des Menschen zum Universum wieder her.

Die Wandlung der Wissenschaft zieht jetzt eine Wandlung des Bewußtseins nach sich. Es ist höchste Zeit! . . .

ZWEIUNDZWANZIGSTES KAPITEL

New Age und das Ende des kulturellen Gettos der Astrologie Perspektiven: die Wassermann-Ära

»Weil es möglich ist, die Zukunft wahrzunehmen, kann man sie auch ändern.«
(J.-B. Priestley)

»Wer die Quelle erreichen will, muß gegen den Strom schwimmen.«
(Asiatisches Sprichwort)

»Die Zeit ist aus den Fugen.«
(Shakespeare: Hamlet)

Das erste Motto dieses Kapitels könnte allen Befürwortern eines absoluten und *mechanistischen* Determinismus, den Anhängern eines Primär-Fatalismus, des arabischen »Mektubs«, und allen Astrologen oder »Astrologisierenden« paradox erscheinen, die die königliche Kunst der Sterne im Widerspruch zur menschlichen Freiheit sehen. Ich habe mich in einem besonderen, im Hinblick auf seine Wichtigkeit fast zu kurzen Kapitel dem Problem des Determinismus anzunähern versucht. Jedenfalls soweit, um erkennen zu können, daß dieser Determinismus komplex und subtil ist und daß er dem Menschen zwar nicht die freie Wahl der Ereignisse läßt, die in seinem Leben geschehen, sicher aber die *Freiheit seines Geistes*. Dadurch hat der Mensch die Macht, sein eigenes Verhalten zu bestimmen und somit einen gewissen Einfluß auf seine Umwelt auszuüben.

Die »New-Age«-Bewegung, die seit einigen Jahren in den Vereinigten Staaten wächst und gedeiht, hat eine Bewußtwerdung des modernen Menschen zum Ziel, die zu seiner Befreiung führen soll. Zur Befreiung von einer überhandnehmenden Technik, die den

Herren zum Sklaven seines Werkzeugs macht, zur Befreiung von jeder Art mentaler und physischer Umweltverschmutzung, zur Befreiung von überholten, lähmenden und sterilen Vorstellungen.

Damit kommen wir zum zweiten Zitat dieses Kapitels: eine harmlos klingende und doch anspruchsvolle Binsenwahrheit mit beunruhigenden, aber auf jeden Fall fruchtbaren Konsequenzen. Ist von Anbeginn an vielleicht das Gegen-den-Strom-Schwimmen die einzige Möglichkeit, um zur Quelle allen Seins, des materiellen wie des abstrakten, zurückkehren zu können? Denn wir finden diese poetische Symbolik überall, diese universale Sprache des Menschen und Grundlage des Astral-Codes. Wir finden sie in der *tabula rasa* von Descartes, im Geist der Enzyklopädisten des 18. Jahrhunderts – D'Alembert, Diderot, Voltaire, Rousseau; in der Vorstellung der Reformation und der Renaissance. In zyklischen Abständen verspürt der Mensch den Drang, sich von den Ketten, die er sich im Laufe der Zeit angelegt hat, von den Schichten, die sein kollektives Unbewußtes aufgenommen, verdaut und abgelagert hat, zu befreien, um sich neues Blut zuzuführen. Um wieder ganz von vorne anzufangen. Dies sind Anzeichen – und Signale – für eine *Zivilisationskrise*. Die Zivilisation wird sich bewußt, daß sie den Anforderungen nicht mehr genügt. Ihre Wertvorstellungen sind überholt, erfüllen ihre Aufgabe nicht mehr, sind veraltet. Sie muß sich verändern, da sich viele Menschen nicht mehr wohl in ihrer Haut fühlen.

Diese Metamorphose wird zunächst durch eine kleine Minderheit von Pionieren eingeleitet, die empfindlicher als andere auf eine latente Krise, eine kollektive Disharmonie, reagieren. Die alten Wertvorstellungen der Gesellschaft müssen durch neue ersetzt werden. An die Stelle des Profitmaximierungsprinzips muß ein höheres Bewußtsein und mehr Menschlichkeit treten, das Konkurrenzdenken muß durch einen Geist der Solidarität und das ruhige Gewissen der Intellektuellen durch eine Relativierung des Wissens und durch größere Toleranz ersetzt werden. Die neue Bewegung macht mit treffenden Slogans auf sich aufmerksam: Lieber *High Touch* (tiefe Gefühle, *feelings*) als *High Tech* (Spitzentechnologie)! Um das zu erreichen, muß man wieder zum Ursprung, zur Quelle, zurück – gegen die herkömmlichen Vorstellungen, gegen das herrschende intellektuelle und kulturelle *Establishment* – um sich sein eigenes Paradigma schaffen zu können. Auch auf die Gefahr hin, die Konformisten vor den Kopf zu stoßen.

Ähnlich verhält es sich auch mit der New-Age-Bewegung, die ihren Anfang an der Westküste der Vereinigten Staaten unter dem Einfluß einiger Neuerer und Außenseiter genommen hat, insbesondere Daniel Chennevière, alias Dane Rudhyar.

Geboren am 23. März 1895, befaßte sich Dane Rudhyar zuerst mit der Tiefenpsychologie und besonders mit C. G. Jung. Später begeisterte er sich für die holistischen Theorien des General Smuts. »Für Rudhyar«, sagt einer seiner Schüler, A. Ruperti, »beweist die Astrologie in konkreter und wirksamer Weise die Tätigkeit der zyklischen und *holistischen* (allumfassenden) *Pattern* (Grundmuster) im Leben des einzelnen und der Nationen ... Ihre Sichtweise bezieht sich stärker auf die Persönlichkeit als auf die Ereignisse. Die Astrologie ist eine Art westlichen Yogas, eine Psycho-Synthese, und das Geburtshoroskop ist eine Integrationsformel, die zum Ziele hat, jedem zu helfen, ganz das zu werden, was er bei der Geburt potentiell ist ... Dane Rudhyar ist ein Philosoph und ein Astrologe, der von der jungen Generation in Amerika verehrt wird.« Ich kann mich dieser Betrachtungweise der Astrologie nur anschließen.

Als Dane Rudhyar 1963 sein Buch *The Astrology of Personality* (Astrologie der Persönlichkeit) herausgibt, macht sich in der amerikanischen Jugend, die sich mitten in der Hippie-Bewegung befindet, ein wachsendes Bedürfnis nach transzendentaler Erfahrung, nach Sensibilitätsübungen und, unter dem Einfluß orientalischer Philosophien, nach philosophischer Erkenntnis bemerkbar. Als Reaktion auf das immer unnatürlichere moderne Leben sehnt sie sich nach einem einfachen, naturverbundenen Leben. Diese Jugend hofft in der Astrologie nicht nur die Antwort auf ihre quälenden Probleme zu finden, sondern vielmehr noch eine Art innerer Gewißheit, eine Erklärung für diese Welt, um ihren Durst nach dem Absoluten zu stillen. Sie interessiert sich mehr dafür, ihren Platz in dieser Welt und sich selbst kennenzulernen, als zu erfahren, was mit ihr *geschehen* wird.

Ein anderer Typ von Jugendlichen, der vom wissenschaftlich-technischen Fortschritt fasziniert ist, stellt fest, daß die amerikanischen Wissenschaftler unseren Planeten immer mehr als Teil unseres Sonnensystems – unserer kosmischen Umwelt – betrachten und als Objekt der Sonnenstrahlung, ja der galaktischen Kräfte. Diese jungen Menschen sind mit den neuesten Psychotests und statistischen Techniken vertraut. Sie sind ehrgeizig und neugierig und wollen die höchsten Stufen der sozialen Hierarchie erreichen. Sie sind progressiv und von den technologischen Möglichkeiten unserer Epoche begeistert. Die Astrologie reizt oder fasziniert sie, sie wollen sie »entstauben« und wissenschaftsfähig machen, um ihr den Zugang zum intellektuellen *Establishment* der Gesellschaft zu ermöglichen. Und dazu gehört – was nicht unwichtig ist –, daß sie an den Universitäten gelehrt wird. Wer wollte das in Abrede stellen?

Mit seiner *humanistischen Astrologie* (die nichts mit dem klassischen, im wesentlichen atheistischen Humanismus zu tun hat) wird Dane Rudhyar gleichermaßen zum Propheten, Philosophen und Apostel des »New Age« – dessen Anfang bereits im Musical *Hair* besungen wurde, wenn man an die Hymne auf das Zeitalter des Wassermanns denkt: *Aquarius*. Es handelt sich dabei im Gegensatz zur Freudschen, behavioristischen oder klinischen Psychologie um eine humanistische, im Grunde pragmatische Psychologie, denn sie verhilft dem einzelnen zur Selbstverwirklichung – über eine Bewußtwerdung, die sogar Grenzerfahrungen (Ekstasen oder *peak-experiences*) einschließt.

Die Astrologie leistet anhand der Analyse von Horoskopen eine Unterstützung bei der Lösung von Beziehungsproblemen. Nach Dane Rudhyar ist ein Horoskop genausoviel wert wie ein anderes. Es gibt weder gute noch schlechte Horoskope, vorausgesetzt, man befolgt die darin enthaltenen Anweisungen zur Selbstverwirklichung, die sich aus den Aspekten ergeben. Dazu möchte ich sagen, daß diese Bemerkung zwar im allgemeinen zutrifft, aber es gibt auch außergewöhnlich positive oder negative Horoskope. Andererseits ist es bekanntlich schwierig, genau zu bestimmen, worin der positive Charakter eines Schicksals eigentlich besteht: Bezieht sich der zu erwartende Erfolg auf den Fortschritt in der inneren Entwicklung oder auf eine gesellschaftliche Karriere? Hier scheint es häufig Widersprüche zu geben...

Nach der klassischen Psychologie besteht die Gefahr einer Persönlichkeitsspaltung, wenn der Mensch sich in einem Konflikt zwischen den höheren moralischen (sozialen, religiösen, philosophischen) Ansprüchen und seinen Instinkten (Machtgier, übertriebener Egoismus, starker Sexualtrieb) befindet. Diese Spaltung führt direkt zu Neurosen und Psychosen: Schizophrenie, Paranoia usw. Dane Rudhyar weist auf die Notwendigkeit hin, Heilmethoden (wie Psychotherapie, ganzheitliche Heilpraktiken) zu finden, die helfen, den inneren Zwiespalt des zivilisierten, industrialisierten, roboterisierten Menschen zu lösen. (In diesem Zusammenhang muß ich hinzufügen, daß die Angelsachsen mit einem schwereren puritanischen Erbe belastet sind als die romanischen Kulturen.)

Im New Age werden die Grenzen zwischen *normal* und *abnormal* immer fließender. Wenn sich Millionen von Menschen in ihrer Haut nicht mehr wohl fühlen, wird zu Recht gefragt, was denn das Ego, das *Ich* eines Neurotikers bedeutet? Dieses *Ich* ist nicht von vornherein eine vollkommene spirituelle Wesenheit, die alles organische Leben transzendiert, sondern entwickelt sich in einem fortschreitenden Prozeß und durch menschliche Anstrengung zu einer individuellen, aber auch in das kollektive Ganze integrierten Persönlichkeit. Dieser Prozeß wird durch unsere Träume unterstützt, die die Kräfte des Unbewußten und der Instinkte zum Ausdruck bringen. Die Psychotherapie muß versuchen, die Komplexe – die aus den Konflikten entstehen – an der Ursprungsenergie (Libido) »einzurenken«, so wie der Osteologe einen Bruch einrenkt. Also eine Art Seelen-»Chirurgie«. Die Freudsche »Chirurgie« hilft dem Betroffenen u. a., das auszuleben, was er in seiner Kindheit nicht leben konnte – oder sich dessen wenigstens bewußt zu werden. Alfred Adler (Wassermann), abtrünniger Schüler von

Freud (Stier) (die Quadratur ihrer Sonnen erklärt sowohl ihre gegenseitige Bewunderung als auch ihre Rivalität), begründete eine (Individual-)Psychologie der *Höhen* durch *Ziele,* die es zu erreichen gilt, und der Mittel, die dazu befähigen (Machtwillen und Geltungsdrang); also eine Psychologie, die auf die Zukunft ausgerichtet ist, während Freud, *Tiefen*-Psychologe der Instinkte, von den *Ursprüngen* fasziniert war, der Entstehung der Traumata, kurz, von der Vergangenheit. All das stimmt völlig mit der astrologischen Typologie überein, vor allem wenn man mit C. G. Jung dieses Triptychon durch die Synthese ergänzt, die dieser Löwe-Wassermann herausgearbeitet hat, dessen Sonne im Horoskop in doppelter *Dissonanz* zu seinen berühmten Vorgängern steht. Er vereinigt in seiner Psychologie harmonisch die Tiefen (das individuelle und kollektive Unbewußte) und die Höhen (ein hohes Bewußtseinsniveau), das individuelle und das soziale Element eingebettet in einer kosmischen Dimension. Diese philosophische und psychologische Betrachtungsweise faszinierte Dane Rudhyar (Widder), was nicht erstaunlich ist: auf Anhieb sind die Affinitäten zwischen ihm und Jung erkennbar, dessen Sonne und Aszendent sich im Trigon- beziehungsweise Sextilwinkel zu seiner eigenen Geburtssonne befinden!

Eine ganze Generation wurde von dieser Jungschen Philosophie durchdrungen, die ihnen Dane Rudhyar vermittelte, der zugleich von Smuts und seinem Buch *Philosophy of Holism* (1926) entscheidend beeinflußt wurde. Ohne mich in Einzelheiten über dieses philosophische System zu ergehen – es ist leicht verständlich und nicht zu abstrakt, ganz im pragmatischen amerikanischen Stil verfaßt –, kann ich nur betonen, daß es sich insofern als Gegenstück und Ergänzung zu einer mechanistischen Wissenschaft versteht, als es die *globale Realität* der Dinge erfaßt. Das *Ganze* ist von der Mitwirkung aller seiner Teile abhängig, die dem Ganzen nachgeformt und angepaßt sind. So sind die materiellen chemischen Elemente in den biologischen Matrizen *(patterns)* eingegliedert, die beide ihrerseits in den Pattern enthalten sind, die daraus resultieren: Elektronen, Protonen, Atome, Moleküle, organische Verbindungen, Kolloide und Protoplasma, Pflanzen und Tiere, Geist und Persönlichkeit:

alles Einheiten, die nichts anderes sind als unterschiedliche Entwicklungsetappen in dieser holistischen (allumfassenden) Bewegung. Natürlich ist das Ganze höher einzuordnen als die Summe seiner Teile, das Ganze *(whole)* ist *kreativ.* So deterministisch die mechanistische Wissenschaft ist (gleiche Ursachen, gleiche Wirkungen!), so gleichbedeutend ist der Holismus mit *Freiheit,* denn die Summe mehrerer Faktoren ergibt ein schöpferisches, erfinderisches Ur-Ganzes, das frei ist von jeglichem Determinismus.

Für Rudhyar ist der *Holismus* zugleich Quelle und Erklärungsmuster der wahren Astrologie. Die Astrologie ist die »Mathematik des Ganzen«. Sie ist von einer ganzheitlichen Logik, im Gegensatz zur fragmentarischen, einlinig rationalen Logik. Sie hat die strukturelle Harmonie des Universums im Auge, das Wachstum und die Entwicklung der Wesenheiten *(wholes)* und deren Auflösung – ob es sich nun um einfache biologische Organismen handelt oder um intellektuell und spirituell weiter entwickelte Wesen. Die rationale Logik beschäftigt sich mit den Faktoren, den isolierten Teilen, während die Astrologie mit dem Ganzen befaßt ist, der allumfassenden Wesenheit. »Die Astrologie«, sagt Dane Rudhyar, »war der erste menschliche Ausdruck universalen Bewußtseins. Ihr Ziel ist es, das Chaos zu einem geordneten Ganzen und den Menschen in der Masse zu einer kreativen und einzigartigen Persönlichkeit umzuformen.«

Es ist verständlich, daß solche Vorstellungen, die alt und neu zugleich sind – schließlich sind Saturn (Tradition) und Uranus (Zukunft, Fortschritt) die beiden Planeten des Wassermanns –, einen in die Neue Welt verpflanzten Europäer wie Dane Rudhyar überzeugen konnten. Und mit ihm einen Teil der Jugend, die sich danach sehnte, zu den Ursprüngen zurückzukehren und ihren Platz in dieser lautstarken und hektischen, überentwickelten Zivilisation zu finden. »Es ist die Turbulenz selbst dieses Jahrhundertwechsels, die uns für die Veränderung und Kreativität empfänglich machen kann – und soll, von der man in den vergangenen Zeitaltern nur geträumt hat«, so spricht die bekannte Autorin der amerikanischen New-Age-Bewegung, Marilyn Ferguson *(Die sanfte Verschwörung).*

Diese Bewegung soll uns helfen, die neuen Werte (den »Zukunftsschock«) zu integrieren und das Unbekannte auf positive Art anzuwenden, statt es aus Angst abzulehnen. Sie entspringt einem wissenschaftlichen Wandel, dem Übergang von einer Newtonschen mechanistischen Physik zu einer Einsteinschen Physik, die sich auf Galaxien ebenso wie auf Elektronen bezieht. Nach einem der New-Age-Denker, Kuhn, drängt sich ein neues Paradigma auf. Neue Paradigmen erregen aber im allgemeinen Skepsis und werden oft feindselig und ironisch empfangen: Kopernikus, Galilei, Pasteur, Mesmer, die Gebrüder Wright und unzählige andere sind Beispiele dafür. Langsam aber setzt sich das neue Paradigma durch, das den Ansprüchen und Bedürfnissen einer Gesellschaft im Aufbruch exakt entspricht. Wir stehen mitten in einer sozialen Neubestimmung. »Das derzeitige Ungleichgewicht läßt auf einen neuen Gesellschaftstyp schließen«, meint Kuhn. Die Kräfte, die uns und unseren Planeten an den Rand des Abgrunds führten, enthalten zugleich auch die Keime der Erneuerung. Ohne die Verbindung zur Astrologie direkt herzustellen, behauptet Marilyn Ferguson: »Wir befinden uns im Zeitalter der *Veränderung der Veränderung!*«... Im Zeitalter des Wassermanns (das typische Sternzeichen für Neuerungen und Umwälzungen!) Weder gut noch böse, sind wir ständig dabei, uns in Richtung Transzendenz zu entwickeln und über uns selbst hinauszuwachsen. Wir müssen uns nur selbst entdecken, um uns und somit die Gesellschaft zu ändern. Nach den neuesten physikalischen Versuchen, insbesondere mit der berühmten *planetarischen Resonanzwelle,* »durchdringt das tiefste, das wahre, das innerste *Selbst,* das man in der Einsamkeit und durch Meditation entdeckt, das ganze Universum und alle anderen Wesen. Man hat das Gefühl, ein innerlich mit dem ganzen Universum verbundener Erdbewohner zu sein.« Durch diese Resonanzwelle ist es möglich, sich in vollkommene körperliche Harmonie zu versetzen. Sie verbindet uns in einer Art planetarischer Telepathie mit allen Wesen dieser Welt, die auf diese Frequenz von 7,8 Hertz eingestimmt sind. Diesen Zustand erreicht man vor allem in der Meditation. Um dahin zu gelangen, müssen Herz und Geist sich ändern. Eine Bewußtseinserweiterung ist unbedingt notwendig, die durch Anwendung verschiedener Transformationstechniken unterstützt werden kann. Dadurch öffnen wir uns einer größeren Kreativität, einer echten Willensfreiheit und einer Heilung von Seele und Körper.

Auf dem Programm dieser New-Age-Philosophie steht also der *ganzheitliche Mensch:* Gesundheit von Soma und Psyche, die zusammen und als Einheit behandelt werden; ökologisches Bewußtsein – denn was nützt es, den Menschen zu pflegen, wenn sein Wohnraum, seine irdische Heimat, sein Lebensraum zerstört wird? –; überpersönliche Bildung – zurück zur Natur im Sinne Rousseaus, natürlich im Rahmen des Möglichen, denn die Entwicklung verläuft spiralförmig und in Verbindung mit der Spitzentechnologie –; schließlich das Bewußtsein einer weltweiten Solidarität.

Als Motto ihres Buches wählte die Journalistin und Schriftstellerin Marilyn Ferguson, führende Persönlichkeit in dieser globalen Bewegung für eine Erneuerung der Menschheit, einen wunderschönen Text von N. Kazantzakis, der uns als allgemeingültiges Leitmotiv dieser Jahrtausendwende dienen könnte:

»Ich bemühe mich, meinen Gefährten ein Zeichen zu geben ... Möge mir die Zeit bleiben, ihnen eine Losung zuzurufen, als wären wir Verschworene ... Ihnen sagen zu können, wie ich mir diesen Marsch vorstelle, daß ich fühle, in welche Richtung wir marschieren und wie wir unsere Schritte und unsere Herzen in Einklang bringen können! ... Laßt uns *ein Hirn und ein Herz für die Erde schaffen*. Laßt uns schöpferisch sein, laßt uns den unmenschlichen Kampf durch Menschlichkeit ersetzen!«

1964 sagte Mac Luhan voraus, daß wir eines Tages von der Informationsflut überrollt werden. In den darauffolgenden Jahren nimmt diese Lawine gigantische Ausmaße an und verändert das Weltbild des Menschen. Der einzelne kann nicht mehr nur über sein Dorf, seine Stadt oder sein Land diskutieren, ihn betrifft auch, was auf der ganzen Welt geschieht. Er ist Zeuge und wird somit irgendwie mitverantwortlich, zum Komplizen. Das Böse, das herrscht und tötet, das Böse, das foltert und hungern läßt: dieses Böse frißt an ihm und erstickt langsam aber sicher die natürliche Lebensfreude im menschlichen Herzen – durch die negativen Vibrationen, die es verbreitet. Der Mensch ist dazu verdammt, Täter oder Opfer zu sein – das tragische Dilemma, das viele Neurosen und viele Selbstmorde erklärt. Die Kluft zwischen Besitzenden und Besitzlosen ist erschreckend und geradezu unmoralisch, unerträglich für einen Menschen, der seinen Nächsten liebt, aber nicht zu missionarischem Eifer neigt. Diese Kluft, die den Grund für Konflikte, verborgene Dramen, Ungleichgewichte – und auch Verbrechen hervorbringt, die ihrerseits diesen Teufelskreis ausweiten. Muß man sich also völlig selbstlos für andere aufopfern wie Mutter Teresa in Indien oder Nelson Mandela in Südafrika, um vor sich selbst geradestehen zu können? Der Ursprung des neuen Bewußtseins, dieser kollektiven Evolution, ist sicherlich in den siebziger Jahren zu suchen, nach 1968 jedenfalls. Nach Marilyn Ferguson handelt es sich dabei um eine *Verschwörung:* um die Verschwörung des Wassermanns, die, wie es sich gehört, durch eine individuelle, verborgene, wenig spektakuläre Bewußtwerdung beginnt. Der Zeitgeist ist dabei, sich zu wandeln. Und zwar gemäß dem – in sich widersprüchlichen – Bild des Wassermanns: pragmatisch und transzendental zugleich, politisch und apolitisch, es steht für das Geheimnisvolle wie für das Klare des Überbewußtseins, aber auch für Wechselbeziehung und Individualität.

Eine neue Kunst zu leben ...

»Sei gut zu deinem Körper, damit deine Seele sich darin wohl fühlt«, sagt man im Orient. Ein ausgezeichneter Ratschlag, den sich unsere jüdisch-christliche Zivilisation (die den Körper, angeblich der Feind der Seele, unterdrückte oder geißelte) aber erst neu zu eigen machen muß. Wie viele geistige, hysterische oder manisch-depressive Störungen könnten vermieden werden, wenn man dem Körper sein Recht auf Wohlbefinden und Sinnenfreude zugestehen würde. Ein Wilhelm Reich, der mit seinen Theorien die Prüden – oder Scheinheiligen – schockierte, hatte in mehr als einer Hinsicht recht. Nehmen wir nur als Beispiel den mutmaßlich syphilitischen, paranoiden und hysterischen Adolf Hitler, dessen Sexualleben gewiß kein Muster an Harmonie und Ausgeglichenheit war... Aber selbst in weniger extremen Fällen: Wie weit kann man den Entscheidungen eines senilen oder schwerkranken Staatschefs trauen? Wir haben im vorhergehenden Kapitel gesehen, wie sehr Körper, Seele und Geist miteinander verbunden, voneinander abhängig sind. In seinem Buch *Ces malades qui nous gouvernent* (Die Kranken, die uns regieren) hat Dr. Rentschnick die traurigen und schlimmen Auswirkungen aufgezeigt, welche die pathologischen Zustände unserer Regierenden auf die Geschichte haben können.

Der Physiker und Philosoph Fritjof Capra, den ich schon erwähnt habe, beschreibt den gesunden Zustand, die aktive Gesundheit folgendermaßen: »Gesund zu sein bedeutet also, mit sich selbst in Einklang zu sein – physisch und psychisch – sowie auch mit der Welt ringsum. Sobald eine Person aus dem Einklang herausfällt, pflegt sich eine Erkrankung einzustellen. Viele esoterische Traditionen assoziieren Gesundheit mit der Synchronisierung der Rhythmen...« (*Wendezeit*, S. 362)

Und Capra führt als Beispiel die Heilkunst der Schamanen an und betont die entscheidende Bedeutung der Einheit von Körper und Geist.

Eine Lebenskunst also, die aus den fernöstlichen Philosophien und den neuesten psychotechnischen Entdeckungen hervorgeht und die dem Menschen hilft, sein inneres Selbst zu finden. Die Astrologie unterstützt ihn bei dieser neuen Bewußtwerdung: Vergangenheit und Zukunft geben einander die Hand. Auch die Bioenergetik spielt eine Rolle, denn maßgebend ist die Harmonie von Körper und Geist. Diese Harmonie wird durch Entspannungstechniken und psychophysische Übungen wie Hatha-Yoga erreicht, bei denen richtiges Atmen von wesentlicher Bedeutung ist. Man wird sich bewußt vor geistiger und seelischer Umweltverschmutzung zu schützen versuchen, auch vor der heimtückischsten, wie den berühmten E.L.F.-Wellen (*extremely low frequency* – extreme Niederfrequenz). Diese sind im Begriff, zu einer echten strategischen Waffe zu werden, wie sie zuerst von den Sowjets, später auch von den Amerikanern eingesetzt wurden. Gruppen von Menschen, die einander seelisch verbunden sind, und spirituelle Gemeinschaften, die positive Frequenzschwingungen erzeugen, bilden einen Schutzwall gegen diese schädlichen Wellen, die imstande sind, auf die menschlichen Gehirne in der ganzen Welt einzuwirken, ohne daß der Mensch davon weiß. Bekanntlich wurden diese infra-sonoren Techniken bereits in der Werbung eingesetzt, anschließend aber gesetzlich untersagt. Man versucht durch seelische Abwehrmechanismen diese geistige Vergewaltigung einzudämmen. Während eines Welt-Symposiums über die Menschheit hat der Yogi Bahjan eine Yoga-Stellung und ein Mantra vorgestellt, die geeignet sind, *psychische Manipulationen* abzuwehren. Einige amerikanische Firmen haben bereits begonnen, persönliche E.L.F.-Generatoren zu entwickeln, die den Menschen mit einem Schutzfeld umgeben, unter der Bedingung allerdings, daß man »sie ununterbrochen bei sich trägt«. So hat jede Epoche ihre Zaubermittel!

Sind wir etwa wieder zur Hexerei zurückgekehrt? Ist alles nur eine Frage der Wortwahl, sprachlicher Neuschöpfungen? Nein, seien wir gerecht – das intellektuelle Begreifen eines Phänomens nimmt ihm vielleicht seine magische und teuflische Seite, wodurch aber das Problem selbst noch nicht gelöst ist!

Ein anderer Vorschlag: Warum nicht, zur Neutralisation der negativen Schwingungen, die die Menschen in Form von Haß, Mißgunst, Groll und Aggressivität ständig ausstrahlen, nach dem Muster der Ägypter einen Monat der *Katharsis* (Läuterung) einführen, in dem alle Streitfälle gelöst werden? (Die Ägypter hatten dazu den Monat der Waage gewählt, das Zeichen der Gerechtigkeit.) Das wäre immerhin ein Anfang!

Ich möchte noch hinzufügen, daß die Pflege der inneren Harmonie vor allem ein *Ja* zum Leben voraussetzt, das im fröhlichen Akzeptieren seines Schicksals und der Freude an einem gesunden Körper besteht. Das heißt auch, seine Probleme nicht zu verdrängen, indem man sich künstlich taub stellt. Und das wiederum bedeutet, sich nicht selbst etwas vorzumachen, womit man die

Begleichung der Rechnung schließlich nur aufschiebt, die beispielsweise unter einem Saturn- oder Pluto-Transit unweigerlich fällig ist.

... und die Kunst leben

Kann der Mensch die Harmonie ohne die Kunst, ohne ästhetische Unterstützung überhaupt erreichen? Mir scheint das schwierig, wenn nicht gar unmöglich. Mich dünkt, ein solcher Mensch schleppt das Leben wie einen Klotz am Bein mit sich, anstatt seine Höhepunkte, diese unersetzlichen, ja sogar heilsamen inneren Freudensprünge zu genießen. Von harmonischen Klängen geht eine Wunderwirkung aus. Neueste technische Entdeckungen über den Einsatz von Musik in der Krankenbehandlung haben uns dies bestätigt. Was Kepler vorausgeahnt und berechnet hat, nämlich die Entsprechungen zwischen den unterschiedlichen Planetendistanzen und der Tonleiter – die Sphärenharmonie –, stellt sich als eine Realität heraus, die die herrliche Einheit des Kosmos noch sinnfälliger bestätigt (falls es einer solchen Bestätigung noch bedurft hatte). Dementsprechend bewirkt meiner Meinung nach eine »Behandlung« der kranken oder depressiven Seele durch die hervorragende Stimme der Maria Callas in Donizettis Oper *Lucia von Lammermoor,* durch Mozarts Quintett für Klarinette oder Schuberts Streichquintett, durch Mahlers 5. Symphonie oder eine Bach-Kantate eine Heilung und schnellere Wiederherstellung des seelischen Gleichgewichts als die elektronische Musikwelle, die eigens im Hinblick auf ihre beruhigende Wirkung entwickelt wurde. Aber vielleicht ist dieser Gedanke schon ketzerisch? Wie dem auch sei, Kunst entspringt in meinen Augen aus dem mit Sinnlichkeit vermählten Geist – egal, ob ein Werk nun den Anspruch auf Ewigkeit oder Universalität erheben kann oder nicht, den letztlich nur Meisterwerke erfüllen! Sicher hat die Kunst in unserer unruhigen Zeit eine grundsätzlich harmonisierende Funktion. Das reine Gefühl, das ein Farbholzschnitt von Hokusai, ein glühendroter Himmel Van Goghs oder ein Porträt von Goya in uns erweckt, vermag als Meditationshilfe zu dienen. Dadurch können wir uns in einen höheren Bewußtseinszustand versetzen und unsere täglichen Sorgen ins rechte Maß rücken. Und das Ziel, nämlich den Teufelskreis von Streß und Niedergeschlagenheit zu durchbrechen und Gelassenheit zu erlangen, kann damit erreicht werden. Die Rückkehr zur Schönheit ist eine vordringliche Aufgabe, wenn man an die Thesen glaubt, die Yves Gagnières in seinem Buch *La Métamorphose* (Die Metamorphose) vertritt, zu dem der Maler Georges Mathieu ein begeistert anerkennendes Vorwort geschrieben hat. Wie schon aus dem Titel hervorgeht, setzt sich der Autor für einen tiefgreifenden ökonomischen und vor allem kulturellen Wandel ein. Malraux hat gesagt: »Das 21. Jahrhundert wird entweder religiös sein oder es wird nicht sein.« Ich persönlich würde das Adjektiv *religiös* durch *spirituell* ersetzen. Gagnières hingegen wählt das Wort *kulturell* (und ersetzt damit das *ökonomische* 20. Jahrhundert). Und so sieht er unsere Gesellschaft: »Eine unglaubliche Sache, etwas, das man noch bei keiner Erdenbevölkerung angetroffen hat: ein Volk, das sich seiner Schönheit schämt. Die Zurschaustellung der Schönheit findet nur noch in einer oberflächlichen, frivolen Rolle statt... eine degradierte und degradierende Umwelt, die des Edlen und Wertvollen im Menschen nicht mehr würdig ist. Vulgäres und übellauniges Verhalten, das einzig von den elementarsten Überlegungen des Überlebens und des Profits beherrscht wird; eine wirre Produktion bunt zusammengewürfelter und unbedeutender Objekte; eine unfertige, grobe und fade Zivilisation, die sich in einem ständigen Chaos befindet und zwischen der Weiterführung mittelmäßiger Gewohnheiten und den unzulänglichsten Versuchen hin und her schwankt. Die unfähig ist, lebendige Bande zwischen dem einzelnen und seiner Umgebung zu knüpfen, und nicht imstande, den höchsten Ansprüchen der Gemeinschaft Ausdruck zu verleihen. Eine ›elitäre‹ Kultur, die die größten Künstler und Erfinder hervorbringt, die Goldschmiede, Modeschöpfer, Möbeldesigner und Prestige-Architekten zum Zuge kommen läßt, die aber nicht dazu taugt, die Massen aus ihrer Mittelmäßigkeit herauszuholen, in der sie sich wohl zu fühlen scheinen. Eine Jugend, die die Befriedigung ihres Ausdrucksbedürfnisses nur noch in der Mode und in Nebensächlichkeiten findet.«

Wo wir doch eine Welt bewohnen sollten, in der die Schönheit »die höchste Forderung, das sichtbare Zeichen der Wahrheit, das Ziel und die Erklärung des Lebenssinns« darstellen sollte (Plato vertrat, nebenbei bemerkt, diese Meinung). Gagnières Diagnose unserer Kultur ist hart, aber treffend, und sie schreit förmlich nach einer Metamorphose unserer Zivilisation, nach einer tiefgreifenden Wandlung, die in den Sternen steht. (Ich habe sie schon 1979, vor Beginn der großen Konjunktionen, die sich ab 1980 bilden sollten, vorausgesagt.)

Astrologie und New Age

Wie anzunehmen war, konnte die New-Age-Bewegung, die in erster Linie für eine Wiedervereinigung des Menschen mit dem Kosmos eintritt, die königliche Kunst der Sterne nicht ausschließen. Mit Dane Rudhyar als Prophet, der die amerikanische Jugend und die Jugend der ganzen Welt aufrief, ihre innere Identität über eine Bewußtwerdung zu suchen – mit der Horoskopanalyse als Licht und Führung –, verstand sich das von selbst.

Die Astrologie, unersetzliches Werkzeug zur Selbsterkenntnis, nimmt also an dieser tiefgreifenden philosophischen Revolution teil, an dieser Metamorphose, der Wandlung des Menschen des 21. Jahrhunderts. Sie ermöglicht eine Harmonisierung der Beziehungen zwischen den Menschen, insbesondere der Paarbeziehung, der Beziehung zwischen Eltern und Kindern, zwischen Arbeitgebern und Arbeitnehmern – im Hinblick auf ein größeres gegenseitiges Verständnis, ein erhöhtes Wohlbefinden und bessere Leistungen. Jeder kann sich als zwar unvollkommen, aber doch einzigartig erkennen, und dadurch entsteht eine höhere Bereitschaft zur Toleranz. Man versteht, daß jeder einzelne gewissermaßen nach seinem eigenen Sternenmodul »funktioniert« und daß man von den Menschen nicht verlangen kann, was sie – jedenfalls im Moment und ohne die nötige Bewußtwerdung – nicht geben können.

Das Ende eines kulturellen Tabus

Aber diese wertvolle astrologische Unterstützung sollte nicht heimlich und im Untergrund, in einer Art kulturellen Gettos eingesetzt werden. Ist es nicht erstaunlich (und symptomatisch für dieses Tabu), daß der Beitrag zur Astrologie, den viele große Geister der Geschichte geleistet haben, in unserer westlichen Kultur »geheimgehalten« wird? Welcher Laie weiß denn zum Beispiel, daß Dante, Goethe, Shakespeare, Balzac, Kepler, Newton, Luther, Kopernikus, Einstein, die römischen Kaiser Augustus und Hadrian, Rudolf Steiner, vierundzwanzig Päpste, einschließlich Johannes XXIII., daß all diese großen Geister die königliche Kunst der Sterne praktizierten oder jedenfalls eine hohe Meinung von ihr hatten? Diese Seite ihrer Persönlichkeit wird in ungerechter Weise durch einen überheblichen und nicht sehr toleranten Rationalismus gern unterschlagen. Es grenzt fast an Verrat!

Die Lehre der Astrologie muß wieder auf den Studienplan der Universitäten, an denen sie jahrhundertelang einen führenden Platz einnahm und bis ins 19. Jahrhundert unterrichtet wurde. Wie man bereits gesehen hat, glänzte sie an allen europäischen Höfen und Universitäten – besonders zwischen 1450 und 1650. Sie wurde aufgrund ihrer zu starken Machtstellung vertrieben – wenn man von der zunehmenden Herrschaft der Vernunft als weiterer Ursache einmal absieht. Aus dem gleichen Grund schaffte Anfang des 14. Jahrhunderts der ehrgeizige König Philipp (der Schöne) den Templerorden ab.

Nur die akademische Anerkennung und die Institutionalisierung der königlichen Kunst der Sterne wird es ermöglichen, die Spreu vom Weizen zu trennen, die Scharlatane von den seriösen Astrologen. Die Irreführung der Leichtgläubigen ist schon voll im Gange. Ein verwerfliches Spiel mit der Lebensangst, mit der Furcht vor dem Unbekannten und vor der Zukunft, vor Aids und Atomkatastrophen, ein Spiel, das auf den Alltagsstreß und den Transzendenzverlust der Menschen baut (Werte wie Gott und Vaterland haben viel an Bedeutung eingebüßt). Dieser kosmische (und zivilisatorische) Tunnel, in dem wir uns seit 1980 befinden, kann uns eine lawinenartige Zunahme falscher Propheten bringen, die eine Unterscheidung zwischen opportunistischen und skrupellosen Profitjägern und echten Persönlichkeiten noch schwieriger machen wird. Besonders stark wirken die »großen Konjunktionen« wieder seit 1988. Die Gefahr einer völligen Wertverwirrung und einer Inflation in diesem Sinn wird *zwischen September 1989 und Juli 1990* besonders groß sein, was unter anderem auf die Opposition zwischen Jupiter und mehreren »langsamen« Planeten zurückzuführen ist. Noch ist es Zeit für die Astrologie, sich eine Berufsethik als Pflichtenlehre aufzubauen, um die Öffentlichkeit vor diesen Mißbräuchen zu schützen. Die Leserbriefe, die ich aus verschiedenen europäischen Ländern erhalte, zeigen mir, daß überall Ratlosigkeit, auch Mißtrauen denen gegenüber herrscht, die aus Unfähigkeit oder Unehrlichkeit – oder beidem zusammen – die Leichtgläubigkeit der Menschen ausnützen könnten. Häufig geht dieses Mißtrauen auf einige frühere schlechte und teuer bezahlte Erfahrungen zurück. Durch seriöse Diplome und Prüfungen könnte man eine Auswahl treffen und hätte wenigstens die Garantie, daß ein Astrologe sein Handwerk beherrscht und die nötigen Voraussetzungen erfüllt.

Woran erkennt man nun den exzellenten Astrologen?

Im Idealfall hat er die verschiedenen planetarischen Prägungen erfahren und daraus die Quintessenz gezogen:

Von Jupiter (Schütze und Fische) hat er das Bedürfnis nach *philosophischer Erkenntnis* erhalten, das ihn dazu führt, an eine Transzendenz auch zu *glauben,* nachdem er sie gefunden hat. Er strebt das Nicht-Alltägliche und Übermaterielle an.

Saturn (Steinbock und Wassermann) hat ihm die *zusammenhängende Strukturierung* des Universums gezeigt, ein Skelett der Welt, zu dem er durch *wissenschaftliche Analyse* und genaueste *Forschung* gelangt.

Durch Uranus (Herrscher-Planet des Wassermanns und früher des Steinbocks) wird er von einer unersättlichen *intellektuellen Neugier* im Verbund mit einer bemerkenswerten *spirituellen Intuition* geprägt. Er besitzt *Erfindungsgeist* und *Solidarität* und hat gelernt, *seine Leidenschaften zu sublimieren,* an den Nächsten zu denken, zusammen mit einer *universalen Liebe* für die Menschheit.

Neptun (Fische und Schütze) hingegen hat ihm seine *Selbstlosigkeit,* seinen Hang zum *Träumen* und zum *Kosmischen* geschenkt, seine totale *Opferbereitschaft,* seine *visionäre* Begabung, die durch die göttliche Liebe belebt wird, seine nicht mehr spirituelle, sondern emotionale *Intuition* und seine *mystische* Wahrnehmung des großen Ganzen.

Von Pluto (Skorpion und wahrscheinlich Widder) schließlich (dem »Outsider«: er ist der äußerste Planet unseres Sonnensystems) hat er die *Macht* über sich selbst und die anderen geerbt, eine *zweischneidige,* gefährliche Macht, von der er auf konstruktive und nicht zerstörerische Art Gebrauch machen sollte. Er besitzt den Schlüssel, um in das Geheimnis der Götter einzudringen, und er kann den Skorpion in sich in einen Adler verwandeln. Als *Alchemist* seiner selbst und der anderen wird er *Wiedergeburt und Erneuerung* auslösen – häufig auf dem Umweg über *Zerstörung und Leid.*

Nach dieser Gralssuche hätte unser Astrologe wahrscheinlich seine Vollkommenheit erreicht. Aber es handelt sich hier um ein Ideal, das in seiner Perfektion unerreichbar ist. Doch nichts hindert den nach Licht und Weisheit Dürstenden, dieses Ideal anzustreben.

Der Nachteil im praktischen Leben ist nur, daß diese Tugenden, diese Vollendung für das bloße Auge nicht – oder nur selten – sichtbar sind. Die Fälschungen nehmen überhand, und das Künstliche scheint oft besser, glänzender und verführerischer als das Natürliche – auf dem Gebiet der Astrologie wie auch auf anderen.

Daher die absolute Notwendigkeit objektiver und offiziell anerkannter Kriterien: Schulen, Examen, Diplome. Natürlich werden die Anhänger der Esoterik einwenden, daß eine so unterrichtete Astrologie ihr Geheimnis verlieren werde, wie es Raymond Abellio in seinem Buch *La fin de l'ęsotérisme* (Das Ende der Esoterik) vorausgesagt hat. Ich habe dazu folgende zwei Einwände:

– Zum einen gehen wir auf das Zeitalter des Wassermanns zu,

das für intellektuelle Neugier, Wissensdurst und erweiterte Kommunikation steht. (Man denkt dabei an das Symbol des Wassermanns, wie er seinen Krug über die Menschen ergießt, damit sein Wissen vermittelt wird.) Man kann sich der Entwicklung seiner Zeit nicht entgegenstemmen. Das hermetische Wissen geht der Menschheit nicht verloren, es wird einfach leichter zugänglich.

– Zum anderen ist einer, der die Tonleiter spielen kann, deswegen noch lange kein Artur Rubinstein. Kreativität, Kunst und Inspiration bleiben weiterhin wenigen Auserwählten vorbehalten, die auf dem Weg der spirituellen Entwicklung und des Wissens weiter fortgeschritten sind. Denn die astrologische Technik als Wissenschaft ist vermittelbar, während die Astrologie als Kunst, mehr noch, als Weisheit unendlich ist und nur durch den persönlichen Zugang erobert werden kann. So wird die Astrologie auf intellektueller wie auf menschlicher Ebene so gut sein wie die Kollegen, die sie praktizieren. Was bleibt, ist, daß die Vorteile der Ausbreitung und Unterrichtung der Astrologie die Nachteile überwiegen, wenn man allein an die unzähligen Dienste denkt, die sie dem einzelnen und der Gesellschaft erweisen kann.

So tritt eine Astrologie, die zu lange verkannt und verspottet wurde, langsam und schüchtern wieder aus dem Dämmerlicht ihres Gettos heraus. Nein, ich spreche nicht von oberflächlicher Jahrmarktastrologie, die in verwerflich demagogischer und einschläfernder Weise dem »Konsumenten« erzählt, was er hören will. Das ist eine Karikatur der echten Astrologie, die man zu Recht bekämpfen sollte.

Aber auch die seriöse Astrologie – und *vor allem* um die geht es – muß schwer um ihre Anerkennung kämpfen und begegnet einer starken Opposition. Marguerite Yourcenar sagt ja, daß »jede Wahrheit den Skandal in sich birgt«. Warum dieses *vor allem*? Je mehr die Astrologie sich als frivolen Zeitvertreib, Spiel, öffentliche Belustigung, kurzum, als den Clown der Kultur ausgibt, desto mehr wird sie auch als solcher behandelt. Ich denke, das ist der Hauptgrund dafür, daß meine Fernsehsendungen vor einiger Zeit sowohl in Frankreich als auch in der Bundesrepublik Deutschland abgesetzt wurden: In beiden Ländern hat mein Auftritt offenbar

Schwefelspuren hinterlassen, obwohl in beiden Fällen der Medienerfolg sicher war. In Frankreich war es 1975 die Sendung *Astralement vôtre,* die auf Druck rationalistischer *Lobbies* (der »Verband wissenschaftlicher Schriftsteller« Frankreichs und die »Rationalistische Union«) schließlich abgesetzt wurde, obwohl das Publikum laut Umfragen mehrheitlich ihre weitere Ausstrahlung wünschte. Diese Sendung hatte zu schriftlichen Anfragen durch Abgeordnete der Kommunistischen Partei im Parlament geführt (denn: die Astrologie ist elitär, weil sie nicht vorgibt, Peter sei gleich wie Paul, da dieser vielleicht begabter ist als jener...!). Das alles wegen einer täglichen Sendung von einer Minute und fünfundvierzig Sekunden, die der Zuschauer, dem sie nicht gefiel, gut nutzen konnte, um sich die Hände zu waschen oder einen Joghurt aus dem Kühlschrank zu holen! Ein wichtiger Vertreter der Atomlobby soll sogar ausgerufen haben: »Entweder *Astralement vôtre* oder ich!« Ein schönes Geschenk, das mir dieser bemerkenswerte Herr gemacht hat, der sich 1989 damit vielleicht lächerlich machen könnte? Aber das muß nicht sein, wenn man sich auf diesen Brief bezieht, der von einem aufgeregten Rationalisten und Rächer des Unrechts (von welchem?) an die Direktion der französischen Eisenbahngesellschaft (S.N.C.F.) geschrieben wurde, weil sie Mini-Auszüge aus meinem *Horoscope 1988* in einigen TGV (Superschnellzug) verschenkte. Diese Auszüge zeigten die Tendenzen des Jahres für jedes Sternzeichen an, eingeteilt in Dekaden. Indigniert über diese Initiative der S.N.C.F., beschimpfte der Schreiberling, der offensichtlich von der Gleichsetzung »Astrologie = Religion = Opium für das Volk« überzeugt war, die Eisenbahngesellschaft sehr heftig. Wo bleibt da die vielzitierte Glaubens- und Gewissensfreiheit? Ich bin völlig verwirrt: Hätte dieser Herr das gleiche mit der Futurologie oder mit einer zukunftsorientierten wirtschaftlichen Analyse gemacht, die beide auf Spekulationen beruhen? Sicher nicht!

Die als seriös und verantwortungsvoll anerkannte Wissenschaft der Astronomie war 1987 in Frankreich Gegenstand einer Fernsehserie über die verschiedenen Kosmogonien, Theorien über die Entstehung und Entwicklung des Universums. Ich frage mich noch heute, durch welchen unglaublichen Trick diese rationalistischen Wissenschaftler das Glanzstück fertigbrachten, die älteste, anspruchsvollste (weil alles umfassende) und bestechendste aller Kosmogonien, das dauerhafteste, universellste und überzeugendste Referenzsystem, nämlich die Astrologie, rundweg zu ignorieren. Ich habe bis jetzt keine Erklärung dafür gefunden, außer der, daß die Astrologie noch immer als tabu gilt und in einem kulturellen Getto agiert.

Nur zu verständlich ist also die Ungeduld der echten Astrologen, die stolz auf ihren Beruf sind, endlich einen Status zu erlangen, der ihrer Kunst würdig ist. Die wieder in die vornehmen Schichten unserer Gesellschaft aufgenommen werden wollen, aus denen sie von Colbert 1666 unverdientermaßen verbannt wurden. Genug der Rolle des Arme-Leute-Kindes, des verschämten und außenseiterischen Clochard, der »Kulturhure«, zu der sie unsere Gesellschaft degradiert hat! Diese soll ihr ihren Adelsbrief wiedergeben: die Astrologie wird es ihr hundertfach belohnen!

Planetenzyklen und tiefgreifende Veränderungen in der Welt: Perspektiven für die Jahrhundertwende (Aids, Umweltverschmutzung usw.)

Die Wachstumskrisen der Welt brechen nicht einfach »irgendwann« über die Menschheit herein. Es gibt einen *Geschichtssinn,* aber er ist nicht das, was man im allgemeinen darunter versteht. Er ist mehr als politisch, er ist kosmisch und steht in Verbindung mit der universalen Ordnung und den planetarischen Rhythmen. Die großen Umwälzungen in unserer Zivilisation fanden zur Zeit eines Zyklus statt, der das kleinste gemeinsame Vielfache der fünfundvierzig astrologischen Zyklen darstellt: nämlich alle 496 Jahre, also ungefähr alle fünf Jahrhunderte. Das entspricht genau zwei Pluto-Zyklen (248 Jahre) und bis auf eine Winzigkeit drei Neptun-Zyklen (165 Jahre). Das 6. Jahrhundert v. Chr. erlebte so große Geister wie Laotse, Konfuzius, Pythagoras, Buddha: sie prägten das

Weltbild während mehr als 2500 Jahren – also länger als eine astronomische Ära (2160 Jahre)! Weit über seine Zeit hinaus wirkte der Menschensohn, der gekommen war, die Welt zu verändern und seine Brüder (und Schwestern) zu retten. Dieser Wendepunkt war von außergewöhnlicher Bedeutung, denn zu diesem Zyklus von fünf Jahrhunderten kam der Zyklus des Fische-Zeitalters hinzu, der zu dieser Zeit seinen Anfang nahm. Außerdem fiel er mit dem Zyklus eines großen Präzessionsjahres zusammen (denn der Frühlingspunkt *verschiebt* sich auf der Ekliptik *rückwärts,* das heißt, der Eintritt in die Fische-Ära geschieht von der auslaufenden Seite des Zeichens her, also praktisch bei 0 Grad Widder, dem Anfangspunkt des Großen Platonischen Jahres von 26 000 Jahren). Erfährt dadurch die Geburt Christi nicht eine höchst ungewöhnliche kosmische und historische Dimension?

Ende des 5. und Anfang des 6. Jahrhunderts – also fünf Jahrhunderte später – fanden die großen Völkerwanderungen und Invasionen der Barbaren statt, denen Ende des 10. Jahrhunderts die der Wikinger in England folgten. Die gleiche Zeit erlebte auch den Beginn der Kapetingerherrschaft in Frankreich, die achthundert Jahre dauern sollte. Ende des 15. Jahrhunderts wurden bekanntlich die großen (geographischen und technischen) Entdeckungen gemacht. Zu dieser Zeit kamen sowohl die großen Reformatoren wie Luther, Zwingli und Calvin auf die Welt als auch Ignatius von Loyola, der Gründer des Jesuitenordens. Und Rabelais, den man auf der Liste der überragenden Geister gewiß nicht vergessen darf! Noch eine interessante Bemerkung zur Buchdruckerkunst: Sie wurde in China Ende des 10. Jahrhunderts erfunden, also genau einen Zyklus früher als im Abendland!

Seit 1980 befinden wir uns wieder in einer dieser Übergangsperioden – und stärker noch seit 1988, als die Serie der großen Konjunktionen wieder einsetzte (die 1984 unterbrochen wurde), die für tiefgreifende Veränderungen der Zivilisation verantwortlich sind. Was werden sie uns diesmal bringen? Zerstörung der menschlichen Spezies durch den Menschen selbst, der Opfer seiner teuflischen – und feinsten – Erfindungen (Nutzung der Atomkraft) wird? Oder durch ein mikroskopisch kleines Virus, das die Abwehr-Mechanismen des Körpers ausschaltet (Aids)? Oder die andere, ebenso unerträglich absurde Vorstellung: Wird der Mensch Opfer seines eigenen Fortschritts, indem er von Tag zu Tag den Planeten Erde weiter zerstört?

Oder wird der Mensch plötzlich durch eine erhellende und rettende Bewußtwerdung erleuchtet? Wird er in letzter Minute die Lösung und das Zaubermittel finden, die ihn aus allen Sackgassen herausführen? Werden sich die großen Entdeckungen, die sich bis dato auf die Erde beschränkten, jetzt auf den Kosmos ausdehnen – zuerst auf das Sonnensystem, das von den Erdenbewohnern kolonisiert werden wird? So viele Hypothesen wie Szenarien für dieses Ende des 20. Jahrhunderts, das sich den Futurologen und den Astrologen als großes Fragezeichen präsentiert. Denn *alles kann geschehen!* Entscheidend wird sein, ob der Mensch sich der Dringlichkeit der Sache bewußt wird und wie er die Einflüsse, sein kollektives Karma, leben wird. Denn die Sterne sind lediglich das *Zeichen* dieser Wandlung, sie geben das »Wann« an. Das »Wie« hängt zum größten Teil von der Weisheit oder dem Wahnsinn des Menschen ab.

Es steht jedoch zu befürchten, daß der Wahnsinn der Weisheit den Rang ablaufen wird. Es gibt unterschiedliche Gründe dafür, die auf verschiedenen Traditionen beruhen:

– *Nach der astrologischen Tradition:* Seit Ptolemäus wissen wir von der – den Lauf der Geschichte bestimmenden – Existenz evolutiver (aufsteigender) und involutiver (absteigender) Zyklen, je nachdem, ob sich diese Zyklen zu einem bestimmten Zeitpunkt in einer konstruktiven, positiven Phase befinden oder nicht. Die positive Phase ist die Phase der Öffnung und geht von der Konjunktion zur Opposition. In der absteigenden Phase nimmt die Verschlossenheit von der Opposition bis zur nächsten Konjunktion zu: das »Klima« der Ereignisse, die bei der ersten Konjunktion begonnen haben, verschlechtert sich; es ist eine Phase des Verfalls. Das entspricht dem universellen Gesetz von Ebbe und Flut, dem »Ein« und »Aus« des kosmischen Atems – ähnlich dem karmischen

Gesetz (Aktion und Reaktion), das als »Feed-back« auf unsere Wirtschaftswelt einwirkt. Zur Zeit befinden sich die meisten Zyklen in der abnehmenden, involutiven Phase und werden erst ab 2005 wieder ansteigen, was vielleicht den Beginn eines neuen goldenen Zeitalters bedeuten wird.

– *Der esoterischen Tradition* und besonders dem hinduistischen *Vishnu Purana* zufolge befinden wir uns jetzt im *Eisernen Zeitalter* oder Kali-Yuga, das durch eine fortschreitende, 6480 Jahre lang andauernde Entartung der Welt gekennzeichnet ist (nach R. Guenon, *Les cycles cosmiques*) (Die kosmischen Zyklen). Diese düstere Periode, die das Bewußtsein über und das Wissen um die kosmischen Gesetze verdunkelt, hätte nach jüdischer Tradition 720 Jahre vor der Schöpfung (die auf 3761 vor unserer Zeitrechnung datiert wird) begonnen, also um etwa 4481 v. Chr. Das Ende dieser Zeit – und vielleicht der Welt überhaupt – käme demzufolge 1999!

Da aber der letzte *Avatar* (die Verkörperung des Gottes Vishnu als Retter) des Kali-Yuga nach der Umkehrung der Pole kommen soll, kann man annehmen, daß die Welt weiterbestehen wird. Vielleicht ist eine neue Arche Noah in Sicht? . . . Der große Seher und Astrologe Nostradamus jedenfalls hat das Ende der Welt auf 3397 festgesetzt. Sollte er sich in diesem Punkt geirrt haben? Bezieht man sich hingegen auf Jean de Paulys *La tradition du Zohar* (Die Zohar-Tradition), wird die Welt im Jahre 2239 untergehen, denn ihre Entstehung ginge auf das Jahr 3761 vor unserer Zeitrechnung zurück und müßte 6000 Jahre Bestand haben. Etwas Zeit bleibt uns also noch!

Aber kommen wir auf die *Planetenzyklen* zurück: Zwischen 1988 und 1997 zeichnen sich sechs – sieben mit der vom Jahr 2000 – große Konjunktionen am Horizont ab. Diese großen Konjunktionen, die schon zwischen 1980 und 1984 begonnen hatten, haben bereits zahlreiche Katastrophen verursacht, deren Häufigkeit noch zuzunehmen scheint: Der Ausbruch des Vulkans El Chino in Mexiko 1983, der wahrscheinlich für einen Teil der Zerstörung der Ozonschicht am Südpol und langfristige Klimaveränderungen verantwortlich ist; der Krieg zwischen Iran und Irak; die Ausbreitung des islamischen Fundamentalismus zusammen mit dem Heiligen Krieg, den Khomeini erklärt hat; und – nicht zuletzt – Aids, die Pest der 80er Jahre.

Wenn die schnellen Planeten (die kleinen Zeiger der kosmischen Uhr) mit den langsamen Planeten (den großen Zeigern) zusammentreffen, ergibt sich das, was man eine Ballung oder eine Planetenansammlung nennt. Nun wurde beobachtet, daß ein Jahrhundert um so unruhiger wird, je mehr Planetenballungen in diesem Zeitraum stattfinden. Im 20. Jahrhundert kam es zu einer »Ansammlung« im Zeichen Stier, und zwar 1941, als der Zweite Weltkrieg wirklich »Welt«krieg wurde; die darauffolgende fand im Wassermann statt, im Februar 1962 – die Astrologin und Seherin Jeane Dixon hat für diesen Zeitpunkt die Geburt des zukünftigen Anti-Christs festgesetzt. Die nächste »Ballung« ergibt sich im Dezember 1989 und ist besonders bedeutsam für die UdSSR... und für Gorbatschow! Die letzte Planetenballung dieses Jahrhunderts – mit sieben Planeten im Schützen – wird im November 1995 stattfinden und nur von kurzer Dauer sein. Sie könnte sehr wohl den totalen und definitiven Sieg über Aids sowie andere außergewöhnliche wissenschaftliche Entdeckungen (u. a. in der Medizin) anzeigen.

Aber betrachten wir die Konjunktionen in ihrer chronologischen Reihenfolge:

1989: Konjunktion Saturn–Neptun (Zyklus von fünfunddreißig Jahren)

Diese Konjunktion deutet eine neue soziale Mystik an. Die UdSSR scheint in ihrem Rhythmus mitzuschwingen:

1917: Entstehung der Sowjetunion.

1953: Stalins Tod.

1989(?): Wandlung (oder Anfang vom Ende) des Kommunismus?

Ein Wechsel im Status der Völker scheint sich auf symbolische Weise mit dieser Planetenkonstellation zu verbinden. Sie wird sich in 11 Grad Steinbock bilden und somit dieses Zeichen auf politischer und historischer Ebene zu Ehren bringen, wie sie zwischen 1940 und 1942 den Stier-Geborenen (Hitler, Salazar, Pétain usw.) zu Ruhm verhalf, als die Ballung in diesem Zeichen erfolgte. Es könnte sein, daß der spanische König Juan Carlos (Steinbock vom 5. Januar 1938), dessen Geburtssonne auf Vega, dem schönen Fixstern erster Größe, steht, plötzlich – und für Jahre – neue Berühmtheit erlangt. Dies vor allem, wenn Nostradamus ihn im Sinne hatte, als er vom »spanischen Steinbock-König« sprach, vorausgesetzt, er meinte nicht einen vergangenen Herrscher. Ich habe in dieser Richtung noch keine Nachforschungen angestellt.

Die planetarischen Faktoren scheinen hingegen in dieser Periode nichts Gutes für den Widder-Aszendent Gorbatschow zu verheißen, besonders im *Juni und November 1989,* den Folgephasen dieser Konjunktion nach ihrer ersten Bildung im März. Das könnte vor allem für Ende 1989 einen entscheidenden Wendepunkt im Schicksal der UdSSR markieren – oder ein einschneidendes Ereignis wie den Sturz des Regierungschefs? Zweifellos werden in dieser Zeit Instabilität und Verwirrung herrschen – in Rußland und anderswo! Es könnte der Auftakt zu einem gewaltigen ideologischen und politischen Wandel mit konkreten Auswirkungen Anfang 1990 sein.

Auch Frankreich wird nicht ungeschoren davonkommen. Denn die Sonne im Horoskop der 5. Republik erhält durch diese starke Konstellation Ende 1989 sehr dissonante Einflüsse. Im Juni 1990 werden vermutlich die Folgen davon zu spüren sein, vielleicht in Form einer entscheidenden Wende, da zur gleichen Zeit Jupiter und Neptun (der Zyklus, der das republikanische Frankreich beherrscht) zusätzlich negativ stehen.

1993 (im Orbis seit 1991): Konjunktion Uranus–Neptun (Zyklus von circa hundertdreiundsiebzig Jahren)

Diese Konjunktion wird sich um 18 Grad Steinbock plazieren und von 1991 bis 1997 wirksam sein! Sie verändert den Zeitgeist. Aus der letzten Konjunktion dieser Art Anfang des 19. Jahrhunderts (1820) entwickelte sich die Arbeiterbewegung, zusammen mit dem Aufkommen des Industriezeitalters. Man nimmt dabei an »einem zyklischen Wechsel in der sozialen, politischen und industriellen Organisation der Gesellschaft« teil, meint der belgische Astrologe Brahy.

Im Januar, August und Oktober 1993 wird sich diese Konstellation besonders stark bemerkbar machen, wobei die beiden ersten Monate für die Welt extrem unruhig verlaufen könnten. Die letzte dieser drei Phasen wird harmonischer, konstruktiver sein: vielleicht zeichnet sich dann bereits ein neues Gesellschaftsmodell ab?

1991 beginnt eine Neue Zeit, die sich 1993 durchsetzen wird.

Meiner Auffassung nach wird die neue Gesellschaftsform, an der wir jetzt bauen, 1993 zum Durchbruch kommen. Zur gleichen Zeit wird auch die Astrologie wieder offiziell rehabilitiert werden. Der Grund? Wenn wir die Zyklen dieser äußerst wichtigen Planetenkonjunktion (Häufigkeit: alle 173 Jahre) zurückverfolgen, stoßen wir zuerst auf das Jahr 1820. Dann auf 1648: Ende der Astrologie-Herrschaft und Beginn des Zeitalters der Aufklärung. (Die Astrologie wird vom Lehrplan der Sorbonne gestrichen, und Colbert gründet die Akademie der Wissenschaften.) Einen weiteren Zyklus zurück, 1476: Beginn der zwei Jahrhunderte der Verbreitung und Wirkung der königlichen Kunst der Sterne an den Universitäten. Und ein letzter Zyklussprung: 1303 – Ende des Mittelalters.

Demnach verspricht diese Periode für unsere westliche Gesellschaft von einschneidender Bedeutung zu sein: Das Aufkommen eines neuen Humanismus nach dem Vorbild der Wassermann-Ära ist wahrscheinlich. Aber all dies hängt von uns selbst ab, davon, was wir aus den Karten machen, die uns der Himmel austeilt.

Aids überschattet die kommenden Jahre

Unsere Willensfreiheit scheint durch das *Phänomen Aids*, das seit 1984 als *moderne Pest* betrachtet werden kann, auf schrecklichste

Art beeinträchtigt, um nicht zu sagen zerstört. Mit der Pest teilt Aids tatsächlich den unausweichlich tödlichen Verlauf, aber auch den allmählichen Verfall des Körpers. Nicht zu vergessen die Ächtung, der die Aidskranken ausgesetzt sind (die auch die Pestkranken erfuhren) und die aus unzureichender Aufklärung der Öffentlichkeit resultiert.

Selbst wenn man sich bemüht, nicht schwarzzumalen, wird es kaum möglich sein, sich mit den letzten Jahren der Jahrtausendwende zu befassen, ohne auf dieses Phänomen einzugehen. Aids breitet sich zwar nicht exponentiell aus, aber doch sehr schnell. Einem Artikel zufolge, der im Januar 1988 in einer schweizerischen Tageszeitung erschien, »wirkt die Entwicklung der Aids-Epidemie höchst beunruhigend. Allein in den 32 europäischen Staaten schätzt die Weltgesundheitsorganisation (WHO) die Zahl der Infizierten auf 500 000, wobei die Zahl der mit dem Virus angesteckten Rauschgiftsüchtigen auffallend zugenommen hat. Die Infektion durch das HIV *(human immunodeficiency virus)* nimmt auf der ganzen Welt zu, und die Zahl der infizierten Personen bewegt sich zwischen 5 und 10 Millionen. Zwischen 1988 und 1991 könnte die Krankheit bei weiteren 500 000 bis 3 Millionen Personen ausbrechen, die sich in den Jahren 1986–87 angesteckt haben... Die Zahl der erfaßten Aids-Fälle hat in den Vereinigten Staaten 50 000 überstiegen, wobei eine merkliche Zunahme der Übertragung durch heterosexuellen Geschlechtsverkehr zu verzeichnen ist«, meldet die amerikanische Gesundheitsbehörde CDC *(Centers for Disease Control)*..., die »bis Ende 1989 mit 80 000 Krankheitsfällen rechnet. Sie schätzt, daß zur Zeit 1,5 Millionen Amerikaner Virusträger sind«. Beim Durchlesen fällt die riesige Spannweite in den vermuteten Zahlen künftiger Krankheitsfälle auf. Das zeigt deutlich, wie wenig man über die tatsächlichen Auswirkungen dieser sozialen Seuche der modernen Zeit weiß. Wenn man sich auf eine Untersuchung bezieht, die von den amerikanischen Sexualforschern Masters, Johnson und Kolodny durchgeführt wurde und deren Ergebnisse in ihrem Buch *Ce Cri d'alarme* (erschienen 1988 in USA) veröffentlicht wurden, nimmt die Besorgnis nur noch mehr zu. Wenn kein Gegenmittel gegen diese schreckliche Krankheit gefunden wird (was aus astrologischer Sicht nicht auszuschließen ist), wird ein Viertel der Aids-Fälle Heterosexuelle betreffen, und bis ins Jahr 2000 wird dieses Verhältnis sogar zu eins auf zwei anwachsen! Aber dieser letzte Eventualfall scheint glücklicherweise abwendbar zu sein. Selbst den Kuß wird man schlimmstenfalls fürchten müssen, weil über Schrammen, Schnitte und Bläschen im Mund das Virus übertragen werden könnte. Die Sexualforscher rechnen für 1991 mit 300 000 Toten in den USA und mit einer weiteren Million Toten in der restlichen Welt für das gleiche Jahr!

Alles in allem ist die Situation beängstigend und deprimierend, besonders für Jugendliche, die in ihrem Liebesleben auf viel Romantik verzichten müssen, um einer möglichen Ansteckungsgefahr vorzubeugen. Und das ist ja bekanntlich eine ziemlich prosaische Angelegenheit.

Was die Astrologie betrifft, so spielt sie in der medizinischen Diagnostik seit Jahrhunderten eine wichtige Rolle. Die Zusammenarbeit zwischen Ärzten und Astrologen hat in den letzten Jahrzehnten erstaunliche und sehr ermutigende Resultate gezeigt. Hier und dort – und besonders in den USA – haben Astrologen (ich unter anderem auch) Untersuchungen mit Geburtshoroskopen von Aids-Kranken angestellt. Ich persönlich habe mich, um ein astronomisch-historisches Referenzsystem zu errichten, mit den traurigen »Vorläufern« von Aids befaßt, das heißt speziell mit den zwei Pestepidemien im 14. und zu Beginn des 16. Jahrhunderts. (Während der letzten dieser Epidemien heilte der große Nostradamus, der zugleich ein genialer Arzt war, Hunderte von Pestkranken, indem er ihnen Heilkräuter mit desinfizierender Wirkung zu kauen gab.)

Obwohl es schwierig ist, den Monat – und erst recht den Tag und die Stunde – des Beginns einer Epidemie festzulegen (womit die Erstellung eines korrekten und vollständigen Horoskops ausgeschlossen ist), kann man nichtsdestotrotz die *Zyklen der langsamen Planeten* in Verbindung mit den *Mondknoten* beurteilen, die auf kollektiver Ebene sehr aussagekräftig sind. Der Astrologe ist im

Beginn der Pest in Europa (Italien)

Datum: 8. 10. 1347
Greenwich-Zeit: 12.00 Uhr

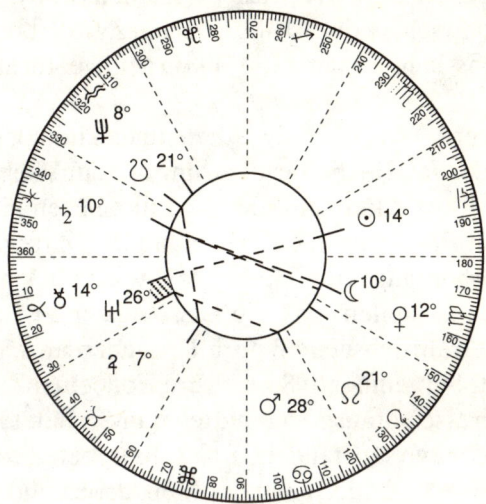

Pluto (Fäulnis, Tod) befindet sich in seinem Exaltationsort Widder, in Konjunktion mit Uranus, der mit Mars eine Quadratur bildet. Jupiter steht in Quadratur zu Neptun; Saturn in Opposition zu Venus–Mond, und man findet den Zyklus Sonne–Pluto wieder (s. auch Aids).

Abb. 15

ersten Moment wie vor den Kopf geschlagen, denn kein Zyklus läßt sich regelmäßig nachweisen. So tauchte die Pest in Europa zuerst in Italien auf – und hier verfügt man über ein relativ genaues Datum: Oktober 1347 –, und zwar bei einer Opposition *Sonne–Pluto*. Pluto befand sich in Widder (seinem zweiten *Domizil* oder *Exaltationsort*) und in Konjunktion mit Uranus. Auch der Zyklus *Jupiter–Uranus* ist darin verwickelt (Konjunktion) (s. Abb. 15). Später wird man sehen, daß ich die gleichen Zyklen bei der Analyse des ersten Aids-Falls, den mir die WHO angegeben hat, gefunden habe!

Die Pest verbreitete sich zwischen 1348 und 1350 über ganz Europa und dezimierte die Bevölkerung um ein Viertel (ungefähr 50 Millionen Tote). Man weiß auch, daß diese Pestepidemie durch eine Serie von Erdbeben in Griechenland, auf Zypern und in Italien kurz vorher angekündigt worden war. Ist es daher nicht erstaunlich festzustellen, daß die Dissonanzen zwischen Jupiter und Uranus erfahrungsgemäß auch Erdbeben anzeigen und daß tatsächlich im September 1985 schwere Erdbeben – die ich übrigens in der Presse vorausgesagt hatte – in Mexiko, später auch in Chile und anderswo stattfanden? Etwa zur selben Zeit wurde Aids langsam, aber sicher zur Geißel der Menschheit und drang in das öffentliche Bewußtsein ein... Der Zyklus wirkte also auf beiden Ebenen: auf der tellurischen wie auf der biologischen.

Wenn man die Planetenzyklen betrachtet, die mit dem Auftreten der (vermutlich aus Amerika eingeschleppten) Syphilis in Europa im Jahre 1493 verbunden sind, fällt sofort die Stellung von *Pluto/Drachenkopf* auf, die sich beide zusammen am Anfang des Skorpions aufhalten. Seither hat man Pluto erst ein einziges Mal wieder in seinem eigenen Zeichen angetroffen, nämlich um 1736 herum, als die *Pocken* wüteten. Selbst die Könige wurden von dieser schrecklichen Krankheit nicht verschont, vor allem die nicht, die einen lockeren Lebenswandel pflegten, wie Louis XV. Nebenbei bemerkt: unsere Zeitperiode ist gewissermaßen eine teilweise Wiederholung des Endes des 15. Jahrhunderts, denn man findet außerdem Neptun an dem gleichen Ort im Steinbock, wohin er nur alle hundertfünfundsechzig Jahre zurückkehrt und wo er – in bezug auf unsere Zeit – bis Ende 1998 bleiben wird. (Er ist im Februar 1988 in dieses Zeichen eingetreten.)

Um den Leser nicht zu langweilen, der mit den technischen Finessen der königlichen Kunst der Sterne vielleicht nicht so vertraut ist, werde ich mich hier nicht weiter über die Planetenkonstellationen bei den verschiedenen Epidemien auslassen. Zusammenfassend möchte ich nur sagen, daß in bezug auf die Stellung der langsamen Planeten die fast regelmäßige Beteiligung des *auf- oder absteigenden Mondknotens (Drachenkopf und Drachenschwanz)* auffällt, und zwar in Verbindung entweder mit *Uranus, Pluto oder Saturn*. Dies war der Fall bei der Pest von 1520, die bis 1533 wütete, aber auch bei der Pestepidemie, von der London im Jahr 1666 heimgesucht wurde – im gleichen Jahr, als in der Hauptstadt Englands ein Großbrand wütete (der übrigens von John Dee, dem berühmten Astrologen und Berater der Königin Elizabeth, vorausgesagt wurde). Pluto befindet sich dabei entweder im *Skorpion* (seinem Domizil), im *Widder* (seinem Exaltationsort) oder im Stier – der dem Skorpion gegenüberliegt (also seinem Exil). Unter den eigentlichen Planetenzyklen scheinen in der Geschichte der großen Epidemien die Zyklen von *Pluto-Uranus* einerseits und die von *Jupiter-Uranus* andererseits eine bedeutende Rolle zu spielen...

Wie an anderer Stelle (im Zusammenhang mit der UdSSR) schon erwähnt, werden sich diese beiden Zyklen *Ende 1989* in Dissonanz befinden, was nichts Gutes verheißt. Dieser Zeitabschnitt könnte eine Art Höhepunkt der tödlichen Folgen von Aids bringen.

Soviel zu den Zyklen, die in der Mundan-Astrologie mit Epidemien im allgemeinen verbunden sind. Wie weit decken sich nun diese Angaben im besonderen in bezug auf Aids? Weil ich das herausfinden wollte, erkundigte ich mich bei der WHO nach dem ersten bekanntgewordenen Aids-Fall. Man gab mir als Datum Januar 1978 an. Ich suchte – und fand – den »logischen« Zyklus, nämlich Sonne–Pluto (Pluto = Gärung, Fäulnis, Sexualität, Metamorphose, Karma, Tod), aber auch den schon erwähnten Zyklus

Jupiter-Uranus ebenso wie die Rückkehr Plutos in den Skorpion – sein Zeichen – nach zweihundertachtundvierzig Jahren. All dies bildete den planetarischen Hintergrund des Phänomens Aids. Sollte sich meine Hypothese jedoch bewahrheiten, schlußfolgerte ich, müßte man im Januar 1987 eigentlich »einen Schritt weiterkommen«. Das schrieb ich auch in meinem Büchlein *Horoscope 1987.* Und in der Tat meldete die Presse zu dem Zeitpunkt, in Kalifornien sei ein Medikament (Retrovir) entwickelt worden, das das Fortschreiten der Krankheit verlangsamen sollte. Die folgenden Ereignisse bestätigten wiederholt und eindringlich das Wirken des Sonne-Pluto-Zyklusses. Bei jeder Dissonanz (vier pro Jahr) erscheint Aids für einige Tage in den Schlagzeilen der Medien. So hatte ich zum Beispiel in meinen (jeweils einen Monat im voraus geschriebenen) in *Télé-7 Jours* und in *Bild und Funk* veröffentlichten Prognosen angekündigt, daß die Konjunktion Sonne-Pluto vom 2. November 1987 (unter anderem) »das Thema Aids (wieder) auf die Tagesordnung« bringen werde. Es wurde eine regelrechte Medienlawine daraus: In der genannten Woche wurde zum ersten Mal in den großen französischen Wochenzeitschriften *(Nouvel Observateur, L'Express, L'Evénement du Jeudi)* ausgiebig über Aids berichtet, und das französische Fernsehen strahlte Sendungen zu diesem Thema aus. Auch das internationale Gipfeltreffen der gesundheitspolitisch Verantwortlichen zum Thema Aids in London fand nicht zu »irgendeinem« Zeitpunkt statt, sondern auf den Tag genau bei einer Quadratur zwischen Sonne und Pluto – am 2. Februar 1988! Zufall ausgeschlossen! Schließlich fand auch die spektakuläre Veranstaltung zugunsten aidskranker Kinder, die von »RTL-Plus« in München organisiert und per Eurovision in zahlreiche Länder übertragen worden war, nicht an einem x-beliebigen Tag statt. An diesem außergewöhnlichen Gala-Abend vom 23. September 1987 (an dem ich selbst teilnahm) unter dem Vorsitz von Gaston Thorn (Ex-Präsident der EG) und Manfred Wörner (NATO-Vorsitzender und Ex-Verteidigungsminister der Bundesrepublik Deutschland), den die berühmtesten internationalen Sänger mit ihren künstlerischen Darbietungen bereicherten, stand ein wunderbares Trigon zwischen Jupiter und Uranus im

Orbis: Symbol der universalen Solidarität – und charakteristisch für Aids, aber im positiven Sinn. Und als dieser Gala-Abend am 2. November vom Fernsehen nochmals ausgestrahlt wurde, geschah dies unter einer Konjunktion zwischen Sonne und Pluto!

Im Vertrauen auf meine Hypothese bezüglich des Jupiter-Uranus-Zyklus, der mit den Ereignissen, die Aids betreffen, verbunden ist, schrieb ich in *Horoscope 1988,* daß das schöne Trigon zwischen diesen beiden Planeten im März 1988 Anlaß »zur Hoffnung auf eine (wichtige) medizinische Entdeckung« gebe. Tatsächlich vernahm man in der Presse vom 13. März die Einführung eines neuen »Wundermittels«, das die Krankheit bremsen könne: Es handelt sich um AL 721, das vom israelischen Biologen Meir Shinitzky entwickelt und bereits in mehreren Ländern ausprobiert wurde, unter anderen von Professor Montagnier in Frankreich (einer der beiden Entdecker des Aids-Virus).

Somit scheint klar, daß bestimmte Planetenzyklen mit Aids in Verbindung stehen, was in der rein astronomischen Logik gewisse Schlußfolgerungen für die Zukunft erlaubt, auf die ich weiter unten näher eingehe.

Es scheint mir angebracht, hier das kürzlich erschienene Buch des Amerikaners Randy Shilts, *La genèse d'une catastrophe: le Sida* (Die Entstehung einer Katastrophe: Aids), zu erwähnen. Darin wird beschrieben, wie die amerikanischen Epidemiologen in der Kette der Aids-Kranken zurückgegangen seien bis zum »Patienten Null«, der als erster am berüchtigten Kaposi-Sarkom gestorben sei: ein außerordentlich attraktiver homosexueller Steward aus Kanada, der mehrere hundert (!!) Partner angesteckt hätte, von denen viele bereits tot seien. Die Forscher suchten jedoch weiter, um herauszufinden, wer denn diesen nicht gerade wählerischen Steward hätte infizieren können, und fanden heraus, daß er sich das Virus wahrscheinlich bei einem New Yorker Fotografen »geholt« hatte, der seinerseits zwischen 1976 und 1982 Hunderte von Menschen angesteckt hätte (in einem durchschnittlichen »Verführungsrhythmus« von mehr als zwei »Opfern« pro Tag!). Die letzte Spur ging auf die amerikanische Unabhängigkeitsfeier vom 4. Juli 1976 zurück, an dem der Fotograf von einem Haitianer verführt worden sei. (Dieses gigantische Fest muß wohl außergewöhnlich hemmungslos und dekadent verlaufen sein, eine Art modernes Sodom und Gomorrha.) Daher auch die Betroffenheit zahlreicher amerikanischer Ärzte, die Ende 1981/Anfang 1982 eine ganze Menge ähnlicher Fälle konstatierten: Es ist heute klar, daß all diese Kranken offensichtlich eine Inkubationszeit von fünf Jahren durchgemacht hatten...

Was sieht man im Horoskop dieses teuflischen Tages, des 4. Juli 1976, der also als Beginn einer Kettenreaktion »verantwortlich« wäre für den Tod von Tausenden von Männern und Frauen – und von wie vielen noch? Zuerst fällt die vielbesprochene Dissonanz zwischen der Sonne und Pluto auf, aber auch der sehr aussagekräftige planetarische Hintergrund: Neptun (Viruskrankheiten) steht im Quincunx-Aspekt (Winkel von 150 Grad) zum südlichen Mondknoten (das Gemeinsame, das kollektive Karma), und Uranus bildet eine exakte Quadratur zu Saturn (bei früheren Epidemien häufig der Fall). Noch eine interessante Bemerkung zum Quincunx-Aspekt: Es handelt sich dabei um einen zweideutigen Aspekt, der nicht von vornherein als negativ gilt. Er zeigt vielmehr die Wahlmöglichkeit und den Spielraum des freien Willens in einer bestimmten Situation an. Bedeutet das also, daß der Aspekt, der die tragische Ausbreitung dieser modernen Geißel begleitete, insofern unseren Teil der Verantwortung unterstreicht, als die Seuche und ihre Folgen mit etwas weniger Maßlosigkeit und blinder Lüsternheit hätten vermieden werden können? Sodom und Gomorrha, dein Preis ist sehr hoch...

Kommen wir zur Individual-Astrologie: Unter welchen planetarischen Aspekten bekommt man Aids? Ist der Patient schon von Geburt an dazu disponiert (und unter welchen Konstellationen?), wie eine bestimmte Richtung der modernen Biologie seit einiger Zeit behauptet: Man trage in seinen Genen von Geburt an die Krankheiten, zu denen man gewissermaßen verdammt sei, ja sogar das *timing* dieser Krankheiten, und wahrscheinlich auch den Zeitpunkt seines Todes. Das scheint die erstaunliche Tatsache zu bestätigen (die sich in einer Fernsehreportage über ein australisches Ehepaar und seine zwei Kinder zeigte), daß man jahrelang ein normales Sexualleben mit einem HIV-positiven Partner führen kann, ohne sich anzustecken. Es scheint auch nicht der schicksalhafte Zwang zu bestehen, daß alle Kinder angesteckt werden müssen (denn in diesem Fall war eines von beiden gesund). Selbst wenn im allgemeinen Leichtsinn und Unwissen im Kampf gegen die Ansteckung vorherrschen, muß doch auch vor unbegründeter Panik als Folge unzureichender Aufklärung gewarnt werden.

Wie ich bereits an anderer Stelle erwähnt habe, konnte ich, wie mit mir einige amerikanische Kollegen, anhand der Horoskopanalyse von Aidskranken die allgegenwärtige Rolle von Pluto und Neptun nachweisen, manchmal auch von Mars (nach Pluto der Nebenherrscher im Skorpion), der besonders bei seinem Übergang das Übel aktiviert. Wenn diese Gestirne im Geburtshoroskop eine dissonante Stellung einnehmen – und vor allem, wenn es sich dabei um Gesundheits-Signifikatoren handelt (also besonders dann, wenn sie Herrscher vom sechsten Haus sind oder darin stehen) –, ergibt sich daraus bestimmt eine Anfälligkeit für Krebs, diverse Sarkome, Leukämie und für gewisse Krankheiten, die im allgemeinen schwierig zu diagnostizieren sind. Beim Transit eben dieser Planeten über den Geburtsstand wirken sie auf das Horoskop ein und erhöhen dadurch die Gefahr, eine dieser Krankheiten zu bekommen: Die Abwehr ist geschwächt und die Anfälligkeit größer.

Nehmen wir das Beispiel von Rock Hudson: an Aids gestorben am 2. Oktober 1985, geboren am 17. November 1925 unter einer exakten Quadratur zwischen Sonne und Neptun, einer Saturn-Sonne-Konjunktion und einem sehr dissonanten Pluto – er steht zugleich in Quadratur zum Aszendenten und in Opposition zu Hudsons Todesplaneten Venus (Herrscherin des achten Hauses) (vgl. Abb. 16). Im Klartext bedeutet das einen »plutonischen« Tod, was u. a. eine Anfälligkeit für Krebskrankheiten bedeuten kann. Wenn man bedenkt, daß Neptun die Gesundheit regiert (sechstes Haus in Fische), daß er diejenigen Krankheiten symbolisiert, die schwierig zu diagnostizieren sind – speziell Viruskrankheiten –, und daß er außerdem in exakter Quadratur zur Geburts-

Geburtshoroskop

Name: Hudson

Vorname: Rock (am 2.10.1985 an Aids gestorben)

Geburtsort: Winnetka

Geburtsdatum: 17.11.25   Länge: 87°44´

Greenwich-Zeit: 9.00 Uhr   Breite: 42°06´

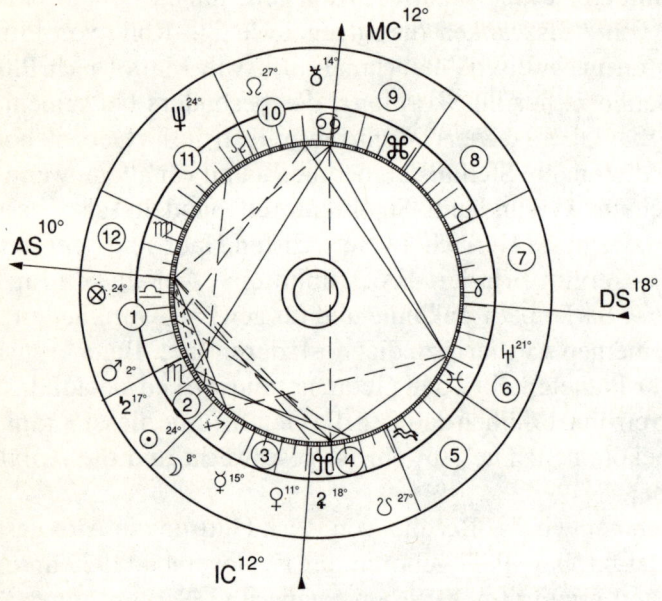

Die Berühmtheit als Schauspieler dieses Skorpion-Waage-Geborenen erklärt sich aus der Stellung Jupiters (s. Gauquelins Statistiken) und durch Venus (Künstler), Herrscherin im Aszendenten. Die Anfälligkeit für Viruskrankheiten wird durch die exakte Quadratur Sonne–Neptun angezeigt. Neptun regiert das sechste Haus (Gesundheit). Der Tod durch ein Krebssyndrom drückt sich durch Venus aus (Herrscherin im achten Haus), die in Opposition zu Pluto–Medium Coeli und in Quadratur zum Aszendenten steht.

Abb. 16

sonne von Rock Hudson stand, erhält man ein klinisch genaues Bild der anatomisch-physiologischen Tendenzen, die auf die Todesart einwirkten. Hudson starb in dem Moment, als Saturn am Himmel seine Sonne passierte (Zyklus von 29 Jahren!) und somit in exakter Dissonanz zu seinem Geburtsneptun stand, der die Gesundheit regiert. Es ist so gut wie sicher, daß er sich mit dieser tödlichen Krankheit ansteckte, als Pluto seinen Aszendenten passierte (und damit gleichzeitig in Quadratur zu seinem Geburtspluto und seiner verhängnisvollen Venus stand), das heißt: im Sommer 1976. (Es wäre interessant zu erfahren, ob Hudson an der gewaltigen dekadenten Zweihundertjahrfeier der amerikanischen Unabhängigkeit teilgenommen hat.) Wahrscheinlich erfuhr er im September 1981 von seiner Krankheit, die ganz plötzlich ausbrach. Zweifellos trat sie gegen November 1982 in ein hoffnungsloses Stadium, zur Zeit der Saturn-Pluto-Konjunktion (den zwei dominierenden Planeten in seinem Skorpion-Horoskop), die sich bei 27 Grad in genauer doppelter Quadratur zu seinen Mondknoten bildete, die das Schicksal symbolisieren und in diesem Horoskop außerdem das Lebensende betrafen (viertes Haus).

Und die Zukunft?

Nachdem Ende 1989 die Zahl der Opfer wahrscheinlich eine Spitze erreichen wird, kann man zwischen Januar und Juni 1990 mit einer bedeutenden Entdeckung auf medizinischem Gebiet rechnen, die ab November 1991 in der täglichen Praxis angewandt werden könnte. Der 13. dieses Monats scheint sehr vielversprechend zu sein: eine erneute Sonne-Pluto-Konjunktion zusammen mit einem fruchtbaren Jupiter-Uranus-Trigon, das sich in den gleichen Zeichen plaziert wie damals, als Koch den Tuberkelbazillus entdeckte!

Es sei denn, diese Versprechungen verwirklichen sich erst im Sommer 1992. Aus astrologischer Sicht scheint die Hoffnung berechtigt, daß Aidskranke dann wirksam behandelt werden können. Meiner Meinung nach kann zweifellos für November 1995 der

Eintritt Plutos in Schütze im November 1995 ... und das Ende von AIDS? (Planetenballung in diesem Zeichen)

Datum: 23. 11. 1995
Greenwich-Zeit: 12 Uhr

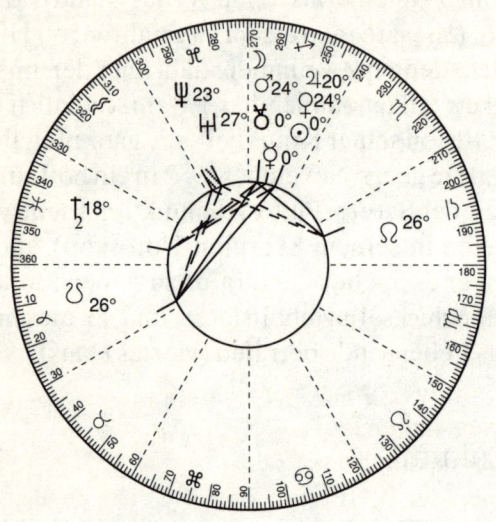

Abb. 17

totale und uneingeschränkte Sieg über dieses schreckliche Virus vorausgesagt werden! Es könnte und müßte eigentlich sein, daß der Erreger bis zu diesem Zeitpunkt nur noch eine schreckliche Erinnerung, einen vergangenen Alptraum darstellt. Und warum? Weil Pluto im November 1995 das Zeichen des Skorpions verlassen wird, in dem er sich seit 1983 aufhält (und wo er sich auch befand, als 1493 die Syphilis in Europa auftauchte), um in das heilende Zeichen des Schützen einzutreten. Den 23. November sollte man sich in diesem Zusammenhang merken: Sechs Planeten und die Sonne werden sich dann im Zeichen Schütze befinden, das u. a. für philosophische Erkenntnis, aber vor allem für medizinische Entdeckungen symbolisch ist (s. Horoskopgrafik vom 23. November 1995, Abb. 17). In Erwartung dieses gesegneten Augenblicks wollen wir darauf hinwirken, die Ankunft der neuen Gesellschaft zu beschleunigen, die von ihren Seuchen befreit sein wird. Ich komme weiter unten darauf zurück.

Zur Zeit sind die Regierenden und zuständigen Behörden verpflichtet, die Gesetzgebung der ebenso neuen wie dramatischen Situation anzupassen. So stellt sich beispielsweise die WHO gegen die EG in der Frage, ob sich die neuen Angestellten dem Aids-Test zu unterziehen haben oder nicht. Dazu die WHO: »Wenn sich diese Maßnahme durchsetzen sollte, würde sie im Widerspruch zu den Richtlinien der WHO in bezug auf den Aids-Test stehen, nach denen der Test individuell, freiwillig und ohne Folgen für die Anstellung sein soll.« Man kann sich fragen, ob dieser Respekt vor der persönlichen Freiheit nicht ein Luxus ist, den wir uns im Interesse der Sozialprophylaxe bald nicht mehr leisten können. Wenn wir den traurigen »Vorläufer« von Aids in der Geschichte betrachten, die Pest des 14. Jahrhunderts, sehen wir, daß diese Epidemie gleichermaßen auf Griechenland wie auf England und Schweden übergriff und auch Italien und Frankreich nicht verschont ließ. Beide Länder wurden aufs verheerendste heimgesucht. Das britische Parlament mußte Spezialgesetze erlassen, deren humanitärer Geist uns sechs Jahrhunderte später als Vorbild dienen sollte. Wie etwa dieses: »Wer ein Arbeitsverhältnis vor seinem Ablauf auflöst, wird mit Gefängnis bestraft.« Sind wir weniger zivilisiert und barmherzig als unsere englischen Vorfahren? Wir, die wir bereits da und dort von Aids-Lagern sprechen, die wir (in den USA) das Haus einer Familie anzünden, deren HIV-positives Kind durch die erbarmungslose *vox populi* der Schule verwiesen wurde. Die gleiche *vox populi* die noch nicht begriffen hat, daß sie sich nur selbst schadet, denn die Richter von heute können die Opfer von morgen sein! Das unerbittliche kosmische Gesetz des Karma, dieses Bumerang-Gesetz, wird bewirken, daß die herzlosen Ankläger von heute sich morgen oder übermorgen selbst in der erbärmlichen Lage der Verbannten, Isolierten, Ausgestoßenen und Verdammten befinden werden . . . Es ist jedenfalls nicht auszuschließen.

Solidarität und Menschlichkeit sind somit nicht nur moralische Forderungen – was eigentlich genügen sollte und doch den hartherzigen Zynikern nicht genügt –, sondern ein »Muß« für eine wirksame Prophylaxe, eine soziale, vernünftige und rationale Verpflichtung in Anbetracht der langen Inkubationszeit von Aids. Wer kann denn ganz sicher sein, daß nicht er selbst oder die Seinen vor 1995 (oder sogar 1992) davon heimgesucht werden, wenn man weiß, daß die Zeitspanne von der Ansteckung bis zum Ausbruch der Krankheit zehn, ja sogar fünfzehn Jahre betragen kann? (»Wer von euch ohne Sünde ist, der werfe den ersten Stein«, hat Christus gesagt.) Und vorausgesetzt, dieser tragische Fall tritt ein: Wären dann diese unverbesserlichen Egoisten leichten Herzens bereit, sich selbst so behandeln zu lassen, wie sie es ihrem Nächsten zumuten? Einmal mehr stelle ich fest, daß Plato recht hatte, als er sagte, daß das Wahre (die Wirklichkeit) und das Gute (die Hochherzigkeit) ein und dasselbe sind. Wer sie als Widerspruch auffaßt, legt ein schwach entwickeltes moralisches Bewußtsein an den Tag, das sich früher oder später rächen wird.

Hoffen wir, daß sich unser Verstand von der Nächstenliebe leiten läßt, denn mangelnde Solidarität, zynische Diskriminierung und das Ausstoßen der Kranken und der Krankheit aus der Gesellschaft zeugen für ein kurzsichtiges Verhalten, das schwere Konsequenzen haben wird. Das bedeutet, das Problem zu verdrängen und zu leugnen, statt es zu lösen – und außerdem spricht es der menschlichen Würde Hohn. Das kleinste bißchen Menschlichkeit sagt uns doch, daß es sich bei diesen tragischen Krankheitsfällen um menschliche Wesen handelt, um Menschen wie wir, und daß man sie nicht einfach unter »Produktivitätsverlust« am Bruttosozialprodukt abbuchen kann. Das ist schlichtweg skandalös. Aber der *Fortschritt* frißt seine Toten, bevor sie tot sind: So weiß man in den USA bereits (und berücksichtigt es im Staatshaushalt), daß sich 1991 die Kosten für Aids auf 55 Millionen Dollar belaufen werden, was einem Verlust an Produktivkräften in der Höhe von 54 000 vorhergesehenen Toten entspricht – also einer Mehrheit der jungen Menschen zwischen zwanzig und dreißig Jahren. (Voraussage und Zahlen der WHO zu Beginn 1988.) Welche Eltern von Jugendlichen können diese Zeilen lesen, ohne vor Grauen zu zittern?

Wäre es demnach für die internationalen Gesetzgeber nicht an der Zeit, sich an die klaren und hellsichtigen Worte des Philosophen Heidegger zu erinnern: »Der Tod trifft immer den anderen«? Ohne in mystischem oder religiösem Finalismus zu machen und Aids als Strafe Gottes für unsere sexuellen Verfehlungen (Homosexualität) oder unseren Selbstzerstörungstrieb (Drogen) hinzustellen, kommen wir doch nicht umhin, das Tabu des Todes aufzuheben, das unsere pragmatische und materialistische westliche Gesellschaft geprägt hat.

Ist es schließlich nicht erschütternd, daß diese teuflische Krankheit (ganz wie Pluto, der sie symbolisiert) nicht allein, wie alle klassischen Krankheiten, ein oder mehrere einzelne Organe befällt, sondern gleich das Abwehrsystem des menschlichen Organismus zerstört – und über Blut oder Sperma übertragen wird? Als wollte dieses schreckliche Übel die Wurzeln der Menschheit, die *Substanz* selbst des Menschen angreifen. Als wollte es diesen Menschen gewissermaßen zwingen, sich selbst und seine Prinzipien völlig in Frage zu stellen und endlich neu über Begriffe wie Leben, Tod, Existenzberechtigung, kurzum über das menschliche Schicksal innerhalb des Universums nachzudenken! Wenn sich die schrecklichen Prognosen der Fachleute bewahrheiten sollten, wird der Tod allmählich die Herrschaft übernehmen und zu unserem täglichen Begleiter werden. Wir werden über die unbequemen, aber realistischen Worte von Alfred de Vigny nachdenken müssen: »Der Mensch ist ein Lehrling, der Schmerz ist sein Meister.« Aber um nicht der Hoffnungslosigkeit zu verfallen, sollten wir uns daran erinnern, daß Pluto – alias Hades – zwar Symbol für Hölle, Tod und Zerstörung ist. Aber ebenso ist er Symbol für Regeneration, Auferstehung und Erlösung! Die Leiden unserer Mitmenschen sollten uns nicht von ihnen trennen, sondern sie uns näherbringen. Statt dem Kranken mit abergläubischem Schrecken zu begegnen, sollte er in uns Mitgefühl und *Mit-leid* wecken.

New Age und die fünf Plagen dieser Jahrhundertwende

Nun stellt sich folgende Frage:
Wird es uns gelingen, diesen neuen Humanismus in die Praxis umzusetzen, der auf einem vollständigen individuellen Sinneswandel beruht, auf dem radikalen Umdenken jedes einzelnen; ein Humanismus, der uns dazu bringt, unsere Wertmaßstäbe zugunsten altruistischer und weniger materialistischer Werte zu verändern? Wird dieser Humanismus stark genug sein, um in unseren Herzen als Sauerteig zu wirken und uns von dieser Binsenwahrheit zu überzeugen:
Die Änderung der Gesellschaft ist ohne gründliche Wandlung jedes einzelnen nicht möglich!

Ob es sich um die *Umweltverschmutzung* handelt, die unsere Erde langsam unbewohnbar macht, unser Wasser vergiftet und die Vögel und andere Tierarten ausrottet;
  ob um die *Gewalt* in der Welt: Folter, Verbrechen, politische Repression;
  ob um den *Hunger,* diese himmelschreiende Ungerechtigkeit in Anbetracht unserer (westlichen) Überflußgesellschaft. (Denken wir beispielsweise nur an die Mahlzeiten in den Flugzeugen, die jede allein ein kleines afrikanisches Dorf ernähren könnte. Ganz

menschlichen Würde Hohn. Das kleinste bißchen Menschlichkeit sagt uns doch, daß es sich bei diesen tragischen Krankheitsfällen um menschliche Wesen handelt, um Menschen wie wir, und daß man sie nicht einfach unter »Produktivitätsverlust« am Bruttosozialprodukt abbuchen kann. Das ist schlichtweg skandalös. Aber der *Fortschritt* frißt seine Toten, bevor sie tot sind: So weiß man in den USA bereits (und berücksichtigt es im Staatshaushalt), daß sich 1991 die Kosten für Aids auf 55 Millionen Dollar belaufen werden, was einem Verlust an Produktivkräften in der Höhe von 54 000 vorhergesehenen Toten entspricht – also einer Mehrheit der jungen Menschen zwischen zwanzig und dreißig Jahren. (Voraussage und Zahlen der WHO zu Beginn 1988.) Welche Eltern von Jugendlichen können diese Zeilen lesen, ohne vor Grauen zu zittern?

Wäre es demnach für die internationalen Gesetzgeber nicht an der Zeit, sich an die klaren und hellsichtigen Worte des Philosophen Heidegger zu erinnern: »Der Tod trifft immer den anderen«? Ohne in mystischem oder religiösem Finalismus zu machen und Aids als Strafe Gottes für unsere sexuellen Verfehlungen (Homosexualität) oder unseren Selbstzerstörungstrieb (Drogen) hinzustellen, kommen wir doch nicht umhin, das Tabu des Todes aufzuheben, das unsere pragmatische und materialistische westliche Gesellschaft geprägt hat.

Ist es schließlich nicht erschütternd, daß diese teuflische Krankheit (ganz wie Pluto, der sie symbolisiert) nicht allein, wie alle klassischen Krankheiten, ein oder mehrere einzelne Organe befällt, sondern gleich das Abwehrsystem des menschlichen Organismus zerstört – und über Blut oder Sperma übertragen wird? Als wollte dieses schreckliche Übel die Wurzeln der Menschheit, die *Substanz* selbst des Menschen angreifen. Als wollte es diesen Menschen gewissermaßen zwingen, sich selbst und seine Prinzipien völlig in Frage zu stellen und endlich neu über Begriffe wie Leben, Tod, Existenzberechtigung, kurzum über das menschliche Schicksal innerhalb des Universums nachzudenken! Wenn sich die schrecklichen Prognosen der Fachleute bewahrheiten sollten, wird der Tod allmählich die Herrschaft übernehmen und zu unserem täglichen Begleiter werden. Wir werden über die unbequemen, aber realistischen Worte von Alfred de Vigny nachdenken müssen: »Der Mensch ist ein Lehrling, der Schmerz ist sein Meister.« Aber um nicht der Hoffnungslosigkeit zu verfallen, sollten wir uns daran erinnern, daß Pluto – alias Hades – zwar Symbol für Hölle, Tod und Zerstörung ist. Aber ebenso ist er Symbol für Regeneration, Auferstehung und Erlösung! Die Leiden unserer Mitmenschen sollten uns nicht von ihnen trennen, sondern sie uns näherbringen. Statt dem Kranken mit abergläubischem Schrecken zu begegnen, sollte er in uns Mitgefühl und *Mit-leid* wecken.

New Age und die fünf Plagen dieser Jahrhundertwende

Nun stellt sich folgende Frage:

Wird es uns gelingen, diesen neuen Humanismus in die Praxis umzusetzen, der auf einem vollständigen individuellen Sinneswandel beruht, auf dem radikalen Umdenken jedes einzelnen; ein Humanismus, der uns dazu bringt, unsere Wertmaßstäbe zugunsten altruistischer und weniger materialistischer Werte zu verändern? Wird dieser Humanismus stark genug sein, um in unseren Herzen als Sauerteig zu wirken und uns von dieser Binsenwahrheit zu überzeugen:

Die Änderung der Gesellschaft ist ohne gründliche Wandlung jedes einzelnen nicht möglich!

Ob es sich um die *Umweltverschmutzung* handelt, die unsere Erde langsam unbewohnbar macht, unser Wasser vergiftet und die Vögel und andere Tierarten ausrottet;

ob um die *Gewalt* in der Welt: Folter, Verbrechen, politische Repression;

ob um den *Hunger,* diese himmelschreiende Ungerechtigkeit in Anbetracht unserer (westlichen) Überflußgesellschaft. (Denken wir beispielsweise nur an die Mahlzeiten in den Flugzeugen, die jede allein ein kleines afrikanisches Dorf ernähren könnte. Ganz zu schweigen von der kriminellen wirtschaftlichen Erpressung der Länder der sogenannten Dritten Welt, bei der Butter, Artischokken oder Kaffee eher ins Meer geworfen werden, als daß sie billiger verkauft oder verschenkt würden);

ob um die ebenso extreme wie vielfältige Wirkung der *Atomkraft* (die bei der Krebsheilung eingesetzt werden kann, die aber in den Kernkraftwerken auch eine Gefahr für uns und unsere Kinder darstellt – von der Atom*bombe* ganz zu schweigen);

ob um die Krankheit *Aids,* deren Folgen wir vorläufig hilflos beobachten, die aber zugleich unsere Nachsicht und Solidarität auf die Probe stellt.

All das zwingt uns, endlich aufzuwachen, uns für eine neue Realität zu öffnen, unsere Verantwortung als Weltbürger wahrzunehmen. All das zwingt uns, Sturm zu läuten und den Notstand für unsere Zivilisation auszurufen, für diese materialistische Welt, die in den letzten, heftigen Zuckungen liegt.

Das Erschreckende daran ist die allgemeine Fahrlässigkeit im Angesicht dieser fünfköpfigen Hydra, die das Gleichgewicht, ja das *Überleben* unserer Gesellschaft, unserer Gattung (und vielleicht unserer Erde) bedroht.

Unsere Gesellschaft wird vom Widerspruch regiert. Für den Geist mag das ja recht anregend sein, wenn sich der Widerspruch auf Wörter bezieht; geht es aber um einen lebenden Organismus wie die menschliche Gesellschaft, ist die Herrschaft des Widerspruchs ein Zeichen von Disharmonie oder vielmehr Krankheit. Und unsere Gesellschaft legt die verschiedensten Verwirrungen, Abnormitäten und Paradoxien an den Tag, die wie echte soziale Krebsgeschwüre wirken. In unserer Gesellschaft sind die Sitten ebenso verroht wie die Wissenschaft weit fortgeschritten: Wir schenken unseren Liebsten die kostspieligsten Fernreisen und lassen die »nutzlos« gewordenen alten Menschen in Elend und Würdelosigkeit sterben; wir schwärmen von der Natur, und was herrscht? Das Künstliche, Überflüssige, technische Spitzfindigkeiten; Kommunikation steht ganz hoch im Kurs, aber der einzelne bleibt in tragischer Einsamkeit allein inmitten einer nach Gewinn strebenden Menschenmasse. Wir verurteilen die heranwachsende

Generation, weil sie keine Ideale hat. Aber ist diese Gesellschaft etwa in der Lage, ihnen neue Wertvorstellungen nahezubringen? Und, und, und. Die Liste wäre endlos fortzusetzen.

Was nützt es also, von einer idealen Gesellschaft zu träumen, von der Anerkennung der Menschenrechte, von der Abschaffung von Gewalt, Folter, Korruption, Verbrechen, Krieg, Diffamierung Andersdenkender, gesellschaftlicher Ungleichheit? Solange der Mensch der Feind des Menschen ist, wie es Hobbes ausgedrückt hat, solange fühlt er sich nicht wohl in seiner Haut und macht die ganze Welt dafür verantwortlich. Und solange werden seine Ziele zu kurz greifen und asozial sei: Herrschaft durch Geld oder Macht, sterile und egoistische Genüsse, Angst vor Risiko und moralischem Engagement, Habgier... – War es das, was Christus meinte, als er sagte, jeder Mensch müsse von Grund auf neu geboren werden? Also der Beginn einer dynamischen und fruchtbaren Bewußtwerdung? Wahrscheinlich. Sicher ist dies der Geist des New Age, der, verbunden mit einer intellektuellen Dimension, die die Spitzentechniken miteinbezieht, vor allem die Entwicklung der noch brachliegenden seelischen Fähigkeiten berührt und somit schließlich zu einem kosmischen, universalistischen Geist führt.

Hoffen wir, daß der gute Wille einer erleuchteten, dynamischen und motivierten Minderheit ausreichen möge, um den Samen dieses neuen philosophischen Geistes, dieser neuen, vom Zeitalter des Wassermanns inspirierten Moral, aufgehen zu lassen.

Ich habe in diesem Buch schon verschiedentlich ausführlich über das Zeitalter des Wassermanns gesprochen, über seine Symbolik, seine von Schule zu Schule verschiedenen Einschränkungen und Ungewißheiten. Ich werde darauf nicht mehr weiter eingehen. Ich möchte nur noch folgendes hinzufügen: Ob diese Ära nun 1781 mit der Entdeckung des Herrschers des Wassermannzeichens, Uranus, begonnen hat oder ob sie erst 2160 beginnt – wenn man Christi Geburt als Bezugspunkt nimmt für den Beginn des Fische-Zeitalters –, man sollte nicht vergessen, daß sich der Wechsel von einem Zeitalter zum anderen nicht plötzlich und ohne Übergang vollzieht. Er geschieht, wie es Dane Rudhyar ausdrückt, über »eine Periode der Ausstreuung des Saatguts«, in der die alten Werte wohl noch vorhanden sind, aber ihre Gültigkeit verlieren, während die neuen bereits am Horizont auftauchen.

Aber auch diese Perspektive hat zwei Seiten, wie jedes Phänomen und jede Wesenheit auf Erden. Je nachdem, ob wir die positive oder die negative Seite »wählen« (aus mangelndem Mut vielleicht sogar passiv), wird uns die immanente Gerechtigkeit »belohnen«. Die Licht- und Schattenseiten des Wassermanns sind:

Positiv	*Negativ*
– gelebter Altruismus	– rein ideologischer, nicht in die Praxis umgesetzter Altruismus
– Reformen	– Unbeständigkeit
– intellektuelle Neugier	– Hartherzigkeit
– Idealismus	– Fanatismus
– Spitzentechnik	– Entmenschlichung
– Individualismus	– Stolz, Gleichgültigkeit

Wie dem auch sei, der Wassermann ist das Zeichen der Weisheit und der Individualität (die sich des Sozialen, Kollektiven annimmt), der Verbindung (Herrschaft der Medien und der Computer), des universalen Glaubens auf der Grundlage intellektuellen Begreifens und nicht länger aufgrund eines Dogmas (Fische-Zeitalter). *Die Ordnung der Barmherzigkeit* wird durch die *Ordnung des Geistes* ersetzt. An uns ist es zu verhindern, daß Geist nicht gleichbedeutend wird für seelische Verknöcherung – oder Einschränkung der persönlichen Freiheiten –, wie es die Vormachtstellung der Informatik etwa befürchten lassen könnte.

Wenn man die Begriffe »Kommunikation« und »kosmisch« verbindet, die beide Attribute des Wassermanns sind, gelangt man unweigerlich zu den zahlreichen »seltsamen« Erscheinungen der letzten Jahre wie *Verbindungen mit dem Universum, das Außerirdische, galakto-kosmische Telepathie* usw. Lauter Phänomene, von denen unsere Medien (Fernsehen und Kino) voll sind und die unsere modernen Märchen bilden. Man liest nicht mehr

Schneewittchen, sondern sieht *Star wars*. Die nachhaltige Wirkung des Spielberg-Films *E. T.* in der ganzen Welt ist bekannt. Begleiterscheinungen des Wassermann-Zeitalters!

In diesem Zusammenhang liest man folgendes im schon erwähnten *L'Age cosmique aux U.S.A.:* »Der international bekannte Neuro-Anatom, Mathematiker und Delphinologe Dr. John Lilly behauptet, daß er außerirdische Verbindungen aufnehmen könne. Erleichtert darüber, daß es sich nur um eine ›Behauptung‹ handelte, ignorierte die Wissenschaft freundlicherweise dieses Experiment. Dr. Leary wies darauf hin, daß er 1973 *interstellare telepathische* Verbindung hatte... Buckminster Fuller, der renommierteste der lebenden Philosophen, machte bekannt, daß er manchmal Meldungen von interstellaren Telepathen erhalte. Trotz Fullers weltweiter Berühmtheit scheint niemand seine Aussage wahrgenommen zu haben. Kürzlich hat der Physik-Pionier Jack Sarfatti seine eigenen E.S.P.s *(extrasensory perceptions)*, seine außersinnlichen Wahrnehmungen, in der Zeitschrift *City* beschrieben, die in San Francisco erscheint. Kein Mensch scheint davon Notiz zu nehmen. Robert A. Wilson meint dazu: ›Jeder Gemüsehändler oder Polizist, der ein solches Erlebnis hätte, wäre sofort auf der Titelseite. Aber niemand will solche Erfahrungen von geschulten wissenschaftlichen Beobachtern hören: Haben wir Angst, daß wir diese nicht so leicht als Verrückte abstempeln können wie Gemüsehändler oder Polizisten?‹ Der Physiker Paul Sirag bestätigt, daß bis heute mehr als hundert amerikanische Wissenschaftler die gleiche telepathische Erfahrung gemacht haben, wobei sie nicht immer als eigentlich außerirdisch beschrieben wurde, obwohl das außerirdische Beispiel das beliebteste sei.«

An anderer Stelle erzählt der Autor von einer kosmischen Botschaft, die von der Erde in die Unendlichkeit der Sterne geschickt wurde, wie die berühmte Flasche, die man ins Meer wirft: »Die Raumfahrzeuge Voyager I und II bringen Aufzeichnungen zu den anderen Sternen, die unsere irdische Kultur und Wissenschaft repräsentieren: einige Takte von Bach, einige mathematische Formeln, ein Abschnitt aus der Bibel... und ein Lied von Carter! Kommentar überflüssig...

»Im November 1974 fand über das Radioteleskop von Arecibo eine historische Übermittlung statt: Ein für das Universum bestimmter Funkspruch von drei Minuten wurde ausgestrahlt! Eine außerirdische Rasse, die über das gleiche niedrige Technologie-Niveau verfügt wie wir, könnte mühelos den Binärcode des Funkspruchs entschlüsseln, dessen *bits* so angeordnet sind, daß sie visuelle Schemen bilden, die als Form, Größe und Molekularstruktur des menschlichen Wesens identifizierbar sind. Eine Serie von identischen Koordinaten gibt an, wie die Sonne in der Milchstraße lokalisiert werden kann und wie die Milchstraße im Vergleich zu anderen Galaxien lokalisiert werden kann.« Gehören diese *Tatsachen* – denn könnte es sich auf so breiter Ebene um Täuschungen handeln? – in die Nähe der *anthroposophischen Intuitionen* eines Rudolf Steiners, die er über die »Hierarchien des Kosmos« beschwört: »Ich denke meine Gedanken. – Und ich bin ein Gedanke, der von den Hierarchien des Kosmos gedacht wird. Mein Ewiges besteht darin, daß das Denken der Hierarchien ein Ewiges ist. Und wenn ich einmal von einer Kategorie der Hierarchien ausgedacht bin, dann werde ich übergeben – wie der Gedanke des Menschen vom Lehrer an den Schüler übergeben wird – von einer Kategorie an die andere, damit diese mich in meinem ewigen, wahren Wesen weiter denke. So fühle ich mich drinnen in der Gedankenwelt des Kosmos« (*Der menschliche und der kosmische Gedanke*, S. 83).

Dieser sehr schöne und tiefsinnige Text erinnert an den platonischen Idealismus, dem zufolge die Ideen-Archetypen ewig sind: Jedesmal, wenn wir *Ich* sagen oder denken, schöpfen wir aus dem vorhandenen Gut. Der ganze Engelsgedanke, der im Wassermann-Symbol enthalten ist, bekommt so seinen Sinn, denn woraus könnte diese Hierarchie bestehen, wenn nicht aus Engeln?

Bringt uns das Wassermann-Zeitalter auch die Hoffnung, daß wir uns intellektuell und spirituell stärker und umfassend mit dem kosmischen Gedanken versöhnen? Darin bestünde die sicherste Garantie für einen Fortschritt der Menschheit, die künftig in ihrer Wahl und ihren Entscheidungen von diesem Gedanken geleitet würde. Denn die Wahl und die Entscheidungen der Menschen werden in den kommenden Jahren, wie wir bereits gesehen haben, eine maßgebende Bedeutung haben.

Ein neuer ganzheitlicher Humanismus

Das neue Zeitalter, dem wir entgegengehen, scheint förmlich zu explodieren, sich nach allen Richtungen zu öffnen. *In die Tiefe* des Menschen, der zuerst sich selbst finden muß, um sich dann selbst annehmen zu können – vielleicht nur vorläufig, denn eine spirituelle Weiterentwicklung ist Voraussetzung für eine Vervollkommnung des menschlichen Wesens, die ihrerseits notwendige Bedingung für sein Überleben ist. Indem wir dem Rat Anaïs Nins folgen: »Wir müssen in ein Loch hinuntersteigen und immer tiefer graben, um die verborgensten Schichten unseres Selbst zu finden.« Unsere Aufgabe in dieser Jahrhundertwende ist mehr denn je, die vielversprechende Ermahnung Nietzsches zu verwirklichen: »Werde, was du bist«; zu werden, was wir potentiell sind. Das ist nur möglich aufgrund einer vollkommenen Selbsterkenntnis: Dazu ist die Astrologie als eigentliche Wissenschaft der Persönlichkeit das geeignetste Hilfsmittel. Eine Erneuerung der Zivilisation liegt ganz nahe, wenn wir unsere Chancen zu nutzen wissen. Wir können an diesen *Chancen* aber auch zugrunde gehen, denn sie sind zweischneidig wie jede Erfindung, jeder Fortschritt.

Der Humanismus von heute und morgen muß den Menschen in seiner Ganzheit umfassen. Laotse sagte im 6. Jahrhundert v. Chr.: »Damit das äußere Verhalten und das innere Verhalten mit dem Tao (dem Weg) harmonisieren, muß man lernen, mit den kosmischen Zyklen zu leben.« Das heißt, die sterile Trennung von Körper, Seele und Geist muß aufgegeben werden. Diese drei Wesenheiten müssen in gutem Einvernehmen sein. Der Körper, Träger und Tempel des Geistes, darf nicht länger unterdrückt werden, weder in Gedanken noch unbewußt. Aber das braucht seine Zeit. Die Zeit, um zu vergessen, daß das Christentum in der Praxis – nicht von seinem Ursprung her – den Körper als etwas Schameinflößendes ansah, als etwas, was der Erhebung der Seele im Weg stand. Die neuen Denkmuster setzen sich im Zeitgeist nicht von einem Tag auf den anderen durch – nach einer jahrhundertelangen Konditionierung und nachdem sich die alten Denkgewohnheiten in unseren Genen und in unserem kollektiven Unbewußten eingegraben haben. Eine Erneuerung der Zivilisation hängt somit von einer kollektiven und allgemeinen Bewußtwerdung ab.

Wenn diese grundlegende Wandlung sich in die Tiefe vollzieht, vollzieht sie sich ebenso *in die Höhe:* wie ein Baum, der seine Wurzeln weit im Boden hat und seine Äste sehnsüchtig dem Himmel entgegenstreckt. Aus dieser Metamorphose entsteht der ganzheitliche, ausgeglichene Mensch. Die Stützen dieses ehrgeizigen Programms, des Programms der Veränderung wie zur Zeit der Renaissance, sind ein erweitertes Bewußtsein, eine Erhabenheit über kurzsichtiges materialistisches Denken, das Egoismus und Strebertum (Überlebenskampf und Streß) erzeugt, sowie eine Veränderung der Gesellschaft *von innen* her (und nicht mehr von außen, wie es in der Geschichte immer praktiziert wurde, indem man Institutionen und Gesetze änderte, die nach dem Primärsystem *Lohn und Strafe* funktionierten). Der krankhafte Zustand unserer Gesellschaft sollte für uns Anlaß, Signal zur Veränderung sein. Die Frau ist aufgerufen, bei dieser tiefgreifenden Wandlung eine wichtige Rolle zu übernehmen. Nachdem sie über den Weg der Geburtenkontrolle zu einer neuen Gesellschaftsform beigetragen hat, die ihr die Möglichkeit gibt, frei über ihre Mutterschaft zu entscheiden, verschwinden jahrhunderte- und jahrtausendealte Einschränkungen. Im Gegenteil, der Mann mit seiner rationalen Logik braucht die sogenannten weiblichen Werte wie Verständnis, Geduld, Opferbereitschaft, Intuition, Wahrnehmung des Natürlichen und Irrationalen dringend, um sein Universum menschlicher zu gestalten. Begriffe wie Lebensqualität und Harmonie müssen die sogenannten »männlichen Werte« ersetzen oder mindestens ergänzen, die unsere Gesellschaft bis heute beherrscht haben: Rivalität, Konkurrenzdenken, Aggressivität, Härte, Vernunft, Logik, Profit.

Die Soziologin Evelyne Sullerot spricht von der *weiblichen Wirklichkeit* und nicht von der weiblichen Konditionierung. Sie bestätigt den totalen genetischen, physiologischen und psychologischen Unterschied der Frau zum Mann – im Gegensatz zum Beispiel zu Simone de Beauvoir, die behauptete, »man wird nicht als Frau geboren, man wird zur Frau gemacht«. Sullerot unterstreicht den Beitrag der Frau in der Arbeitswelt der modernen Gesellschaft, die auf dem Weg ist, eine *Gesellschaft von Einzelwesen* zu werden, wie sie sagt. Tatsächlich sei die Familie durch die »Singles« bedroht, die freiwillig und bewußt auf die Ehe verzichten und für unsere neue Gesellschaft eine Gefahr darstellen. Denn die Familie, sagt Sullerot, ist »das einzige Bollwerk gegen die totalitären Antichristen«. Gewiß ist die Frau, die physiologisch die Aufgabe hat, die Spezies zu erhalten, stärker von deren Gefährdung betroffen. Hat die Frau den Krieg, martialisches Phänomen, das ihrem venusischen Wesen völlig fremd ist, je gebilligt – oder gar verstanden? So wird ihr Beitrag in den (entscheidenden) Jahren, die vor uns liegen und in denen alles geschehen kann, von sehr großer Bedeutung sein. Die Situation der Ungleichheit, an der die männliche Hälfte festhielt, war in erster Linie eine Frage der Bildung und Information, der politisch-sozialen Kultur, und nicht eine Frage der beschränkten kreativen Begabung oder des mangelnden intellektuellen Abstrahierungsvermögens der Frau, wie uns ein gewisser männlicher Chauvinismus häufig einreden, ja sogar mit Gewalt beweisen wollte.

Betty Friedan hat in ihrem Buch *Der zweite Schritt*, das fast zwanzig Jahre nach ihrem *Weiblichkeitswahn* erschienen ist, um einiges zurückgesteckt. Es geht ja schließlich nicht darum, den Mann zu dressieren und zu besiegen, wie es einige Verfechterinnen der Frauenbefreiungsbewegung predigten. Yin und Yang sollen koexistieren und sich in einer Harmonie ergänzen, in der jeder Teil einzigartig und unersetzlich ist, nach dem Bild des Eies, das man in allen Kosmogonien und in allen großen Traditionen wiederfindet. Dieses Ur-Ei symbolisiert die Hochzeit des Himmels mit der Erde, die Aufhebung der Gegensätze. Es ist höchste Zeit, diese fruchtbare Harmonie wiederzufinden, denn auch der Kampf der Geschlechter ist für die menschliche Gattung unproduktiv und zerstörerisch.

Kurz, es lebe der kleine Unterschied! Aber daß doch dieser dauernde naive Protektionismus des Männervolks aufhören möge... wenigstens im Arbeitsbereich. Der geheime Garten des erotischen Spiels hingegen kann und muß gehütet werden. »Alles hat seine Zeit«, steht im Ekklesiastes! Die »weibliche« Frau steht nicht im Widerspruch zur denkenden, kompetenten Frau, das hat sich allmählich herumgesprochen. Aber wird diese Erkenntnis auch immer beherzigt?

Und wo bleibt die Astrologie bei all dem? Sie nimmt an dieser kulturellen, wissenschaftlichen, philosophischen und moralischen Veränderung unserer Epoche teil, sie ist genauso wie die Solidarität und freiheitliche Brüderlichkeit in der Symbolik des Wassermanns – und des *New Age* enthalten.

»Ändere deine Gesinnung und du wirst die Welt verändern«, sagt der Physiker und Philosoph Capra. Es ist neu, daß ein Physiker zum Moralisten wird und daß, nach den prophetischen Worten Einsteins, das neue Ziel der Wissenschaft »Sinn des Lebens« lautet.

Wir werden die Welt durch die Kraft der »geistigen Brüderschaft« (Ferguson: *Die sanfte Verschwörung*) verändern. Wenn wir Fuller glauben, »gibt es keine Energiekrise, sondern lediglich eine Krise der Unwissenheit«. Und die Verbannung der Astrologie hat bis heute zu einem großen Teil zu dieser Unwissenheit beigetragen: indem getrennt wurde, was zusammengehört, indem die Nabelschnur, die den Menschen mit dem Universum verbindet, durchgeschnitten wurde. »Wir sind der Staub der Sterne«, hat der Astronom Haldane gesagt. Ist es somit nicht logisch, daß wir im Rhythmus dieser Sterne mitschwingen?

Die *technisch Eingeweihten* wissen, daß alle Energieformen (mechanische, psychische, emotionale, spirituelle...) eine einzige, unteilbare Wirklichkeit sind: Ihnen öffnen sich die Türen zur Unendlichkeit des Himmels... »Der höchste Energie-Erzeuger ist das Bewußtsein«: so tönt es aus der Ecke der freien Energie. Eine Krise der Unwissenheit, gewiß, denn »alle *Entdecker* der alternativen Energiequellen sind Menschen, die eine persönliche Bewußtseinsveränderung erlebt haben, die es ihnen ermöglicht hat, die Prozesse der kosmischen Wandlung zu *sehen* und sie anschließend auf der menschlichen Ebene zu wiederholen. Im Verlauf des großen alchemistischen Hin und Her zwischen der Umwandlung der kosmischen Energie in Materie und der Umwandlung der menschlichen Materie in Energie erkennen die Seher des Neuen Zeitalters die Gesetze und Kreuzungen der Transmutation: Sie übersetzen sie in Form spiritueller Unterweisung, sozio-kulturellen Verhaltens und neuer Technologien. Es geht nicht mehr darum, eine andere Dimension des Bewußtseins heraufzubeschwören, sondern vielmehr darum, die wirksamen Mittel einzusetzen, um damit unmittelbare Erfahrungen zu machen« (*L'Age cosmique aux U.S.A.*, Jean-Marie Schiff).

Wie, durch welche Absurdität und Unlogik, könnte man in einer Welt mit diesen Perspektiven den unermeßlichen und offenkundigen Beitrag der königlichen Kunst der Sterne ausschließen? Abgesehen davon ist es gar nicht nötig, lange darüber zu diskutieren oder Vermutungen anzustellen: die Fakten sind da, die Astrologie blüht wieder auf. In seinem Buch *De l'unité transcendentale des religions* (Über die transzendentale Einheit der Religionen) rühmt Fritjof Schuon die Vorzüge der intellektuellen Intuition, die er über die Religion und die Philosophie stellt. Und zwar aufgrund der Tatsache, daß jede Religion ihre Färbung habe, während die intellektuelle Intuition ein Bewußtsein der farblosen Essenz des Lichtes sei. Denn jede Religion schließt durch ihren kultursoziologischen Kontext das Wesen der Universalität aus – die gerade die universalistische Wassermann-Ära anstrebt. In den rein metaphysischen orientalischen Traditionen hat sich diese Universalität bewahrt, während das Christentum häufig das intellektuelle Abenteuer, die undogmatische Neugier verdammt hat. Genau dieser Dogmatismus schadet heute der Kirche am meisten. Die Menschen haben das Bedürfnis nach Erkenntnis, und sie wollen vor allem einen Zusammenhang finden zwischen den Problemen ihrer Zeit und den dogmatischen Antworten. Faust wurde bekanntlich verdammt, weil er die verbotene Frucht vom Baum der Erkenntnis pflücken wollte...

Im Bedürfnis nach intellektueller, undogmatischer Universalität verspürt unsere Generation im Aufbruch den leidenschaftlichen, faustischen Wunsch, die Schale aufzubrechen, aber sie wehrt sich gerade gegen die damit verbundene Verdammung. In ihrer *Komplexitätskrise* dürstet sie nach der Erkenntnis der innersten Substanz der Dinge. Dafür ist sie bereit, ihrem Körper, seiner Ernährung, seiner psychophysiologischen Harmonie, den Körpertherapien, dem *autogenen Training* neue Aufmerksamkeit zu schenken. Sie ist bereit, ihren Lebensstil zu ändern, regelmäßig an Exerzitien teilzunehmen oder sich in die Abgeschiedenheit zurückzuziehen, um sich fern vom Lärm und der Hektik der »Zivilisation wiederzufinden«. Sie ist offen für die Kontemplation, den Traum, die Gelassenheit, die Meditation, die Solidarität, die Suche nach dem Unbewußten und den vergangenen Leben. Sie weiß oder spürt vage, bis zu welchem hohen Maße die Astrologie eine wertvolle Antwort auf ihre Fragen bieten kann – und zwar auf allen Ebenen. Sie betrachtet sie, genauso wie die Kunst, als Hüterin der Nabelschnur, die den Menschen mit dem Universum verbindet.

Was kümmert uns da die Hexenjagd, die von selbst aufhören wird, wenn die kollektive und kulturelle Meinung die echte, edle, zeitlose und »mathematische« Natur der Astrologie erkennen und anerkennen wird!

Der amerikanische Historiker Tester veröffentlichte kürzlich ein Buch *(A History of Western Astrology),* das in der *New York Times* vom 31. Januar 1988 besprochen wurde. Der Artikel endet mit der Meinung Testers über die Astrologie: »Verglichen mit der heidnischen Medizin und der christlichen Theologie sind ihre Grundlehren die reinste Wissenschaft.« Er bezeichnet das Bemühen, die Astrologie als »ungriechisch« und irrational anzuprangern, als »akademischen McCarthyismus«; ein Versuch, sagt er, etwas zum Verschwinden zu bringen oder zu kontrollieren, das nach gewissen willkürlichen Kriterien nicht als positiv und wirksam akzeptiert werden kann. (Als Astrologie-Historiker weiß Tester ja schließlich, daß unser ganzes westliches Astrologiesystem eben gerade griechischen Ursprungs ist!)

Der eingeweihte und erleuchtete (Krebs) Dr. Gérard Encausse, alias Papus, hat uns bereits zu Beginn dieses Jahrhunderts auf das kosmische Gesetz aufmerksam gemacht, welches das Universum und die Menschen regiert: »Das kosmische Gesetz ist einmalig. Es offenbart sich auf die genau gleiche Art im Lauf der Gestirne wie in der Anordnung der menschlichen Organe, in den Schöpfungen der Natur wie in der menschlichen Vorstellungskraft. *Dieses kosmische Gesetz durchdringt alles. Wir können es nicht leugnen, nicht unbeachtet lassen und nicht durchbrechen. Wir können es nur leben.*«

Wird es nicht auch Zeit, daß wir alle zusammen vor dem Abenteuer des 21. Jahrhunderts dieses Gesetz des Kosmos annehmen und es in Form des Astral-Codes anerkennen, der von den Menschen vor undenklicher Zeit aufgestellt wurde? Anderenfalls müssen wir befürchten, vor den zukünftigen Generationen als diejenigen dazustehen, die, ängstlich und blind, das Aufkommen (was sage ich, die Auferstehung) der königlichen Kunst der Sterne als Wissenschaft herausgezögert haben – wenn auch nur ein wenig, der Lauf der Zeit läßt sich nicht aufhalten!

Bei der gleichen Gelegenheit werden wir die voreilige, aber kategorische Feststellung der *Encyclopedia britannica* Lügen strafen, die in ihrer Ausgabe von 1969 entschied: »Trotz der Glanzzeit der astrologischen Artikel in der Presse ist die Astrologie als *ernsthaftes und systematisches Weltbild . . . ist die Astrologie tot.*«

Die Königin ist tot, es lebe die Königin!

EPILOG

Auf Wiedersehen am 15. Oktober 1993 an der Sorbonne

Leuchttürmen oder finsteren Tunnels gleich durchziehen die Großen Konjunktionen die Geschichte, plazieren sich da und dort am Himmelsgewölbe. Wie ich die gewaltige Serie der letzten zwei Jahrtausende betrachte, springt mir plötzlich ein bestimmter Punkt im Tierkreis ins Auge, der in 18 Grad Steinbock liegt und im Jahre 1666 von der Konjunktion Saturn-Neptun »bewohnt« wurde. Mein nachdenklicher Blick bleibt daran hängen: Hat nicht 1666 der rationalistische Colbert (Jungfrau), »Inbegriff des gemeinen bürgerlichen Krämergeistes« (Georges Mathieu), die Astrologie vom Lehrplan der Sorbonne gestrichen? Hat er nicht damals das Jahrhundert der Aufklärung eingeläutet – ohne das Licht der Planeten? Saturn symbolisiert die Einschränkung, die Begrenzung und den Tod, Neptun das Ideal und die Transzendenz. So spiegelte diese Konstellation also die Ablehnung des Unsichtbaren, die Agonie der spirituellen Dimension, welche die königliche Kunst der Sterne umfaßte.

1993 wird dieser genau gleiche Punkt im Tierkreis – zum ersten Mal nach dreihundertsiebenundzwanzig Jahren! – erneut von einer Großen Konjunktion »besucht« werden, und zwar diesmal von Uranus-Neptun, die wahrscheinlich eine Wiederkehr der astrologischen Kunst bringen wird. Bekanntlich ist ja Uranus der Planet der Astrologie, und Neptun wird als erhabener Katalysator wirken und ihre weltweite Verbreitung garantieren.

Die Zyklentheorie erklärt diese Interpretation: 1993 MUSS ETWAS GESCHEHEN, das *in Verbindung* steht mit diesem äußerst wichtigen Ereignis von 1666 (oder das ein Echo darauf bildet). Das Zeichen des Steinbocks symbolisiert die sozialen Institutionen, die kollektiven Einheiten – und mich ergreift die unwiderstehliche Lust, darauf zu wetten, daß die Astrologie 1993 an die Universitäten zurückkehren wird! Wenigstens in Frankreich, wo 1666 diesbezüglich das erste Ereignis stattfand. Vertrauen wir auf die Wirkung von Frankreich, dem Lande Descartes', das in der Welt Schule machen wird – dieser Descartes übrigens, der häufig falsch eingeschätzt wird, und zwar genau von denen, die ihn verehren und in diesem kritischen und phantasievollen Widder einen engstirnigen Rationalisten sehen.

Und schließlich, obwohl ich selbst im Steinbock geboren bin, liebe ich das Risiko und das Spiel, und ich setze auf einen genauen Tag und wette, daß der 15. Oktober 1993 der Tag ist, der für die akademische Anerkennung der Astrologie in Frankreich rot angestrichen werden muß. Ein spezieller Neumond wird zu dieser Zeit neben Jupiter stehen – dem Planeten der Legitimierung und der Gesetze – und zusammen mit der Sonne ein beeindruckendes himmlisches Trio bilden, das sich ganz genau auf dem Fixstern erster Größe und der Verheißungen, Spica genannt, in 22 Grad Waage befinden wird. Das edle Trio wird durch eine dynamische und fruchtbare Quadratur mit der höchst seltenen Konjunktion Uranus-Neptun verbunden, welche am 25. Oktober exakt sein wird. Diese Konjunktion wird die tiefgreifende Wandlung des menschlichen Geistes, der sich zu dieser Jahrhundertwende für andere Bewußtseinsebenen öffnen wird, einleiten.

Eine Kleinigkeit noch: Diejenigen, die in der zweiten Dekade des Steinbocks (18 Grad) geboren sind oder in ihrem Horoskop an diesem Punkt bedeutende Faktoren haben, werden maßgeblich an dieser feierlichen und offiziellen Auferstehung der Astrologie beteiligt sein. Mehr verrate ich nicht!

Aber werfen Sie doch mal einen Blick auf die Positionen ihrer Planeten. Vielleicht geht es auch Sie an?

Also auf Wiedersehen am 15. Oktober 1993 an der Sorbonne!

Anhang

Zeichensymbole

Planetensymbole

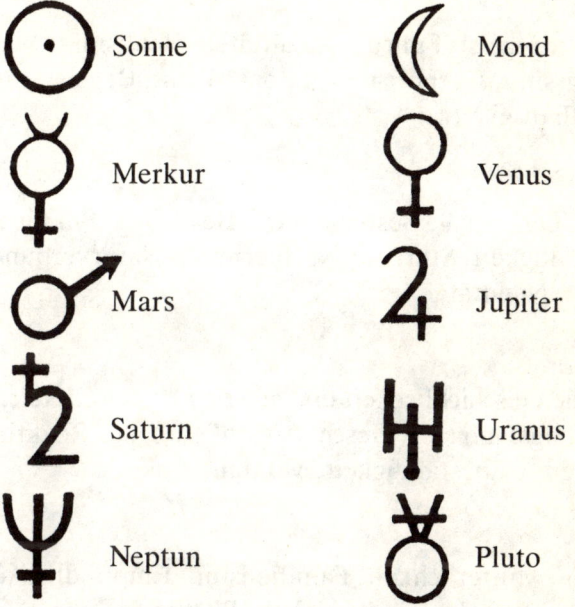

Symbolik der Tierkreiszeichen

WIDDER
Mut, Kampfgeist, Führungsqualitäten, Realismus, Verantwortungssinn, Despotismus, Spontaneität, Begeisterung, Instinkthaftigkeit.

STIER
Ruhe, Überlegung, Besonnenheit, Besitzgier, Sinnlichkeit, Schwerfälligkeit, Sturheit, Nüchternheit, Naturverbundenheit, Trägheit, Naivität.

ZWILLINGE
Manuelle Geschicklichkeit und geistige Beweglichkeit, Neugier, Anpassungsfähigkeit, Geschäftssinn, schnelles Reaktionsvermögen, Unbeständigkeit, Verstandesmensch.

KREBS
Phlegma, Mütterlichkeit, Familiensinn, Empfindlichkeit, Schüchternheit, Launenhaftigkeit, Phantasie.

LÖWE
Willen, Unternehmungsgeist, Vitalität, Ehrgeiz, Tyrannei, Ehrlichkeit, Treue, Großherzigkeit, Vornehmheit, Prahlerei, Leidenschaft, Eitelkeit.

JUNGFRAU
Analytische Intelligenz, Gewissenhaftigkeit, Ordnung, methodischer Geist, Sinn fürs Praktische und Nützliche, Schüchternheit, Strebertum, Kritikfähigkeit, Egoismus.

Waage
Kunstsinn, Raffinesse, Gerechtigkeitssinn, Geselligkeit, Unentschlossenheit oder »Es-mit-keinem-verderben-wollen«, Gleichgültigkeit.

Skorpion
Ausdauer, Widerstand, unwiderstehliche Anziehungskraft, Vitalität, Ehrgeiz, Aggressivität, Absonderung, destruktive Haltung, Sadismus, Rachsucht, Sinnlichkeit.

Schütze
Offenheit, Unabhängigkeit, Stolz, Selbstgefälligkeit, Mangel an Ausdauer, Weisheit, Enthusiasmus, Reiselust und Risikofreude.

Steinbock
Verinnerlichung, Konzentration, methodischer Geist, Pflicht, Integrität, Ausdauer, Sparsamkeit, Machtwillen, Hypochondrie, Unerbittlichkeit.

Wassermann
Altruismus, Originalität, Geselligkeit, Unabhängigkeit, Neigung zu Rechthaberei, neugieriger und avantgardistischer Geist, revolutionäre Ideen, Exzentrik.

Fische
Mystik, Hingabe, Empfindsamkeit, Großzügigkeit, Ängstlichkeit, Mitleid, Gefühlsduselei, Romantik, Gefallen am Morbiden, Neigung zu Drogen.

Symbolik der Planeten

Sonne
Leben, Geist, Willen, Individualität, Synthese, Organisationstalent, bewußtes Ich, Autorität, Würde, Eitelkeit, Tag, Chef, Vater, Ehemann, Gold.

Mond
Vegetative Lebensvorgänge, Empfänglichkeit, das Kollektive, Seele, unbewußtes Seelenleben, Passivität, Materie, Erinnerung, Trägheit, Intelligenz, Mitteilungs- und Ausdrucksmöglichkeiten, Erfindungsgabe, Fingerfertigkeit, Nacht, Frauen, Mutter, Ehefrau, Silber.

Merkur
Manuelle und geistige Geschicklichkeit, Neugier, großes Anpassungsvermögen, Schlauheit, Diebstahl, Hinterlist, Geschwätzigkeit, Labilität, Handel, Quecksilber.

Venus
Kunstsinn, Geselligkeit, Wohlwollen, Harmonie, Schönheitssinn, Vergnügen, Gefühlsleben, Dilettantismus, Leichtfertigkeit, Sorglosigkeit, Passivität, Frau, Geliebte, Töchter, Freunde, Schauspieler, Kupfer.

Mars
Tatendrang, Energie, Stärke, Bewegung, Aggression, Initiative, Enthusiasmus, Widerspruch, Tyrannei, Absolutismus, Auflehnung, Brutalität, der Geliebte, Eisen.

Jupiter
Weisheit, Schutz, väterliches Wohlwollen, Entfaltung, Seelengröße, Ordnung, Zusammenhalt, Gerechtigkeit, Respekt vor Autorität, Stolz, Sinnlichkeit, Zinn.

Saturn
Vergegenständlichung, Festigkeit, Überlegung, Vorsicht, Konservatismus, Pflichtbewußtsein, Geduld, Sparsamkeit, Mißtrauen, Rachsucht, Pessimismus, Geiz, Unbeweglichkeit, Schwerfälligkeit, Starrheit, Sklerose, Alter, Kälte.

Uranus
Phantasie, Intuition, Individualität, Reformfreudigkeit, progressive Ideen, Erfindungsgeist, Originalität, Rhythmik, Schock, plötzliche Trennungen, Revolte, Anarchie, Luftfahrt, Radioaktivität.

Neptun
Inspiration, Genie, Mystik, Irrationalität, Spiritualität, poetisches Denken, Sinn für Höheres, Ausdehnung, Verwirrung, ungewöhnliche Aussichten, Illusionen, Drogen, Fatalismus, Unentschlossenheit, fixe Ideen, Laster, Geisteskrankheiten, Selbstgefälligkeit, Perversion, Selbstmordgefahr.

Pluto
Extreme Doppel-Polarisation, Zerstörung und Metamorphose, Läuterung, Regeneration, Psyche, Magie, Ehrgeiz, Machtstreben, Sehnsucht nach geistiger Erhebung, Forschertalent, Avantgardismus, Kollektivbewußtsein (Generationsplanet).

Ceres
Rationale, analytische Intelligenz.

Symbolik der Häuser

Erstes Haus
Geht vom Aszendenten aus und symbolisiert das Ich, das Temperament, die äußere Erscheinung, das Verhalten, die Konstitution, die Reaktion auf Krankheiten.

Zweites Haus
Materieller Besitz, selbstverdientes Geld.

Drittes Haus
Beziehungen zur Umwelt, zur Außenwelt:
- durch Studien, Schriftstücke,
- durch soziale Kontakte: Geschwister, Nachbarn, Vettern etc.,
- durch Briefe, kleine Reisen, Besuche, Telefongespräche.

Wichtig für die Wahl der Ausbildung.

Viertes Haus
Familienleben, Heim, Wohnsitz, Abstammung, Immobilien, Lebensende.

Fünftes Haus
Schöpfungen:
- physischer Art: Kinder, Liebschaften, Liebesverhältnisse,
- geistiger oder künstlerischer Art: Kunstwerke (Tanz, Literatur, Film, Malerei etc.).

Sechstes Haus
Berufstätigkeit, Untergebene, akute Krankheiten, Haustiere.

Siebtes Haus
Haus der Ehe, der Verbindungen, der Andersartigkeit, Verträge, Streitigkeiten, Prozesse.

Achtes Haus
Tod, Erbschaften, Legate, Schenkungen, Regeneration, Schulden, Versicherungen.

Neuntes Haus
Ausland, die großen philosophischen Weltbilder (physisch weit entfernt oder geistig hochstehend), Spiritualität, lange Reisen.

Zehntes Haus
Selbstverwirklichung, Schicksal, sozialer Aufstieg, Berufung, Ansehen, Reputation, Ehre, Hindernisse auf dem Weg zum Erfolg, Rückschläge, Risiken.

Elftes Haus
Pläne, Hoffnungen, Unterstützungen, Freunde, günstige Gelegenheiten oder Hindernisse bei ihrer Verwirklichung.

Zwölftes Haus
Isolierung, Einsamkeit, Exil, Prüfungen, Spital, dunkle Machenschaften, verborgene Feindschaften, heimliche Feinde, Verrat, chronische Krankheiten, Gebrechen.

Sexastrologische Entsprechungen der Sternzeichen

	Freundschaftliche Liebe	Vollkommene Harmonie	Körperliche Anziehung möglich, aber tiefgehende Wesensunterschiede	Ergänzung oder totaler Gegensatz
Widder	Zwillinge Wassermann	Löwe Schütze	Krebs Steinbock	Waage
Stier	Krebs Fische	Steinbock Jungfrau	Löwe Wassermann	Skorpion
Zwillinge	Löwe Widder	Waage Wassermann	Jungfrau Fische	Schütze
Krebs	Jungfrau Stier	Fische Skorpion	Widder Waage	Steinbock
Löwe	Zwillinge Waage	Schütze Widder	Skorpion Stier	Wassermann
Jungfrau	Skorpion Krebs	Steinbock Stier	Schütze Zwillinge	Fische
Waage	Schütze Löwe	Wassermann Zwillinge	Steinbock Krebs	Widder
Skorpion	Steinbock Jungfrau	Fische Krebs	Löwe Wassermann	Stier
Schütze	Wassermann Waage	Löwe Widder	Fische Jungfrau	Zwillinge
Steinbock	Skorpion Fische	Stier Jungfrau	Waage Widder	Krebs
Wassermann	Widder Schütze	Waage Zwillinge	Stier Skorpion	Löwe
Fische	Stier Steinbock	Krebs Skorpion	Schütze Zwillinge	Jungfrau

Ihre (sehr!) guten und weniger guten Jahre bis zum Beginn des 21. Jahrhunderts

	+ Harmonisch	− Dissonant
Widder 1. Dekade 2. Dekade 3. Dekade	95/97/98/99/2000/ 95/97/98/99/2000/ 99/2000/	89/93/ 89/90/93/96/ 90/94/95/96/98 (außer Jan. und Feb.)
Stier 1. Dekade 2. Dekade 3. Dekade	89 (4 langsame Planeten) 89/90 (→ Okt.) /92/95/96/ 89/90/95/96/98/	97/98/ 97/99/ 91/ (nur Sep. → Dez.) 2000/
Zwillinge 1. Dekade 2. Dekade 3. Dekade	Sommer 90 → Sommer 91/96/97 /2000/ 93/97/99/ 93/97/99/	94/95/ 95/ 95/
Krebs 1. Dekade 2. Dekade 3. Dekade	94/98/99/2000 (→ April)/ 94/95/2000/ 92/2000/	89/96/ 89/90/93/96/97/ 90/93/97/99/
Löwe 1. Dekade 2. Dekade 3. Dekade	95/96/ 95/ 99/	98/ 94/ 92/93/94/97/2000 (außer Jan. und Feb.)

	+ Harmonisch	− Dissonant
Jungfrau 1. Dekade 2. Dekade 3. Dekade	89/90/91/96/99/ 89/90/91/92/93/ 90/91/92/93/94/95/97 /2000/	95/ 95/
Waage 1. Dekade 2. Dekade 3. Dekade	91/92/93/94/95/98/ 95/99/2000/ 89 (Sommer)/	89/90 (→ Mai)/ 89/90/93/96/ 90/96/98/99/
Skorpion 1. Dekade 2. Dekade 3. Dekade	89/93/94/ 89/90/93/94/95/96/ 90/94/95/96/98/	97/98/99/2000/ 97/99/2000/ 89/ (nur Jan. → März) /2000/
Schütze 1. Dekade 2. Dekade 3. Dekade	90/91/95/96/97/99/ 90/93/97/99/ 91/93/97/99/2000/	89/ (nur März → Mai) /94/ 89/ (nur Juni/Juli)/94/ 89 (nur Sommer)/92/95/96/
Steinbock 1. Dekade 2. Dekade 3. Dekade	94/95/98/99/2000/ 92/94/98/99/2000/ 89 (Jan. → April)/92/	89/90/96/97/ 89/90/96/97/ 90/93/99/
Wassermann 1. Dekade 2. Dekade 3. Dekade	89/93/95/96/97/ 95/97/ 97/98/99/	90/91 (Jan. → Juni) /94/98/ 90/91/94/ 91/92/93/94/
Fische 1. Dekade 2. Dekade 3. Dekade	89/90/96/98/99/2000/ 89/90/91/93/98/99/2000/ 90/91/93/94/97/98/	92/95/ 95/
	+ = Harmonisch → konstruktive Phase 　Glücksjahre	− = Dissonant → Veränderungen 　oder Krisen 　schwierige Jahre

Astrologische Fachbegriffe

Äquinoktium: die Zeit der Tag- und Nachtgleichen.
Äquinoktialpunkte: die Punkte, wenn die Sonne genau über dem Äquator steht, um den 21. März (Frühlingspunkt) und 23. September (Herbstpunkt).
Arabische Punkte: s. sensitive Punkte.
Aspekt: von lat. ASPICIO (ansehen, anblicken). Winkel zwischen zwei Planeten im Tierkreis, gemessen in Längengraden. Die fünf Hauptaspekte sind: Konjunktion, Sextil, Quadratur, Trigon und Opposition.
Ein *exakter Aspekt* ist gegeben, wenn der Unterschied zwischen tatsächlicher und theoretischer Länge kleiner als 1 Grad ist.
astral: auf die Sterne bezogen, von den Sternen stammend.
Astrolatrie: *Astralkult, Sternkult,* die religiöse Verehrung von Sonne, Mond und bestimmten Sternen.
Astrologie: von gr. *astron* = Stern, als Urprinzip, und *logos* = Geist oder höhere Logik ist im Gegensatz zur Astronomie (*nomos* = »verwaltend«; die rein physikalische, mathematische Beschäftigung mit den Himmelskörpern) die Lehre von dem in den Sternen wirkenden *geistigen* Sinn, das Wissen um die Beziehungen zwischen Makrokosmos und Mikrokosmos als Analogieprinzip.
Aszendent: der Punkt der Ekliptik, der jeweils in einem bestimmten Augenblick (z. B. der Geburt) am Osthorizont aufgeht. Der Aszendent kann auf jeden der 360 Grade fallen. Ausschlaggebend sind die Geburtszeit und der Ort.
Der Aszendent ist der wichtigste Punkt der Ekliptik im Horoskop, und seine möglichst genaue Bestimmung ist die Grundlage der astrologischen Analyse.
Die Spitze des ersten Hauses ist identisch mit dem Aszendenten.
Cuspidens: die Spitzen (oder Anfangspunkte) der Häuser (oder Sektoren) im Horoskop.
Dekade (auch Dekanat genannt): Einteilung des Tierkreises in 36 gleich große Abschnitte von je 10 Grad Ausdehnung; 30 Grad für jedes Sternzeichen = 3 Dekaden.

Deklination: der Winkelabstand eines Gestirns vom Himmelsäquator.
Deszendent: der Punkt der Ekliptik, der dem Aszendenten genau gegenüberliegt und der für einen gegebenen Ort und Zeitpunkt gerade am Westhorizont untergeht.
Deszendent und Spitze von Haus VII sind identisch.
Dissonanz: Synonym für schlechten Aspekt. Der Aspekt mit der stärksten Negativ-Wirkung ist die Quadratur zwischen zwei Planeten, die selbst negativ sind wie Neptun, Saturn, Uranus und Mars.
diurnal: bezieht sich auf den Tag.
Dominante: das stärkste, dominierende Gestirn im Geburtshoroskop.
Domizil: Im Domizil befindet sich ein Planet, wenn er im eigenen Zeichen steht (z. B. die Sonne im Löwen).
Drachenkopf: s. Mondknoten.
Drachenschwanz: s. Mondknoten.
Eckhäuser: Haus (Sektor) I, IV, VII und X im Horoskop.
Eklipse: Sonnen- oder Mondfinsternis.
Ekliptik: scheinbare Umlaufbahn der Sonne um die Erde.
Elektionen: *Stundenwahl,* in der Stunden-Astrologie die Technik, für ein Vorhaben die günstigste Zeit zu ermitteln.
Elemente: Feuer, Luft, Erde und Wasser. In der Astrologie werden jedem Element drei Tierkreiszeichen zugeordnet.
Ephemeriden: Tabellen, in denen die täglichen Stellungen von Sonne, Mond und Planeten vorausberechnet sind.
Exaltation: *Erhöhung oder Würde,* Stellung eines Planeten, bei dem seine Wirkung am stärksten ist. Bei der Exaltation sind die Qualitäten von Zeichen und Planet miteinander durch Sympathien verbunden (z. B. Sonne im Widder).
Exil: liegt dem Domizil gegenüber. Ein Planet im Exil befindet sich in wesensfremder Umgebung und ist in seiner »guten« Wirkung behindert.
Frühlingspunkt: *Widder- oder Gammapunkt,* der Äquinoktialpunkt, in dem sich die Sonne zum Frühlingsäquinoktium befindet und den Himmelsäquator in Richtung von Süden nach Norden überschreitet.

Gammapunkt: s. Frühlingspunkt.
Geburts-Astrologie: *Genethlealogie,* Teilgebiet der Individual-Astrologie, das sich mit Charakteranalysen und Vorhersagen für einzelne Ratsuchende beschäftigt.
Geburts-Horoskop: auch *Geburtsbild, Radix-* oder *Wurzelhoroskop, Kosmogramm, Karmagramm, Nativität, Thema* genannt. Darstellung der Position der Himmelskörper zur Zeit der Geburt eines bestimmten Menschen. Ausschlaggebend für seine Berechnung sind der Geburtsort und die genaue Geburtszeit.
Genethlealogie: s. Geburts-Astrologie.
geozentrisch: auf die Erde als Mittelpunkt bezogen.
Gestirn: in der Astrologie *alle* Himmelskörper.
Häuser: *Sektoren, Felder, Orte,* die Einteilung des Horoskops in 12 Abschnitte, denen verschiedene Erfahrungs- und Tätigkeitsbereiche zugeordnet werden.
heliozentrisch: auf die Sonne als Mittelpunkt bezogen.
Herbstpunkt: *Waagepunkt,* der Äquinoktialpunkt, den die Sonne beim Herbstbeginn um den 23. September herum durchläuft.
Horoskop: graphische Darstellung der Position der Himmelskörper für den Zeitpunkt eines bestimmten Ereignisses.
IC: Abkürzung für das *Imum Coeli, Himmelstiefe* oder *Nadir,* der tiefste Punkt im Horoskop.
Imum Coeli: s. IC.
Kardinale Punkte: *Kardinalachsen:* Aszendent/Deszendent und Medium Coeli/Imum Coeli.
Katasterismus: alter Glaube, nach dem Tiere und Menschen (nach dem Tode) in Sterne verwandelt werden können und als neues Sternbild am Himmel erscheinen.
Konfigurationen: die Sternbilder.
Konjunktion: *Zusammenschein,* Überlagerung, ein Aspekt, bei dem zwei Gestirne die gleiche Länge haben, also 0 bzw. 360 Grad. Sind die Gestirne ihrer Natur nach entgegengesetzt, so hat das stärkere die Führung (z. B. wenn eines im eigenen Zeichen steht).
Konstellationen: Stellung der Gestirne zueinander, im Planetensystem die Aspekte.
Kosmogonie: die Wissenschaft von der Bildung und Entwicklung

der Himmelskörper (und der übergeordneten Systeme) sowie der Welt als Ganzem.

Kosmogramm: das Horoskop.

Kulmination: der höchste oder tiefste Stand eines Gestirns beim Durchgang durch den Meridian des Beobachtungsortes. Man spricht auch vom oberen (MC) oder unteren (IC) Kulminationspunkt.

Lichter: die astrologische Bezeichnung für Sonne und Mond, den *Hauptlichtern* im Gegensatz zu den anderen Gestirnen.

MC: Abkürzung für *Medium Coeli*, die Himmelsmitte: der höchste Punkt im Horoskop.

Medium Coeli: s. MC.

Mondknoten: Schnittpunkte der Ekliptik;

– Der **Drachenkopf** oder aufsteigende Mondknoten ist der Punkt, an dem der Mond die Ekliptik nach Norden überschreitet. Er gilt in der Astrologie als Kontaktknoten und als glückbringend.

– Der **Drachenschwanz** oder absteigende Mondknoten ist der Punkt, an dem der Mond die Ekliptik nach Süden überschreitet. Er symbolisiert das Urgedächtnis und gilt in der Astrologie als unglückbringend.

Mundan-Astrologie: Teilgebiet der Astrologie. Sie beschäftigt sich, im Gegensatz zur Individual-Astrologie, mit dem allgemeinen Weltgeschehen. Man erstellt das Horoskop von Staaten oder Gruppen und berücksichtigt die Einflüsse der Konstellationen auf die Erde.

Nadir: *Fußpunkt,* der Punkt, der dem *Zenit* an der Himmelskugel gegenüberliegt. In der Astrologie auch das IC oder das vierte Haus.

Obere Planeten: die Planeten, die aus heliozentrischer Sicht die Erdbahn einschließen (Mars, die Planetoiden, Jupiter, Saturn, Uranus, Neptun und Pluto).

Opposition: *Gegenschein,* ergibt sich aus der Teilung des Kreises in zwei Hälften und bezeichnet eine Winkelbeziehung zwischen zwei Gestirnen von 180 Grad. Gilt als ungünstiger Aspekt.

Orbis: die Breitenwirkung, der Wirkungsbereich, die Grenze der Aspektwirkung. Er wird von den Astrologen unterschiedlich

gehandhabt (nach Becker rechnet man für Opposition und Konjunktion mit 10 Grad, bei Quadratur und Trigon mit 8, bei Sextil mit 4–5 und bei den andern Aspekten mit 1–2 Grad).
Planetoiden: *Asteroiden,* kleine Planeten.
Platonisches Jahr: in der Astrologie das *Große Jahr.* (Die angegebenen Zeiträume schwanken zwischen ca. 25 850, 25 920 und ca. 26 000 Jahren.)
Präzession: die Drehbewegung der Erdachse um den Pol der Ekliptik, die ein langsames Vorrücken der Äquinoktialpunkte zur Folge hat. Wegen der Präzession driften die »astronomischen« Tierkreissternbilder und die »astrologischen« Tierkreiszeichen immer weiter auseinander. Dies ist in der Astrologie jedoch ohne Bedeutung, weil die Tierkreiszeichen außer der Namensgebung mit den Sternbildern nichts Gemeinsames haben.
Quadratur: Aspekt mit einem Winkel von 90 oder 270 Grad; gilt als Spannungsaspekt.
Quincunx: *Fünfzwölftelschein,* Aspekt mit einem Winkel von 150 oder 210 Grad; gilt als ungünstig.
Rektaszension: *gerade Aufsteigung,* der auf dem Himmelsäquator gemessene Bogen zwischen Frühlingspunkt und dem durch den Stern gehenden Deklinationskreis.
retrograd: scheinbar rückläufige Bewegung der Planeten durch den Tierkreis.
Revolution:
1) der Umlauf eines Planeten in seiner Bahn um die Sonne;
2) in der Astrologie: *Zyklus,* die Zeit in Jahren, bis ein Planet wieder den gleichen Ort auf dem Tierkreis einnimmt.
Schwarzer Mond: astronomisch der zweite Brennpunkt der Eklipse der Mondumlaufbahn.
Schon die chaldäischen Astrologen glaubten an die Existenz eines unsichtbaren, zweiten Erdmondes. Er wurde *Lilith* genannt, nach hebräischer Tradition die Nachtdämonin und erste Frau Adams, die diesen verlassen hätte, um dem gestürzten Engel Sammaël (Samiel) zu folgen. In der modernen Astrologie ist Lilith oder der Schwarze Mond einfach das virtuelle Bild des Mondes, sein okkultes Wirkungsfeld. Obwohl Ephemeriden des Schwar-

zen Mondes vorliegen, vernachlässigen viele Astrologen seinen Einfluß im Horoskop. Lilith deckt das Verborgene im Individuum auf.

Sensitive (oder arabische) Punkte: Punkte im Horoskop mit besonderem Einfluß, auf die schon Ptolemäus (z. B. Glückspunkt) hinwies. Zur Berechnung der sensitiven Punkte wird prinzipiell der Gradabstand zweier Planeten zum Aszendenten addiert. Die Astrologen der arabischen Blütezeit haben die Theorie der sensitiven Punkte ausgebaut. Die meisten neueren Astrologen lehnen jedoch die sensitiven Punkte ab.

Sextil: Aspekt mit einem Winkel von 60 oder 300 Grad. Er gilt als günstig, weil er keine Spannungen enthält.

siderisch: auf Fixsterne bezogen. Zur Unterscheidung der Tierkreise spricht man in bezug auf den Tierkreis der Sternbilder vom »siderischen« Zodiak, im Gegensatz zum »astrologischen« Zodiak der Tierkreiszeichen.

Signatur: Dieser immer seltener gebrauchte Ausdruck bezeichnet die Haupteinflüsse der Planeten auf ein gegebenes Horoskop.

Solar: *Jahreshoroskop,* ein auf den Geburtstag errechnetes Jahreshoroskop, wenn die Sonne wieder an ihrem Standort im Geburtshoroskop steht. Dabei ist die geographische Länge und Breite des Ortes zu beachten, an dem sich der Horoskopträger an seinem Geburtstag aufhält (nicht der Geburtsort).

Solstitium: *Sonnenwende, Sonnenstillstand,* die Zeit, wenn die Sonne den nördlichsten bzw. südlichsten Punkt ihrer Bahn erreicht, um den 21. Juni und 21. Dezember jeden Jahres, und ihre Bewegung in das Gegenteil umwendet, so daß die Tage im Sommer wieder kürzer bzw. im Winter länger werden.

Sonnenzeichen: das Sternzeichen, in dem bei der Geburt die Sonne steht.

Sternzeit: beruht auf dem Zeitraum zwischen zwei oberen Kulminationen des Frühlingspunktes: dem *Sterntag*. Dieser ist um 3 min 56,66 s kürzer als der mittlere Sonnentag, da sich die Sonne (wegen des Umlaufs der Erde um die Sonne) während eines Tages unter den Sternen nach Osten bewegt.

Stunden-Astrologie: Teilgebiet der Individual-Astrologie, in dem mit Hilfe des *Stundenhoroskops* konkrete Fragen von Ratsuchenden beantwortet werden.

Sympathie: zusammen mit *Entsprechung* nach C. G. Jung vorwissenschaftliche Begriffe, die er in *Synchronizität* zusammenfaßte. In der Astrologie wird Sympathie im übertragenen Sinne für Doppelwirkungen gebraucht.

Synastrie: *Horoskopvergleich,* das Verfahren, das die Beziehung zwischen zwei Menschen von ihren Horoskopen her erklärt.

Tierkreis: *Zodiak, Zodiakus,* die Zone am Himmel beiderseits der Ekliptik von etwa 16 Grad Breite, in der sich die Sonne, der Mond und die Planeten (außer Pluto) auf ihren scheinbaren Bahnen bewegen.

Transite: *Übergänge* der laufenden Planeten über die wichtigen Punkte (Positionen der Planeten bei der Geburt, Aszendent etc.). Die Transite ermöglichen die Ermittlung der fördernden oder hemmenden Einflüsse und deren zeitliche Vorbestimmung. Sie bilden die Grundlage astrologischer Vorhersagen.

Trigon: Aspekt mit einem Winkel von 120 oder 240 Grad; gilt als der harmonischste Aspekt.

tropisch: auf den Frühlingspunkt bezogen.

Zodiak: s. Tierkreis.

Zyklus: s. Revolution 2).

Literatur

Abellio, Raymond: *La fin de l'ésotérisme.* Paris 1973.

Abellio, Raymond: *La structure absolue – essai de phénoménologie génétique.* Paris 1965.

Andersen, Hans J.: *Astrogeographie und Geschichte.* Freiburg 1974.

Antarès, Georges: *Transits planétaires et destinée.* Bussière 1982.

Arroyo, Stephen: *Astrologie, Psychologie und die vier Elemente.* München 1982.

Aubier, Catherine: *Dictionnaire pratique d'Astrologie.* o. O. 1986.

Barbault, André: *Traité pratique d'Astrologie.* Paris 1961.

Barbault, André: *L'Astrologie Mondiale.* Paris 1982.

Barbault, André: *Les astres et l'Histoire.* Paris 1967.

Barets, Jean: *L'Astrologie rencontre la science.* o. O. 1977.

Bernard, Claude: *Introduction à l'étude de la médecine expérimentale.* Paris 1926.

Brahy, Gustave-Lambert: *La clef de la prévision des événements mondiaux et des fluctuations économiques et boursières.* o. O. 1968.

Breton, André: *Astrologie moderne.* Paris 1954.

Burr, H. S.: *Blueprint for Immortality.* London 1972.

Capra, Fritjof: *The Tao of physics.* London 1979 (dt.: Das Tao der Physik. München 1984).

Collin, Rodney: *The theory of celestical influences.* York Beach o. J.

Corman, Louis: *Nouveau manuel de morphopsychologie.* Paris 1977.

Couderc, Paul: *L'Astrologie.* Paris 1951.

Darling, Harry: *Astro-Psychiatry.* Lakemont o. J.

Ebertin, Reinhold: *Kombination der Gestirneinflüsse.* Aalen 1961.

Epiktet: *Handbüchlein der Ethik.* Stuttgart 1958.

Eysenck, Hans-Jürgen und David Nias: *Astrologie – Wissenschaft oder Aberglaube?* München 1984.

Faery, Tinia, und Magi Aurelius: *Interprétation rationelle de l'Astrologie.*

Ferguson, Marilyn: *The Aqua-*

rian Cospiracy (dt.: *Die sanfte Verschwörung.* Basel 1982).

Firmicus Maternus, Julius: *Ancient Astrology, Theory and Practice.* Park Ridge, N. J. 1975.

Flambart, Paul (Choisnard): *Langage Astral.* o. O. o. J.

Fontbrune, Jean Charles de: *Nostradamus – Historiker und Prophet.* Wien 1982.

Friedan, Betty: *The second stage.* New York 1981 (dt.: *Der zweite Schritt.* Reinbek 1982).

Gagnières, Yves: *La Métamorphose: esquisse d'une théorie générale de la création.* Genf 1986.

Gauquelin, Françoise: *Pychologie der Planeten.* Freiburg i. Br. 1987.

Gauquelin, Michel: *L'Influences des Astres.* Paris 1955.

Gauquelin, Michel: *Kosmische Einflüsse auf menschliches Verhalten.* Freiburg 1983.

Gauquelin, Michel: *L'Hérédité Planétaire.* Paris 1966.

Gauquelin, Michel: *Rythmes biologiques, rythmes cosmiques.* Paris o. J.

Gauquelin, Michel, und J. Sadoul: *L'Astrologie.* Paris 1972.

Gleadow, Rupert: *The origin of the zodiac.* London 1968.

Gouchon, Henri-Joseph: *Les prévisions à longue échéance.* Paris 1980.

Gouchon, Henri-Joseph: *Dictionnaire Astrologique.* Paris 1975.

Greene, Liz: Relating: *An Astrological Guide to Living with Others on a Small Planet.* York Beacon 1978.

Gribbin, John, und Stephen Plagemann: *The Jupiter effect.* London 1974.

Guille, Etienne: *L'Alchimie de la vie.* Paris 1983.

Hadès, Alain: *Manuel complet d'astrologie scientifique et traditionelle.* Paris o. J.

Hadès, Alain: *Pluton ou les grands mystères.* Paris o. J.

Heisenberg, Werner: *Physik und Philosophie. Weltperspektiven.* Frankfurt/M./Berlin 1986.

Hieroz, Jean: *Manilius et la tradition astrologique* (Cahiers astrologiques) o. O. o. J.

Holzer, Hans: *Astrologie verständlich.* Frankfurt/M. 1978.

Ionescu, Vlaicu: *Le Message de Nostradamus sur l'ère prolétaire.* o. O. 1978.

Janduz: *Les 360 degrés du Zodiaque symbolisés par l'image et la Kabbale.* Paris 1987.

Kloeckler, H. Freiherr von: *Kursus der Astrologie I–III.* Leipzig 1927.

Knappich, Wilhelm: *Geschichte der Astrologie.* Frankfurt/M. 1967.

413

Koch, Walter: *Aspektlehre nach Johannes Kepler.* Bietigheim o. J.

Koestler, Arthur: *Die Nachtwandler.* Frankfurt/M. 1980.

Krafft, K. E.: *Traité d'Astrobiologie.* Paris 1939.

Lavelle, Louis: *La conscience de soi.* Paris 1978.

Leo, Alan: *Astrologische Textbücher.* 7 Bände. Leipzig 1925–1927.

Linssen, Robert: *Au delà du hasard et de l'anti-hasard.* Paris 1982.

Linssen, Robert: *La Mutation spirituelle du IIIe millénaire.* Paris 1981.

Masters, William H. u. a.: *Das verdrängte Risiko. Sexualverhalten im Aidszeitalter.* München 1988.

Michaud, Jacques: *Médecines ésotériques: Médecine de demain.* Paris 1976.

Michelot, Claude: *L'influence des astres sur votre santé: Etonnantes découvertes médicales.* Marseille 1982.

Mounier, Emmanuel: *Traité du caractère.* Paris 1949.

Nelson, John H.: *Cosmic patterns.* Tempe 1974.

Ostrander, Sheila, und Lynn Schroeder: *Natural Birth-Control.* New York 1973.

Pagan, Blaise François Comte de: *L'Astrologie naturelle du Comte de Pagan.* Paris 1659.

Papus: *La Réincarnation.* St. Jean de Braye 1953.

Pauly, Jean de: *La tradition du Zohar.* Paris 1970.

Préaud, Maxime: *Les astrologues à la fin du Moyen Age.* Paris 1984.

Reeves, Hubert: *L'Heure de s'enivrer: l'univers a-t-il un sens?* Paris 1986.

Rudhyar, Dane: *The astrology of personality.* New York 1970 (dt.: *Astrologie der Persönlichkeit.* München 1984).

Rudhyar, Dane: *The Astrology of personality.* New York 1970.

Rudhyar, Dane: *The planetarization of consciousness.* New York 1977.

Sadoul, Jacques: *L'énigme du Zodiaque.* Paris 1973.

Sakoian, Frances, und Louis S. Acker: *The Astrologer's Handbook. Das große Lehrbuch der Astrologie.* Bern und München 1976.

Santagostini, Claire: *L'Horoscopie Cartésienne.* Paris 1981.

Schatzman, Evry: *Science et société.* Paris 1971.

Schiff, Jean-Marie: *L'âge cosmique aux U. S. A.* Paris 1981.

Schulman, Martin: *Karmic Astrology: Joy and the Part of Fortune.* York Beacon 1978.

Sede, Gérard de: *L'étrange univers des prophètes.* Paris 1977.

Selva, Henri: *La théorie des déterminations: astrologies de Morin de Villefranche.* Paris 1984.

Shilts, Randy: *And the Band Played On: Politics, People, and the AIDS Epidemic.* o. O. 1987.

Socoa, Michel de: *Les Grandes conjonctions.* Paris 1981.

Steiner, Rudolf: *Der menschliche und der kosmische Gedanke.* 4 Vorträge. Dornach 1961.

Teissier, Elizabeth: *Verbrennt die Hexe nicht.* Frankfurt/M. · Berlin 1989.

Tester, Jim: *A History of Western Astrology.* Dover 1987.

Verdier, Jean G.: *Ce que disent les autres.* 2 Bände. Paris 1954.

Volguine, Alexandre: *La technique des Révolutions Solaires.* Nizza 1946.

Wachsmuth, Guenther: *Kosmische Aspekte von Geburt und Tod.* Beiträge zur Karma-Forschung. Dornach 1974.

Watson, Lyall: Supernature. *The natural history of the supernatural.* London 1974 (dt.: *Geheimes Wissen. Das Natürliche des Übernatürlichen.* Frankfurt/M. 1976).

Weil, Simone: *La pesanteur et la grâce.* Paris 1979 (dt.: *Schwerkraft und Gnade,* München 1952).

Die großen Weissaggungen des Nostradamus. Übers. und gedeutet v. N. Alexander Centurio (Centgraf). München 1981.

Zukav, Gary: *The dancing Wu Li Masters* (dt.: *Die tanzenden Wu Li Meister. Der östliche Pfad zum Verständnis der modernen Physik.* Reinbek 1981).

Der Abdruck folgender Zitate erfolgt mit freundlicher Genehmigung:
S. 74: Blaise Pascal: Größe und Elend des Menschen. Ü.: Wilhelm Weischedel. Frankfurt/Main: Insel Verlag 1976, S. 70 f.
S. 267: Blaise Pascal: Über die Religion. Ü.: Ewald Wasmuth. Heidelberg: Lambert Schneider 1978, S. 19 f.
S. 322: Fritjof Capra: Das Tao der Physik. Ü.: Fritz v. Lahmann. Bern: Scherz Verlag 1984.

Elizabeth Teissier

Verbrennt die Hexe nicht

Kann man sein Schicksal selbst bestimmen? Oder ist unser Lebensweg von den Sternen, wie von einer höheren Macht, vorgezeichnet? Elizabeth Teissiers mit Geist und Biß vorgetragene Argumente zeigen ebenso anregend wie verständlich, was die Astrologie zu leisten vermag. Ihre Forderung lautet: Die Astrologie ist eine Wissenschaft und gehört zurück an die Universität!

Ullstein Taschenbuch
34497